KB081213

이민레짐 국제비교

스웨덴, 프랑스, 캐나다 그리고 한국

이민레짐 국제비교

스웨덴, 프랑스, 캐나다 그리고 한국

초판 1쇄 발행 | 2021년 12월 27일

지은이 | 심창학
발행인 | 부성옥
발행처 | 도서출판 오름
등록번호 | 제2-1548호 (1993. 5. 11)

주　소 | 서울특별시 중구 퇴계로 180-8 서일빌딩 4층
전　화 | (02) 585-9122, 9123 / 팩　스 | (02) 584-7952
E-mail | oruem9123@naver.com

ISBN | 978-89-7778-518-2 93340

- 잘못된 책은 교환해 드립니다.
- 값은 뒤표지에 있습니다.

※ 이 저서는 2017년 대한민국 교육부와 한국연구재단의 지원을 받아 수행된 연구임(NRF-2017S1A6A4A01020395)

이민레짐 국제비교

스웨덴, 프랑스, 캐나다 그리고 한국

심창학 지음

International Comparison of Immigration Regimes

Sweden, France, Canada and Korea

SHIM Chang Hack

ORUEM Publishing House
Seoul, Korea
2021

책을 펴내며

이 책은 저자의 레짐 연구의 두 번째 저서이다. 첫 번째 책은 활성화레짐(activation regimes)에 관한 것으로 2010년부터 3년간 한국연구재단의 재정 지원으로 집필되어, 2014년에 『사회보호 활성화 레짐과 복지국가의 재편』이라는 이름으로 발간되었다. 이 책은 이듬해 대한민국 학술원 우수학술도서로 선정된 바 있다.

저자가 이민레짐(immigration regimes)에 관심을 가지기 시작한 것은 2014년 9월부터 2015년 8월까지 약 1년 동안 캐나다 몬트리올에서 연구년을 보내고 있을 때였다. 연구년제 국가로서 캐나다를 선정한 이유는 대표적인 이민국가이자 다문화주의 국가인 캐나다에서 나타나는 이민자의 사회권을 살펴보기 위함이었다. 인권과 민주주의 가치를 바탕으로 인종 및 민족의 다양성 존중 그리고 소수 민족의 문화 및 제반 권리 보장을 다문화주의라고 할 때, 과연 이런 사회에서 보이는 이민자의 사회권 보장 정도는 내국인 즉 본국 출생인과 비교할 때 어떠한가를 살펴보고자 했다. 이를 위해서 캐나다의 사회복지제도 관련 자료 및 문헌을 수집하고 몬트리올과 토론토에 사는 한국 이민자와의 접촉을 시도했다. 그 결과 캐나다는 사회권 기반을 욕구의 바탕에 둔 자유주의 복지레짐임에도 불구하고 사민주의적 요소가 녹아 있는 국가임을 확인할 수 있었다. 그뿐만 아니라 1년 정도의 짧은 체류 기간이었지만 캐나다 이민자들이 상당히 안정되고 평온한 생활을 영위하는 모습을 확인할 수 있었다. 그리고 삶의 만족도도 매우 높다는 이야기도 자주 들었다. 이는 저자의 유학 국가인 프랑스와 약간 대비되는 모습이기도 했다. 이러한 생각은 체류 기간 중 다문화 행사 참여를 통해 그리고 이민자 언어 교육 및 취업 업무를 담당하고 있는 비영리기관(NPO)을 방문했을 때 더욱 강화되었다. 여기서 한 가지 의문을 가지게 되었다. '무엇이 캐나다를 이민자에게 매력적인 국가로 만들었을까' 하는 것이다. 이에 몬트리올 국제학술대회 참가와 문헌 검토를 통해 캐나다의 이민자 통합정책과 사회정책은 이민정책과 밀접한 관련성이 있음을 확인할 수 있었다. 즉 캐나다는 포인트 시스템이 제도화된 국가로서 이를 통해 캐나다 경제에 도움이 될 수 있는 자격을 갖춘 사람을 선별하고 있다. 따라서 이민이 허용된 외국인은 캐나다 국가 건설과 경제발전에 필요한 사람으로 간주하기 때문에 이들을 위한 다문화 행사, 교육 등에 대한 정부 차원의 지원 혹은 내국인과 차이 없는 사회권 보장(건강, 기초연금)이 당연한 것이다. 이에 저자는 한 국가의 이민과 관련된 정책 및 제도에 대한 정확한 이해를 위해서는 포괄성, 제도적 정합성의 측면에서 분석하는 것이 중요함을 인식하게 되었으며 이를 대변하는 학문적 용어가 바로 이민레짐(immigration regimes)인 것을 알게 되었다.

여기서 저자는 또 다른 의문을 가지게 되었다. 이민레짐의 국제비교에 대한 것이다. 국가별 이민레짐은 존재하는가, 복지레짐이 이민자의 사회권에는 어떤 영향을 미치고 있는가, 그리고 이러한 이민자 사회정책은 해당 국가의 이민정책 또는 통합정책과 어떤 연관성을 지니고 있는가, 더 나아가서 복지레짐이나 활성화레짐처럼 이민레짐의 유형화는 가능한가 등이다.

이 책에서 다루고 있는 분석대상 국가는 스웨덴, 캐나다, 프랑스 그리고 한국이다. 이민레짐의 관점에서 이민정책, 통합정책 그리고 사회정책의 국가별 공통점과 차이점 그리고 특정 국가에서 나타나는 제도적 정합성에 초점을 두고 있다.

2017년부터 시작한 집필작업이 햇수로는 어느새 4년째가 됐다. 집필을 마무리하는 시점에서 되돌아보면 기쁨과 동시에 아쉬움이 교차한다. 먼저, 여러모로 부족한 저서임에도 불구하고 탈고하게 된 것 자체가 감사할 따름이다. 모름지기 책 집필은 매일 꾸준하게 해야 한다는 선배 교수님들의 조언에도 불구하고 저자는 그렇게 하지 못했다. 특히 2018년 8월부터 시작된

2년 임기의 단과대학 학장직 수행은 집필작업에 암초(?)와도 같았다. 시간 나는 대로 집필작업을 해온 3년 6개월 기간 중 힘들 때도 있었지만 행복했던 추억으로 오랫동안 기억에 남을 것 같다. 책 내용에서 가장 큰 아쉬움은 전반적인 구성이 입체적이기보다는 평면적인 한계를 지니고 있다는 점이다. 그리고 부분적으로 비교 연구에서 필수적 요소인 자료의 등가성 원칙이 제대로 지켜지지 못한 점 또한 아쉬움으로 남는다. 하지만 이 모든 아쉬움 역시 근본적으로는 저자의 능력 부족에서 비롯된 것이다.

이 책이 나오기까지에는 많은 분의 도움이 있었다. 먼저, 2014년도 저자의 연구년 초청 교수인 캐나다 몬트리올 대학의 Jane Jenson 교수님에게 감사의 말씀을 전하고 싶다. 그리고 Jane Jenson 교수님을 소개해 준 Anne-Marie Guillemard 교수님도 잊을 수 없다. Anne-Marie Guillemard 교수님은 저자의 박사학위 논문 심사위원으로 참여한 후 20년 이상 한국과 프랑스를 오가면서 학문적 교류를 계속했다. 그리고 캐나다의 이민자 사회권에 관한 발표 기회를 준 사회정책연구회에 감사드리고 싶다. 본 연구모임은 틈만 나면 놀기 좋아하는 저자에게 언제나 신선한 자극이 되었다.

원고 교정에 힘을 보태준 대학원 사회복지학과의 송지인에게도 감사의 마음을 전한다. 한국연구재단과 어려운 여건에도 불구하고 출판을 결정해 주신 부성옥 대표님을 비롯하여 '도서출판 오름'의 여러 선생님께 감사의 말씀을 전하고 싶다. 이분들의 헌신적인 노력이 없었더라면 이 책은 발간되지 못했을 것이다.

끝으로 환갑을 바라보는 나이임에도 여전히 무개념의 삶을 살고 있는 저자의 인생 반려자인 아내 전석현과 꿈을 이루기 위해 한 걸음씩 나아가고 있는 아들 영준에게 미안함과 동시에 고맙다는 말을 전하고 싶다. 천국에 계신 아버지 그리고 어머니께 이 책을 드린다.

2021년 11월

심창학

차례

第6장 캐나다 이민레짐

第3부 국제비교 결과와 이민레짐의 한국 적용가능성

第7장 이민레짐 비교 결과 및 함의

第8장 이민레짐과 한국

第9장 결론: 이민레짐 관점에서의 평가

표 목차

[서론과 제1부: 제2장, 제3장]

[제2부: 제4장, 제5장, 제6장]

[제3부: 제7장, 제8장, 제9장]

그림 목차

상자 목차

[서론과 제1부]

[제2부]

제1장

서론: 이민자정책의 국가별 비교연구

1. 연구 주제 선정 배경 및 연구 목적

1) 이민정책, 통합정책, 사회정책 등 특정 영역 연구에서…

특정 국가의 이민자정책 혹은 이민자정책의 국가별 비교를 연구할 때 다음 세 가지 영역의 정책에 초점을 맞추고 있다. 첫째, 이민정책(immigration policy)이다. 이는 이민에 대한 특정 국가의 기본 인식(철학)과 이의 정책적 반영을 의미한다. 구체적으로는 이민 허용의 배경, 이민자에 대한 입국 전과 입국 후의 관리 및 통제와 관련된 정책 및 제도가 이에 포함될 것이다. 유형별로는 포용 모델과 선별 모델로 구분될 수 있다.

둘째, 통합정책(integration policy)이다. 이민이 허용된 신규 이민자 혹은 기존 이민자의 경제, 사회적 통합을 용이하게 위한 제반 정책을 포함하고 있다. 이에는 시민권 혹은 국적 취득의 용이성, 이민자를 대상으로 하는 언어 및 이민국의 역사 · 사회에 대한 교육의 실시 및 이에 대한 이민자 참여의 강제성 여부, 노동시장진입 및 유지를 위한 정책 및 제도 등이 포함된다. 국내에 널리 알려져 있는 카슬(S. Castles)의 연구는 바로 이민정책과 통합정책에 바탕을 둔 것이다.[1)]

셋째, 이민자 사회정책(social policy)이다. 이민자 역시 사회구성원의 하나로서 내국인과 동등한 사회권을 보장하기 위한 제 정책을 의미한다. 기본가치로서 인권이 내재되어 있으며 제도적으로는 사회보장이 핵심에 자리 잡고 있다. 어떤 의미에서 사회정책이야말로 완전체로서의 한 국가의 이민자정책 성립 여부를 결정짓는 중요한 요소라 할 수 있다. 한 국가의 이민자 사회권을 파악하기 위해서는 사회권 기반이 무엇인가에 대한 파악이 중요하다. 예컨대, 세인즈베리(D. Sainsbury)는 3개 국가 비교 연구를 통해 미국과 독일에서의 이민자 사회권은 각각 속지주의와 속인주의에 바탕을 두고 있다고 보고 있다. 이와는 달리 스웨덴에서의 이민자 사회권은 정주(정기적 거주)에 기반하고 있다고 강조한다.(D. Sainsbury, 2006: 231의 Figure 1)

이상의 연구들은 한 국가의 특징 혹은 비교 관점에서 국가 간 공통점과 차이점을 잘 보여주고 있다는 점에서 장점 및 의의를 지니고 있다. 예컨대 스웨덴의 통합정책은 다문화주의를 표방하고 있는 있음과 동시에 이민자 사회권은 정기적 거주에 바탕을 두고 있다고 볼 수 있다. 그럼에도 불구하고 기존의 연구는 두 가지 점에서 한계를 보이고 있다.

첫째, 이민자정책에 대한 포괄적인 이해가 부족하다는 점이다. 여기서 포괄적인 이해라 함은 미시적인 차원에서 보면 한 이민자의 이민 신청 및 입국, 이민국의 사회구성원으로 정착될 때까지의 전 과정을 의미한다. 따라서 이민자정책은 이민 승인과 관련된 이민정책, 사회구성원으로서의 이민자의 정착에 필요한 통합정책 그리고 이민자의 사회권에 바탕을 둔 사회정책

---

1) 그는 초기 연구에서 구분배제모형, 동화모형, 다원주의모형 등 세 가지로 나누고 다원주의모형은 다시 국가 개입 여부를 기준으로 방임(laissez-faire) 접근 유형과 명확한 다문화 정책 접근 유형으로 구분했다 여기서 미국이 방임 접근 유형의 대표적인 국가라면 캐나다, 호주, 스웨덴은 다문화주의를 국가 정책으로 채택하고 있는 것으로 그는 보고 있다(S. Castles, 1995).

을 말하는 것이며 이에 대한 포괄적인 이해란 이상 세 가지 영역에 대한 분석이 이루어질 때 비로소 가능한 것이다. 하지만 앞에서 잠시 언급한 바 있는 기존 연구들은 나름대로의 의의에도 불구하고 이민자정책의 포괄적인 이해의 관점에서 살펴보면 특정 영역에만 초점을 맞추고 있는 한계를 보이고 있는 것이다.

둘째, 연장선상에서 기존 연구들은 정책영역간의 관련성을 확인하지 못하는 한계를 보이고 있다. 정책 연구에서 정책영역간의 관련성의 확인은 매우 중요한 주제이다. 구체적으로 특정 요소(정책영역 혹은 제도)가 다른 요소(정책영역 혹은 제도)의 작동을 원활하게 해주는가 아니면 각 요소가 서로의 원활한 작동을 어렵게 하거나 전체 시스템으로의 레짐이 지니고 있는 본래의 목적을 달성하기 어렵게 하는가이다. 전자의 경우는 제도적 보완성(institutional complementarity), 후자의 경우는 제도적 부조화(institutional discord)라 할 수 있다(B. Amable, 2003). 특정 국가에서 제도적 보완성 혹은 부조화의 모습이 나타난다면 이의 원인 및 배경은 무엇인가, 제도적 부조화에서 제도적 보완성으로의 변화의 가능성 그리고 변화에 필요한 정책 대안 도출 등은 학문적, 정책적 차원에서 매우 중요한 사안이라 할 수 있다. 그러나 특정 정책영역에 초점을 맞추고 있는 기존 연구들은 이러한 연구 질문에 대해 침묵할 수밖에 없는 근본적인 한계를 지니고 있는 것이다.

이에 본 연구는 기존 연구에서 제대로 다루고 있지 못한 이민자정책에 대한 포괄적 분석 그리고 정책영역 간 관련성을 확인하는 작업을 시도하고자 한다. 이를 위해 이민레짐(immigration regime)이라는 용어에 관심을 두고자 한다.

2) 이민레짐 연구로

이민레짐에 대한 정확한 이해를 위해서는 우선 사회과학연구에서 많이 사용되고 있는 레짐에 대한 이해가 전제되어야 할 것이다. 사회과학 그중에서도 사회복지에서 레짐에 대한 관심이 본격화된 것은 에스핑 안데르센의 복지국가 유형화를 통해서임은 주지의 사실이다. 여기서 그는 레짐을 한 사회에서 생산된 복지가 국가, 시장, 그리고 가구에게 할당(공급)되는 양식으로서 여기에는 이와 관련된 재정 충당, 관리 및 기능, 수단과 관련된 가치 및 규범 그리고 제도적 재배열이 포함되어 있는 것으로 정의내리고 있다(G. Esping-Andersen, 1999: 73). 이는 복지레짐에 국한된 것이지만 중요한 함의를 내포하고 있다. 왜냐하면 사회과학에서 레짐연구는 다음과 같은 의미를 지니고 있음을 시사하고 있기 때문이다.

첫째, 레짐 연구는 국가별 비교를 가능하게 하는 중요한 분석적 도구가 될 수 있다. 이는 레짐별 유형화 시도를 말하는 것으로 국가별 공통점과 차이점의 확인에 근거하여 내적 동질성과 외적 차별성을 특징으로 하는 유형화 작업은 사회과학의 오랜 경향임과 동시에 사회복지학 역시 예외가 아닐 것이다. 이상형으로서 현실 세계에 정확히 부합되지 않는 한계에도 불구하고 레짐 개념을 통한 유형화 작업은 현실세계를 이해하는 효과적인 방법으로 간주되고 있음은 주지의 사실이라 할 수 있다.

둘째, 완결성 차원에서 레짐 연구는 구성 요소 간의 관련성에 많은 관심을 보이고 있다. 이미 언급한 바 있는 제도적 보완성(institutional complementarity) 혹은 제도적 부조화(institutional discord)에 대한 관심은 구성 요소의 단순한 서술과는 근본적인 차이를 보이고 있다는 것이 레짐연구가들의 주장이다.

셋째, 새로운 영역에서의 레짐 연구는 기존의 레짐 연구 논의를 풍부하게 하며 이의 학문적 성격을 강화하는 데 도움을 주고 있다. 에스핑 안데르센의 복지레짐은 이 분야 연구의 고전으로 평가받고 있음은 아무도 부인할 수 없을 것이다. 하지만 이 연구 역시 많은 연구자에 의해서 비판의 대상이 되었던 것 또한 사실이다. 이와 관련 본 연구는 복지레짐 연구가 지니고 있는 거시적 측면의 상대적 강조에 주목하고자 한다. 즉 에스핑 안데르센의 견해대로 해석한다면 레짐이 반드시 한 사회의 총량적 수준의 복지만을 지칭하는 것은 아니라는 점이다. 다시 말하면 레짐 연구에는 복지레짐뿐만 아니라 젠더, 고용, 빈곤 등 특정 영역만을 겨냥하는 레짐 연구 역시 필요하며 나름대로의 타당성을 지니고 있다는 것이다. 구체적으로 젠더레짐(gender regime), 빈곤레짐(poverty regime), 돌봄레짐(care regime) 그리고 활성화레짐(activation regime) 등 다양한 영역의 레짐 연구의 존재에서 그 가능성을 엿볼 수 있다.[1] 다양한 레짐 연구의 타당성 및 가능성은 레짐 연구가 층위의 문제라기보다는 내부 속성의 문제 즉 구성요소의 완결성이라는 인식에 바탕을 둘 때 공감대가 훨씬 더 커질 것이며(문진영, 2009), 이러한 관점에서 레짐 연구 영역의 확장은 타당하면서도 필요한 사안이라 할 수 있다.

이의 연장선상에서 이민레짐 연구는 다음과 같은 점에서 매우 중요하다. 첫째, 한 국가의 이민과 관련된 정책에 대한 포괄적인 이해를 가능케 한다. 이민허용 여부부터 이민자가 이민국의 사회 구성원으로 생활할 수 있을 때까지 이들에 대한 통합정책과 사회정책에 대한 이해는 매우 중요한 사안이다. 그럼에도 불구하고 국내외의 연구 동향은 세 가지 요소 중 특정 영역 혹은 두 가지 영역에만 초점을 두고 있는 한계가 있다. 예컨대 이민자의 다문화 교육 프로그램 등 통합정책에 국한되거나 사회정책에서 이민자의 사회권 보장과 관련된 정책 및 제도 분석에 역점을 두고 있다(Sainsbury, 2006: 231). 포괄적인 수준의 분석이더라도 이민자의 입국 통제 및 관리 등 이민정책과 통합정책의 두 가지 영역을 포함하는데 그치고 있는 것이다(Castle and Miller, 1998). 요컨대 기존의 이러한 연구경향은 나름대로의 의의에도 불구하고 레짐 관점에서 볼 때 마치 나무만 보고 숲은 보지 못하는 우를 범하고 있는 것이다.

둘째, 이민레짐 연구는 구성 요소간의 관련성을 확인하는데 매우 유용하다. 즉, 이민정책, 통합정책 그리고 사회 정책간 제도적 보완성 혹은 부조화를 확인할 수 있는 것이다. 예컨대 캐나다처럼 자유주의 복지레짐임에도 불구하고 내국인과 유사한 사회권이 이민자에게 부여되고 있다면, 이는 레짐

---

1) 활성화레짐에 관한 국내 연구로는 심창학(2014)를 참조할 것.

관점에서 보면 선별적 이민정책과 제도적 보완성이 나타난다고 할 수 있다. 구체적으로 캐나다는 선별적 이민정책유형의 대표적 국가로서 포인트 시스템이 제도화되어 있다. 이를 통해 캐나다 경제에 도움이 될 수 있는 자격을 갖춘 사람을 선별하고 있는 것이다. 따라서 이민이 허용된 외국인은 캐나다 국가 건설과 경제발전에 필요한 사람으로서 이들을 위한 다문화 행사, 교육 등에 대한 정부 차원의 지원 혹은 내국인과 차이 없는 사회권 보장(건강, 기초연금)은 필요하면서도 당연하다는 것이다. 이민정책과 사회정책간 제도적 상보성을 엿볼 수 있는 대목이다.

물론, 이민레짐의 타당성과 가능성에 대해 비판의 목소리가 없는 것은 아니다. 예컨대 구성요소간 일관성 있는 이민레짐의 존재에 대한 부정적인 인식(타당성) 그리고 구성요소별 유형을 아우를 수 있는 이민레짐별 호칭의 대표성 문제(가능성)가 바로 그것이다(G. P. Freeman, 2004). 이는 적절한 지적으로 본 연구자 역시 깊은 고민이 필요한 부분이다. 그럼에도 불구하고 이민레짐에 대해 학문적인 애착을 가지는 이유는 앞에서 언급한 바와 같이 이민레짐이 지니고 있는 분석대상의 포괄성 그리고 정책영역간의 관련성을 살펴볼 수 있는 체계성에서 큰 장점을 지니고 있기 때문이다.

3) 연구목적: 이민레짐의 평가와 한국에의 적용

본 저서는 이민레짐의 관점에서 스웨덴, 프랑스, 캐나다 등 3개 국가에서 나타나는 국가별 특징 및 이의 상호 비교를 통해 이민레짐의 타당성을 평가하고 이를 바탕으로 이민레짐의 한국 적용가능성을 살펴보는 것을 목적으로 하고 있다. 이민레짐의 기원적 용어는 이민정책레짐(immigration policy regimes)이다. 1990년대 초에 등장한 용어로서 이민 승인에서 나타나는 국가별 특징을 레짐의 관점에서 살펴보기 위함이다(M. Baldwin-Edwards and M. A. Schain, 1994). 하지만 이는 이민 허용 후에 나타나는 이민자의 사회통합 등 이민 문제를 포괄적으로 파악하기에는 근본적인 한계가 노정되었으며 대안적 용어로서 2000년대 중반부터 사용되기 시작한 용어가 바로 이민레짐이다(G.P. Freeman, 2004; D. Sainsbury, 2012: 16-17; A.C. Hemerijck et al. 2013: 7-10). 이민자 포용레짐(immigrant incorporation regimes)으로도 사용되는 이민레짐의 내용 및 특징을 살펴보면 다음과 같다.

먼저 이민레짐은 이민자의 시민되기, 영구적인 주거의 획득, 그리고 경제적 · 문화적 · 정치적 생활에의 참여를 가능하도록 관리하는(govern) 규칙 및 규범으로 정의될 수 있다(D. Sainsbury, 2012: 16). 정의에서처럼 한 국가의 이민레짐은 이민 신청에서부터 입국 후 하나의 시민이 되기까지 관여될 수 있는 제 정책 및 제도를 포함하는 개념으로 포괄적인 특징을 지니고 있는 것이다.

한편, 레짐의 내부적 속성 즉 구성요소의 완결성 차원에서 이민레짐은 다음 세 가지 요소로 구성되어 있다. 첫째, 이민정책(immigration policy)이다. 이는 이민에 대한 특정 국가의 기본 인식(철학)과 이의 정책적 반영을 의미한다. 구체적으로는 이민 허용의 배경, 이민자에 대한 입국 전과 입국 후의 관리 및 통제와 관련된 정책 및 제도가 이에 포함될 것이다. 유형별로는 포용 모델과 선별 모델로 구분될 수 있다. 하지만 여기서도 내부적으로 다양한 유형이 있음에 유의할 필요가 있다.2)

둘째, 통합정책(integration policy)이다. 이민이 허용된 신규 이민자 혹은 기존 이민자의 경제, 사회적 통합을 용이하게 위한 제반 정책을 포함하고 있다. 이에는 시민권 취득의 용이성, 이민자를 대상으로 하는 언어 및 이민국의 역사 · 사회에 대한 교육의 실시 및 이에 대한 이민자 참여의 강제성 여부, 노동시장진입 및 유지를 위한 정책 및 제도 등이 포함된다. 이민자 통합과 관련하여 국내에 널리 알려져 있는 카슬과 밀러의 연구를 레짐의 관점에서 재해석하면 이민정책과 통합정책에 바탕을 둔 것이다(S. Castles and M. J. Miller, 1993; 1998). 한편 본 연구자는 이 가운데 통합정책에

---

2) 이민정책을 비롯하여 이민레짐 구성요소의 개념 및 구체적 내용에 대해서는 제3장 2에서 후술하기로 한다.

국한하여 이미 국내에 잘 알려져 있는 동화주의, 다문화주의 외에 시민통합, 시민통합적 다문화주의 등 네 가지 유형으로 구분하고자 한다. 이 중 시민통합(civic integration)은 다문화주의 통합정책에 대한 비판에서 비롯된 것으로 1990년대 중반 이후 네덜란드 등 유럽 일부 국가에서 채택되었다. 동화주의와 맥을 같이 하면서도 이민자 동화를 위한 적극적 조치를 강조하고 있다는 점에서 차이가 발견된다. 한편, 시민통합적 다문화주의정책은 다문화주의에 대한 관심 못지않게 공용어 교육, 취업 · 고용 등 이민자 통합을 위한 시민통합에도 정책적 관심을 두는 유형을 의미한다.

이민레짐의 세 번째 구성요소는 사회정책이다. 이민자 역시 사회구성원의 하나로서 내국인과 동등한 사회권을 보장하기 위한 제 정책을 의미한다. 기본가치로서 인권이 내재되어 있으며 제도적으로는 사회보장이 핵심에 자리 잡고 있다. 어떤 의미에서 사회정책이야말로 완전체로서의 한 국가의 이민자정책 성립 여부를 결정짓는 중요한 요소라 할 수 있다. 한 국가의 이민자 사회권을 파악하기 위해서는 사회권 기반이 무엇인가에 대한 파악이 중요하다. 이에 본 저서는 기존 연구 결과를 고려하여 세 가지 기준을 제시하고자 하는바, 거주(residence), 근로(work), 욕구(needs)가 바로 그것이다. 먼저 거주기반형은 평등 원칙하에 이민자도 국적에 관계없이 정기적 거주가 인정되는 경우 내국인과 동일한 사회권을 부여하고자 하는 유형이다. 근로기반형은 근로 경력, 사회보험 가입 등 노동시장참여가 이민자 사회권의 인정 여부의 핵심에 자리 잡고 있다. 이민자의 불안정한 노동시장 상황, 열악한 임금 수준 등을 고려할 때 내국인에 비해 사회권 보장에서 많은 차이가 발견되는 유형이다. 마지막으로 욕구기반형은 자유주의 복지레짐에서 나타나는 유형으로 욕구가 있음이 인정되는 경우 이민자의 사회권이 보장되는 유형이다. 따라서 이 유형에서는 자산 및 소득 조사를 통한 급여 제공이 일반적이다.

이상 이민레짐의 등장배경, 개념 그리고 구성요소에 대해 간략하게 살펴보았다. 정리하면, 이민레짐은 분석대상이 특정 영역에 국한되어 있는 이민정책레짐에 대한 대안적 접근방법이다. 그리고 포괄적 분석을 특징으로 하

표 1 이민레짐의 3대 구성요소 및 유형

구성요소	개념적 정의	유형
이민정책	이민 허용의 배경, 이민자에 대한 입국 전과 입국 후의 관리 및 통제와 관련된 정책 및 제도	선별모델, 포용모델
통합정책	신규 이민자 혹은 기존 이민자의 경제, 사회적 통합을 용이하게 위한 제반 정책	동화주의, 다문화주의, 시민통합, 시민통합적 다문화주의
사회정책	내국인과 동등한 사회권을 보장하기 위한 제 정책	사회권 토대: 거주기반형, 근로기반형, 욕구기반형

고 있는 이민레짐은 구성요소로서 이민정책, 통합정책 그리고 사회정책을 포함하고 있는 것이다. 이상의 내용을 〈표 1〉로 정리했다.

2. 분석대상국가, 분석틀 및 책의 구성

1) 분석 대상 국가 선정: 왜 스웨덴, 프랑스, 캐나다인가?

레짐 연구에서 중요한 사안 중의 하나는 분석대상 국가선정으로 이는 이민레짐도 예외가 아니다. 첫 번째 고려사항은 본 연구를 통해 가능한 이민레짐의 다양한 모습을 보여줄 수 있어야 한다는 점이다. 예컨대 이민정책에서는 포용적인 국가(이민개방 국가)와 선별적인 국가(이민제한 국가)가 모두 포함되어야 한다. 통합정책에서 동화주의와 다문화주의는 반드시 포함되어야 한다. 왜냐하면 이들은 전통적인 모델로서 대부분의 국가에서 지금도 실시되는 정책유형이기 때문이다. 한편 시민통합정책은 실질적으로는 네덜란드 등 일부 국가에서만 실시되고 있기 때문에 이 유형보다는 다문화주의와 시민통합정책을 동시에 실시하고 있는 국가를 선택함으로써 일견 비양립적으로 보이는 양대 모델의 결합 가능성을 살펴보고자 한다. 다양한 모습에 관한 관심은 사회정책에서도 그대로 드러난다. 사회권 기반의 3대 유형 즉, 거주기반, 근로기반, 욕구 중심형의 현실적 특징이 잘 나타나는 국가에 초점을 두었다.

두 번째 고려사항은 어느 국가가 본 저서의 제3부에서 살펴보게 될 한국에 줄 수 있는 시사점 도출을 극대화 할 수 있을까 하는 것이다. 한국 사회가 다문화사회인가에 대해서는 이를 어떻게 개념 정의하느냐에 따라 다를 것이다. 그럼에도 불구하고 분명한 것은 한국에도 2016년 기준 3.4%에 달하는 외국인 주민이 있으며 이는 2017년 3.6%, 2018년 4.0%, 2019년 4.3%(약 221만 명) 등으로 꾸준히 증가하고 있다. 이러한 양적 증가는 이민문제와 관련하여 많은 논쟁을 불러일으킬 것이다. 이에 본 저서는 이러한 점을 염두에 두고 레짐관점에서 나타나는 한국의 특징, 구성 요소 간의 관련성에 대한 평가에 도움이 될 수 있는 기대 효과를 고려하면서 분석대상 국가를 선정했는데 스웨덴, 프랑스 그리고 캐나다가 바로 그것이다.

이들 세 개 국가의 이민정책, 통합정책 그리고 사회정책의 특징을 간략하게 정리하면 다음과 같다.

먼저 스웨덴이다. 이민정책에서 스웨덴은 포용적 이민정책을 유지하고 있다. 물론 1970년대 중반부터 2000년 말까지는 유럽본토 및 북유럽 국가와 마찬가지로 제한적 이민정책을 펼쳤던 시기도 있었다. 하지만 스웨덴 이민정책의 특징이 뚜렷이 나타나는 시기는 전 세계적인 이민개방을 선언한 2008년 이후이다. 일자리를 제안 받은 이민자라면 이민문호를 EU 회원국뿐만 아니라 전 세계적으로 개방한다는 것이다. 이러한 정책변화는 같은 스칸디나비아 국가인 덴마크와 대조되는 부분이기도 하다. 스웨덴은 현재도 프랑스, 캐나다는 물론이거니와 스칸디나비아 국가 중에서 가장 자유로운 이민정책 실시 국가이다. 이상의 점을 고려하여 본 저서에서는 스웨덴을 포용적 이민정책국가로 보고자 한다.

한편, 스웨덴의 이민자 통합정책은 다문화주의에 바탕을 두고 있다. 상대적으로 덜 엄격한 시민권 취득요건, 높은 귀화율, 스웨덴 언어 및 지식, 역사 교육에 대한 이민자 참여를 의무가 아니라 하나의 권리로 간주되고 있다는 점, 이민자의 노동시장개방정책 등이 대표적인 사례이다. 이러한 특징은 이민자통합정책지표(MIPEX) 등 다문화관련지표의 국가 비교에서 스웨덴을 최정상의 순위에 유지시키는 결과를 낳고 있다. 이에 본 연구에서는 스웨덴을 대표적인 다문화주의적 통합정책 실시 국가로 보고자 한다.

마지막으로 사회정책이다. 주지하다시피 스웨덴은 사민주의 복지레짐의 대표적 국가로서 사회구성원 전체를 급여 및 서비스의 적용대상으로 간주하고 있다. 이민자 사회권의 스웨덴 사례로서 흥미로운 부분은 denizen(비귀화 이민자)과 citizen 간의 차이가 거의 없다는 점이다. 즉 스웨덴 국적이 아니더라도 정기적 거주만 확인되면 스웨덴인과 마찬가지의 급여 및 서비스를 제공하고 있다는 점이다. 다시 말하면, 국적이 아니라 거주가 사회권 인정 여부의 기준으로 작용하고 있다. 이러한 거주 요건은 건강보험, 아동 및 주거수당, 사회 서비스에 적용되고 있으며 근로 경력이 없더라도 법정 거주기간 요건만 충족되면 최저보장연금(기존의 기초연금)이 지급되고 있다(기존의 10년에서 3년으로 단축). 이렇게 볼 때, 스웨덴 이민자 사회권은 거주에 바탕을 두고 있는 대표적인 유형 사례라 할 수 있다.

한편, 프랑스의 이민정책은 선별주의를 유지하고 있다. 중요한 시기별 차이는 1970년대 중반까지는 부족한 노동력 해소를 위해 주로 저숙련 근로자의 유치에 초점을 두고 있다면 2000년대부터는 숙련 근로자를 선호하고 있다는 점이다. 1970년대 중반의 근로이민 중지 그리고 1980년대 말의 이민스톱선언 등 이민 자체를 거부하는 정책이 실시되기도 했으나 실질적인 효과는 거의 찾아볼 수 없다.

둘째, 프랑스 이민자 통합정책은 동화주의에 바탕을 두고 있다. 이는 프랑스의 공교육제도 그리고 문화 분야에서 소수 민족의 특수성을 인정하지 않는 정책에서 여실히 나타나고 있다. 한편, 프랑스 동화주의에서 눈여겨볼만한 부분은 공화주의적 가치에 대한 애착이 드러난다는 점이다. 공화주의는 자유, 평등, 박애를 바탕으로 사회구성원간 동등한 권리 보장을 강조하는 프랑스 국가건설의 기본 이념으로 국적 취득제도 등 이민자 통합정책에서도 그 성격이 나타난다. 프랑스 통합정책 흐름에서 흥미로운 부분은 집권정당의 이념에 따라 공화주의와 동화주의가 상호보완 혹은 서로 충돌하는 모습을 보인다는 점이다. 한편, 2000년대 이후 프랑스 통합정책은 동화주의 성격이 점점 강화되는 경향을 보이고 있는데 2006년부터 실시되고 있는 통합수용계약제도(CAI)가 이의 중요한 방증이라 할 수 있다.

마지막으로 프랑스의 이민자 사회권(사회정책)은 근로에 바탕을 두고 있다. 이는 조합주의 복지모델에 기인한 것이다. 따라서 프랑스 이민자 사회권은 내국인에 비해 약할 가능성이 매우 높다고 할 수 있다. 한편 프랑스 이민자 사회권에서 눈여겨 볼 만한 부분은 근로기반형임에도 불구하고 정기적 거주만 인정되면 국적에 관계없이 사회권이 보장되는 특정 영역이 있다는 점이다. 프랑스 헌법은 이를 대항적 권리로 명시하고 있는데 교육권, 건강권, 주거권이 바로 그것이다. 이렇게 볼 때 근로기반형임에도 불구하고 거주 또한 사회권인정의 주요 근거로 간주되는 국가가 프랑스라 할 수 있다.

이민레짐 국제비교의 세 번째 분석대상은 캐나다이다. 앞에서 언급한 바와 같이 캐나다의 이민정책은 포인트 시스템 즉 선별형에 속한다. 이 제도가 도입된 것은 1967년으로 그 전에는 인종차별적 이민정책이 실시되었다. 이민자의 교육, 연령, 공용어 구사능력, 직업 경험 등의 다양한 항목에서의 평가를 통해 이민자를 선발하고자 하는 포인트 시스템의 기본 취지는 이민과 경제 간의 보완적 관계 유지이다. 한편 일정 부분 주정부의 이민선발권한을 인정하는 주 지명프로그램(PNP)제도가 1999년부터 실시되고 있는 바 이 역시 주정부 나름의 이민범주와 선발기준에 바탕을 둔 것이다.

다음으로, 캐나다의 통합정책을 논할 때 가장 먼저 등장하는 용어가 다문화주의이다. 이는 다문화주의에 대한 캐나다의 관심, 그리고 다문화 관련 지표의 국가비교에서 나타나는 캐나다의 위상을 고려할 때 부인할 수 없는 점이다. 그럼에도 불구하고 본 저서를 통해 살펴보고 싶은 점은 캐나다의 통합정책이 다문화주의에 국한되어 있는가 하는 점이다. 다문화주의를 근간으로 하면서도 시민통합정책적 요소가 동시에 나타난다는 것이 본 연구자의 입장이다. 시민통합정책이 다문화주의의 대안적 정책으로 유럽일부국가에서 관심을 모으고 있는 점을 고려할 때 이러한 캐나다 사례는 다문화주의와 시민통합정책의 보완 관계를 보여주는 것으로 정책적 차원에서 시사 하는 바가 매우 크다고 할 수 있다.

마지막으로 캐나다의 사회정책이다. 자유주의 복지레짐에 속하는 국가로서 욕구의 인정 여부가 사회권 기준이다. 이민자 사회권 보장과 관련하여 공공부조의 역할이 클 수 있음을 보여주는 대목이다. 그럼에도 불구하고 캐나다의 복지제도에는 사민주의적 요소가 녹아있음에 유의할 필요가 있는데, 대표적인 분야가 건강과 기초연금이다. 보편급여로서 정기적 거주 요건(건강: 일반적으로 3개월 ; 기초연금: 10년)만 확인되면 국적에 관계없이 수급권자가 될 수 있다. 뿐만 아니라 법정 거주민 가운데 일정 소득 이하인 경우는 공공부조연금이 추가적으로 제공된다. 이처럼, 사회권 인정 토대로서 거주와 욕구가 공존하고 있는 국가가 캐나다이다.

이상 살펴본 바와 같이 분석대상 국가는 이민레짐의 세 가지 구성요소에서 매우 다양하면서도 흥미로운 모습을 보이고 있다. 뿐만 아니라 분석대상 국가의 사례 분석은 한국사회의 미래 모습을 상상할 때 우리나라에게 매우 중요한 정책적 · 제도적 시사점을 던져줄 것으로 기대된다.

2) 분석틀

본 저서는 이민레짐의 관점에서 스웨덴, 프랑스, 캐나다에서 나타나는 국가별 특징 및 이의 상호 비교를 통해 이민레짐의 타당성을 평가하고 이를 바탕으로 이민레짐의 한국 적용가능성을 살펴보는 것을 목적으로 하고 있다. 이를 위해 본 연구는 이민레짐 개념이 지니고 있는 포괄성과 구성요소 간 상호 관련성에 바탕을 두고 아래와 같은 분석틀을 제시하고자 한다. 3개 분석대상국가의 특징 및 상호 비교는 이에 바탕을 두게 될 것이다.

표 2 연구 분석틀 및 세부내용

분석기준 (구성요소)	세부 내용
이민정책	· 이민정책의 기본 철학 · 이민정책 변천 · 현행 이민정책 방향(선별 혹은 포용) · 현행 이민정책 및 주요 제도
통합정책	· 시민권(국적) 취득제도 · 이민자 통합프로그램 · 언어 교육 및 시민성 함양 프로그램 · 노동시장 프로그램
사회정책	· 사회보험에서 나타나는 이민자 사회권 · 공공부조제도(사회서비스 포함에서 나타나는 이민자 사회권)

3) 책의 구성

본 저서는 서론(제1장)을 제외하고 전부 3부로 구성되어 있다.

제1부는 이민레짐의 이론적 고찰 부분이다. 먼저 제2장에서는 이민정책 레짐 등 유사 용어와의 비교를 통해 이민레짐의 고유성과 학문적 의의를 도출할 것이다. 이어서 이민레짐 연구가 이민과 관련된 기존 연구와 어떤 공통점과 차이점이 있는지 살핌으로서 이민레짐의 특징을 확인할 것이다. 제3장은 이민레짐의 개념정의 및 구성요소 확인이다. 먼저 레짐의 속성 파악을 통해 이민레짐의 성격 및 타당성을 살필 것이다. 그리고 이민레짐의 3대 구성 요소 즉 이민정책, 통합정책 그리고 사회정책의 개념 정의 및 성격 그리고 해당 영역을 제시하고자 한다.

제2부는 이민레짐 국제비교 부분이다. 여기서는 서론에서 제시된 분석틀을 바탕으로 3개 국가를 대상으로 이민레짐 3대 요소 즉 이민정책, 통합정책, 사회정책의 역사적 흐름 및 현행 특징을 살펴볼 것이다. 이를 바탕으

로 각 장의 마지막 절에서는 해당 국가의 이민레짐 특징을 정리할 것이다.

제3부는 3개 국가의 이민레짐 비교 결과와 한국에의 적용 가능성에 관한 것이다. 제7장은 이민레짐 비교결과와 평가부분으로 3개 국가의 이민레짐을 상호 비교한다. 제8장은 본문의 마지막 장이다. 지금까지의 논의를 바탕으로 한국 이민레짐의 적용가능성을 살펴볼 것이다. 한국의 이민정책의 존재 여부에서조차 이견이 있는 것이 사실이다. 또한 통합정책과 사회정책의 정체성 또한 모호하다. 이상의 점을 고려하면서 여기서는 구성요소별 구체적 내용을 확인하고 이를 바탕으로 이민레짐의 적용가능성에 대한 평가를 시도할 것이다.

3. 주요 용어 개념 정의

1) 이주와 이민

여기서는 본 저서에서 사용하게 될 이민 관련 용어의 개념 정의를 소개하고자 한다. 먼저, 이주와 이민의 관계이다. 이는 국내학계에서조차 학자에 따라 달리 사용되고 있는 실정이다. 본 저서에서는 이민(immigration)을 이주(migration)의 하나로 보고자 한다. 구체적으로 이주란 경계를 넘어 거주지를 옮기는 현상을 말하는 것으로 이동의 경계가 국내인 경우에는 국내이주, 국가 간 경계인 경우는 국제이주라고 한다. 한편, 국제연합은 이민을 자신의 통상적인 거주 국가를 변경하는 경우라고 정의내리고 있다. 이렇게 본다면 이민은 이주의 한 유형으로 국제이주에 한정되는 것이다.

2) 이민자, 외국인 인구, 외국인 주민 그리고 비귀화 이민자

이민자와 관련된 용어들의 개념 정의이다. 먼저, 이민자(immigrants)와 외국인 인구(foreign population)과의 관련성이다. 이민자 통계를 발표할 때 이민자에 초점을 두는 경우도 있는 반면 이민자와 외국인 인구의 두 가지 통계를 발표하는 국가도 있다.[3] 후자 경우와 관련하여 프랑스 사례를 소개한다면 통계청(Insee)은 정기적으로 프랑스 유입 인구 추이를 제시하면서 이민자와 외국인 인구 규모 변화를 동시에 보여주고 있다. 구체적으로 이민자는 외국에서 외국인으로 태어난 사람으로서 프랑스에서 거주하고 있는 사람을 지칭한다. 이는 이민자 여부에 중요한 관건은 출생 지역(국가)이 어디인가 하는 것이다.[4] 따라서 이민자 중에는 외국 출생자로서 귀화를 통하여 프랑스 국적을 취득한 사람뿐만 아니라 외국 국적을 지니고 있는 사람도 있다는 것이다.[5] 이민자 개념의 또 다른 특징은 이것이 가지고 있는 불변적 성격에 있다. 즉, 외국에서 태어난 사람이 프랑스 생활 중에 프랑스 국적을 취득한다 하더라도 이 사람은 여전히 이민자 범주에 포함된다. 이를 단적으로 표현하면 "한번 이민자는 영원한 이민자"라는 것이다. 이에 반해 외국인 인구는 예컨대 프랑스 거주자로서 프랑스 국적 미취득자를 지칭한다. 이는 이민자 개념과는 달리 외국인 인구 여부의 기준은 현행 국적임을 의미 한다. 한 예로, 프랑스에서 태어난 이민자 자녀가 프랑스 국적을 취득했으면 프랑스 사람인 반면 외국국적을 그대로 가지고 있으면 외국인 인구 범주에 포함되는 것이다. 외국인 인구 개념의 두 번째 특징은 이민자와는 반대로 불변적 성격이 아니라는 점이다. 현행법에 따라 법정 귀화를 통해 언제든지 외국인의 신분에서 벗어날 수 있는 길이 열려있다. 이렇게 볼 때 외국인 인구에도 두 개의 하위 유형이 있음을 알 수 있다. 외국에서 출생한 외국국적 소지지가 한 유형이며 나머지 유형은 프랑스에서 출생한 외국국적 소지자로서 주로 미성년자가 대부분을 차지한다. 이상의 점을 고려하여 하위범주의

---

3) 예컨대, 캐나다는 이민자에 초점을 두는 반면, 스웨덴과 프랑스는 이민자와 외국인 인구 등 두 가지 통계를 발표하고 있다.

4) 이런 의미에서 프랑스에서 출생한 외국인 주민의 자녀(이민 2세대)는 엄밀한 의미에서 이민자 범주에 포함될 수 없다.

5) OECD가 이민자 용어 대신에 외국출생인구(foreign-born population)를 사용하고 있는 것도 바로 이에 근거한 것이다. cf. OECD. 2017.

차원에서 이민자와 외국인 인구를 비교하면 〈표 3〉과 같다.

〈표 3〉처럼, 외국 출생 외국인은 이민자와 외국인 인구에 공통적으로 포함되는 유형인 반면 외국출생 이민국 귀화인은 이민자에 포함되는 반면 이민국 출생 외국인은 외국인 인구에 포함된다.[6)]

한편, 한국에서는 이민자 용어보다는 체류외국인 그리고 외국인 주민 용어를 사용하고 있다. 이 가운데 이민자 개념에 상대적으로 가까운 용어는 외국인 주민이다. 왜냐하면 이에는 단기 체류외국인은 제외되어 있기 때문이다. 하지만 외국인 주민도 방금 살펴본 이민자 그리고 외국인 인구 개념 중 어느 것과도 완전히 동일한 의미를 지니고 있지는 않다. 한국의 외국인 주민에는 장기 체류외국인 · 귀화자뿐만 아니라 외국인 주민의 자녀까지 포함되어 있다. 이는 출생 국가 혹은 국적 취득과는 무관하게 체류 기간에 초점을 두고 있음을 의미한다.

다음, 이 책의 분석 대상 국가 중의 하나인 스웨덴의 이민자 사회권 인정에서 denizen(비귀화 이민자)에 대한 이해는 중요하다. 스웨덴 국적을 취득한 귀화 이민자는 스웨덴 국민과 동일한 사회권을 보장받고 있다. 문제는 비귀화 이민자에 대한 사회권은 어떠한가 하는 것이다. 일반적으로 denizen은 특정 지역에 거주하는 사람으로서 시민과 외국인 거주자 사이의 중간 정도의 권리를 지니고 있는 사람으로 인식되고 있다. 스웨덴에서는 denizen을 초기에는 노르딕 국가 출신의 거주민으로 제한했으나 1954년

표 3 이민자와 외국인 인구의 하위범주 비교

대범주	하위범주	
이민자(immigrants)	외국출생 외국국적인	외국출생 이민유입국 귀화인
외국인 주민(foreigners)	외국출생 외국국적인	이민국 출생 외국국적인

6) 이 중 본 저서는 외국 사례 분석에서 별도의 언급이 없는 한 이민자에 초점을 둘 것이다.

외국인 법 그리고 이후의 관련법 개정을 통해 여타 국가 출신 이민자들도 이에 포함시켰다(D. Sainsbury, 2006).

3) 거주기반형, 근로기반형 그리고 욕구기반형: 이민자 사회권의 토대

이 책은 기존 연구 결과를 고려하여 사회권 토대와 관련하여 세 가지 유형을 제시한바, 거주기반형(residence), 근로기반형(work) 마지막으로 욕구(needs)기반형이 바로 그것이다(D. Sainsbury, 2006). 먼저 거주기반형은 평등 원칙하에 이민자도 국적에 관계없이 정기적 거주가 인정되는 경우 내국인과 동일한 사회권을 부여하고자 하는 유형이다. 다른 말로 하면 사회권에 있어서 denizen(비귀화 이민자)과 citizen 간의 차이가 없는 것을 지향하는 유형이다. 근로기반형은 근로 경력, 사회보험 가입 등 노동시장참여가 이민자 사회권의 인정 여부의 핵심에 자리 잡고 있다. 이민자의 불안정한 노동시장 상황, 열악한 임금 수준 등을 고려할 때 내국인에 비해 사회권 보장에서 많은 차이가 발견되는 유형이다. 마지막으로 욕구기반형은 욕구가 있음이 인정되는 경우 이민자의 사회권이 보장되는 유형이다. 이는 주로 자산조사를 통해 욕구의 인정여부가 정해진다.

이민자의 사회권 토대와 관련하여 두 가지만 강조하고자 한다. 첫째, 복지레짐과의 관련성이다. 즉, 이민자 사회권의 토대는 해당국가의 복지레짐과 밀접한 관련성을 지니고 있다. 구체적으로 사민주의 복지레짐의 국가에서 나타나는 이민자 사회권은 거주에 바탕을 두고 있다. 조합주의 복지레짐 국가의 경우에는 근로가 이민자 사회권의 토대이다. 마지막으로 공공부조제도의 역할이 강한 자유주의 복지레짐에서는 욕구의 인정 여부가 중요하게 작용한다. 둘째, 국가별 이민자 사회권 토대는 이념형에 가깝다. 즉, 이는 국가별 상대적으로 강하게 나타나는 사회권의 토대를 적시해 놓은 것으로 현실적으로는 세 개 국가 공히 세 가지 사회권의 토대를 공유하고 있다. 여기서의 관건은 국가별 이민자 사회권 토대가 관련 제도에 구체적으로 어떻게 반영되고 있는가 하는 것이다.

제1부

이민레짐의 이론적 고찰

* 제1부는 이민레짐의 이론적 고찰 부분으로 우선, 이민자정책 선행 연구 분석을 통해 내용 및 특징을 살펴본 다음 이민레짐의 관점에서 각 연구의 의의 및 한계를 살펴볼 것이다. 제3장은 이민레짐의 개념 정의 및 구성요소에 관한 부분이다. 먼저 레짐의 속성 파악을 통해 이민레짐의 성격 및 타당성을 살필 것이다. 이어서, 이민레짐의 3대 구성요소 즉 이민정책, 통합정책 그리고 사회정책의 개념 정의 및 성격 그리고 각 정책의 세부 영역을 제시하고자 한다.

제2장

이민레짐의 관점에서 본 이민자정책 선행 연구

여기서는 이민자정책에 관한 대표적인 연구 내용을 정리한 후 이민레짐의 관점에서 관련연구를 평가하고자 한다. 이는 이민자정책의 연구 동향을 확인하는 데 도움을 줄 수 있는 동시에 이민레짐의 관점에서 기존 연구를 평가함으로써 이민레짐의 등장 배경을 이해하는 데 도움을 줄 수 있을 것이다. 여기서는 기존 연구의 성격에 따라 세 가지로 구분하여 설명하고자 한다.

1. 유형론

이민자정책 연구에서 가장 많은 경향을 보이는 연구가 바로 유형론적 구분 방법이다. 이는 이상형으로서 이민자정책에 관련된 몇 가지 모델(유형)을 제시하고 해당 모델에 속하는 국가를 언급하는 방식으로 연구 결과를 도출하고 있다. 문제는 이러한 유형론이 이민레짐과 어떠한 관련성을 맺고 있는가 하는 것이다. 구체적으로 이들 연구가 이민레짐이 지향하고 있는 두 가지 기본 성격 즉 포괄성과 체계성을 지니고 있는가 하는 것이다. 이를 확인하기 위해서는 각 유형론에서 사용되고 있는 구분의 기준이 무엇인지, 이러한 기준(들)이 이민레짐의 어디에 위치하고 있는지 살펴봐야 할 것이다. 이상의 점들을 고려하면서 대표적인 연구 사례를 소개하면 다음과 같다.

1) 구분 배제, 동화주의 그리고 다원주의 모델: 카슬의 유형론

시기적으로는 약간 오래된 것이지만 국내의 이민자정책 연구에서 가장 많이 언급되는 유형론이다. 1995년에 발간된 연구논문에서 카슬(S. Castles)은 이민자정책은 세 가지 모델이 있으며 각 모델은 해당 국민국가 형성의 역사적 패턴과 직결되어 있다고 강조하고 있다.[1] 그리고 모델에 대한 관심이 중요한 이유는 해당 모델이 바로 이민자의 사회적 지위를 결정하는 광범위한 제도적 · 사회적 힘에 영향을 미치고 있기 때문이라는 것이다. 달리 말하면 해당 모델은 제도적 · 사회적 힘에 영향을 미치며 제도적 · 사회적 힘은 결국 이민자의 사회적 지위에 영향을 미치고 있다는 것이다. 따라서 세 가지 모델이 지니고 있는 특징은 해당 국가 이민자의 사회적 지위를 이해하는데 필수불가결한 요소이다. 이상의 점을 고려하면서 카슬의 세 가지 유형과 분류 기준을 살펴보자.

(1) 구분 배제(Differential exclusion)

이 모형의 특징은 이민자들은 노동시장과 같은 사회의 특정 영역에는 포용되지만 다른 영역 예컨대, 복지 체계, 시민권과 정치 참여 영역에서의

---

1) 아래 내용은 카슬의 관련 논문 내용을 정리한 것이다. S. Castles, 1995: 294-303. 카슬은 이 논문에서 세 가지 모델 외에 완전 배제 모델을 합쳐 총 네 가지 모델로 구분하고 있다. 하지만 완전 배제 모델은 1945년 이후 시기에는 현실적으로 존재하지 않는 모델로 간주되기 때문에 생략하고자 한다.

접근은 거부된다. 여기서 찾아볼 수 있는 배제 기제로서는 참여 금지를 규정하고 있는 법적 기제뿐만 아니라 시민과 비시민간 권리의 명확한 차별 그리고 인종주의와 차별 등의 비공식적 실행 등을 들 수 있다. 따라서 이 모형에서의 이민자 상황은 소수종족인으로서 시민사회의 일원(즉, 노동자, 소비자, 부모 등)이지만 경제 · 사회 · 문화 · 정치적 측면에서의 완전한 참여는 배제되어 있다. 이민자들은 사회 경제적으로 불리한 위치에 있으며 계급과 종족적 배경 간 강한 영속적 연계가 나타나는 것 또한 본 모델의 특징이다.

한편, 이 모델에서의 정부나 대중의 이민자에 대한 인식은 부정적 혹은 소극적 성격을 보이고 있다. 구체적으로 이민자들은 한시적 노동 수요에 부응하는 근로자로서 이민 역시 이와 관련된 일시적 수단으로 보고 있다. 따라서 이민자의 영구 거주에 대해서는 부정적 인식이 강하다. 이의 이유로는 이민자들은 결국 유입국의 사회에 위험 요소가 될 것으로 보고 있기 때문이다. 구체적으로 경제적으로 임금 및 근로조건에 영향을 미치며 사회적으로 이민자의 영구 거주는 사회서비스 수요를 증대시키며 문화적으로는 유입국 민족 문화 및 정체성에 도전하게 될 것이라는 것이다. 따라서 이 모델에서 나타나는 국가 정책은 이민자의 거주권을 제한하거나 가족 결합을 막는 방향으로 진행되고 있다. 이 모델의 대표적 국가로 카슬은 독일과 일본을 꼽고 있으며 이외에도 기존의 초청 근로자 국가(예: 스위스, 오스트리아, 벨기에), 1970년대 이후 중동 산유 국가 그리고 남부 유럽 국가도 이에 포함되는 것으로 보고 있다. 그럼에도 불구하고 카슬은 이 모델이 본연의 목적을 이루고 있는가에 대해서는 회의적인 시각을 보이고 있다. 왜냐하면 영구거주 억제정책이 실질적인 효과를 보지 못하고 있기 때문이다. 뿐만 아니라 영구거주 이민자들은 사회 주변화 문제의 핵심에 자리 잡게 되며 이들의 약한 문화적 동질성은 인종차별적 폭력으로 이어지는 결과를 초래하고 있는 것이다.

(2) 동화주의적 모델(the assimilationist model)

여기서의 동화는 일방적인 적응 과정을 통해 이민자들을 사회에 포용시키는 정책을 의미한다. 따라서 이민자는 고유의 언어, 문화, 사회적 특성을 포기하게 되며 장기적으로는 다수 내국인과 구분이 사라질 것으로 기대하고 있다. 이 모델에서의 국가 역할은 지배 언어의 사용을 강조하며 이민자 자녀에 대한 제도권 학교 출석을 통해 개인의 적응 및 이전 가능한 다수 문화와 가치에 유리한 조건을 창출하는 것이다. 따라서 여기서의 이민자 상황은 특정 직업 혹은 특정 거주 지역에 집중하는 모습을 띠게 된다. 종족적 배경과 사회·경제적 지위 간 깊은 관련성이 발견되는 모델이다.

이 모델의 사례로서 카슬은 두시기로 구분하고 있는데 우선 20세기초의 미국과 1945년 후의 영국, 캐나다 그리고 호주가 이에 속한다고 보고 있다. 이후 통합정책으로 대체되는 모습이 나타나는데 여기서의 통합은 약한 동화 형태를 의미한다. 즉 최종 목표는 지배문화로의 완전한 흡수이지만 통합은 이민자 적응이 점진적 과정을 거칠 수밖에 없음을 인정하는 것이다. 1960년대 후의 호주, 캐나다, 영국이 바로 통합정책 실시 국가 중의 하나이다. 예컨대 영국은 집단으로서의 이민자의 정체성을 인정하고 이들의 모국어 사용을 인정하며 사회, 문화 단체의 결성도 허용했다. 지배 문화로의 완전한 흡수라는 동화의 최종목표를 고수하면서도 다원주의 모습을 보였던 것이다.

이렇게 볼 때 동화주의 모델의 전형은 프랑스라 할 수 있다. 우선 프랑스는 영국과 달리 개인으로서의 이민자 정체성에 초점을 두고 있다. 달리 말하면 이는 문화적 다양성 혹은 이민자 공동체를 인정하지 않는다는 것을 의미한다. 대신 프랑스 거주민은 정치적 공동체인 국가에 충성한다면 누구나 프랑스 시민이 될 수 있으며 프랑스 시민은 상호 완전한 평등을 누릴 수 있음을 강조한다. 한편, 공화주의로 대변되는 사회구성원의 평등사상은 프랑스 이민자정책의 한 축을 형성하고 있다. 즉, 평등사상에 바탕을 둔 이민자의 지배 문화로의 흡수가 프랑스 이민자정책의 핵심인 것이다. 공화주의와 동화주의의 결합이 발견되는 대목이다.

한편 카슬은 이러한 프랑스의 동화주의가 모순에 빠져있다고 지적한다. 왜냐하면 프랑스 이민자의 지위는 공화주의 원칙과는 반대로 매우 열악하기 때문이다. 노동시장분절, 이민자 주거 지역의 교외 집중은 이민자의 경제 사회적 주변화의 단적인 예이다. 1978년부터 1985년 사이에 5배 이상 증가한 인종주의, 정치적 극우주의 득세, 이에 대한 이민자의 반발, 반 인종주의 이민단체의 등장 등은 바로 프랑스 공화주의적 동화주의의 긴장이 표출된 것으로 보고 있다.

(3) 다원주의 모델(the pluralist model)

여기서 다원주의란 여러 세대에 걸쳐 언어, 문화, 사회 행위 그리고 단체와 관련하여 다수 인구와 구분될 수 있는 종족 공동체로서의 이민자 집단을 인정하는 것이다.2) 그리고 이 모델에서 이민자들은 사회의 전 영역에서 내국인과 동등한 권리를 부여받아야 한다. 그 저변에는 이민자들이 이민국의 주요 가치에 대해서는 순응할 것으로 기대됨에도 불구하고 그들의 다양성은 포기하지 않을 것이라는 것이 전제되어 있다. 카슬의 분석에서 흥미로운 점은 다원주의 모델의 내적 구분에 관한 것이다. 그는 방임접근유형(laissez-faire approach)과 명시적 다원주의 정책유형(explicit multicultural policies) 등 두 가지로 구분하고 있는데 이의 기준은 다원주의에 관한 국가 정책 개입 여부이다. 구체적으로 전자는 차이를 허용하면서도 종족별 문화를 유지하는 것은 국가의 역할과 무관하다는 입장이다. 이의 대표적 국가는 미국이다. 한편, 명시적 다원주의 정책유형은 문화적 차이를 인정하고 이에 부응하는 방향으로 사회 행위의 변화, 제도적 구조 변화를 시도하고자 하는 다수의 의지를 특징으로 하고 있다. 캐나다, 호주, 스웨덴이 이 유형에 포함된다.

---

2) 이는 이민자의 정체성을 개인 차원에 바탕을 두고 있는 동화주의와 근본적인 차이를 보이는 대목이다.

(4) 의의 및 이민레짐과의 관련성

카슬의 구분법은 시기적으로 20년이 지난 것임에도 불구하고 현행 국가별 이민자정책을 이해하는 데 많은 도움을 주고 있다. 세 가지 구분법 못지않게 중요한 점은 각 모델을 낳게 만든 요인에 관한 것이다. 카슬에 따르면 각 모델은 해당 국가의 국민 국가 형성의 역사적 경험과 밀접한 관련성이 있다. 즉 국민 국가 형성의 토대가 무엇인가 하는 점이다. 구체적으로 일본이나 독일처럼 종족 소속감에 바탕을 둔 국민 국가 형성을 경험한 국가는 구분 배제 모델의 성격이 강하다. 영국, 네덜란드, 그리고 프랑스처럼 국민 국가 형성의 토대가 정치적, 문화적 공동체인 국가의 이민자정책은 동화주의 모델과 선택적 친화력을 보이고 있다. 반면 다원주의적 국가에서의 소속감은 거주에 바탕을 두고 있다. 이민 허용을 통해서 시작된 시민 사회 멤버십은 국민 국가에의 참여로 이어진다. 따라서 이민자의 영구 거주와 가족결합 장려는 바로 국민 국가 형성의 토대가 되는 것이다.

한편, 이민레짐과 관련하여 볼 때 카슬의 3구분법의 기준이 무엇인가에 대해서는 별다른 언급이 없다. 단지 이민자 유입 국가의 이민대응방식만 언급되어 있을 뿐이다. 하지만 각 모델의 특징을 살펴보면 공통적으로 이민국에서 생활하고 있는 이민자가 대응의 대상임을 알 수 있다. 이민레짐의 세 가지 구성요소 중 통합정책과 밀접한 관련성이 있음을 보여주는 대목이다. 달리 말하면 이는 카슬의 3구분법은 이민레짐의 세 가지 요소 중 이민정책과 사회정책에 대해서는 상대적으로 관심이 덜하다는 의미이다. 연구의 의의에도 불구하고 이민레짐의 관점에서 보면 분명한 한계가 드러나는 대목이다.

2) 새로운 유형의 등장: 시민통합정책

앞에서 살펴본 카슬의 유형론은 이민자정책의 국가 비교를 가능하게 했다는 점에서 매우 큰 의의를 지니고 있다. 하지만 이 역시 이념형으로서 현실적합성이라는 문제를 안고 있다. 특히 1990년대 이후 유럽의 이민자정책이 급격하게 변화했음을 고려할 때 카슬의 유형론이 이러한 변화의 모습을 충분히 반영하고 있는가에 대해서는 의문의 여지가 많다. 이와 관련하여 여기서는 이민자정책의 새로운 모습으로서 시민통합정책(Civic integration policies)에 주목하고자 한다. 글의 순서는 먼저 이의 등장 배경과 특징을 살펴본 후 이민레짐과의 관련성을 확인할 것이다.

(1) 시민통합정책의 등장배경

이민자정책의 새로운 모습으로서 시민통합에 주목할 필요가 있다고 주장한 학자로서는 욥케(Ch. Joppke)가 대표적이다. 그는 2007년의 관련 논문에서 국가별 이민자정책의 다양성 보다는 수렴현상이 유럽 일부 국가에서 발견된다고 주장하고 이를 시민통합정책으로 명명했다. 이를 이어 굿맨(Goodman)이나 쿠프만스(Koopmans) 같은 학자가 시민통합정책에 대한 학문적, 정책적 관심을 강조하고 있다.

시민통합정책이 등장하게 된 가장 중요한 배경은 다문화주의에 대한 비판이다. 프랑스를 제외한 유럽국가에서는 1970년대부터 1990년대 중반까지 다문화주의정책이 주를 이루었다. 카슬의 용어대로라면 명시적 다문화주의정책이 실시된 것이다. 이의 대표적인 국가가 네덜란드이다. 네덜란드는 1980년대 초부터 '종족적 소수자 정책(ethnic minorities policy)'이라는 이름하에 이민자들에게 한 집단으로서 자신들의 정체성을 버리지 않고 네덜란드 사회에 참여하는 것을 장려했다. 이를 위해 모국어 교육, 무슬림, 힌두학교 설립, 그리고 이민자 집단별로 방송국, 정치적 자문기구 설립 등을 추진했으며 이러한 정책들은 모두 국가의 재정 지원 하에 이루어졌다(설동훈 · 이병하, 2013: 216). 하지만 이러한 다문화주의정책은 유럽 각국에 여러 가지 문제를 낳았다. 이와 관련하여 등장한 용어가 바로 점진적 딜레마(progressive dilemma)이다. 이의 핵심은 다문화주의 자체는 이민자에게는 좋으나 복지국가에 대한 대다수 인구 집단의 지지를 하락시킴으로써 포용적 복지국가와 다문화주의정책은 서로 양립될 수 없음을 주장하는 것이다.[3]

한편, 쿠프만스는 한걸음 더 나아가 다문화주의는 복지국가는 물론이거니와 이민자들에게조차 유익한 것이 아니라고 주장한다. 근거로서 그는 다문화주의정책을 실시하고 있는 국가의 이민자들은 복지제도 의존 경향이 강하며 사회 경제적 주변화를 초래하고 있음을 들고 있다(R. Koopmans, 2010).[4] 또한 다문화주의는 좌파와 우파 양진영의 비판의 대상이 되기도 했다. 우파진영에서는 다문화주의에서 나타나는 과도한 다양성은 대다수 사회구성원의 일상생활에 위협으로 작용하고 있다고 주장한다. 이러한 입장은 토착주의(nativism)와 반이민 정치운동으로 확산되었다. 한편, 좌파 진영은 주로 다문화주의 자체의 한계를 지적했는데 소수민의 사회적 배제 극복 실패와 수혜자에 대한 불충분한 지원이 그 근거이다. 이는 결국 이민자의 사회고립으로 귀결되었다는 것이 다문화주의에 대한 좌파진영의 논리이다(W. Kymlicka, 2012). 한편, 이상의 다문화주의에 대한 유럽 일부 국가의 대응정책이 바로 시민통합정책인 것이다.

(2) 시민통합정책의 특징

1990년대 후반부터 네덜란드에서 시작되어 핀란드, 덴마크, 독일, 오스트리아 등으로 확산된 시민통합정책의 특징은 다음 세 가지이다.[5] 첫째, 이민자의 참여와 이민자 개인의 책임을 강조하는 적극적 시민권이다. 이는 집단 차원에서 이민자의 정체성을 확인하고자 하는 다문화주의와 차이를 보이는 대목이다. 주지하다시피 다문화주의는 집단기반 접근에 바탕을 두고 기

---

3) 이는 굿하트(Goodhart)가 주장한 이후 다문화주의에 비판적인 학자들에 의해 많은 관심을 받았다. D. Goodhart, 2004.

4) 그는 같은 논문에서 노동시장통합, 주거분리, 범죄 발생 정도를 기준으로 다문화주의정책 실시국가와 동화정책 실시 국가를 비교한 결과 다문화주의정책 실시 국가에서 나타나는 이민자의 사회통합 정도가 낮다고 결론지었다. R. Koopmans, 2010. 반면, 다문화주의가 이민자의 사회 · 정치적 통합을 훼손하고 있다는 주장은 근거 없는 것이라는 연구 결과도 있다. M. Wright and I. Bloemraad, 2012.

5) 이는 외국 학자의 견해의 인용한 설동훈 · 이병하의 관련 내용을 재인용한 것임. 설동훈 · 이병하, 2013: 212-215.

회접근의 차원에서 특정한 욕구와 권리를 지닌 집단의 존재를 인정한다. 그리고 정부의 적극적 개입을 통해 이민국의 주류집단에 비해 열등한 위치에 있는 집단으로서의 이민자 상황을 개선하고자 한다. 이에 반해 시민통합정책은 이민자 개인 스스로의 통합 노력을 강조한다. 이를 위해 이민국의 노동시장에 적극참여하고 이민국의 언어와 역사를 배워야 하는 이민자 개인의 책임이 강조되고 있는 것이 바로 시민통합정책이다.

둘째, 공유된 시민권이다. 이는 사회 구성원 전체에게 공유될 수 있는 공통의 문화를 강조하고 있다. 상호문화주의(interculturalism)로 대변될 수 있는 이 특징은 소수민의 지배 문화 순응을 강요하는 동화주의와 다르며 이민자 집단 고유의 문화, 가치, 역사를 용인하고 장려하는 다문화주의와도 차이를 보이는 부분이다.[6)]

셋째, 이민국에 대한 충성과 일체감을 강조하는 도덕적 시민권이다. 이는 국가에 따라 다르지만 입국 전과 입국 후로 구분된다. 입국 전에는 어느 정도 이민신청자가 이민국의 언어 구사력이 있는가를 테스트한다. 기준에 미달하는 경우에는 이민 불허 혹은 일정 기간 언어 능력 향상을 위한 노력을 요구한다. 입국 후에는 영구 거주 혹은 국적 취득에서 도덕적 시민권 요건을 강화시키고 있는 추세이다. 국적 취득요건에 이민국 역사 및 사회에 대한 지식 정도와 언어 테스트 등이 포함된다. 더 나아가서 충성 서약식까지 포함되어 있는 국가도 있다. 다문화주의하에서 최소한의 주거 요건만 갖추면 국적 취득이 가능했던 과거에 비해 이러한 변화는 이민자정책의 흐름까지 바꿀 수 있을 정도로 시사하는 바가 크다고 할 수 있다.

(3) 평가 및 이민레짐과의 관련성

시민통합정책을 둘러싸고 제기되는 질문은 다음과 같다. 첫째, 카슬의

---

6) 여기서 제기되는 문제는 공통의 문화가 무엇이며 이를 어떻게 창출하는가이다. 이에 대해서는 어느 국가도 분명한 해법을 제시하지 못하고 있다.

세 가지 이민자정책 모델처럼 이 역시 하나의 모델인가 하는 점이다. 하나의 모델이 되기 위해서는 우선 이에 포함되는 사례 수가 많아야 한다. 이런 관점에서 볼 때 시민통합정책은 하나의 모델로 보기에는 해당 국가 수가 많지 않다. 네덜란드, 덴마크 등 유럽일부국가에서만 그 모습을 보이기 때문이다. 하지만 이민자정책의 새로운 흐름을 읽을 수 있다는 점에서 주목할 필요가 있을 것이다.

둘째, 시민통합정책과 기존의 이민자정책 모델과의 관련성이다. 예컨대 시민통합정책은 동화주의모델에 속하는 것이 아닌가 하는 점이다. 이민자 '개인'의 정체성에 초점을 두고 있다는 점, 순응을 강조하고 있다는 점에서는 동화주의와 유사하다. 하지만 시민통합정책을 동화주의모델에 속하는 것으로 보는 것은 적절치 못하다. 이민자 개인의 정체성에 초점을 두고 있고 있으나 이의 방식은 개인의 기능적 자율성 증진을 강조하고 있기 때문이다. 즉 동화주의에서 보이는 통일성 즉, 지배문화 수용 및 흡수에 강조점이 있기 보다는 이민국에 대한 충성과 동시에 공통의 문화 창출에 대한 개인의 참여 및 책임을 더 강조하고 있는 것이다.

셋째, 시민통합정책은 동화주의와는 달리 공통의 문화 창출에 관심을 가지고 있으며 창출 주체 또한 다양할 수 있다고 보고 있다.[7] 물론 실현 가능성에 대해서는 논란의 여지가 많지만 동화주의와 근본적인 차이를 보이고 있는 지점이다.

마지막으로, 시민통합정책과 이민레짐의 관련성을 살펴보자. 시민통합정책이 다문화주의에 대한 비판에서 비롯되었음은 이미 언급한 바와 같다. 그리고 일정 부분 동화주의와 유사한 대목도 발견된다. 동화주의와 다문화주의의 경우 이민레짐의 세 가지 구성 요소 중 통합정책과 직결되어 있는 점으로 고려하면 시민통합정책의 영역 역시 통합정책이라 할 수 있다. 단, 도덕적 시민권에서 입국 전의 이민신청자의 상황까지도 테스트 하고 있는

7) 공통의 문화 창출은 다양한 문화의 상호 공존을 전제로 하고 있는 다문화주의와도 차이가 나는 부분이다.

점을 고려한다면 극히 부분적으로는 이민정책도 포함될 수 있을 것이다. 〈표 4〉는 지금까지 언급한 이민자정책유형론의 주요 내용을 정리한 것이다.

표 4 이민자정책 유형론

구분	특징	사례 국가	이민레짐과의 관련성
구분 배제 모델	· 포용과 배제의 영역간 구분 · 임시 근로이민 선호 · 정책: 영구 거주권 제한, 가족 결합 방지 · 계급과 종족적 배경 간 강한 상관성	· 독일과 일본 · 기존의 초청근로자체계 국가(스위스, 오스트리아, 벨기에)	통합정책
동화주의 모델	· 지배 문화, 가치에 대한 이민자 개인의 일방적인 순응 · 이민자: 특정 직업 종사 혹은 특정 지역 거주 · 국가정책: 이민자 개인의 순응 및 다수 문화 가치에 유리한 조건 창출(교육, 언어….) · 사회 경제적 지위와 종족적 배경 간 강한 상관성	· 프랑스 · 20세기 초 미국 · 1945년 이후 영국, 캐나다, 호주	통합정책
다원주의(다문화주의)	· 이민자 '집단"의 정체성 인정(종족 공동체) · 집단별 상이한 문화 공존 존중	· 방임유형: 미국 · 다문화정책유형 : 캐나다, 호주, 스웨덴, 1970 ~1980년대 유럽	통합정책
시민통합 정책	· 시민권(적극적, 공유된, 도덕적) · 공통의 문화 창출 · 이민 승인과 시민권(국적)취득을 위한 요건 강화(이민국에 대한 충성 및 일체감 입증)	· 1990년대 이후 유럽일부국가(네덜란드, 덴마크, 오스트리아 등)	통합정책 이민정책 (부분적)

2. 이민자정책지표 비교 연구

이는 이민자정책의 국가 비교가 관련 지표를 통해서 이루어진 연구로서 양적접근방법에 해당된다. 따라서 지표의 수치 비교를 통해 국가별 이민자 정책의 성격을 가늠할 수 있는 이점이 있다. 한편 개발된 지표의 내용 및 이의 비교 결과는 학자 혹은 국제기구에 따라 매우 다양하다. 여기서는 각 성격을 대표하는 네 가지 지표 소개 및 이에 관한 연구를 살펴보고자 한다. 네 가지 지표란 다문화주의정책지표, 시민통합지표, 이민자시민권지표 그리고 이민자통합정책지표이다.[8] 글의 순서는 각 지표의 구체적인 내용 및 국가 비교 결과 및 함의를 살펴본다. 그리고 각 지표가 이민레짐의 세 가지 구성 요소 중 어디에 초점을 두고 있는지 살펴봄으로서 해당지표와 이민레짐의 관련성을 도출할 것이다.

1) 다문화주의정책지표

(1) 내용 및 특징

캐나다 퀸즈대학교(Queen's university)의 관련 프로젝트의 성과물로서 21개 서구 민주주주의 국가의 다문화주의 변천을 확인하는 것을 목적으로 하고 있다.[9] 이 프로젝트는 표준화된 형식을 통해 비교 연구와 국가와 소수민족 간의 관계에 대한 이해를 돕고자 함과 동시에 다문화주의정책에 관한 정보를 제공하기 위해 설계되었다. 먼저 다문화주의 변천 확인을 위해 해당 지표는 10년 주기로 1980년부터 2010년까지의 변화 양상을 제시하고 있다.[10] 여기서 주의 깊게 봐야 될 부분은 표준화된 형식, 즉 어떤 다문화정책

8) 이외에도 국제기구나 학자들이 사용하고 있는 다문화 혹은 통합 지표로는 이민자통합장애지표(LOI, 1997), 시민권정책지표(CPI, 2009), 귀화장애지표(2010), 시민권법지표(CITLAW, 2013)등이 있다(괄호 속의 숫자는 해당 지표 조사가 처음 실시된 연도임)

9) 연구 책임자는 다문화주의 분야의 대표적인 학자인 킴리카 교수임.

상자 1 **다문화주의정책지표**

① 헌법, 개별법, 의회의 다문화주의 인정(중앙, 광역, 기초 자치단체)
② 학교 교과 내용에 다문화주의 채택
③ 공공 미디어 지정 혹은 미디어 허가시 민족적 표출/감수성의 포용
④ 법령 혹은 판례에 의한 드레스 코드 면제
⑤ 이중국적 허용
⑥ 문화 활동 지지를 위한 종족 집단 조직에 대한 재정 지원
⑦ 두 개 국가 언어 혹은 이민자 모국어 교육을 위한 재정 지원
⑧ 취약한 이민 집단을 위한 적극적 조치

출처: http://www.queensu.ca/mcp/(2018년 1월 25일 검색)

지표(Multiculturalism policy index/ MCPs)를 사용하고 있는가 하는 것이다. 이와 관련하여 연구팀은 〈상자 1〉처럼 총 여덟 가지 지표를 개발했다.

〈상자 1〉의 내용처럼 다문화주의정책지표는 집단으로서의 이민자 정체성을 확인하고 다양한 문화 공존 존중이라는 다문화주의의 원칙을 반영하고 있다. 제도 도입 혹은 법 제정을 통한 다문화주의의 강조, 상이한 문화 공존을 위한 교육 및 대중 매체의 장려, 소수종족을 위한 적극적 조치가 바로 그것이다. 따라서 이에 관한 지표 수치가 높을수록 그 국가는 다문화주의에 많은 관심을 보이고 있음을 의미한다.[11] 이를 고려하면서 다음의 관련 〈표〉들을 살펴보자.

먼저, 〈표 5〉는 21개 국가의 다문화주의정책지표의 추이를 나타낸 것인데, 내용을 살펴보면 몇 가지 흥미로운 점이 발견된다. 첫째, 다문화주의정책에서 시민통합정책으로 이행한 국가에서는 다문화정책지표 역시 하향추세를 보이고 있다. 네덜란드가 대표적 사례이다. 1980년대 이후 상승 추세

10) 1980년, 1990년, 2000년 그리고 2010년.
11) 지표별 점수는 항목별로 0, 0.5, 1 이다. 따라서 다문화정책 정도가 가장 강한 경우의 합은 8이 되는 것이다.

표 5 **국가별 다문화주의정책지표 추이**

국가명	1980	1990	2000	2010	추이 (1980~1990)	추이 (1990~2010)
오스트리아	0	0	1	1.5	정체	완상
벨기에	1	1.5	3.5	5.5	완상	급상
덴마크	0	0	0	0	정체	정체
핀란드	0	0	1.5	6	정체	급상
프랑스	1	2	2	2	완상	정체
독일	0	0.5	2	2.5	완상	완상
그리스	0.5	0.5	0.5	2.5	정체	완상
아일랜드	1	1	1.5	4	정체	급상
이탈리아	0	0	1.5	1.5	정체	완상
네덜란드	2.5	3	4	2	완상	완상/완하
노르웨이	0	0	0	3.5	정체	급상
포르투갈	0	1	3	3.5	완상	완상
스페인	0	1	1	3.5	완상	완상
스웨덴	3	3.5	5	7	완상	급상
스위스	0	0	1	1	정체	완상
영국	2.5	5	5	5.5	급상	완상
유럽 국가 평균	0.72	1.19	2.03	3.22		
호주	5.5	8	8	8	급상	정체
캐나다	5	6.5	7.5	7.5	완상	완상
일본	0	0	0	0	정체	정체
뉴질랜드	2.5	5	5	6	급상	정체
미국	3.5	3	3	3	완하	정체
21개국 전체 평균	1.33	1.98	2.67	3.62		

출처: http://www.queensu.ca/mcp/(2011년/2016년 수정)의 내용을 바탕으로 재정리.

에서 시민통합정책이 본격화된 2000년대부터는 하향 추세를 보이고 있다. 한편, 덴마크는 4개년도 조사에서 다문화주의정책을 실시한 전례가 없음을 알 수 있다. 둘째, 방금 언급한 사례를 제외한 대부분의 국가는 시간이 지날수록 다문화정책 성격이 강한 추세를 보이고 있다. 특히 2000년에 비해 2010년의 국가별 다문화주의정책 실시 정도는 매우 강한 것으로 나타난다.

핀란드가 대표적이며 노르웨이, 스웨덴 역시 비슷한 모습을 보이고 있다. 그리고 유럽 대륙의 상당수의 국가 역시 2000년에 비해 2010년의 지표가 상승되었다. 이를 근거로 밴팅(K. Banting)과 킴리카(W. Kymlicka)는 유럽에서 제기된 다문화주의에 대한 비판은 담론 수준의 것으로 실질적으로는 강화되는 모습을 보이고 있다고 강조한다(K. Banting, K. and W. Kymlicka, 2012).

한편, 다문화주의정책지표는 주로 캐나다 학자들에 의해 인용되고 있다. 다문화주의 비판에 대한 재반박의 논거 혹은 다문화주의정책 실시의 국가 비교가 그 배경이라 할 수 있다.[12] 이와 관련하여 밴팅(K. Banting)과 킴리카(W. Kymlicka) 등의 학자는 1980년부터 2000년까지 국가별 다문화주의 정책 정도를 〈표 6〉과 같이 세 가지로 구분했다.[13]

〈표 6〉에서처럼 총 21개 국가 중 강한 다문화주의정책을 실시하고 있는

표 6 국가별 다문화주의정책 정도

다문화주의정책 정도	국가
강함(strong)	호주, 캐나다
중간(modest)	벨기에, 네덜란드, 뉴질랜드, 스웨덴, 영국, 미국
약함(weak)	오스트리아, 덴마크, 핀란드, 프랑스, 독일, 그리스, 아일랜드, 이탈리아, 일본, 노르웨이, 포르투갈, 스페인, 스위스

출처: K. Banting et al. 2009: 58의 본문 내용을 바탕으로 재정리.

12) 다문화주의 비판에 대한 재반박 연구로는 K. Banting and W. Kymlicka, 2012 ; K. Banting, 2014를 참조.

13) 이의 기준은 국가별 평균치가 6 이상이면 강함, 3.0에서 5.5 사이는 중간, 3 미만이면 약함으로 간주. K. Banting et al., 2009: 58. 이를 기준으로 2010년의 상황을 살펴보면 강한 다문화정책을 실시하고 있는 국가는 호주, 캐나다, 뉴질랜드, 스웨덴 등 4개국으로 늘어난다. 반면 다문화주의정책을 약하게 실시하고 있는 국가 수는 9개로 이전에 비해 줄어든 모습을 보이고 있다.

국가는 호주와 캐나다인데, 이들 국가는 미국과 함께 전통적인 이민국가로서 집단으로서의 이민자 정체성을 인정하고 있음을 알 수 있다. 반면 덴마크, 독일, 프랑스를 비롯한 13개 국가는 다문화주의정책 실시 정도가 약한 그룹에 속해져 있다. 특히 덴마크는 8개 지표와 관련된 다문화정책을 전혀 실시하지 않고 있다. 노르웨이와 핀란드도 비슷한 모습을 보이고 있다. 동화주의의 대표적 국가인 프랑스 역시 이에 포함되어 있다. 한편 중간 그룹에 속해져 있는 국가는 영국과 전통적인 이민국가인 미국 등 총 6개이다.

(2) 의의 및 이민레짐과의 관련성

이상 살펴본 바와 같이 다문화주의정책지표는 특정 시기의 국가별 다문화주의정책 실시 정도 그리고 이의 시기별 추이를 확인할 수 있는 이점이 있다. 전통적 이민국가 중에서도 호주와 캐나다는 강한 다문화주의정책 실시 국가라면 미국은 중간 그룹에 속한다. 이는 앞에서 언급한 바 있는 카슬의 다원주의모형 구분과도 맥락을 같이 하는 대목이다. 4개 노르딕 국가 중 스웨덴을 제외한 나머지 3개 국가는 적어도 2000년까지는 다문화주의정책을 전혀 실시하지 않았음이 확인가능하다. 이런 관점에서 스웨덴은 매우 흥미로운 연구 사례라 할 수 있다. 한편 전통적인 동화주의 국가인 프랑스와 구분 배제 모형의 국가인 독일 역시 약한 다문화주의정책 실시 국가에 포함되어 있다. 그럼에도 불구하고 양적 접근 방법이 지니고 있는 한계는 지적되어야 할 것이다. 특히 신뢰도 측면에서 점수 부여의 근거가 명확히 제시되어야 할 것이다. 물론 연구팀은 나름대로의 기준을 제시하고 있음에도 불구하고 제시된 기준의 타당성 그리고 이에 대한 신뢰도 문제는 해결되어야 할 사안이다.[14]

한편, 이민레짐과의 관련성 측면에서 다문화주의정책지표는 이미 이민

---

14) 지표별 점수 부여 근거에 대해서는 아래 사이트 참조.
http://www.queensu.ca/mcp/immigrant-minorities/decision-rules.

이 허용되어 입국한 이민자에 대한 정책을 반영하고 있다. 이는 이민정책과는 관련성이 없음을 의미한다. 또한 이민자의 사회권 역시 다문화주의정책 지표에서는 보이지 않는다. 이상의 점들과 다문화주의정책이 지니고 있는 성격을 고려할 때 다문화주의정책 지표는 이민레짐의 세 구성요소 가운데 통합정책과 긴밀한 관련성이 있음을 알 수 있다.

2) 시민통합지표

(1) 내용 및 특징

앞서 언급한 바와 같이 시민통합정책은 기존의 다문화주의에 대한 비판에 대한 대응 차원에서 유럽 국가를 중심으로 도입되었다. 이에 학계에서도 국가별 시민통합정책의 도입 여부 및 그 정도를 확인하고자 하는 노력이 진행되었으며 그 결과 도출된 것이 바로 시민통합지표이다. 여러 연구들 중에서도 가장 많이 언급되는 것이 굿맨의 연구이다(W. Goodman, 2010). 왜냐하면 이 연구는 시민통합에 관한 기존의 연구를 최대한 고려하여 개발된 지표에 바탕을 두고 있기 때문이다. 또한 시대적 흐름을 고려하여 1997년의 지표에 만족하지 않고 2009년에 수정된 시민통합지표(Civic integration index, CIVIX)를 개발한 점 또한 높이 평가되고 있다.

지표 개발을 위한 이론적 논의를 통해 그는 시민통합정책은 두 가지 측면이 동시에 고려되어야 한다고 주장한다. 하나는 이민자 통합 증진 정책이다. 여기에는 선제적 주거와 교육 정책 그리고 직업 훈련 외에 새로운 이민자의 성취와 포용 정도를 보여주는 정책이 포함된다. 두 번째 측면은 시민권에 관한 것으로 국가 구성원이 되기 위한 법적 지위 및 권리 등이 이에 해당된다. 정책영역에서 이 두 가지 측면은 상호 중복될 수 있음에도 불구하고 같은 것은 아니라고 강조한다.

이상의 이론적 배경하에서 이민자의 상황을 고려하여 입국(이민승인), 정착, 시민권 취득 등의 3가지 단계를 설정하고 각 단계에서 나타나는 시민

표 7 시민통합지표(CIVIX, 1997년)

단계	입국	정착	시민권 취득		총점
지표	언어/통합요건	통합요건	언어/시민 요건	공식행사/선서	
배점	1	1 or 0.5	언어시험: 1 한 가지 요건 필요: 0.5	0.5	3.5

출처: W. Goodmann, 2010: 761의 tablel 1에서 발췌.

통합지표를 제시하고 있다. 예컨대 이민 승인 요건으로서 언어 능력 혹은 통합 요건 충족 입증 여부 및 그 정도, 정착을 위한 언어 강좌에 대한 의무적 참가 여부, 요구되는 언어 수준 등을 들 수 있다. 마지막 단계인 시민권 취득에 필요한 언어 및 통합 요건 그리고 충성 선언식 개최 여부 등도 포함되어 있다. 먼저 1997년에 제시된 시민통합지표는 〈표 7〉과 같다.

〈표 7〉처럼 1997년에 제시된 시민통합요건은 세 가지 단계(영역)의 4가지 지표로 구성되어 있다. 여기서 입국 단계의 언어 지표는 이민 승인 요건으로서 언어 능력 검증이 있음을 의미한다. 시민권 취득 단계에서는 언어 테스트가 있는지, 충성 서약식이 있는지가 포함되어 있다. 한편, 시민통합지표의 2009년 버전은 총 8개 지표로 늘어났다. 이는 정착 단계의 관련 지표가 세분화되면서 그 수가 늘어난 데 기인한 것으로 1997년의 1가지 지표를 2009년에는 언어 강좌 참가, 언어 수준 요건, 언어 강의 비용 자기 부담 여부 및 정도, 부가적 통합 요건, 가족 요건 등 총 5가지 지표로 세분화 시켰다. 따라서 총점 역시 3.5에서 7점으로 늘어났다.[15] 하지만 여기서 주의할 점은 이러한 총점 증가가 모든 국가에게 자동적인 증가로 이어지는 것은 아니라는 점이다. 왜냐하면 방금 언급했듯이 1997년과 2009년의 차이는 지표수의 증가가 아니라 유사 지표의 세분화이기 때문이다. 예컨대 정착 단계의 통합 요건에서 1997년과 2009년 간 차이가 없다면 해당 국가의 점수 변

15) 이 중 언어강의비용 자기부담 지표와 가족 지표는 1점인 여타 지표와는 달리 0.5점임.

화는 없거나 적을 가능성이 있는 것이다.

여기서의 분석 대상 국가는 시민통합정책이 실시되고 있는 유럽의 15개 국가이다. 〈표 8〉은 해당 국가의 1997년과 2009년의 시민통합지표 수치를 정리한 것이다.

1997년을 기준으로 할 때 시민통합지표 수치가 가장 높은 국가는 독일이다. 독일은 입국 단계에서 이민자의 언어 및 통합 요건 충족을 필요로 하고 있다. 또한 시민권 취득을 위해서는 독일 사회에 대한 충분한 지식 보유가 요구된다. 반면 독일을 제외한 대부분의 국가에서는 아직 시민통합정책이 제대로 실시되지 않았음을 알 수 있다. 한편, 2009년에 접어들면 이러한

표 8 유럽 15개 국가의 시민통합지수(1997년과 2009년)

국가명	1997년(총점 3.5)	2009년(총점 7)
덴마크	0.5	5.0
독일	1.5	6.0
오스트리아	0.5	4.5
네덜란드	0.5	4.5
영국	0.5	4.5
프랑스	0.5	3.5
핀란드	0.5	1.0
룩셈부르크	0.5	1.0
포르투갈	0.5	1.0
벨기에	0.5	0.5
그리스	1.0	1.0
아일랜드	0.5	0.5
이탈리아	0.5	0.5
스페인	1.0	1.0
스웨덴	0.0	0.0

출처: W. Goodmann, 2010: 761과 763의 table 1과 table 2에서 발췌.

양상의 부분적인 변화가 있음을 알 수 있다. 15개 국가 중 표의 상위에 위치하고 있는 여섯 개 국가가 이와 관련되는 사례로서 이들 국가의 시민통합 지수는 다른 나머지 국가에 비해 높다. 이는 1997년에 비해 입국 단계의 언어 및 통합 요건에서 새로운 요구 조항이 신설되었거나(덴마크, 프랑스, 네덜란드, 영국) 혹은 시민권 취득을 위해 언어 테스트 검증 제도가 도입된 것(오스트리아, 독일, 네덜란드, 영국)에 기인한 것이다. 그럼에도 불구하고 이들 국가를 제외한 나머지 9개 국가는 연도별 차이가 거의 없음에 주목할 필요가 있다. 특히 스웨덴은 두 시기 공히 시민통합정책을 실시하지 않았던 것으로 나타난다. 다문화주의의 대안적 정책으로 등장했음에도 불구하고 시민통합정책의 도입은 유럽일부국가에 한정되어 있음을 보여주는 대목이다.

(2) 의의 및 이민레짐과의 관련성

이처럼 시민통합지표는 1990년대 중반 이후 도입된 시민통합정책의 국가별 특징 및 그 추이를 비교하는 데 적합한 도구이다. 시민통합정책은 이민 승인 및 시민권 취득을 위해 이민국 언어 및 역사·사회 지식 구비를 필요로 하고 있다. 필요한 경우에는 언어 강좌를 비롯한 통합프로그램에의 참여가 요구되기도 한다. 시민통합지표는 바로 이러한 특징을 반영하고 있는 것이다. 시민통합지표 분석을 통해 적어도 두 가지 점은 발견되는 것 같다. 첫째, 시민통합정책의 실질적 도입은 2000년대에 접어들어서 시작되었다. 이는 1997년과 2009년의 비교에서 역력히 드러나는 부분이다. 둘째, 시민통합정책의 도입의 제한성이다. 다시 말하면 관련 정책의 도입은 유럽 전체가 아니라 일부 국가에서만 볼 수 있는 현상이다. 대표적으로 덴마크, 독일, 오스트리아, 네덜란드를 들 수 있다.

한편, 이의 연장선상에서 시민통합정책의 도입이 과연 다문화주의정책의 후퇴를 의미하는 것인가에 대한 연구가 진행되기도 했다. 왜냐하면 다문화주의에 대한 비판적인 입장은 1990년대 중반 이후 다문화주의는 쇠퇴했고 그 자리를 시민통합정책이 차지하기 시작했다고 주장하기 때문이다.[16]

이와 관련하여 밴팅의 연구는 매우 흥미로운 분석 및 결과를 보여주고 있다(K. G. Banting, 2014). 먼저, 이에 대한 엄밀한 분석을 위해 다문화주의정책과 시민통합정책이 특정 국가에서 어느 정도 실시되고 있는가를 보는 것이 필요하다고 주장한다. 다문화주의에 대한 비판론자의 주장대로라면 양자간에는 부(否)적인 관계가 있어야 되기 때문이다. 이를 위해 그는 <표 9>처럼 비슷한 시기의 국가별 다문화주의정책지표와 시민통합지표의 수치를 정

표 9 국가별 CIVIX와 MCPs 수치*

	CIVIX 2009	MCPs 2010	특징
스웨덴	0.0	7	강한 다문화주의정책
벨기에	0.5	5.5	
아일랜드	0.5	3	
이탈리아	0.5	1	
포르투갈	1.0	3.5	
핀란드	1.0	6	
스페인	1.0	3.5	
영국	4.5	5.5	
그리스	1.0	2.5	
평균	1.11	4.17	
독일	6.0	2.5	강한 시민통합정책
덴마크	5.0	0	
네덜란드	4.5	2	
프랑스	3.5	2	
오스트리아	4.5	1.5	
평균	4.7	1.6	

* 다문화주의정책지표 자료가 없는 룩셈부르크는 제외.
출처: K. G. Banting, 2014: 83의 table2를 바탕으로 재정리.

16) 이의 대표적인 학자로서 시민통합정책으로의 수렴 현상을 주장하는 욥케(Ch. Joppke)를 들 수 있음.

리했다.

〈표 9〉를 살펴보면 두 가지 흥미로운 점이 발견된다. 첫째, 14개 국가 중 시민통합정책보다 다문화주의정책의 성격이 더 강한 국가가 다수를 차지하고 있다(총9개국). 대표적으로 스웨덴과 벨기에를 들 수 있다. 그리고 기존에는 다문화주의정책이 전혀 실시되지 않았던 핀란드 역시 이에 포함된다. 반면 강한 시민통합정책 실시 국가는 4개국에 불과하다. 이는 1990년대 중반 이후 유럽다문화주의의 쇠퇴를 주장하는 입장과 배치되는 부분이다.

둘째, 다문화주의정책에 대한 비판론자의 말대로 다문화주의정책과 시민통합정책이 과연 비양립적 인가에 대해서 밴팅은 이러한 주장은 현실적 복잡성을 간과하고 있다고 비판한다(K. G. Banting, 2014). 왜냐하면 국가에 따라서는 상대적 차이에도 불구하고 다문화주의정책과 시민통합정책을 동시에 실시하고 있는 국가가 분명히 있기 때문이다. 대표적으로 영국을 들 수 있고 시민통합정책의 선도 국가로 알려져 있는 네덜란드 역시 중간 정도의 다문화주의정책 실시 국가이다.[17] 이처럼 시민통합지표의 등장은 다문화주의정책지표와 함께 특정국가의 이민자정책의 실제 모습을 보여주는데 큰 기여를 하고 있는 것이다.

마지막으로 이러한 시민통합지표의 이민레짐과의 관련성을 살펴보자. 시민통합지표는 입국, 통합, 시민권 취득 등 3단계로 각 단계에서 나타나는 시민통합정책에 관한 것이다. 이렇게 볼 때 이민레짐의 세 가지 구성 요소 중 통합정책이 이의 핵심에 자리 잡고 있다고 할 수 있다. 한편 입국 단계에서 나타나는 시민통합지표는 이민 승인 여부와 관련된 것이다. 이를 고려하면 이민정책의 일부도 포함되어 있다고 할 수 있다. 이렇게 본다면 이민레짐과의 관련성 측면에서 시민통합지표는 통합정책에 초점을 두고 있는 다문화주의정책에 비해 포함범위가 더 크다고 할 수 있다.

---

17) 후술하겠지만 이를 근거로 밴팅은 양자를 결합한 시민통합적 다문화주의정책을 서구 민주주의의 대안으로 보고 있으며 이러한 관점에서 캐나다에 대한 관심은 매우 필요하다고 주장한다(K. G. Banting, 2014: 83).

3) 이민자시민권지표

최근 이민자정책 연구에서 시민권에 대한 관심이 높아지고 있다. 시민권은 사회구성원과 국가 간 관계를 보여주는 개념으로서 특히 이민자의 시민권 인정 여부 및 그 정도는 이민 혹은 이민자에 대한 이민국의 인식 및 정책 방향을 가늠할 수 있는 기준으로 간주되고 있다. 이와 관련하여 유럽의 다문화주의정책에 대한 비판적 학자이기도 한 쿠프만스의 연구는 학계에서 많은 관심을 불러일으키고 있다. 그는 유럽의 다문화주의에 대한 비판적 연구에서 최근에는 이민자 시민권 국제비교로 연구 영역을 확장시켰다. 그의 연구에서 흥미로운 점은 단순히 이에 그치는 것이 아니라 국가별 시민권 차이를 낳게 만드는 요인을 도출하고 있다는 점이다. 이상의 점을 고려하면서 쿠프만스 연구팀이 개발한 이민자시민권지표(Indicators of Citizenship Rights for Immigrants, ICRI)의 내용 및 이민레짐과의 관련성을 살펴보기로 한다.

(1) 내용 및 특징[18)]

이론적 차원에서 그는 이민자 시민권은 두 가지 차원에 대한 확인을 시도해야 된다고 보고 있다. 한 가지는 개인 평등의 이민자 시민권이다. 이는 이민자 개인에 관한 것으로 시민권에 대한 종족적 혹은 시민-영토적 이해를 추구하고 있다. 다른 한 가지는 문화적 차이에 관한 것으로 이는 집단으로서의 이민자 시민권을 가리키는 것이다. 구체적으로 이민자에게 적용되는 문화적, 종교적 권리에 관한 것으로 이것이 중요한 이유는 이민자들은 고유

---

18) R. Koopmans, I. Michalowski and S. Waibel. 2012 ; R. Koopmans, and I. Michalowski. 2017에 바탕을 둔 것임. 한편 쿠프만스 연구팀의 이와 관련된 세부 활동 및 데이터는 베를린 사회 과학 연구 센터(The WZB) 홈페이지를 참조.
https://www.wzb.eu/en/research/migration-and-diversity/migration-integration-transnationalization/projects/indicators-of-citizenship

의 종족 혹은 종교 집단에 소속되어 있기 때문이다. 따라서 이에 대한 파악은 해당 국가의 시민권이 단일문화 혹은 다원주의적 문화 중 무엇을 지향하고 있는가를 알 수 있게 한다. 두 가지 차원의 이민자 시민권을 확인하기 위해 살펴보아야 할 정책영역으로 쿠프만스 연구팀은 총 8개를 제시하고 있다. 이는 결국 해당 국가는 정책영역별로 개인의 평등 그리고 문화적 차이를 어떻게 다루고 있는지가 바로 이민자 시민권이라는 것을 의미한다. 〈표 10〉은 이의 구체적 내용을 정리한 것이다.

표 10 정책영역별 · 이론적 차원별 이민자시민권지표

정책영역	이론적 측면	
	개인 평등	문화적 차이
국적 취득	거주 기간	이중국적 허용
	복지 및 사회보장 의존: 국적 취득 장애 요건 여부	국적 취득을 위한 문화적 요건(언어, 기술, 충성 서약, 문화 · 사회동화 증명…)
	이민2세대의 자동 취득 혹은 취득 촉진	-
추방	범법 행위 기간(단기 거주자)	-
	범법 행위 기간(장기 거주자)	-
	이민국에서 사회화된 혹은 출생한 이민자의 추방 가능성	-
	복지 의존: 추방 요건 여부	
결혼 이민	입국 배우자의 연령제한	입국배우자의 문화적 요건(입국 전 언어 테스트…)
	배우자의 소득 요건	-
	배우자 자격 요건 확대: 거주 허용 유형, 최소 거주 기간	-
공공서비스 일자리 접근	교육직	공공 일자리에 대한 소수민 쿼터제 혹은 우선 고용 조치
	행정직	
	경찰직	
차별	국내법에 반차별 관련 국제규	-

금지	약의 반영: 인종혐오	
	인종주의에의 차별 조항 포함	-
	시민법에 차별금지를 위한 특별법 존재	
	국가 재정 지원 하의 반차별 기관의 운영 및 법적 권한 부여(개별 법적 행동 능력, 조사권, 이의제기결정…)	
정치적 권리	외국인 주민의 투표권(전국, 지방선거)	이민자 협의체(전국)
		이민자 협의체(지역)
		무슬림 협의체
교육권	-	국가 재정 지원하의 이슬람 초, 중학교 수(10만 명 기준)
		이슬람 초중등학교 예산 중 국가 지원 비중
		국립 학교(state schools)의 이슬람 학급 수
		공립학교의 이슬람 여성 교사의 히잡 착용권리
		공립학교의 이슬람 학생의 히잡 착용권리
		공립학교에서의 모국어 강의
기타 문화적 종교적 권리	-	거주 허용 부여를 위한 문화적 요건(언어, 이민국 지식…)
		이슬람 관습에 따른 도축 허용
		공공장소 이슬람 식 기도 허용
		이슬람 사원 숫자
		이슬람 묘지 혹은 묘지 내 분리 공간 존재
		이슬람 장례 의식 허용(관 등)
		공공 미디어에 이민자 언어 프로그램(라디오, TV)
		공공 미디어에 이슬람 종교 프로그램 방영
		교도소에서의 이슬람 예배
		군대에서의 이슬람 예배

출처: R. Koopmans, I. Michalowski and S. Waibel, 2012: 1212-1214의 table 1.

〈표 10〉에서처럼 성격에 따라 개인 평등과 문화 차이 양자 모두 지표가 있는 정책영역이 있는가 하면 한 측면에만 지표가 있는 정책이 있다. 전자의 경우 국적 취득 영역, 공공서비스 일자리 접근, 결혼이민 그리고 정치적 권리 영역을 들 수 있다.

먼저 국적 취득 정책영역을 살펴보면 개인 평등 측면에서의 지표는 이민자 개인이 신청 전 얼마나 거주했는가와 관련되는 것이다. 여기서는 필요한 거주 기간이 길수록 국적 취득은 엄격하다고 할 수 있다. 그리고 최근의 변화 중의 하나로서 국적 취득요건에 신청자의 복지 및 사회보장 의존 경험이 있는지도 지표의 하나이다. 한편 국적 취득 정책영역의 문화적 차이 관련 지표로는 이중국적 허용 여부, 국적 취득을 위한 문화적 요건이 있다. 특히 후자의 경우는 유럽의 시민통합정책과 직결되는 것으로 이민국의 언어, 신청자의 숙련도, 충성 서약식 개최 여부, 이민국 문화 및 사회 동화와 관련된 증명 여부 등이 이에 포함된다.

공공서비스 일자리 접근 정책영역에서 개인 평등 측면은 교육직, 행정직 그리고 경찰직 채용이 어느 정도 이민자에게 개방되어 있는가를 살펴보고 있다. 여기서의 이민자는 유럽 회원국이 아닌 국가 출신의 이민자를 말한다. 이 영역의 문화적 차이 지표로는 공공 일자리에 대한 소수민 할당제 혹은 우선 고용 조치 여부를 들 수 있다. 마지막으로 정치적 권리 정책영역의 개인 평등 측면에서는 외국인 주민의 투표권 인정 여부 지표가 있으며 이의 문화적 차이 측면 지표로서는 이민자의 권리 및 이해관계를 대변할 수 있는 단체의 인정 여부와 관련되는 것이다. 쿠프만스 연구팀은 유럽의 상황을 고려하여 전국 및 지역 차원의 이슬람 단체 협의회의 인정 여부를 관련 지표로 정했다. 한편, 추방과 차별금지 정책영역은 개인 평등 측면에서 지표들이 있는 반면 교육권이나 기타 문화적, 종교적 권리 정책영역에서의 지표는 문화적 차이 측면과 직결되어 있다. 특히 여기에는 이슬람권 문화 유지를 실시되고 있는 제도 및 프로그램이 주를 이루고 있다.

쿠스만스 연구팀은 이를 바탕으로 유럽을 비롯하여 세계 각국의 시민권을 조사했다.[19] 그 결과, 유럽 10개국의 시민권 추이와 관련하여 1980년에서 2002년까지 포용적인 성격으로 변화되었으나 이후에는 정체되는 모습을 보이고 있는 것으로 보고 있다. 그리고 이의 주요 원인으로 쿠프만스 연구팀은 선거 변화를 들 수 있다. 즉, 이민자 유권자의 성장이 포용적인 시민권을 가져왔다면 이후 극우 정당 득세로 인해 포용적인 시민권은 더 이상 진전되지 못하게 된 것으로 결론지었다. 한편 〈표 11〉은 조사를 통해 나타난 유럽 10개 국가의 시민권 지표 수치를 정리한 것이다.[20]

표 11 유럽 10개국의 이민자 시민권 평균 점수 및 순위

	1980	1990	2002	2008
스웨덴	.27(1)	.31(2)	.48(1)	.47(1)
영국	.18(2)	.22(3)	.43(3)	.45(2)
네덜란드	-.17(5)	.33(1)	.47(2)	.43(3)
벨기에	-.22(7)	-.13(6)	.19(5)	.39(4)
노르웨이	-.11(4)	-.06(5)	.21(4)	.18(5)
프랑스	-.18(6)	-.14(7)	-.16(8)	-.00(6)
독일	-.54(9)	-.49(9)	-.11(7)	-.01(7)
덴마크	-.09(3)	-.02(4)	-.10(6)	-.10(8)
오스트리아	-.47(8)	-.42(8)	-.18(9)	-.16(9)
스위스	-6.0(10)	-.57(10)	-.31(10)	-.18(10)
평균	-.19	-.10	.09	.16

출처: https://www.wzb.eu/en/research/migration-and-diversity/migration-integration-transnationalization/projects/indicators-of-citizenship

19) 처음에는 유럽 10개국이 조사 대상이었으나 지금은 29개 국가로 확대되었음.

20) 점수 부여 방식은 지표별로 -1에서 +1까지 점수를 부여했다. +1에 가까울수록 시민권은 포용적임을 의미한다.

〈표 11〉에서처럼 조사 대상 10개국 중 가장 포용적인 시민권을 보이고 있는 국가는 스웨덴이다. 1990년을 제외한 나머지 3개 년도에서 시민권 지표 점수가 가장 높다.[21] 그 뒤를 영국, 네덜란드, 벨기에 등이 잇고 있다(2008년 기준). 반면 오스트리아와 스위스의 시민권은 엄격한 것으로 나타난다. 한편, 덴마크의 시민권은 1990년까지는 관대한 성격을 보였으나 이후 갈수록 엄격해지는 경향을 보이고 있다. 프랑스의 이민자 시민권은 조사 대상 국가 중 중간에 위치하고 있다.

(2) 평가와 이민레짐과의 관련성

이상에서 본 바와 같이 쿠프만스 연구팀의 이민자정책 관련 지표는 이민자 시민권에 초점을 맞추고 있다. 여기에는 국적 취득뿐만 아니라 차별금지, 공공서비스 일자리 접근, 정치적 권리 등 다양한 정책영역을 포함하고 있다. 이는 시민권의 대상이 비귀화 이민자도 포함하고 있음을 의미한다. 뿐만 아니라 이민자의 시민권을 개인적 차원(개인 평등)과 집단적 차원(문화 차이)의 두 가지로 구분을 시도한 점은 이민자 시민권의 본질을 이해하는 데 매우 중요한 부분으로 판단된다.

그럼, 본 저서의 이민레짐의 관점에서 이민자시민권지표는 어디에 위치하고 있을까. 총8개의 정책영역 중 추방, 공공서비스 일자리 접근, 차별금지, 정치적 권리, 교육권 그리고 기타 문화적 종교적 권리 정책영역은 이민레짐 세 가지 구성 요소 중 통합정책과 직접적인 관련성을 지니고 있는 것으로 판단된다. 왜냐하면 이들 정책영역은 신규 이민자 혹은 기존 이민자가 이민국의 사회구성원으로의 생활을 유지하는 데 반드시 필요한 요소들을 포함하고 있기 때문이다. 한편, 국적 취득과 결혼 이민은 지표의 성격에 따라 이민정책과 통합정책 양자 중 각각에 포함되어 있다. 예컨대 국적 취득에

---

21) 베를린 사회과학연구센터 홈페이지 사이트를 통해 10개 국가의 정책영역별 점수 및 개인평등과 문화 차이 점수도 확인가능하다.

필요한 거주기간, 복지 및 사회보장 의존, 이중국적 허용 여부, 국적 취득을 위한 문화적 요건 그리고 결혼이민정책 영역에서 나타나는 배우자 자격 요건 등의 지표는 통합정책과 직결되는 것이라면 결혼이민정책에서 나타나는 배우자 요건은 해당국의 이민정책과 밀접한 관련성이 있다. 대표적으로 배우자의 입국 가능 연령, 소득 요건, 입국 전 검증되어야 하는 이민국에 대한 배우자의 문화적 지식 및 언어 능력 등을 들 수 있다. 이렇게 볼 때 쿠프만스 연구팀의 이민자 시민권은 지표는 이민레짐 요소 중 통합정책과 관련성이 매우 높으며 지표 중 일부는 이민정책의 성격을 보이고 있다고 할 수 있다.

4) 이민자통합정책지표

이민자정책지표의 포괄성과 조사대상국가의 광범위성 측면에서 가장 규모가 큰 지표이다. 이 지표는 바르셀로나 국제문제센터(CIDOB)와 유럽 이민 문제 전문가 네트워크인 이민정책그룹(Migration Policy Group, MPG)의 공동연구에 의해 개발되었다. 초기에는 유럽연합 회원국만을 대상으로 했으나 이후 전 세계적으로 확대되었다. 조사 결과는 정기적으로 발표되고 있으며 이를 바탕으로 국가별 정책이 입안되기도 한다.[22] 뿐만 아니라 MIPEX 조사 결과는 국·내외 학계에서 많은 관심을 모으고 있는데 대부분 MIPEX 조사 결과를 바탕으로 유형 개발 또는 국가별 차이 요인을 규명하는데 초점을 두고 있다.[23] 여기서는 국내에 잘 알려져 있지 않은 이민자통합정책지표(Migrant Integration Policy Index, MIPEX)의 변천사를 먼저 살펴본 후 내용 및 특징 그리고 해당 지표와 이민레짐과의 관련성을 살펴보기로 한다.

---

22) 이의 구체적인 사례에 대해서는 MIPEX 홈페이지를 참조.
http://www.mipex.eu/news#news-type=2

23) 이와 관련된 국내 연구로는 이영범 · 남승연. 2011와 김중관. 2014 등이 있음.

(1) MIPEX의 변천

이민자통합정책지표(MIPEX)는 정기적으로 발표되고 있으나 여기서는 중요한 변화가 있었던 시점을 기준으로 변천과정을 살펴보기로 한다. 이민자통합정책지표가 처음으로 발표된 연도는 2004년이다.[24] 당시 조사 대상 국가는 15개국 유럽연합 회원국으로서 이들 국가의 이민자정책이 구체적이고 비교가능한 형태로 소개된 것은 이때가 처음이었다. 지표 개발은 바르셀로나 국제문제센터와 이민정책그룹이 주도했으나 그 과정에 영국문화원(British Council), NGO, 정부, 학계, 언론 그리고 유럽연합 집행위원회와 유럽의회 등 유럽연합기구도 같이 참여했다. 비영리 금융 기관의 일부 재정 후원도 있었던 점 또한 당시의 특징이다.

MIPEX의 두 번째 발간은 2007년에 이루어졌다. MIPEX 라는 현행 명칭이 처음 사용된 시점이기도 하다. 당시 조사 대상 국가는 25개 유럽연합 회권국 외에 캐나다, 노르웨이, 스위스로서 총 28개 국가가 참여했다. 영국문화원과 이민정책 그룹이 지표 개발 및 조사에 참여했다. 이 시기의 중요한 점은 처음으로 유럽연합(유럽공동체)의 재정 후원하에 진행되었다는 사실이다.

2011년에 접어들어 MIPEX의 세 번째 조사 결과가 발표되었다. 흔히 MIPEX III으로 불리는 이 조사의 대상국가 수는 이전에 비해 훨씬 늘어났다. 27개 유럽연합 회원국뿐만 아니라 캐나다, 노르웨이, 스위스 등 기존 국가 외에 호주, 일본, 뉴질랜드, 세르비아, 한국, 미국이 처음으로 포함되었다. 2007년과 마찬가지로 영국문화원과 이민정책 그룹이 공동 참여했으며 유럽연합 비회원국 출신 이민자의 통합을 위한 유럽 기금의 재정 지원하에 이루어졌다.

최근의 MIPEX 조사 결과는 2014년에 발표되었다. 조사 대상 국가는 2011년의 참여 국가 외에 아이슬랜드, 크로아티아가 새롭게 포함되어 총38개국으로 늘어나게 되었다. 이로써 2004년에 유럽연합 회원국 15개 국가를

---

24) 당시 명칭은 유럽의 공민적 시민권과 포용 지표이었음.

대상으로 시작된 MIPEX는 10여 년 만에 세계적인 조사로 확대된 것이다.[25] 재정 후원 역시 초기의 민간비영리 금융기관에서 유럽연합으로 바뀌어 그 위상과 지속가능성 차원에서 의미 있는 변화의 모습을 보여주고 있

표 12 MIPEX(이민자통합정책지표)의 등장과 변천

연도	공식명칭	대상국가	영역 및 지표수	
			대구분(정책영역)	지표수
2004	European civic citizenship and inclusion index	15개 EU 회원국	노동시장포용/ 가족재결합/ 장기거주/ 귀화/ 반차별(총5개)	100
2007	Migrant Integration Policy Index	25개 EU 회원국 + 캐나다, 노르웨이, 스위스(총 28 개국)	노동시장접근/ 가족재결합/ 장기거주/**정치참여**/ 국적 취득/반차별(총6개)	140
2011	Migrant Integration Policy Index III	27개 EU 회원국 + 캐나다, 노르웨이, 스위스, 호주, 일본, 뉴질랜드, 세르비아, 한국, 미국(총36개국)	노동시장이동/ 가족재결합/ **교육**/정치참여/ 장기거주/국적 취득/ 반차별(총7개)	148
2014	Migrant Integration Policy Index	2011년 조사대상국가 + 아이슬랜드, 크로아티아(총38개국)	노동시장이동/ 가족재결합/ 교육/**건강**/ 정치참여/영주/국적 취득/반차별(총8개)	167

* 진하게 표시되는 것은 새롭게 추가된 항목임.
출처: MIPEX 홈페이지 관련 내용을 바탕으로 재정리(http://www.mipex.eu/history)

25) 해당 국가에 정통한 국가별 연구 파트너도 활동함.

다. 한편, 〈표 12〉는 지금까지의 내용을 포함하여 MIPEX의 변천사를 정리한 것이다.

〈표 12〉에서 눈여겨 봐야 될 다른 점은 지표 관련 영역 및 지표수에 관한 것이다. 2014년에 발표된 MIPEX에서는 노동시장 포용을 비롯하여 5개의 정책영역에 100개에 가까운 지표가 사용되었다. 2007년에는 정치참여 정책영역이 추가되었고 사용된 지표수도 140개로 늘어났다. MIPEX 변천사에서 분수령이 된 시점은 2011년이다. 이전에 비해 조사대상 국가 수도 많이 늘어났을 뿐만 아니라 새로운 정치영역으로 교육이 추가되었기 때문이다. 현재 사용되고 있는 MIPEX는 2014년에 개발된 것으로 기존의 7개 영역에 건강영역이 추가되어 총8개가 되었다. 그리고 총 지표수도 2011년의 148개에서 지금은 167개로 늘어나게 되었다. 이처럼 MIPEX는 등장 이후 10여 년간 조사대상 국가뿐만 아니라 지표 차원에서 급격한 변화를 보여주고 있다.

(2) 내용 및 특징

이상의 점을 고려하면서 MIPEX에서 나타나는 지표의 구체적인 내용은 무엇인지 살펴보자. 현행 MIPEX의 지표는 포함 범위에 따라 정책영역(policy strands) → 정책 차원(policy dimensions) → 지표(indicators) → 하위지표(sub-indicators)의 순으로 구성되어 있다. 이를 정리하면 〈표 13〉과 같다.

표 13 MIPEX 지표 개관(2014년 기준)

정책영역	정책차원	지표	하위지표
노동시장이동	접근	노동시장에의 즉각적 접근 등 5개	
	보편지원접근	교육 및 직업 훈련 등 6개	
	특정집단지원	청년 및 여성 경제 통합 조치 등 5개	

정책영역	정책차원	지표	하위지표
	근로자 권리	사회보장 접근 등 4개	
이민자를 위한 가족 재결합	자격	배우자 혹은 파트너 자격	연령제한 등 2개
		거주기간 등 6개	
	자격취득조건	입국 전 통합요건	입국전 언어 등 6개
		입국 후 통합요건	언어 수준 등 7개
		편의 등 3개	
	지위보장	체류인정기간 등 5개	
	지위연계권리(파생권)	사회급여수급 등 6개	
교육	접근	유치원 교육과 의무교육 접근 6개	
	표적화된 욕구	언어학습지원제공	언어 교육 등 3개
		교육 안내(전 수준) 등 4개	
	새로운 기회	이민자 언어교육지원	언어 학습 등 2개
		이민자 문화 지원	문화 학습 등 2개
		이민자 부모 및 공동체 지원 조치 등 3개	
	만인을 위한 상호문화 교육	다양성 반영 학교 교과과정 등 5개	
정치참여	참정권	전국선거투표권 4개	
	정치적 자유	결사의 권리 등 2개	
	협의체 결성	전국협의체	정규모임 등 5개
		지역협의체	정규모임 등 5개
		수도(capital city) 협의체	정규모임 등 5개
		기자체 협의체	정규 모임 등 5개
	정책집행	적극적 정보 제공 정책 등 6개	
영구 거주	자격	일상적 거주 기간 요건 등 3개	
	지위취득조건	언어 요건	언어 수준 등 7개
		경제적 자원(재산) 등 2개	
	지위보장	절차 소요 최대 기간 등 8개	
	지위연계권리	사회보장 및 부조 접근 등 3개	
국적 취득	자격	배우자와 파트너 요건	배우자 등 2개
		거주기간 등 5개	
	취득조건	언어요건	언어 수준 등 5개

정책영역	정책차원	지표	하위지표
		통합요건	통합 지원 등 5개
		경제적 자산(재산) 등 4개	
	지위보장	취득한 국적 포기 시 보호	철회 시기 등 2개
		절차소요 최대기간 등 4개	
	이중국적	1세대	포기 선언 등 2개
		2/3세대	
반차별	정의와 개념	차별금지, 성추행 … 기준 법적 명시 등 6개	인종 및 종족/ 종교 신앙/ 국적
	적용 영역	사회보호 등 5개	
	강제 메커니즘	피해자를 위한 절차	민사, 형사, 행정
		피해자 국가 지원 등 7개	
	평등 정책	전문화되 평등기관 설립 의무 등 9개	
건강	건강 서비스 자격	합법 이민자 자격	합법 이민자 조건 등 3개
		망명 신청자 자격	망명 신청자 조건 등 3개
		미등록 이민자 자격	미등록 이민자 조건 등 3개
		합법 이민자 대상 행정 재량권과 확인 등 3개	
	접근 용이성 제고를 위한 정책	이민자 자격에 대한 서비스 제공자를 위한 정보	
		이민자를 위한 정보 제공(자격과 서비스)	제공 언어(4개 이상) 등 3개
		이민자를 위한 정보 제공(건강 교육 및 증진)	종족 집단(3개 집단 이상) 등 3개
		문화 중개사 혹은 환자 도우미 제공	문화 중개사 등 2개
		미등록 이민자 지지	보고 의무 등 2개
	(욕구) 대응적 건강 서비스	양질의 통역 서비스	통역방법 등 2개
		역량과 방법 개발	적응 방법 등 2개
		문화적으로 유능한 혹은 다양성-민감 서비스 등 4개	
	변화 성취 조치	이민자와 이해당사자의 개입	이해당사자 개입 등 2개
		이민자 건강 데이터 수집 등 5개	
8	32	167	

출처: http://www.mipex.eu/methodology(검색일: 2008년 1월 30일)

〈표 13〉처럼 현행 MIPEX는 8개의 정책영역과 32개의 정책 차원 그리고 167개의 지표로 구성되어 있다. 그리고 지표 중에는 별도의 하위지표가 있는 것도 있다. 정책영역을 중심으로 살펴보면 첫째, 노동시장이동은 이민자가 이민국 노동시장에 얼마나 용이하게 접근할 수 있는 지를 측정하는 지표체이다. 이는 노동시장 접근을 비롯하여 4개의 정책 차원과 20개의 지표로 구성되어 있다. 특히 근로자 권리 정책 차원에서 근로이민자의 사회보장 접근이 어느 정도 보장되어 있는지도 포함되어 있음에 주목할 필요가 있다.

둘째, 이민자의 가족 재결합이다. 근로이민자로서 안정적으로 직업에 종사할 수 있는 기본적인 생활 체계인 가족 결합 혹은 재결합을 어느 정도 보장하고 있는지를 측정하는 지표체이다. 자격 등 4가지 정책 차원과 23개의 지표로 구성되어 있다. 이에는 지위 취득 조건에서 입국 전 통합 요건의 고려 여부가 포함되어 있다. 그리고 지위연계권리 정책차원에서 이민자 가족의 사회급여 수급 여부도 지표의 하나이다.

셋째, 교육이다. 2011년에 새로 추가된 정책영역으로 이민자가 이민국 사회구성원으로서의 생활 유지에 필요한 기본적인 소양을 갖출 수 있도록 얼마나 지원하고 있는가를 측정하는 지표체이다. 접근 등 4개의 정책차원과 21개의 지표가 있다. 학교 교육 및 직업 훈련 접근, 이민자에게 새로운 기회 부여의 목적 하에 이민자 언어 교육 및 문화 지원, 다양성 반영 의지가 주요 내용이다.

넷째, 정치참여이다. 2007년부터 들어간 정책영역으로 이민국이 어느 정도 이민자 스스로 권리와 이해관계를 표출하는 데 필요한 제도와 정책을 실시하고 있는지를 측정하는 지표체이다. 참정권 등 4개의 정책 차원과 16개의 지표로 구성되어 있다. 선거권과 피선거권, 이민자 협의체 설립 여부, 이민자 단체를 위한 재정 지원 여부가 주를 이루고 있다.

다섯째, 영구 거주이다. 이민자의 영주권은 이민국 정착을 위해 매우 중요한 사안이다. 이런 관점에서 MIPEX가 적시하고 있는 영주권 신청 및 취득 조건, 영구 거주자로서의 지위보장, 그리고 이들에 대한 사회보장 및 부조 접근 등의 지표는 매우 중요하다. MIPEX의 영주 정책영역은 4개의 정책

차원과 47개의 지표로 구성되어 있다.

여섯째, 국적 취득이다. 국적 취득은 시민권의 하나로서 이와 관련된 법적 요건은 이민자의 사회통합에 매우 중요한 요소이다. 왜냐하면 귀화한 이민자는 적어도 법적으로는 내국인과 동일한 권리를 보장받기 때문이다. 따라서 이민국이 이민자의 국적 취득(귀화)을 어느 정도 보장하고 있는지 반드시 확인되어야 할 것이다. 이를 위해 MIPEX는 자격 등 4개 정책차원과 20개의 지표를 제시하고 있다.

일곱째, 반차별이다. 이민자가 이민국에서 얼마나 차별 없이 내국인과 동등하게 대우를 받고 있는지를 측정하는 지표체이다. 정의와 개념을 비롯하여 총 4개의 정책차원과 28개의 지표로 구성되어 있다. 특히 적용 영역이 정책차원의 하나로 제시되어 있으며 다른 4가지 지표와 함께 사회보호가 명시되어 있는 점에 주목할 필요가 있을 것이다.

여덟째, 건강이다. 2014년에 새롭게 추가된 정책영역이다. 이민자의 건강은 이민자 개인 측면뿐만 아니라 이민국에게도 매우 중요하다. 왜냐하면 건강유지는 이민자의 이민국에서의 안정된 생활 영위에 필요한 요소이자 이민국 입장에서도 사회 비용의 경감 등 많은 기대효과를 가져올 수 있기 때문이다. 따라서 이민자의 건강 유지를 위해 이민국이 어느 정도 관심과 정책적 노력을 경주하고 있는가를 측정하는 것이 필요하다.

MIPEX는 이를 4개 정책차원과 23개의 지표로 구성했다. 접근 용이성 제고의 차원에서 자격과 제공되고 있는 서비스에 대한 정보 제공, 이민자의 욕구에 부응할 수 있는 대응적 건강 서비스 제공 등이 중심에 자리 잡고 있다.

그럼, 이처럼 방대한 지표에 근거하여 도출된 국가별 지수는 어떠한가. 〈표 14〉는 이와 관련된 일부 국가의 정책영역별 점수와 총점수를 정리한 것이다.[26]

---

26) 점수 산정 방식은 167개 지표별로 0점(엄격), 50점(중간), 100(관대)점을 부여한다. 이를 바탕으로 정책영역별 총점과 평균치 그리고 국가별 평균치가 산정된다. 〈표 14〉에 나와

표 14 MIPEX 국가비교(2014년 기준)

국가	정책영역(policy strands)								전체	순위(38개 국가)
	노동시장이동	가족결합	교육	건강	정치참여	영주	국적취득	반차별		
캐나다	81	79	65	49	48	62	67	92	68	6
호주	58	67	76	67	64	54	69	74	66	8
덴마크	79	42	49	53	64	74	58	50	59	13
프랑스	54	51	36	50	53	48	61	77	54	17
일본	65	61	21	51	31	59	37	22	44	27
네덜란드	73	56	50	55	52	55	66	73	60	11
한국	71	63	57	36	54	54	36	52	53	18
스웨덴	98	78	77	62	71	79	73	85	78	1
영국	56	33	57	64	51	51	60	85	57	15
미국	67	66	60	69	36	54	61	90	63	9

출처: MIPEX 홈페이지에서 발췌(Policy indicators Score, 2007-2014).
http://www.mipex.eu/methodology

〈표 14〉에서 보듯 이민자 통합정책이 가장 포용적인 국가는 스웨덴이다. 스웨덴은 2007년부터 줄곧 1위를 유지하고 있다. 정책영역별로 건강을 제외하고는 거의 전 부문에서 최상위에 위치해 있다. 특히 이민자의 노동시장이동은 여타 국가의 추종을 불허할 정도로 높은 점수를 기록하고 있다. 본 저서의 사례 연구 국가이기도 한 캐나다는 68점으로 여섯 번째 위치를 차지하고 있다. 반차별과 가족결합 정책영역에서 높은 점수를 보이고 있는 반면 이민자의 건강 점수는 상대적으로 낮다. 프랑스는 38개국 중 17위로서 중간 정도에 위치하고 있다. 반차별과 국적 취득 부문에서의 점수는 상대적으로 높으나 이민자 노동시장이동과 교육에서는 반대의 모습을 보이고 있다. 마지막으로 한국은 53점을 기록하여 프랑스 다음의 순이다. 이민자의 노동시장이동에서 점수가 상대적으로 높게 나타난다.[27]

있는 점수는 평균치임.

27) 이들 네 개 국가에 대해서는 추후에 상술하기로 한다.

(3) 평가 및 이민레짐과의 관련성

지금까지 MIPEX의 등장 및 변천 그리고 이의 구체적인 내용을 살펴보았다. 평가와 관련하여 MIPEX의 가장 큰 장점은 광범위성에 있다. 이는 38개국에 달하는 조사 대상 규모에서 여실히 드러난다. 하지만 그보다 중요한 점은 지표의 광범위성이다. 8개 정책영역과 32개의 정책 차원 그리고 167개에 달하는 지표를 사용하여 조사대상국가의 이민자 통합정책에 대한 확인을 시도하고 있다. 이는 이민자정책지표 개발의 역사에서 유례를 찾을 수 없을 정도로 범위가 큰 것이다. 특히 지표 개발 및 조사 자체가 유럽연합이라는 국제기구에 의해 후원 하에 진행되고 있는 점은 지속가능성 측면에서 매우 긍정적이라 할 수 있다.

둘째, MIPEX는 국가별 이민자정책의 영역별 상황을 이해하는데 많은 도움을 줄 수 있다. 이미 살펴본 바와 같이 MIPEX의 고려 대상하에 있는 정책영역은 총8개이다. 국가별 총점뿐만 아니라 영역별 점수가 같이 발표됨으로써 해당 국가는 이를 통해 강한 영역과 약한 영역에 대한 확인이 가능하다. 이는 관련 영역 정책 마련의 토대로 작용한다. 하지만 이러한 장점에도 불구하고 MIPEX도 지표연구가 지니고 있는 근본적인 한계에서 자유로울 수 없을 것 같다. 예컨대 국가별 연구 파트너의 개입은 해당 국가의 상황을 가능한 제대로 보여줄 것이라는 기대 효과에도 불구하고 연구 파트너의 주관적 인식이 점수 부여에 결정적인 요소로 작용될 가능성이 높다.

마지막으로 이민레짐의 관점에서 MIPEX의 특징을 살펴보자. MIPEX의 여덟 가지 정책영역 중 대부분은 이민레짐의 세 가지 구성 요소 중 통합정책과 밀접한 관련성을 지니고 있다. 예컨대 노동시장이동, 교육, 정치참여, 영구 거주, 국적 취득 그리고 반차별 등이 바로 그것이다. 그럼에도 불구하고 MIPEX의 모든 지표가 통합정책에 속하는 것으로 단정지을 수는 없을 것이다. 왜냐하면 지표 중에는 이민정책의 성격을 보이는 것도 있기 때문이다. 예컨대 가족재결합 정책영역에서 배우자가 이민국에 오기 위해서는 입국 전 통합 요건을 충족해야 한다. 그 보다 더 중요한 점은 기존의 이민자정책지표와는 달리 MIPEX에는 사회정책과 직결되는 지표가 명시되어 있다는 사실이다. 예컨대, 노동시장이동 정책영역에 있는 사회보장 접근 지표, 가족재결합파생권의 하나인 사회급여 수급 지표, 영구 거주 정책영역에서의 사회보장 및 부조 접근 지표 그리고 사회보호가 반차별 적용 영역의 하나로 명시되어 있는 점 등을 들 수 있다. 그뿐만 아니라 이민자 건강이 8대 정책영역의 하나로 간주되고 있는 점도 과소평가 될 수 없는 대목이다. 이렇게 볼 때 MIPEX는 이민레짐의 세 가지 구성 요소 중 통합정책을 근간으로 하면서도 이민정책과 사회정책 일부도 포함하고 있는 것이다. 결국 지금까지 살펴본 네 가지 지표 중 이민레짐의 성격에의 부합정도가 가장 높다고 할 수 있다.

3. 복지국가와 이민자정책

그동안 이민과 복지국가의 관계에 대한 연구는 학계의 관심을 끌지 못했던 것이 사실이다. 이의 배경으로 첫째, 복지국가 혹은 사회정책 연구자에게 이민은 그렇게 중요한 사안이 아니었다, 주지하다시피 복지국가는 마샬의 시민권 개념에 기반을 두고 있다. 여기서 중요한 점은 시민권 개념이 국민 국가(nation-state)관점에서 내국인을 대상으로 하고 있다는 점이다. 따라서 이민자들은 고려의 대상에서 배제될 수밖에 없었으며 이는 복지국가 연구자에게도 그대로 적용되었던 것이다. 둘째, 이민문제 연구자들에게도 복지는 주요 연구 주제가 될 수 없었다. 이들은 주로 이민허용 및 귀화 정책, 통합정책, 반-이민자정책 등에 대한 관심이 높은 반면 이민과 복지를 연결시키고자 하는 노력은 상대적으로 적었던 것이다. 최근 들어 복지에 대한 관심이 나타나기 시작했으나 주로 양자 관계 확인 및 설명에 치중하는 반면 핵심 문제 즉 복지 국가 제도 내에서의 이민자 위상을 확인하려는 시도는 아직 미미하다고 할 수 있다.[28]

하지만 지난 몇 세기 동안 나타난 이민의 세계화 현상은 복지국가 연구자와 이민문제 연구자들로 하여금 이민과 복지 관계를 더 이상 경시할 수 없도록 만들었으며 의미 있는 연구 결과들이 도출되고 있다.[29] 여기서는 이를 두 가지로 구분하여 그 내용을 살펴보고 각 연구 경향의 이민레짐과의 관련성을 확인하기로 한다.

1) 다문화복지국가

(1) 등장 배경 및 의미

다문화복지국가(Multicultural welfare state)를 이해하기 위해서는 먼저 이민과 복지의 관계에 대한 연구 경향을 파악하는 것이 필요하다. 왜냐하면 이의 연장선상에서 등장한 것이 바로 다문화복지국가이기 때문이다. 이주와 복지의 관계에서의 핵심 주제는 양자 간 양립에 관한 것이다. 즉 이민이라는 시대적 흐름 앞에 복지국가는 과연 지속될 수 있는가하는 것이다. 이에 대해 많은 학자들은 비관적인 견해를 제시하고 있다. 이들 학자들의 논거를 정리하자면 첫째, 이민은 전통적 복지국가의 토대인 시민권을 훼손하고 있다는 것이다(D. Miller, 1995). 시민권이 일국의 본토국민을 대상으로 하고 있는 점을 고려한다면 이민자의 증대는 이러한 토대를 약화시키는 요인으로 작용하고 있으며 이러한 현상은 더 심해져 결국은 복지국가 위기로 귀결될 것이라는 주장이다. 복지국가의 철학적 위기에 관한 것이다.

둘째, 현실적 측면에서 자유이민과 복지국가는 함께 공존할 수 없다고 주장한다. 이의 대표적인 학자인 프리드먼(M. Friedman)은 만약 빈민국의 사람들이 부유한 국가에 자유롭게 이주한 후 복지 권리를 주장한다면 이는 이민국 본토 국민에게 경제적 부담을 지우게 되며 결국 복지국가에 대한 지지를 철회하는 결과를 초래할 것이라는 것이다.[30] 한편, 프리먼(G. P.

---

28) 이상의 연구 경향의 상술에 대해서는 E. A. Koning, 2013을 참조.

29) 이의 국내 연구로는 강휘원, 2010을 들 수 있음.

30) 강휘원, 2000: 1에서 재인용. 한편 이러한 현상을 인종의 부식효과(the corrosive effects

Freeman) 역시 미국을 이민자의 집단적 인정과 다양성이 사회프로그램에 대한 지지를 약화시키는 전형적인 사례로 소개하면서 이민은 복지 국가의 재앙으로 유럽국가의 미국화를 경계했다(G. P. Freeman, 1986).

셋째, 좀 더 논쟁적인 것으로 이질성과 재분배 그리고 인정과 재분배 간 긴장 관계를 강조한다. 전자는 인종적, 민족적 다양성은 재분배적 사회정책을 약화시키고 있다는 주장이다. 한편 후자는 정책에 관한 것으로 종족으로서 이민자 집단을 인정하고 이들에게 편의를 도모하는 다문화주의정책은 다양성과 사회 연대 간에 내재되어 있는 긴장을 촉발시키며 재분배 정책에 대한 지지를 약화시킬 것이라고 주장한다(B. Barry, 2001).

다문화복지국가는 이상의 이민과 복지의 비양립성(trade-offs)을 주장하는 입장에 대한 반박 차원에서 등장한 용어이다. 왜냐하면 이 용어를 사용하는 학자들은 대부분 다문화복지국가의 지속가능성에 대해 긍정적인 견해를 보이고 있기 때문이다. 구체적으로 다문화복지국가 혹은 이와 유사한 의미를 지닌 용어를 사용한 선구적인 학자는 캐나다 학자인 밴팅이다. 그는 1998년의 논문에서 다문화복지국가를 다문화주의와 복지국가의 관계를 보여주는 용어로 사용하고 있다. 이 논문에서 그는 이민과 복지 간 비양립적 관계를 주장하는 입장에 대해 이는 시기와 해당 국가의 정치 제도에 따라 다르다고 주장한다. 구체적으로 1965년부터 1980년까지의 실증분석을 통해 인종 및 언어 다양성과 정부의 소득 재분배 지출 간에 약한 부적 관계가 존재하고 있다고 지적한다. 즉 다문화주의가 복지국가를 약화시킬 수 있는 개연성이 있다는 것이다. 하지만 해당 국가의 특성 즉 중앙집권국가 혹은 합의제 민주주의인 경우 그리고 사민주의 혹은 조합주의 복지레짐인 경우에는 이러한 개연성이 약화될 수도 있음을 동시에 강조하고 있다. 따라서 다문화복지국가의 지속가능성에 대한 비판입장은 과도 단순한 한계를 보이고 있다고 지적한다.

한편 그는 2006년에 발표된 글을 통해 위의 입장을 체계적으로 반박하

---

of race)라고 부르기도 한다.

표 15 다문화주의정책과 사회지출, 재분배 추이

다문화주의 정책	국가	사회지출 추이(%)*		재분배 추이(%)	
		해당국가	평균	해당국가	평균
강	호주	57.5	46.4	7.5	15.3
	캐나다	35.3		23.0	
중	벨기에	1.2	8.6	1.8	-2.1
	네덜란드	-12.5		-0.5	
	스웨덴	6.9		1.0	
	영국	35.7		-9.1	
	미국	11.5		-3.9	
약	오스트리아	15.0	31.8	-	10.1
	덴마크	2.4		11.0	
	핀란드	43.2		11.8	
	프랑스	36.5		11.4	
	독일	34.5		10.4	
	아일랜드	-6.5		-	
	이탈리아	36.4		-3.2	
	노르웨이	45.2		18.9	
	스위스	86.2		-	
	스페인	24.7		-	

* 1980년과 1998년의 비교
**1980년대 초와 1990년대 말의 조세와 이전 소득의 재분배 효과
출처: K. G. Banting. 2006:23의 table 2.

고 있다. 먼저, 사회 이질성과 재분배 관계의 확인을 위해 OECD 회원국의 1970년부터 1998년까지 그리고 2000년도의 이민 누적(Migrant stock)과 사회복지지출 추이를 살펴보았다. 그 결과, 이민 누적 비율이 높음에도 불구하고 사회복지지출 수준이 상당히 높은 국가가 있음이 발견되었다.[31] 달

31) 뉴질랜드와 스웨덴이 대표적인 국가임. 한편 2000년도에는 캐나다, 뉴질랜드, 호주 등의 국가가 대규모 이민에도 불구하고 일본, 아일랜드, 미국보다 사회복지지출 수준이 높게 나타

리 말하면 이민 수준이 높다고 하더라도 해당국가가 복지 개입을 유지하고 확장하는 데 큰 어려움을 겪고 있다는 증거가 없다는 것이다. 이어서 이 논문은 인정과 재분배의 긴장관계를 살펴보고 있다. 이를 위해 이미 언급한 바 있는 다문화주의정책지표(MCPs)와 사회지출 그리고 재분배 효과 간 관련성에 대한 확인을 시도했다. 방법은 OECD 회원국을 다문화주의정책 정도에 따라 강, 중, 약의 세 그룹으로 구분하고 여기서 나타나는 사회지출과 재분배 추이를 살펴보는 것이다. 분석 결과는 〈표 15〉와 같다.

〈표 15〉는 이민과 복지 간 비양립성 주장이 담론 수준임을 보여주고 있다. 왜냐하면 비양립성 주장대로라면 다문화주의정책이 강한 국가일수록 사회지출도 줄고 재분배 효과는 약하게 나타나야 되기 때문이다. 하지만 위의 실증분석 결과는 이와는 반대의 모습을 보이고 있다. 즉, 강한 다문화주의 정책 국가에서 사회지출 증가폭도 크고 조세와 이전소득에 의한 재분배 효과도 강하게 나타난다. 다시 말하면 다문화주의정책이 복지국가를 약화시킨다는 체계적 경향을 보여주는 증거가 없는 것이다.[32] 이렇게 볼 때 다문화복지국가의 지속가능성은 앞으로 더 많은 실증 분석과 논의가 필요한 주제라 할 수 있다.

(2) 평가 및 이민레짐과의 관련성

이상 본 바와 같이 다문화복지국가의 지속가능성 논쟁은 이에 대한 정확한 개념 규정은 없음에도 불구하고 이민과 관련된 복지국가의 새로운 모습이 무엇인가를 파악하는 데 도움을 주고 있다. 뿐만 아니라 다문화복지국가의 지속가능성은 이민과 복지의 관계 논쟁의 틀에서 파악하는 것이 필요함을 알 수 있었다.

난다. K. G. Banting, 2006

32) 이러한 결과는 이후의 공동 연구에서 그대로 나타난다. 공동연구에서는 관련변수로 사회지출, 재분배(빈곤감소율, 불평등감소비율), 사회 결과(아동빈곤감소 등)를 사용했다. K. Banting et al., 2009: 67의 table 2.1.

한편 이민레짐의 관점에서 살펴보면 다문화복지국가 지속가능성과 관련된 기존의 연구는 추상적인 성격이 나타나는 한계를 보이고 있다. 예컨대, 이민과 복지의 비양립성 테제의 경우 여기서 말하는 복지가 무엇인지 불분명하다. 이들이 많이 사용하고 있는 재분배는 복지 자체보다는 복지의 효과(결과)에 더 가깝다. 이에 비해 밴팅의 다문화복지국가는 좀 더 구체성을 담보하고 있다. 실증분석과 여기서 사용되고 있는 변수인 사회지출 그리고 재분배가 이를 증명하고 있다.

이민레짐의 관점에서 보면 통합정책과 사회정책과 관련되어 있다고 볼 수도 있으나 이는 추론에 지나지 않는다. 왜냐하면 이와 관련된 정책이 무엇인가에 대해서는 침묵하고 있기 때문이다. 따라서 다문화복지국가의 지속가능성 논쟁은 이민과 복지의 관계 이해에 큰 기여를 하고 있다는 장점에도 불구하고 이민레짐의 관점에서는 추상성의 한계를 보이고 있다.

2) 복지레짐과 이민자 사회권

이민과 복지국가 관계의 두 번째 연구경향은 이민자의 사회권을 복지레짐과의 관련성에서 파악하는 것이다. 이는 이민자 사회권의 인정 여부 및 정도는 해당 국가의 복지레짐과 반드시 동일하지 않을 수 있다는 전제에서 출발한다. 예컨대 사민주의 복지레짐은 시민권을 기반으로 모든 시민을 적용 대상으로 하고 있다. 여기서 문제가 되는 부분은 시민의 개념 정의 및 범위이다. 만약 전통적인 시민권 개념에 기초하여 시민을 내국인에 한정한다면 해당 국가의 이민자 사회권 보장 정도는 매우 낮을 것이다. 반면 욕구에 기반을 두고 있는 자유주의 복지레짐에 속하는 국가에서 시민 개념을 광의로 해석하여 이민자까지 포함하고 있다면 해당 국가의 이민자 사회권 보장 수준은 내국인과 유사할 것이다. 이처럼 이민자 사회권은 해당 국가의 복지레짐뿐만 아니라 이민자에 대한 인식, 더 나아가서 이민정책과 밀접한 관련성을 지니고 있는 것이다. 이상의 점을 고려하면서 관련 연구의 내용 및 이의 이민레짐과의 관련성을 살펴보자.

(1) 복지레짐과 이민정책레짐의 관계: 질적 분석

① 내용 및 특징

사실, 국내뿐만 아니라 국제적으로도 이민자의 사회권에 대한 연구는 많지 않다. 이런 점에서 세인즈베리의 연구는 독보적이라고 할 만큼 중요한 의의를 지니고 있다. 그녀의 관련 논문의 주요 내용은 다음과 같다. 먼저 2006년도에 발표된 논문에서 국가별 이민자 사회권을 정확하게 이해하기 위해서는 세 가지 측면에 대한 종합적인 고려가 필요하다고 강조한다.[33]

첫째, 복지레짐이다. 한 국가의 복지레짐은 해당 국가 복지제도의 특성을 보여주는 것으로 어떤 유형이냐에 따라 이민자의 사회권도 상이할 것으로 보고 있다. 이를 위해 세인즈베리는 에스핑 안데르센의 세 가지 복지레짐 유형론에 주목하고 있다. 둘째, 이민정책레짐 혹은 포용레짐이다. 이는 이민국 사회로부터의 이민자 포용 혹은 배제를 규제하는 것으로 세인즈베리는 이의 유형론적 접근 대신 레짐의 포용성과 누가 포용되는가에 일차적 관심이 있음을 밝히고 있다. 즉 해당 국가의 이민정책레짐 혹은 포용레짐이 어느 정도 이민자를 포용하고 있는가 그리고 이의 수혜자는 누구인가에 관한 것이다.[34] 세 번째 고려 측면은 이민 형태 및 이와 관련된 입국 이민자 범주이다. 왜냐하면 입국 당시의 이민 형태에 따라 해당 이민자에게 주어지는 권리 및 사회 급여가 다를 수 있기 때문이다.[35] 세인즈베리에게 이 점이 중요한 이유는 기존의 연구들은 이러한 범주별 차이를 무시한 채 이민자를 하나의 집단으로 간주하는 경향이 있었기 때문이다. 따라서 입국 이민자 범주의 차이는 이민자 사회권의 내적 차이를 낳게 될 것이라는 것이다.

결국, 세인즈베리가 제기하는 연구 질문은 국가별 복지레짐, 이민정책레

---

33) 이하는 세인즈베리의 관련 연구를 정리한 것임. cf. D. Sainsbury, 2006.

34) 이런 관점에서 볼 때 용어는 비슷하지만 본 저서의 이민레짐은 세인즈베리의 이민정책레짐보다 영역이 더 포괄적임을 알 수 있다. 왜냐하면 이민레짐은 이민정책, 통합정책 그리고 사회정책을 모두 포함하고 있기 때문이다.

35) 입국 당시의 이민자 범주는 근로 혹은 경제 이민자, 난민, 망명신청자 혹은 정치적 이민자, 가족 이민자, 종족적 시민 그리고 미등록 이민자 등을 말한다.

표 16 **국가별 복지레짐 및 이민정책레짐**

국가	복지레짐	이민정책레짐
미국	자유주의 / 권리: 욕구에 바탕	포용적 / 권리: 속지주의(ius soli, law of the soli)
독일	보수주의 / 권리: 근로에 바탕	배타적 / 권리: 혈통주의(속인주의, ius sanguinis, law of the blood)
스웨덴	사민주의 / 권리: 시민권	포용적 / 권리: 거주(ius domicilii)

출처: D. Sainsbury, 2006: 231의 Figure 1.

짐 그리고 이민형태가 이민자의 사회권을 어떻게 유형화하고 있는가이다. 이를 위해 그녀는 차이 극대화 방법을 사용하여 복지레짐별 대표적인 세 가지 국가를 사례 대상 국가로 선정했는데 미국, 독일, 스웨덴이 바로 그것이다. 한편 〈표 16〉은 세 개 국가의 복지레짐 그리고 이민정책레짐 특성을 정리한 것이다.[36)]

먼저 미국은 자유주의 복지레짐이자 포용적 이민정책레짐 국가로서 대표적인 이민 개방국가이다. 이민자 사회권은 노동시장참여, 취업분야, 사회보장기여금 납부에 달려있다. 그리고 이민형태에 따라 이민자의 사회권은 점점 계층화 현상이 뚜렷해져 가고 있다. 구체적으로 난민의 사회권이 가장 관대하다면 합법이민자, 불법이민자의 순으로 엄격해져 가는 경향을 띠고 있다는 것이다. 특히 1980년대부터 시작된 복지 개혁으로 인해 합법 이민자의 사회부조 수급권리가 입국시점을 기준으로 기존의 3년에서 5년으로 연장되었음에 주의할 필요가 있을 것이다.

독일은 보수주의 복지레짐이자 배타적 이민정책레짐의 국가이다. 따라서 국적 취득이 매우 엄격하여 장기간의 거주 기간을 요구하며 이중국적을 허용하지 않는다. 독일 사례에서 흥미로운 점은 그럼에도 불구하고 독일인

36) 세인즈베리의 사례 분석 시기는 주로 1990년대까지로서 이후의 변화 모습은 다루지 않았다.

의 혈통을 가진 이른바 민족적 독일 이민자에 대해서는 매우 관대하다는 점이다. 이민자 사회권 인정에서 가장 중요한 요인은 고용이다. 근로이민자의 사회권은 내국인 근로자와 기본적으로 동일하다, 고용이 중요한 두 번째 이유는 거주 허가 여부의 중요한 기준이기 때문이다. 반면 사회부조에의 장기간 의존 기록은 추방당하거나 국적을 취득할 수 없다. 이를 근거로 세인즈베리는 독일에서는 고용이야말로 복지레짐과 이민정책레짐의 연결체라고 강조한다. 즉, 이민형태에 따라 이민자의 사회권 역시 계층화현상을 보이고 있다. 특이한 점은 여성 배우자의 사회권은 낮은 반면 민족적 독일 이민자는 상대적으로 유리한 위치에 있다는 점이다.[37] 이러한 현상을 두고 세인즈베리는 복지레짐 못지않게 이민정책레짐이 독일 이민자의 사회권에 많은 영향을 미치고 있다고 강조한다.

스웨덴은 사민주의 복지레짐이자 포용적 이민정책레짐의 국가이다. 이민정책레짐에서 특이한 것은 미국이나 독일과 달리 시민권이 정기적 거주에 바탕을 두고 있다는 점이다. 즉 스웨덴에 정기적으로 거주하는 사람이라면 국적에 관계없이 동일한 사회권을 인정하고자 한다. 여기서 등장하는 용어가 바로 denizen status(비귀화 이민자 지위)이다. 일반적으로 denizen은 특정 지역에 거주하는 사람으로서 시민과 외국인 거주자 사이의 중간 정도의 권리를 지니고 있다. 한편, 스웨덴에서 denizen 개념이 중요한 이유는 이의 포함 범위가 넓기 때문이다. 초기에는 노르딕 국가 출신의 거주민으로 제한했으나 1954년의 외국인 법 그리고 이후의 관련법 개정을 통해 여타 국가 출신 이민자들도 지위 부여 대상에 포함시켰다.[38] 그리고 이들에게는 일정 기간 이상 거주하면 최저보장연금(기존의 기초연금) 수급권이 인정되었다. 이러한 평등의 원칙은 다른 국가와 달리 이민자 집단 내의 계층화 효과도 적게 나타나는 것으로 보고 있다.

---

37) 1990년 이후 민족적 독일 이민자에 대한 특권은 많이 소멸되었음.

38) 세 가지 범주로서 노르딕 국가 출신 이민자, 정치적 난민 그리고 출신 국가에 관계없이 영주허가 이민자는 누구든지 지위를 받을 수 있다.

한편, 이민정책레짐 또한 포용적인 성격을 띠고 있다. 이민허용시스템을 단순화 했으며 난민에 대한 포괄적인 정의와 함께 제네바 협약상의 난민 외에도 인도주의적 이유에 의한 망명 허용자들에게도 동등 권리를 인정했다. 여타 국가에 비해 관대한 국적 취득요건, 이중국적 허용도 포용적 이민정책레짐을 대변하고 있다.

② 평가 및 이민레짐과의 관련성

지금까지 살펴본 바와 같이 세인즈베리의 연구는 다음 몇 가지 점에서 중요한 의의를 지니고 있다. 첫째, 이민자의 사회권에 대한 포괄적이면서도 심도 깊은 분석을 시도하고 있다. 여기서 포괄적이라 함은 단순한 소개가 아니라 복지레짐, 이민정책레짐 그리고 이민형태의 세 가지 부분에 대한 종합적인 고려를 통해 이들이 어떻게 이민자의 사회권에 영향을 미치고 있는지 살펴보고 있다는 것을 의미한다. 복지레짐을 대표하는 세 개 국가를 중심으로 1990년대까지의 변화 양상을 심도 깊게 분석하고 있다. 이러한 접근방법은 이민자정책 연구를 수행하는데 중요한 시금석이라 할 수 있다.

둘째, 레짐에 대한 높은 관심이다. 세인즈베리는 그의 글에서 이민정책레짐 용어를 사용하고 있다. 이는 영역의 포괄성에서 본 저서의 이민레짐과는 일정한 차이가 있다. 그럼에도 불구하고 이민자정책 파악의 수단으로서 레짐 용어를 사용하고 있는 점은 레짐 연구가들에게는 매우 흥미로운 현상이다.

한편, 본 저서의 이민레짐과의 관련성에서 살펴보면 세인즈베리의 연구는 상당 부분 이와 겹치는 부분이 많다. 예컨대 세인즈베리 연구 주제인 이민자 사회권은 이민레짐의 세 구성 요소 중의 하나인 사회정책의 핵심이다. 그리고 이민정책레짐은 상당부분 본 저서의 이민정책과 밀접한 관련성을 지니고 있다. 반면, 통합정책은 상대적으로 경시되어 있다.

(2) 복지레짐별 이민자 사회권 비교: 양적 접근방법

① 내용 및 특징

한편, 세인즈베리의 2012년 글은 분석 방법에서 기존 연구와 많은 차이를 보이고 있다(D. Sainsbury, D. and A. Morissens, 2012). 2006년 논문이 질적 연구라면 2012년 연구는 데이터 분석을 통한 양적 접근방법을 취하고 있다. 따라서 분석 대상 국가도 6개 국가로 늘어났다. 2012년 논문에서 가장 특징적인 점은 사회권과 관련된 이민자의 실질적 결과에 대한 확인을 시도하고 있다는 점이다. 즉, 단순한 정책 및 제도 소개에 그치는 것이 아니라 이의 실시를 통해 이민자의 사회권과 관련된 삶의 질이 어떻게 변했는지 그리고 이를 내국인과 비교할 때 차이는 어떠한지를 보고자 한다.

사회권의 질 파악을 위한 분석 기준으로 세 가지를 제시하고 있는데 탈상품화, 욕구 충족, 권리의 계층화가 바로 그것이다. 탈상품화는 집단별 빈곤율과 이전소득의 빈곤 감소효과로 파악했다. 욕구 충족 여부란 스스로 욕구 상태에 있음이 인지될 때 혹은 사회적 위험 발생 시 수급가능성에 관한 것으로 이 글에서는 수급률로 이를 파악하고 있다. 권리의 계층화는 집단별 사회프로그램(연금과 실업급여) 접근 여부와 급여수준이 그 기준이다.

한편 6개의 분석 대상 국가 선정은 복지레짐에 바탕을 두고 있다.[39] 분석 결과 다음 두 가지 점이 발견되었다. 첫째, 집단 비교에서 내국인 시민가구와 이민자 가구 간 사회권의 실질적 적용에서 차이가 존재한다. 이민자 가구는 이전 소득에 의한 탈빈곤 가능성도 낮으며 이민자 가구 중에서도 비귀화 이민가구의 빈곤감소효과는 전체이민가구보다 낮게 나타난다. 귀화 여부에 따른 이민자 가구 내 불평등이 발견되는 대목이다. 반면 내국인 가구는 이민자 가구에 비해 빈곤선 이상의 생활 유지 가능성이 높을 뿐만 아니라 탈빈곤 가능성도 높게 나타났다. 이러한 현상은 권리의 계층화에서 그대

---

39) 영국과 미국(자유주의 복지레짐), 독일과 프랑스(보수주의 복지레짐), 스웨덴과 덴마크(사민주의 복지레짐).

로 나타난다. 즉, 연금과 실업급여의 수급률과 급여수준 측면에서 이민자 가구는 상대적으로 열악한 상황에 처해있다. 반면 사회부조는 이민자 가구의 수급률이 높은데 이는 일종의 풍선효과 즉 여타 사회급여의 낮은 수급률에 기인한 것이다.

둘째, 이민자의 사회권은 레짐 요인에 의해서 영향을 받고 있다. 이는 사회정책의 탈상품화 효과와 직결되는 것으로 6개국의 복지레짐을 고려하면 사민주의, 보수주의, 자유주의 복지레짐의 순으로 탈상품화 효과가 크다. 특히 사민주의 복지레짐의 국가에서는 가구 유형별(본국민과 이민자) 차이가 약하며, 이전소득이 주 소득원인 이민가구의 빈곤율이 낮게 나타난다. 이는 그만큼 이민자 가구에게 제공되는 이전 소득의 수준이 높다는 것을 의미한다. 이와는 반대로 자유주의 복지레짐의 국가에서는 해당 가구의 빈곤율이 매우 높다. 게다가 임금이 주 소득원인 이민자 가구의 빈곤율도 높게 나타난다. 이렇게 볼 때 자유주의 복지레짐에서의 이민자 가구는 낮은 수준의 임금과 이전소득으로 인해 빈곤 위험에 노출될 가능성이 매우 높다고 할 수 있다.

② 평가와 이민레짐과의 관련성

지금까지 이민자의 사회권에 대한 연구는 세인즈베리에 의해 주도되고 있는 것으로 판단된다. 이 중에서도 2012년의 글은 이민자의 사회권의 실질적 결과에 주목하고 있는 점이 특징이다. 즉 단순한 정책이나 제도의 소개에 그치는 것이 아니라 이러한 것들이 이민자 사회권의 삶의 질에 어떤 결과를 낳았는지에 주목하고 있는 것이다. 사회권은 현실생활에 적용될 때 비로소 의미가 있는 점을 고려한다면 매우 중요한 주제를 다루고 있는 것으로 판단된다.

그럼에도 불구하고 양적접근방법에 바탕을 둔 복지레짐별 비교 분석이 지니고 있는 근본적인 한계는 여기서도 그대로 나타난다. 대표적으로 복지레짐 내 국가별 차이를 들 수 있다. 이미 언급한 바와 같이 스웨덴과 덴마크는 사민주의 복지레짐에 속해 있음에도 불구하고 이민자정책은 매우 대조적이다. 포용적인 성격의 스웨덴과 달리 덴마크의 이민자정책은 매우 엄격하며 제한적인 성격을 띠고 있는데 이는 이민자 사회권에서도 일정 부분 그대로 반영되고 있다.[40] 이처럼 특정 복지레짐 내의 국가별 차이를 어떻게 고려하는 것이 바람직한가의 문제는 끊임없이 제기되는 사안이다.

한편 본 저서의 이민레짐과의 관점에서 이 연구는 사회정책과 직결되어 있다. 왜냐하면 이민자 사회권이야말로 사회정책의 중심에 자리 잡고 있는 권리이기 때문이다. 반면 본 연구는 이민레짐의 나머지 두 가지 요소 즉 이민정책과 통합정책과는 관련성이 거의 없는 것으로 판단된다.

---

40) 세인즈베리의 연구에서도 이민자 가구의 빈곤율과 사회급여 수급률에서 스웨덴과 덴마크 간 차이가 상당히 크다. 특히 덴마크의 이민자 가구 빈곤율은 14.4%로 이는 독일과 유사하다(2002년 기준). D. Sainsbury, D. and A. Morissens, 2012:120의 table 6.1.

제3장

이민레짐의 개념 정의 및 구성 요소

앞 장에서 이민자정책과 관련된 선행연구의 내용과 이민레짐과의 관련성을 살펴보았다. 그 결과 이민레짐 연구는 이민자정책의 지배적인 연구 경향에서 벗어나 있음을 확인할 수 있다. 우선 대부분의 연구들은 이민레짐이라는 용어를 사용하지 않는다. 그보다는 모델(유형), 이민자정책지표 등을 통한 연구가 활발하게 진행되고 있다.[41] 이민자정책 연구에서 레짐에 대한 관심이 덜한 이유로서 프리먼의 견해를 살펴볼 필요가 있다(G. P. Freeman. 2004: 945-946). 왜냐하면 그는 여기서 이민레짐연구의 논쟁적인 문제를 거론하고 있기 때문이다.

첫째, 그는 레짐 연구가 지니고 있는 추상성을 지적하면서 이는 국가의 특징을 보여주기에 부적합하다고 주장한다. 둘째, 레짐을 구성하고 있는 하위 요소들 간의 약한 일관성 역시 레짐 연구를 가로막는 장애물인 것으로

41) 이런 관점에서 세인즈베리의 이민정책레짐에 대한 관심은 이민연구에서 독보적이라고 할 수 있다.

그는 파악하고 있다. 그에 의하면 하나의 레짐은 상호 보완적인 하위 요소의 존재를 전제하는 것인데 이민레짐의 경우에는 그렇지 못한 경우가 많다는 것이다. 구체적인 사례 제시가 없는 관계로 그의 의미를 정확히 파악하기는 어려우나 아마도 제도적 상보성을 염두에 둔 것으로 이해된다. 일정 부분 동의함에도 불구하고 저자는 프리먼의 이러한 입장은 레짐에 대한 이해 부족에서 비롯된 것이다,

첫 번째 지적과 관련하여 레짐의 지니고 있는 추상성은 하위 구성 요소를 통해 극복될 가능성이 높다. 따라서 중요한 문제는 레짐이 지니고 있는 추상성을 극복할 수 있을 정도로 하위 요소가 적절하게 구성되었는가 하는 것이다. 둘째, 레짐 연구가들은 하위 요소들 간의 상호보완성을 전제하지 않는다. 그 보다는 특정 국가의 레짐 완결성 정도 및 이의 원인(배경) 그리고 필요한 경우 레짐 용어 사용의 적절성에 더 많은 관심을 지니고 있다.[42] 즉 어느 정도 상호보완성을 유지하면서 하위 요소들이 기능하고 있는지(혹은 기능하지 못하는지), 그리고 이러한 이유 및 배경은 무엇인지에 더 많은 관심을 보이고 있는 것이다. 만약 이에 동의한다면 이민레짐 연구에 관심을 가지지 않을 이유가 없는 것이다.

이상의 점을 고려하면서 이 장에서는 본 저서가 제시하고자 이민레짐의 구체적 내용을 살펴보기로 한다. 글의 순서는 먼저, 레짐과 이민레짐에 대한 개념 정의 및 유용성을 알아본다. 이어서 본 저서가 구상하고 있는 이민레짐 하위 요소(구성요소)를 도출할 것이다.

42) 상호보완성 대신 선택적 친화적(selective affinity) 용어를 사용하기도 한다.

1. 이민레짐의 개념 정의와 이민레짐 연구의 타당성과 유용성

1) 레짐 그리고 이민레짐

레짐(Regime)은 사회과학에서 많이 사용되는 용어로서 개념 정의 또한 매우 다양하다. 이의 간단한 정의는 특정 정치 제도, 형태 혹은 체제로 간주하는 것이다. 예컨대, 프랑스 대혁명 전 시기의 정치 체제를 앙시앵 레짐(Ancien Regime, 구체제)이라고 명명할 때 이는 당시의 국왕과 소수 귀족 중심의 정치 체제를 의미하는 것이다. 한편, 레짐에 대한 좀 더 엄밀한 정의는 단순히 특정 제도가 아니라 복수 제도들에게 공통적으로 적용되는 원칙과 규범을 의미한다.

사회과학연구에서 레짐에 대한 이해가 중요한 이유는 행위자들의 행동을 억제하기 때문이다. 예컨대 권위주의 레짐하의 행위자의 행동은 다른 레짐의 그것과 일정한 차이를 보이고 있는 것이다. 따라서 행위자의 행동을 이해하기 위해서는 이와 관련된 레짐에 대한 이해가 필수적이다. 이 점에서 레짐과 제도는 상호 공통점과 차이점을 지니고 있다, 공통점으로는 양자 모두 행위자들의 행동을 억제하고 있다는 점이다. 왜냐하면 제도 역시 행위에 대한 공식적 · 비공식적 억제를 내포하고 있기 때문이다. 하지만 레짐은 제도보다 더 포괄적인 대상을 지칭한다는 점에서 차이가 있다. 즉, 제도들 간의 작동을 지배하는 원칙과 규범으로서 이를 통해 행위자들의 행동을 일정한 방식으로 억제하는 성격이 강한 것이 레짐인 것이다. 이렇게 볼 때 레짐에는 제도 간의 상호작용이 내재되어 있는 것을 알 수 있다.

이러한 점을 고려하면서 사회과학분야에서 사용되고 있는 레짐의 용례를 소개하면 아래와 같다. 먼저 정치학에서는 정치레짐(political regime) 용어가 많이 쓰이고 있다. 여기서 정치레짐은 국가와 시민사회의 관계를 포괄해 제도의 수준에서 행위를 일정한 방식으로 통제하는 현상을 의미한다(안재홍, 2013: 23). 한편, 국제관계에서는 국제레짐이라는 용어를 자주 사용하는데 이는 국제관계의 특정영역에 있어서 국가들에 의해 합의가 된 명시적 혹은 묵시적인 규칙을 지닌 제도체로서 여기에는 관습까지도 포함되어 있다(박재영, 2009). 한편, 복지국가를 연구하는 학자들에게는 복지레짐(welfare regime)이란 용어가 일반적이다. 이에 대해서는 에스핑 안데르센(G. Esping-Andersen)의 정의가 많이 언급되고 있다.

그는 초기의 복지국가레짐에 이어(G. Esping-Andersen, 1990), 1999년에는 복지레짐 용어를 사용했다. 여기서 그는 복지레짐을 "한 사회에서 생산된 복지가 국가, 시장, 그리고 가구에게 할당(공급)되는 양식으로서 여기에는 이와 관련된 재정 충당, 관리 및 기능, 수단과 관련된 가치 및 규범 그리고 제도적 재배열이 포함되어 있는 것"으로 정의내리고 있다(G. Esping-Andersen, 1999: 73). 복지에 한정된 것이지만 그 역시 레짐에 대한 일반적인 정의에서처럼 양식, 관리 및 기능, 이와 관련된 제도적 재배열을 강조하고 있다. 뿐만 아니라 그는 제도적 재배열 외에 한 사회를 지배하는 가치 및 규범 등도 레짐에 내재되는 것으로 보고 있다. 이를 바탕으로 에스핑 안데르센이 구분한 복지레짐 유형론은 복지국가 연구자에게는 이미 고전이 되었다. 그리고 이는 앞에서 살펴보았듯이 이민자정책 연구자에게도 국가 비교를 위한 출발점이기도 하다.

한편, 에스핑 안데르센의 복지레짐 유형론는 이후 많은 비판을 받았다.[43] 그중의 하나는 특정 시기의 한 단면을 보여주는 관계로 레짐이 변화하는 양상에 대해서는 제대로 대변하지 못하고 있다는 점이다. 이에 국내의 일부 학자들은 크래스너(Krasner)의 견해에 많은 관심을 보여주고 있다. 왜냐하면 크래스너는 유형론적 관점 대신 복지레짐의 변화에 초점을 두고 있기 때문이다. 크래스너는 우선 원칙, 규범, 규칙 그리고 절차의 총체를 복지레짐이라고 보고 있다. 여기서 원칙은 복지제도에 관한 포괄적 신념을 가리키며, 규범이란 복지 영역의 권리와 의무라는 측면에서 정의된 행위의 규준을 의미한다. 그리고 규칙은 복지제도와 관련하여 활동하는 행위자들에게 적용되고 구체적으로 규정된 강제조항 등을 의미하며 절차란 복지정책이 형

43) 여러 비판에 대해서는 여유진 외, 2016: 48-72를 참조.

성되는 과정에서 나타나는 집합적 선택의 결정 및 집행에 관한 지배적인 절차를 의미한다. 이 중 원칙과 규범은 높은 수준의 레짐변수로서 규칙을 형성하는 데 있어서 가이드라인을 형성하는 조정역할을 제시해 주고 있다. 반면 규칙과 절차는 낮은 수준의 레짐 변수로서 특히 절차는 규칙이 형성되는 과정을 의미하는 것으로 행위자들 간 의사결정에 도달하는 관행을 설명하기 위한 것이다(양승일, 2010: 3-5). 이러한 관점은 레짐의 변화 예컨대 특정 제도의 도입 시점을 기준으로 전과 후의 레짐 성격 및 이의 변화를 확인하는 데 매우 유용한 것이다. 이처럼 레짐은 행위자의 행동 혹은 행위에 영향을 미치는 사회의 양식, 관리 및 기능, 제도적 재배열, 더 나아가서 가치 및 규범을 의미한다. 그리고 단순히 특정 제도만이 아니라 제도 간의 관련성을 중요시하고 있다.

본 연구의 핵심 개념인 이민레짐(Immigration regime)에 관해서 살펴보면 우선 이민자 포용레짐과 이민레짐 용어가 동일한 의미로 같이 사용되고 있음을 지적할 수 있다. 예컨대, 소이살에게 포용레짐은 이민 근로자가 이민 정치체의 구성원이 되는 거시적인 과정으로 인식되고 있다. 기존 연구가 주로 이러한 과정의 미시적인 측면(즉, 개인 수준)에 초점을 두고 있음을 지적하면서 소이살은 이민국 사회의 제도에 초점을 두는 거시 연구의 필요성을 강조하고 있는 것이다(Y. N. Soysal. 1994: ch. 3). 밴팅은 이민자 포용레짐은 신 이민자와 소수민의 경제 · 사회 · 정치적 포용을 촉진하기 위해 설계된 정책으로 구성되어 있다고 보고 있다(K. G. Banting, 2010:805). 마지막으로, 카슬 등에게 포용레짐은 이민자와 그 후손들이 이민사회 및 국가의 구성원이 되기까지의 과정 그리고 이러한 과정을 촉진하기 위한 이민국의 정책적 · 사회적 노력이다(S. Castles, H. de. Haas and M.J. Miller, 2014. ch. 12).

한편 본 연구에서는 이민자 포용레짐 대신 이민레짐이라는 용어를 사용하고자 한다.[44] 그리고 본 저서는 이민레짐을 이민 신청에서부터 입국 후

44) 국제적으로 이민레짐보다 이민자 포용레짐을 더 많이 사용하고 있다. 그럼에도 불구하고

경제, 사회, 정치적 포용을 거쳐 하나의 시민이 되기까지 필요한 정책 및 제도 그리고 이에 내재되어 있는 가치와 규범으로 정의하고자 한다. 이 중에서도 분석과 관련해서 본 저서는 관련 정책 및 제도에 많은 관심을 둘 것이다.

2) 이민레짐 연구의 타당성과 유용성

먼저 이민레짐 연구의 타당성을 살펴보자. 즉 이민레짐 연구가 과연 적절한가 하는 것이다. 이와 관련하여 두 가지 문제를 생각해보자. 첫째는 한 국가에는 하나의 레짐만 있는 것인가 하는 것이다, 두 번째 문제는 만약 하나의 레짐만 있는 것이 아니라면 복수의 레짐 간에는 어떤 성격을 보이고 있는가이다. 첫 번째 질문과 관련하여 한 국가에는 영역에 따라 얼마든지 복수의 레짐이 존재하고 있음을 기존 연구들은 보여주고 있다. 예컨대 특정 국가에는 정치레짐뿐만 아니라 복지레짐, 빈곤레짐, 고용레짐 그리고 젠더 레짐 등 수많은 레짐이 있다. 단 레짐으로 자리 매김되기 위해서는 구성요소(예: 제도들)의 작용 및 이들 간 관련성(제도적 재배열) 등에 대한 파악이 수반되어야 할 것이다.

두 번째 질문과 관련하여 복수의 레짐 간에는 특정 레짐이 다른 레짐을 포함하는 위계의 모습이 아니라 상호 병렬적 성격을 보여주고 있음에 유의할 필요가 있다. 물론 레짐별 구성 요소 간 상호 중첩성이 발견될 수 있을 것이다.[45] 하지만 여기서 중요한 것은 레짐 간에는 어떠한 위계질서도 없다는 점이다. 이는 달리 말하면 내부 속성 즉 구성 요소의 완결성 문제만 해소되면 도출될 수 있는 레짐의 수는 무한하다는 것이다.[46] 필자가 이민레짐의

본 저서가 이민레짐을 선택한 가장 큰 이유는 가독성을 높이기 위한 것이다. 즉 본 저서의 이민레짐과 이민자 포용레짐은 동일한 의미를 지니고 있다.

45) 예컨대 사회급여의 계층화 효과 등 복지레짐과 빈곤레짐의 구성요소들 사이에 공통적으로 포함될 수 있는 것이 많다.

46) 이는 레짐 연구에서 중요한 것은 층위의 문제가 아니라 레짐 내부 속성이라고 강조하고

타당성에 대해서 확신을 지니고 있는 것은 바로 이러한 인식에 바탕을 둔 것이다.

그럼 이민레짐을 포함하여 레짐연구가 지니고 있는 유용성은 무엇인가. 이와 관련하여 안재흥의 견해를 먼저 살펴보자. 그는 다음 세 가지로 레짐 연구의 유용성을 강조하고 있다(안재흥. 2013:24-26). 첫째, 레짐은 체제 혹은 구조보다 미시적인 개념이어서 분석의 사다리를 행위자들의 전략적 행위에 까지 근접시킬 수 있다. 제도의 틀 안에서 행위자들이 전략적으로 어떤 선택을 하는가 더 나아가 통시적으로 전략적 행위가 반동적 연쇄를 유발해 제도를 어떻게 변화시키는가를 분석할 수 있다고 보고 있다.

둘째, 제도들의 맞물림과 풀림(disembeddedness)의 역동적 과정을 분석할 수 있다. 여기서 그는 이를 설명하기 위해 정치경제레짐을 언급하고 있다. 그리고 정치경제레짐은 폴라니가 제시하고 있는 맞물림의 개념과 유사하다고 강조한다. 즉, 19세기 이전까지는 자율적 조정시장의 제도와 국가 및 사회적 관계가 맞물림 관계를 보여 왔다. 그리고 당시의 경제적 관계는 체계적으로 광범위한 사회적 관계와 목적에 의해 제약을 받으며 후자에 이바지 하는 현상을 보여 왔다. 하지만 이 후에는 자율적 조정 시장이 제도적 맞물림에서 그 영역을 확장함에 따라 사회 공동체 제도들이 급속히 와해되었다(즉, 풀림현상). 안재흥은 이러한 변화 현상을 정치경제레짐의 관점을 통해 설명할 수 있다고 보고 있는 것이다.

셋째, 통시적 비교를 수행할 수 있다. 레짐은 제도의 속성을 지니기 때문에 장기적으로 지속된다. 정부는 교체되어도 레짐은 지속되는 것이다. 레짐은 좀 더 광범위하고 근본적인 변혁을 수반하는 역사적 사건을 기점으로 바뀐다. 이는 앞에서 살펴보았던 크래스너의 복지레짐 연구와 맥락을 같이 하는 대목으로 이해된다. 이상 안재흥이 강조하는 레짐 연구의 유용성은 행위자들의 전략적 선택의 확인과 이의 제도 변화에 미치는 영향을 파악할 수 있다는 점, 제도적 상보성 여부를 파악할 수 있다는 점, 통시적 관점에서의

있는 문진영의 견해와 맥락을 같이 한다. 문진영, 2009.

비교가 가능하다는 점으로 요약할 수 있을 것이다.

이상 세 가지 유용성이 본 연구에 그대로 적용되는 것은 아니지만 적어도 두 가지 점에서 나름 의미가 있는 견해로 판단된다. 첫째, 행위자들의 전략적 선택 확인과 이의 제도변화에 미치는 영향이다. 예컨대 캐나다의 통합정책은 1960년대 이전까지의 동화주의에서 이후 다문화주의로 그 성격이 바뀌었다. 문제는 이러한 정책 변화가 자연적으로 발생한 것이 아니라 당시 제도에 대한 행위자들의 전략적 선택의 결과라는 점이다. 이러한 차원에서 볼 때 이민레짐 연구는 정책 및 제도의 변화 과정 추적에 도움을 줄 것이다. 둘째, 제도적 상보성 여부는 이민레짐 연구가에게도 매우 중요한 사안이다. 예컨대 한국가의 이민정책, 통합정책, 그리고 사회정책이 상호 유기적인 관계를 맺으면서 작동하고 있는지의 여부 확인 이야말로 레짐 연구의 중심에 자리 잡고 있는 것이다.

한편, 레짐 연구가들은 특정 레짐 내의 제도적 상보성을 넘어 레짐 간 상보성에도 많은 관심을 지니고 있다. 예컨대 한 국가의 생산레짐과 정치레짐 그리고 복지레짐 간의 상보성에 관한 것이다. 즉 이들 연구는 금융시스템, 기업지배구조, 숙련형성제도 등과 생산레짐의 제도적 배열이 고용 보호 및 복지제도와 어떻게 서로 연계되어 보완관계에 있는지 밝혀주고 있다.[47] 이러한 관점에서 〈표 17〉은 레짐 간 매우 홍미로운 상호연관성을 보여주고 있다.

〈표 17〉은 영미식 자유시장경제(생산레짐)는 자유주의 복지레짐과 상호기능적 보완관계에 있으며 정치레짐으로서는 합의제보다는 다수제 정치레짐과 제도적 친화성이 크다는 것을 보여주고 있다. 물론 이는 이론적 차원의 논의로서 특정 국가에 어느 정도 부합되는지에 대해서는 별도의 논의가 필요하다. 이는 이민레짐 연구가들에게도 시사하는 바가 크다고 할 수 있다. 예컨대 밴팅처럼 해당국가의 정치레짐이나 복지레짐과의 관계에서 다문화복지국가의 지속가능성을 논한다면 이는 이민레짐 관점에서 매우 홍미로운 접근방법인 것이다.[48]

---

47) 이상 연구 사례에 대해서는 이주하, 2010: 152를 참조.

표 17 생산 · 정치 · 복지레짐의 주요 특징과 레짐들 간의 상호보완성

<table>
<tr><td rowspan="2">생산레짐</td><td>자유시장경제</td><td colspan="2">조정시장경제</td></tr>
<tr><td>단기금융시장
주주(shareholder) 가치 존중
저숙련 생산
수량적 유연화
분권적 협상
기업별 경쟁적 노사관계
일반화된 교육</td><td colspan="2">은행 중심의 장기투자자본
이해관계자(stakeholder) 가치 존중
고숙련 생산
유연전문화
조정된 협상
산업별 협력적 노사관계
기업 혹은 산업 특징적 직업훈련</td></tr>
<tr><td rowspan="2">정치레짐</td><td>다수제</td><td colspan="2">합의제</td></tr>
<tr><td>강력한 행정부
다수대표제(1위 대표제)
단일정당정부
다원주의적 이익집단</td><td colspan="2">삼권분립에 의한 제한된 행정부의 권한
비례대표제 & 다당제
연립정부
조합주의적 이익집단</td></tr>
<tr><td rowspan="2">복지레짐</td><td>자유주의</td><td>유럽대륙식 보수주의</td><td>사민주의</td></tr>
<tr><td>미약한 국가역할 & 강력한 시장 기능
낮은수준의 탈상품화
시장중심의 연대
욕구 중심의 사회권
균일 급여(flat benefits)</td><td>주변적 국가역할 & 미약한 시장기능
중간수준의 탈상품화
가족중심의 연대
고용중심의 사회권
기여에 의한 급여</td><td>강력한 국가역할 & 미약한 시장 기능
높은 수준의 탈상품화
국가 중심의 연대
보편주의적 사회권
재분재적 급여</td></tr>
</table>

출처: 이주하, 2010: 153의 〈표1〉.

이처럼 레짐 연구는 국가비교를 용이하게 하는 동시에 특정 레짐의 구성요소인 제도들의 상호 보완성 여부의 확인 그리고 행위자들의 전략적 선택 및 이의 제도와의 관련성을 확인하는데 그 유용성이 매우 높다고 할 수 있으며 이는 이민레짐 연구도 예외가 아닌 것이다. 그리고 이민레짐 연구는 본 저서의 연구 주제는 아니지만 여타 레짐 간 선택적 친화력을 밝히는 출발점이 될 수도 있을 것이다.

---

48) K. G. Banting, 1998.

2. 이민레짐의 구성요소

이상에서 살펴본 바와 같이 이민레짐 연구의 관건은 구성 요소의 선정 및 구성 요소 간 상호보완성 확인에 있다. 우선 첫 번째 사안과 관련하여 이 책은 세 가지 구성요소를 제시하고자 하는 바 이민정책, 통합정책 그리고 사회정책이 바로 그것이다. 이들은 해당 국가의 이민레짐의 핵심으로 이에 대한 구체적인 분석은 이민레짐의 국가별 특징 이해에 도움을 줄 것이다. 이러한 점을 고려하면서 지금부터는 이민레짐의 각 구성요소를 살펴보기로 하자.

1) 이민정책

본 저서에서의 이민정책(Immigration policy)은 이민에 대한 특정 국가의 기본 인식(철학)과 이의 정책적 반영을 의미하는 것으로 구체적으로는 이민 허용의 배경, 이민자에 대한 입국 전과 입국 후의 관리 및 통제와 관련된 정책 및 제도가 이에 포함된다.[49] 특정 국가의 이민정책 분석은 두 가지로 구분될 수 있는데 이민통제 정도가 첫 번째이고 두 번째는 이의 배경적 요인의 확인에 관한 것이다. 전자와 관련하여 개념적으로는 선별모델과 포용모델의 두 가지가 있을 수 있다. 하지만 현실적으로는 다양한 형태가 존재하는바, 스트라우바는 이민통제(immigration restriction)의 형태를 완전개방형태(no immigration restrictions), 선별적 이민형태(selective immigration) 그리고 완전이민규제형태(complete immigration restriction)의 세 가지로 구분하고 있다(Th. Straubhaar, 1992: 473-474).

먼저, 완전개방형태는 이민자의 자유로운 입국과 귀환을 허용하는 것으로 자유방임정책이라 할 수 있다. 따라서 본 모형에서는 불법이민이 존재

49) 이런 차원에서 본 글의 이민정책영역은 협의의 관점에 속한다. 왜냐하면 국내외의 많은 연구들은 이민정책에 통합정책도 포함되어 있는 것으로 보기 때문이다. 이민정책의 광의의 영역 설정에 대해서는 설동훈, 2016 ; J. Money, 2010.

하지 않는다. 한편, 이에 완전히 부합되는 정책을 펼친 국가는 존재하지 않는다. 다만 국가에 따라 특정 시기에 제한적으로 나타날 뿐이다. 예컨대 제한된 상황에서나마 자유로운 이동이 가능한 사례로서 1950년 이후의 유럽공동체와 그 후신인 1990년 이후의 유럽연합 등을 들 수 있다. 하지만 이 경우도 자유로운 이동의 대상이 지역 내 국가 출신에 한정되어 있음에 유의할 필요가 있을 것이다. 본 저서의 분석 대상 국가 중에는 스웨덴이 이 모형에 가장 가깝다고 볼 수 있다.

둘째, 완전이민규제형태이다. 이 모형에서는 외국인의 장기 체류가 불가능할 뿐만 아니라 이민 자체가 허용되지 않는다. 따라서 합법 이민은 현실적으로 불가능하다. 국제적으로 고립주의 노선을 취하는 국가에서 발견될 수 있다. 유럽 국가의 경우 1970년대 중반에 이민중단정책을 선언한 바 있다. 만약 이 정책이 실현되었다면 이 모델의 사례로 볼 수 있으나 프랑스에서처럼 정책 선언 이후에 이민자는 계속 늘어나는 추세를 보였다. 따라서 이 모형에 속하는 국가는 극히 예외적인 경우를 제외하고는 현실적으로 찾기 어렵다.

셋째, 선별적 이민형태이다. 여기서 선별적이라 함은 이민형태(근로이민, 가족이민, 난민…)뿐만 아니라 이민규모가 이민국의 상황에 따라 통제된다는 것을 의미한다. 설동훈은 이를 다시 세 가지 형태로 구분하고 있는데(설동훈, 2016: 91-92), 첫 번째는 이민자 적극 유치 형태이다. 이는 노동력 부족이라는 시장 상황이 이러한 국가정책을 추동한 것으로 1960년까지의 프랑스를 비롯한 서유럽국가, 캐나다의 한시적 계절 농업 근로이민자 유치가 이에 속하다고 볼 수 있다. 두 번째, 이민자와 그 가족 선별정책 형태이다. 이는 해당 국가의 중·장기적 경제 상황, 인구 변화 등을 고려하여 이민형태 및 이민규모가 결정된다. 그리고 가능한 이민국의 경제에 도움이 될 것으로 예상되는 이민자를 선호하고 있다. 이를 위해서 국가별로 연도별 이민규모상한제, 이민자 선발을 위한 포인트 시스템 등의 제도가 실시되고 있다. 현행 캐나다 이민정책이 대표적인 사례이며 역사적으로는 1920년대 이후 미국 정부가 실시하고 있는 출신국별 신규 이민 할당 제도도 이에 포함된다. 세 번째, 이민자 유입 억제정책 형태이다. 이는 불법 이민자 등 원하지 않은 이민자의 유입 억제에 국가정책이 초점을 두고 있다. 그렇다고 해서 이민 자체를 반대하는 것은 아니며, 오히려 고숙련 근로자나 유학생들의 이민에 대해서는 매우 적극적이다. 한편, 불법 이민자의 유입 억제정책의 효과가 크게 나타나지는 않는다. 왜냐하면 설동훈의 지적과 같이 이민국의 시장상황과 국가정책이 일치하지 않기 때문이다(설동훈, 2016: 92). 비공식 경제 혹은 지하 시장을 통해 근로 기회가 주어지는 한 소위 '불법이민자'는 줄어들지 않을 것이다.

한편, 행위자의 행위를 억제하는 측면을 강조하고 있는 레짐 관점의 성격을 고려할 때 이민정책의 유형 못지않게 중요한 점은 이의 배경적 요인에 대한 것이다. 즉 어떤 배경적 요인이 해당 국가의 이민정책을 추동하게 되었는가 하는 것이다. 이와 관련하여 모네(J. Money)는 다음 몇 가지를 제시하고 있다(J. Money, 2010: 3-13). 첫째, 국내 정치적 요인이다. 이는 특정 국가의 이민 개방 정도를 추동하는 중심적인 힘으로서 이에는 반이민 정서, 본국중심주의, 여론 그리고 이익집단이 정치적 결과에 영향을 미칠 수 있는 조건이 되는 제도적 요건 등이 포함된다.

둘째, 민족 정체성이다. 이민정책의 주요 결정 요인으로서 이의 전제는 한 사회를 특징짓는 중심 가치와 열망은 이를 공유하지 못하는 개인 혹은 집단의 이민에 의해 훼손될 수도 있다는 점이다. 따라서 민족 정체성의 본질과 형성 방법은 이민정책에 중대한 영향을 끼칠 수 있는 것이다. 예컨대 혈통주의 하에서 종족적 · 문화적 동질성을 민족 정체성 형성의 핵심으로 보는 국가에서는 이민 통제의 성격이 강하게 나타날 개연성이 높다.

셋째, 경제적 이해관계이다. 이는 이민자를 바라보는 시선과 관련된 것으로 이민자가 이민국의 다른 경제 행위자에게 배분적 효과를 가져 올 수 있는 경제행위자인가의 여부에 따라 상이하다. 예컨대 일반적으로 고용주는 이민자를 환대하는 성향이 강한 반면 노조 입장은 매우 넓은 스펙트럼을 보이고 있다. 왜냐하면 이민 근로자의 증대가 내국인 근로자의 근로 환경을 악화시킬 우려가 있는 반면 노조 회원 증가 극대화의 단초가 될 수도 있기 때문이다.

넷째, 조직적 · 제도적 여과 기제이다. 이는 이민정책이 전 사회적 선호가 반영될 수 있는 정치과정을 통해 마련된다는 점을 전제로 하고 있다. 여기서 흥미로운 점은 이민은 집중화된 이익과 분산된 손실을 창출한다는 점이다. 구체적으로 고용주, 종족 옹호 단체, 그리고 시민 및 인권 옹호 단체는 집중화된 이익의 수혜자들이다. 이익이 이들에게 집중되어 있기 때문에 이들 집단은 단체 행동이 가져올 수도 있는 손실을 쉽게 극복할 수 있으며 정부에 대한 이민 개방 압력을 위해 조직화할 수도 있다. 반면 이민으로 발생할 수 있는 손실은 분산적 성격을 띠면서 일반 대중을 향하고 있다. 이는 반 이민 정서를 낳기도 하지만 손실 자체가 분산되어 있기 때문에 대중을 조직화하는데 많은 어려움을 겪는다. 이처럼 이민정책은 정책결정자들이 조직화된 이해관계에 대해서는 반응하는 한편 비조직화된 이해관계는 무시하는 이른바 고객중심주의에 바탕을 두고 있다. 따라서 여기서 레짐연구자들이 밝혀야 될 부분은 고객중심주의가 조직적 혹은 제도적 여과 기제를 통해 어떻게 강화 혹은 약화되는지에 관한 것이다.

다섯째, 국제압력이다. 국내정치 못지않게 이민정책의 변화를 가져올 수 있는 중요한 요인이다. 특히 프랑스나 스웨덴과 같은 유럽연합회원국은 정책영역이 무엇이든지 간에 지역기구의 결정에서 자유로울 수 없을 것이다. 특히 국제기구를 통한 인권 레짐의 형성은 해당 국가에게 특정이민정책을 채택하도록 하는 압력으로 작용하면서 이는 때로는 국내의 이해관계 혹은 행위자와 충돌을 야기 할 수도 있다.

이상의 내용을 바탕으로 본 저서는 스웨덴, 프랑스 그리고 캐나다 등 3개 국가의 이민정책을 살펴본 후 우리나라 상황을 분석할 것이다.

2) 통합정책

이 책에서의 통합정책(Integration policy)은 신규 이민자 혹은 기존 이민자의 경제, 사회적 통합을 용이하게 위한 제반 정책을 의미한다. 여기서의 통합정책 대상은 해당 국가의 이민정책에 따라 이민 승인을 받고 이민국에 입국한 새로운 이민자들 혹은 기존 이민자이다. 따라서 통합정책의 핵심 문제는 이들이 이민국 사회에 통합될 수 있도록 어떠한 정책 및 제도가 실시되고 있는가이다. 이에는 시민권 취득의 용이성, 이민자를 대상으로 하는 언어 및 이민국의 역사 · 사회에 대한 교육의 실시 및 이에 대한 이민자 참여의 강제성 여부, 노동시장진입 및 유지를 위한 정책 및 제도들이 포함될 수 있을 것이다. 이에 대한 포괄적인 분석을 위해서는 다음의 점들을 살펴보아야 할 것이다.

첫째, 통합정책에 대한 전반적인 이해의 차원에서 해당 국가 통합정책의 유형론적 특징을 살펴보아야 한다. 이의 전통 모형으로는 앞에서 언급한 바와 같이 구분 배제 모형, 동화주의 모형, 다문화주의 모형 등이 있다. 본 저서의 분석 대상 국가 중 스웨덴은 다문화주의 모형에 속하는 반면 프랑스는 동화주의 모형의 국가이다. 특히 프랑스는 공화주의적 동화주의 모형 국가로서 이의 자세한 내용은 후술할 것이다. 한편, 1990년대 중반 이후 유럽의 일부 국가를 중심으로 다문화주의의 대안으로 시민통합정책이 실시되었다. 이는 동화주의와 유사한 면도 있으나 이민자 동화를 위한 적극적 조치를 강조하고 있다는 점에서 차이가 발견된다. 아직 하나의 모델이라고 보기에는 불충분한 측면이 있으나 통합정책의 새로운 모습을 보여주고 있다는 점에서 나름대로 중요한 의미를 지니고 있다. 끝으로 통합정책유형론에서 새로운 모습이 있으니 시민통합적 다문화주의(multicultural integration) 정책이 바로 그것이다. 이는 밴팅이 캐나다와 유럽의 통합정책을 비교한 결과 도출된 용어이다(K. Banting, 2014). 구체적으로 캐나다의 통합정책은 다문화주의라는 것이 일반적인 견해이다. 하지만 밴팅에 의하면 캐나다의 통합정책에는 다문화주의 못지않게 시민통합정책적 요소가 많이 포함되어 있다는 것이다. 흥미로운 점은 이러한 시민통합정책적 요소의 도입은 1970년대 부터 시작된 것으로 이는 시기적으로 유럽의 시민통합정책보다 더 빠른 것을 알 수 있다. 밴팅의 이러한 해석은 두 가지 점에서 중요하다. 첫째, 캐나다의 통합정책에 대한 새로운 해석을 보여주고 있다. 즉 다문화주의보다는 다문화주의적 통합 혹은 시민통합적 다문화주의가 바로 캐나다의 특징인 것이다. 둘째, 다문화주의와 시민통합정책이 상충적인 것이 아니라 상호 양립할 수도 있음을 시사해주고 있다. 시민통합적 다문화주의가 서구 민주주의 국가의 대안적 통합정책이 될 수 있음을 보여주는 대목이다. 본 저서도 이러한 맥락에서 캐나다를 시민통합적 다문화주의의 대표적 국가로 간주하고 이의 특징을 살펴볼 것이다.[50)]

둘째, 이민자 사회통합을 위한 구체적인 정책 및 프로그램에 대한 분석이 필요하다. 이는 통합정책의 유형 분석을 바탕으로 해당국가 정책 및 프로그램의 구체적인 내용 분석에 관한 것이다. 분석 대상은 이민자 사회통합을 위한 제반 정책으로 이민자의 시민성 함양 목적의 교육프로그램, 언어프로그램 그리고 이민자 노동시장 통합 목적의 노동시장 진입 및 유지 정책 혹은 프로그램이 이에 속한다. 한편 이러한 프로그램에 대한 이민자 참여의 강제성 여부도 해당 국가의 이민자 통합정책의 특징을 파악하는 데 필요하다.

셋째, 통합정책 분석의 마지막 측면으로 시민권(citizenship)에 관한 것이다. 시민권은 특정 정치 공동체에 대한 개인의 멤버십을 부여하는 것으로 이의 인정 여부는 이민자에게 특히 중요한 문제이다(M. M. Howard, 2006: 444). 왜냐하면 이의 인정 여부 및 정도에 따라 이민자의 통합 정도 및 방향이 달라질 수 있기 때문이다.[51)] 또한 이는 이민자의 이민국에 대한 소속감에도 많은 영향을 미치고 있다. 흔히 시민권과 국적을 동일시하는 경향이 있으나 실은 국적은 시민권의 하나로 보는 것이 적절할 것이다. 왜냐하면 시민권은 국적 취득자뿐만 아니라 비귀화 이민자(denizen), 한시적 외국 거주자 등 모든 사회구성원을 포함하고 있으며 이들의 사회생활 영위에 필요한 공민권, 정치적 권리, 사회적 권리를 의미하고 있기 때문이다. 또한

---

50) 한편, 저자는 정책 패러다임 수렴의 관점에서 세 개 국가의 사례를 분석한 바 있다. 심창학. 2020.

51) 구체적인 내용을 포함한 시민권의 중요성에 대해서는 M. M. Howard. 2006: 445-446. 참조

시민권은 이러한 권리 획득 및 인정에 필요한 시민 덕목까지 포함하고 있는 개념이기도 하다. 이중 국적은 한 개인이 국민으로서 특정 국가(혹은 복수의 국가)와 관련되어 있음을 보여주는 법적 지위이다. 따라서 이민자에게 일차적으로 중요한 문제는 시민권의 주요 내용보다는 어떻게 이를 취득할 수 있는가이다(S. Castles, H. de. Haas, and Miller, M. J. 2014: 66).

이런 관점에서 이민자의 시민권 분석은 두 가지로 구분될 수 있는데 국적 취득과 관련된 것이 첫 번째 측면이며 두 번째 측면은 이민국 국적을 취득하지 않는 이민자의 권리(denizenship)에 관한 것이다(J. Money. 2010). 먼저 첫 번째 측면을 살펴보자. 국적 취득은 선천적 국적 취득과 후천적 국적 취득으로 나눌 수 있다. 우선, 선천적 국적 취득의 중요한 원칙으로 가장 많이 언급되는 것이 혈통주의(속인주의)와 출생지주의(속지주의)이다. 혈통주의(속인주의)는 아이가 부모와 동일한 국적을 갖게 되는 것을 원칙으로 한다. 이는 다시 부모양계혈통주의와 부계우선혈통주의로 구분된다. 부모양계혈통주의 국가에서는 출생 당시 부모 중 어느 한사람이라도 자국 국적이면 그 자녀는 출생과 동시에 그 나라 국적을 취득할 수 있다. 한편, 출생지주의는 태어난 지역이 속해져 있는 국가의 국적을 취득하는 것을 말한다. 하지만 이는 신생아 즉 출생과 함께 대상자에게 국적을 부여하는 기준일 때 사용되는 것이며 현실적으로는 출생 후 일정 연령이 되었을 때 국적을 취득하는 경우도 많음에 유의할 필요가 있다. 달리 말하면 혈통주의와 출생지주의는 국적 부여 기준 원칙의 하나에 불과할 뿐 이것이 전부가 아니라는 것이다. 여기서 제시되는 것이 후천적 국적 취득이다. 후천적 국적 취득의 대표적인 사례로 귀화와 국적회복을 들 수 있다.

이상의 국적 취득의 양상은 국가별로 매우 다양하다. 이와 관련하여 바우뵈크(R. Bauböck) 연구팀은 15개 유럽연합에서 실시되고 있는 국적 취득과 관련된 모든 제도를 조사하고 분석한 결과 총 27개의 국적 취득제도가 있음을 발견했다. 여기서는 연구팀의 분석 결과 중 일부를 살펴보도록 한다.[52] 우선 국적 취득은 출생과 동시에 부여되는 선천적 국적 취득과 후천적 국적 취득 등 두 가지로 구분하고 있다.[53] 여기서 전자의 경우는 이미

표 18 **국적 취득 기준**

대구분	중구분	소구분	ID(해당 코드)
선천적 국적 취득	속인주의		A01
	속지주의		A02, A03
후천적 국적 취득	출생권리 기반 양식	속인주의	A04
		속지주의	A05
	근본적 주거 기반 양식(거주지주의)	일정 기간 거주 기반	A06
		사회화 기반	A07
	가족 관련 기반 양식	국적 이전	A08~A12
		국적 이전 확대	A13~A15
	친밀감 기반 양식		A16~A21
	기타 집단표적 양식		A22~A27

출처: R. Bauböck et al.(eds.), 2006a:108-111의 본문 내용을 바탕으로 재정리.

언급한 바와 같이 속인주의와 속지주의 원칙 등 두 가지가 있다. 이 연구팀에 의하면 15개 유럽연합 회원국 중 속지주의만을 적용하고 있는 국가는 하나도 없다(이하 2005년 기준). 한편 속인주의 원칙 적용 국가로서는 스웨덴 등 7개 국가,[54] 그리고 속인주의와 속지주의 원칙을 겸하고 있는 국가는 프랑스 등 총 8개 국가로서 이들 국가에서는 출생 당시의 상황에 따라 두 가지 원칙 중 하나를 적용시키고 있는 것이다.[55] 한편, 후천적 국적 취득 경

52) 연구팀의 분석 결과는 2권으로 발간되었다. 이중 제1권은 비교 분석이며 제2권은 국가 분석이다. cf. R. Bauböck et al.(eds.), 2006a ; 2006b.

53) 이의 정확한 영어 표현은 modes of acquisition of nationality at birth and modes of acquisition after birth임. R. Bauböck et al.(eds.), 2006a: 108.

54) 오스트리아, 덴마크, 핀란드, 그리스, 이탈리아, 룩셈부르크, 스웨덴

55) 벨기에, 프랑스, 독일, 아일랜드, 네덜란드, 포르투갈, 스페인, 영국. 예컨대 프랑스 경우 아버지가 프랑스인이고 어머니가 외국인인 경우에는 출생지에 관계없이 자동적으로 신생아는 프랑스 사람이다(속인주의). 하지만 외국 국적의 부모 하에 프랑스에서 태어난 신생아는 18세가 되면 프랑스 국적 신청이 가능하다. 단 이 경우에도 신청 전 5년 동안 프랑스에서 정규 교육을 이수해야 가능하다(속지주의 + 거주지주의).

우는 〈표 18〉처럼 다시 다섯 가지로 구분이 가능하다.

〈표 18〉처럼 속인주의와 속지주의는 선천적 국적 취득뿐만 아니라 후천적 국적 취득 여부의 기준으로 간주되고 있다. 그리고, 국적 취득의 새로운 원칙으로 언급되고 있는 거주지주의는 바로 후천적 국적 취득 가운데 근본적 주거 기반 양식에 속하는 것이다. 그리고 이뿐만 아니라 국적 취득과 관련된 여러 제도가 실시되고 있음을 〈표 19〉를 통해 알 수 있다. 〈표 19〉는 국적 취득과 관련된 세부적인 제도의 주요 내용을 정리한 것이다.

이 연구팀의 조사 결과가 흥미로운 이유는 국적 취득제도의 다양성을 확인할 수 있다는 점에만 있는 것이 아니다. 이를 바탕으로 연구팀은 총 27개의 제도 중 해당국가에서 적용되고 있는 제도 수를 조사했다. 그 결과, 15개 회원국의 평균적용 제도 수는 15.7개이다. 한편 적용 제도 수가 많은 국가는 프랑스와 독일로서 이들 국가에서는 총 20개의 제도가 실시되고 있는 것으로 나타났다[R. Bauböck et al.(eds.), 2006a: 178].

국가별 국적 취득에서 확인되어야 할 다른 하나는 국적 취득 엄격성의 국가 비교이다. 여기서 나타나는 국가별 가장 큰 차이는 거주기간이다. 그리고 국적 취득에 필요한 소양 및 지식을 갖추었는지를 확인하는 시민권 및 가치 테스트의 여부 역시 상이하다. 반면 선량한 품행요건은 모든 국가에서 실시되고 있으며 시민통합정책에서 중요하게 여기는 언어 테스트는 스웨덴을 제외한 모든 국가에서 실시되고 있다. 이상의 내용을 바탕으로 본 저서는 3개 국가의 이민자 국적 취득제도를 살펴볼 것이다. 그와 동시에 국적 취득제도의 엄격성 여부 및 그 변화 추이, 이의 배경을 살펴볼 것이다.

시민권 인정의 두 번째 측면은 비귀화 이민자 권리(denizenship)에 관한 것이다. 이들은 이민국 국적을 취득하지 않은 상태에서 거주하는 사람들로서 이들 역시 통합정책의 대상이다. 인권의 관점에서 보면 이들도 내국인과 동등한 권리를 보장받는 것이 당연하다. 하지만 실질적 보장의 범위 및 정도는 국가마다 매우 상이하다. 따라서 이에 대한 정확한 분석을 위해서는 사법체계 권리, 노동시장 접근, 노조의 권리, 노동자 대표권, 공공재 접근 권리 그리고 통합을 위한 이민자 언어 교육 및 고유의 언어, 문화적 권리

표 19 국적 취득제도의 주요 내용

ID	핵심 내용
A01	출생과 동시 혹은 출생 후 / 국적 취득 기준: 출생 당시의 부모(혹은 적어도 한 사람)의 국적에 바탕.
A02	해당 국가에서 출생
A03	국적이 없거나 불분명한 유기 아동
A04	출생 당시 부모가 해당 국가 국적인 사람
A05	해당 국가에서 출생한(혹은 출생한 것으로 추정되는) 사람
A06	일정 기간 거주 기준(특별한 지위 불필요) → 성인 이민자 대상
A07	미성년 일 때 일정 기간 해당 국가에서 양육 → 미성년 이민자 / 해당 국가에서 사회화되었음을 증명(거주증명, 특정 연령 전에 이민, 학교 출석…)
A08	해당 국가 국적을 지닌 사람의 배우자에게 적용
A09	자녀의 출생 후에 국적을 취득한 부모의 자녀 혹은 자녀 출생 당시 국적이 무관한 부모의 자녀
A10	입양 자녀: 입양 부모의 국적
A11	국적 취득자의 친척에게 이전
A12	사망한 국적자의 친척에게 이전
A13	배우자 확대 / 고려 대상 국가의 국적을 취득한 외국 국적 취득자의 배우자에게 적용
A14	고려 대상 국가의 국적을 취득한 외국 국적 취득자의 자녀
A15	친척 확대: 고려 대상 국가의 국적을 취득한 외국 국적 취득자의 친척
A16	해당 국가 국적 취득의 경험이 있는 사람의 재취득
A17	제한된 시민권을 가진 특정 국적 취득자에 대한 완전한 국적 취득
A18	다른 국가 국적을 지닌 사람의 국적 취득: 양국 간 특별한 관계 혹은 식민지 역사
A19	해당 국가에 문화적 친밀감을 지닌 사람의 국적 취득/ 특별 종족성, 모국어 혹은 종교
A20	선의로 해당 국가 사람처럼 행동하거나 일정 기간 해당 국가 국민이었던 것으로 추정가능한 사람의 국적 취득
A21	해당 국가에 특별한 연계를 가진 사람의 국적 취득
A22	합법적 난민
A23	국적 없는 사람 혹은 불분명한 국적을 지닌 사람
A24	해당 국가를 위해 특정 업적이 있는 사람 혹은 있을 것으로 기대되는 사람 / 체육, 예술, 과학…
A25	서비스 기반 국적 취득: 해당 국가에 대한 공공서비스 경험/ 군 입대…
A26	자산가 혹은 투자자
A27	기타

출처: R. Bauböck et al.(eds.), 2006a: 179의 table 3-9.

등을 살펴보아야 할 것이다(J. Money. 2010:17-21). 이민국에서 이민자의 성공 기회를 결정짓는 것은 이민자 개인의 특성보다는 이민국의 정책임을 고려한다면 비귀화 이민자 권리는 학문적으로나 실천적 측면에서 매우 중요한 사안이다. 이렇게 볼 때 이민자 통합정책은 시민권과 직결되어 있음을 알 수 있다.

3) 사회정책

이민자 역시 사회구성원의 하나로서 내국인과 동등한 사회권을 보장하기 위한 제 정책을 의미한다. 기본가치로서 인권이 내재되어 있으며 제도적으로는 사회보장이 핵심에 자리 잡고 있다. 어떤 의미에서는 사회정책(Social policy)이야말로 완전체로서의 한 국가의 이민자정책 성립 여부를 결정짓는 중요한 요소라 할 수 있다. 그럼에도 불구하고 한국가의 이민자 사회정책을 파악하는 것은 매우 어려운 작업임에 틀림없다. 왜냐하면 이민자 사회정책의 위상이 국가에 따라 다르기 때문이다(S. Castles, H. de. Haas, and M. J. Miller, 2014: 277-282). 이민자를 하나의 집단으로 간주하는 국가에서는 이들을 대상으로 하는 특별한 사회정책(special social policy for immigrants) 실시의 필요성에 대한 공감대가 형성되어 있다. 소위 다문화주의 사회정책의 개념이 정립되어 있는 국가로서 1970년대 이후의 호주, 캐나다 그리고 스웨덴이 대표적이다. 이들 국가에서는 교육, 언어 그리고 주거에 관하여 이민자 집단만의 특별한 욕구가 있으며 따라서 이에 부응하는 서비스의 제공은 국가의 책임이라는 인식이 내재되어 있다.

반면 이민자들을 위한 특별한 사회정책을 거부하는 국가도 있다. 주로 개인으로서의 이민자의 정체성을 인정하는 국가가 이에 속하는데 대표적인 국가가 바로 프랑스이다. 프랑스에서는 이민자들은 시민이 되어야 하며 이들에 대한 특별 조치의 실시는 오히려 이를 방해할 것이라는 인식을 지니고 있다. 한편, 독일은 또 다른 유형으로 국가 정책 차원에서는 이민자 특별 사회 정책의 도입을 반대하고 있다. 하지만 이들을 대상으로 특별한 사회서비스를 실시하고 있는 민간단체는 용인하는 모습을 보이고 있다.

따라서 이민자 사회정책에 대한 분석을 위해서는 이상의 점에 대한 고려가 선행되어야 할 것이다. 이를 바탕으로 사회정책 분석에 포함되어야 할 내용을 정리하면 아래와 같다.

첫째, 사회정책의 영역이 설정되어야 할 것이다. 국내외의 많은 연구들은 사회정책을 통합정책에 포함시키고 있다. 하지만 본 연구는 레짐 관점과 사회정책의 중요성을 고려하여 사회정책을 통합정책으로부터 분리시켜 논의할 것이다. 구체적으로 사회권에 기반을 둔 정책을 사회정책으로 개념 규정하고 그 영역은 사회보장에 한정시키고자 한다.

둘째, 사회정책은 사회 구성원의 여러 기본권 중 사회권에 기반하고 있다. 본토 국민의 사회권은 헌법을 통해 보장되고 있다. 하지만 이민자의 사회권에 대해서는 별도의 논의가 필요한 것이 사실이다. 왜냐하면 한 국가의 이민자 사회권은 해당 국가의 이민정책 그리고 통합정책과 밀접한 관련성을 지니고 있기 때문이다. 뿐만 아니라 사회권의 핵심 제도가 사회보장임을 고려한다면 이민자 사회권은 해당 국가의 복지레짐에 많은 영향을 받고 있기 때문이다. 이에 본 저서는 기존 연구 결과를 고려하여 앞에서 이미 언급한 사회권 인정의 세 가지 기준 즉, 거주(residence), 근로(work), 욕구(needs)를 중심으로 분석 대상 국가의 특징을 파악할 것이다. 이처럼 한 국가의 이민자 사회정책을 분석할 때는 먼저 이민자 대상 특별 사회정책의 존재 여부와 이의 배경, 사회정책의 영역 설정 그리고 이민자 사회권의 토대가 무엇인가를 살핀 후 영역별 이민자 사회정책의 구체적인 내용을 살펴보는 것이 필요하다.

제2부

이민레짐 국제비교

* 제1부에서의 이론적 논의를 바탕으로 2부에서는 이 책의 분석 대상 외국 사례인 스웨덴, 프랑스 그리고 캐나다의 이민레짐의 구체적 내용을 살펴본 후 특징을 파악하기로 한다. 글의 순서는 해당국가의 이민레짐의 세 가지 세부 영역 즉 이민정책, 통합정책, 그리고 사회정책을 차례로 살펴보고 이를 바탕으로 국가별 이민레짐의 특징을 정리할 것이다.

제4장

스웨덴 이민레짐

1. 이민정책

서론에서 언급한 바와 같이 이 책에서 의미하는 이민정책은 이민에 대한 특정 국가의 기본 인식(철학)과 이의 정책적 반영을 의미한다. 구체적으로는 이민 허용의 배경, 이민자에 대한 입국 전과 입국 후의 관리 및 통제와 관련된 정책 및 제도가 이에 포함된다. 그리고 이미 언급한 바와 같이 이민정책의 유형을 완전개방형, 선별적 이민형, 완전 이민 규제로 나누고 선별적 이민형은 다시 이민자 적극 유치형, 이민자와 가족 선별형, 이민자 유입 억제형으로 세분화를 시도했다. 이상의 점을 고려하면서 스웨덴의 이민정책을 살펴보기로 한다.

1) 이민의 역사: 이민 송출에서 이민 유입으로

(1) 중세부터 1930년대까지

중세 시기 이후 스웨덴의 이민 역사는 흐름에 따라 크게 세 시기로 구분 가능하다. 첫 번째 시기는 중세부터 1700년대까지로서 이 시기에는 특정 국가의 이민 현상이 뚜렷하게 나타난다. 예컨대, 중세 시대에는 상인무역 공동체 출신의 독일인의 이민 비중이 가장 높았다. 한편, 1500년대에는 핀란드인과 로마인, 1600년대에는 불어를 사용하는 벨기에인들이 들어오기 시작했다. 한편, 1700년대에는 유대인 출신의 프랑스 예술인과 지식인 그리고 이탈리아 벽돌공 이민이 주를 이루었다.

두 번째 시기는 1850년대부터 1930년대까지로서 이때는 유입 이민(immigration)보다 유출 이민(emigration)의 규모가 더 큰 특징을 보이고 있다. 구체적으로 총 150만 명에 달하는 스웨덴 사람들이 미국과 호주 등지로 이민을 떠났는데 이 숫자는 1800년대 말 남성 스웨덴 인구의 20%, 스웨덴 여성 인구의 15%에 달할 만큼 큰 규모이다. 이처럼 많은 규모의 유출 이민이 발생하게 된 이유로서는 빈곤, 종교적 박해, 미래에 대한 희망 결여, 정치적 제약, 모험과 황금에 대한 동경이 작용했던 것으로 알려져 있다.[1)]

(2) 1940년대 이후: 이민 유입 및 난민 증가

세 번째 시기는 1940년대 이후로서 이 시기는 이전 시기와는 반대로 이민 유입의 특징이 두드러지게 나타난다. 한편 본 글에서는 이를 다시 세 시기로 구분하여 살펴보기로 한다(Ch. Westin, 2006).

첫 번째 시기는 1940년부터 1979년까지이다. 제2차 세계대전을 기준으로 전후에 이민 양상의 변화가 발견된다. 구체적으로 세계대전 발발 전에는

1) 이상 내용은 https://sweden.se/migration/ 에 바탕을 둔 것임

많은 유대인들이 나치 독일을 피해 스웨덴에 망명을 요청했으나 대부분은 거부되었다. 거부 이유는 당시 스웨덴에서 나타났던 반유대주의, 인종차별 이념 때문이다. 뿐만 아니라 스웨덴 정부는 나치 독일과 충돌을 피하기를 원하기도 했다. 한편, 2차 세계대전 중에는 스웨덴 인접 국가로부터의 이민이 시작되었다. 특히 핀란드인 아동과 나치 독일의 점령하에 있었던 덴마크, 노르웨이에서 온 유대인과 저항 인사들의 이민 현상이 두드러졌다. 이들은 국방의무 이행으로 인한 스웨덴인 노동력 부족을 대체하는 이른바 근로이민의 성격도 보여주고 있다. 특히 공장, 농업분야, 산림업에서 이러한 성격이 많이 나타난다. 마지막으로 2차 세계대전 말기에는 에스토니아, 라트비아 등 발트해 연안 국가의 이민자가 많았다. 종전 후 본국으로 돌아간 독일인과 스칸디나비아 국가의 이민자들과 달리 이들은 계속 스웨덴에 거주하면서 새로운 공동체를 형성하기 시작했다. 한편 당시 스웨덴 정부는 이민자들을 사회에 통합할 수 있는 조직이 없었다. 따라서 이들은 이민 생활을 자주 관리할 수밖에 없었다. 그럼에도 불구하고 당시 스웨덴 사회에 노동 수요가 컸기 때문에 이민으로 인한 주요 사회문제는 발생하지 않았다.

한편, 1950년대에 접어들어 본격적인 이민 시대가 도래 한다. 구체적으로 노르딕 국가[2] 그중에서도 핀란드인 출신의 이민자가 늘어나기 시작했다. 이는 두 가지 요인에 기인한 것으로 첫째, 1940년대 말부터 시작된 스웨덴 수출 산업의 번성을 들 수 있다. 이로 인해 외국 근로자의 충원이 필요하게 된 것이다. 둘째, 1954년에 체결된 공동 노동시장 수립을 들 수 있다. 이는 노르딕 국가 간에 체결된 것으로 이는 당시 경기침체에 빠져 있는 핀란드인의 스웨덴으로의 이민 욕구를 더 강하게 했다.[3] 이에 유고와 그리스 출신 이민자까지 늘어나면서 1970년은 이민이 절정을 보이는 시점이다. 하지만 이민 인구의 증가 현상은 1972년 이후 일시적 감소의 모습을 보이게

2) 노르웨이, 덴마크, 스웨덴, 핀란드, 아이슬란드 등 북유럽 5개국을 말한다. 이 중 앞의 세 개 국가는 스칸디나비아 국가이기도 함.

3) 1950년대부터 1960년대까지 스웨덴에 이민 온 핀란드인은 약 55만 명에 달함.

표 1 **스칸디나비아 국가별 스웨덴 유입 이민 규모 추이**

국가명/년도	1960	1970	1980	1990	2000	2004
덴마크	35,112	39,152	43,601	43,931	38,190	41,663
핀란드	101,307	235,453	251,342	217,636	195,447	186,589
노르웨이	37,253	44,681	42,863	52,744	42,464	45,000

출처: Ch. Westin, 2006: 2-3의 표
(https://www.migrationpolicy.org/article/sweden-restrictive-immigration-policy-and-multiculturalism, 2019년 1월 4일 검색)

된다. 이의 결정적인 이유는 이 시기의 이민 통제정책, 특히 1972년의 근로이민 중지 선언이다. 뿐만 아니라 스웨덴 유입 이민의 많은 수를 차지했던 핀란드 이민자 가운데 상당수는 본국으로 귀환하게 된 것도 바로 이 시기인 것이다.[4] 한편 이와 관련하여 〈표 1〉은 스칸디나비아 국가 출신의 스웨덴 이민 규모 추이를 정리한 것이다.

〈표 1〉에서 보면 3개 국가 중 핀란드에서 온 이민자 수가 압도적 많다. 특히 1970년대에 접어들어 이민자 규모는 10년 전에 비해 2배 이상 증가한 것으로 나타난다. 한편 나머지 2개 국가의 이민규모는 서로 비슷할 뿐만 아니라 시기별로 큰 차이가 없음을 알 수 있다.

두 번째 시기는 1980년부터 1999년까지로서 이때는 근로이민 대신 망명 신청자가 급증했다. 구체적으로 1980년대에는 이란, 이라크, 레바논, 시리아, 터키, 에리트레아(Eritrea), 소말리아 등 국제관계 혹은 국내정세가 불안정한 국가에서 온 사람들이 많았다. 예컨대, 1980년 9월에 발발한 이란-이라크 전쟁으로 인해 8년간 7천여 명의 이라크인, 2만 7천여 명의 이란 출신 난민이 스웨덴에 입국했다. 뿐만 아니라 1990년대 시작된 전 유고슬라비아 내전의 결과 보스니아, 코소보, 알바니아인들에게 망명을 허용했다. 특히 칠레의 독재정권(1973~1990년)을 피해 스웨덴으로 온 칠레인은 4만

4) 한편, 1972년은 이디 아민 대통령 시절의 우간다 국적 난민을 비롯하여 최초로 비유럽국가 출신의 난민을 인정한 해이기도 하다.

표 2 유럽 일부 국가와 난민 송출국별 스웨덴 영구 거주자 규모

구분	국가명	1960	1970	1980	1990	2000	2004
유럽국가	에스토니아	21,000	18,513	15,331	11,971	10,253	9920
	독일	37,580	41,793	38,696	36,558	38,155	40,826
	그리스	266	11,835	15,153	13,171	10,851	10,794
	폴란드	6,347	10,851	19,967	35,631	40,123	43,472
	전 유고슬라비아	1,532	33,779	37,982	43,346	131,772	137,940
난민송출국	칠레	69	181	8,256	27,635	26,842	27,699
	에티오피아	59	346	1,797	10,027	11,907	11,213
	이란	115	411	3,348	40,084	51,101	53,982
	이라크	16	108	631	9,818	49,372	70,117
	레바논	15	240	2,170	15,986	20,038	21,106
	소말리아	0	68	146	725	13,082	15,294
	터키	202	3,768	14,357	25,528	31,894	34,956
	기타	58,914	96,406	131,413	205,654	292,307	352,682

출처: Ch. Westin, 2006: 2-3의 표
(https://www.migrationpolicy.org/article/sweden-restrictive-immigration-policy-and-multiculturalism, 2019년 1월 4일 검색)

5천여 명에 달했다.[5] 이는 스웨덴이 가입한 제네바 협약에 따른 것이다. 한편, 〈표 2〉는 스칸디나비아 국가를 제외한 유럽 국가와 난민 송출국별 스웨덴 영구 거주자 규모 추이를 정리한 것이다.

〈표 2〉처럼, 1980년부터 1999년까지 시기 중 유럽국가 가운데 독일과 전 유고슬라비아 출신의 스웨덴 영구 거주자가 많다. 특히 전 유고슬라비아 출신 이민자들은 2000년부터 급증하는 모습을 보이고 있다. 한편, 난민 중에는 이미 언급한 바와 같이 불안정한 국내정세 혹은 전쟁을 피해 스웨덴에 거주하고 있는 사람들이 많음을 알 수 있다. 대표적으로 칠레, 이란, 이라크 등을 들 수 있다.

---

5) 현재 스웨덴의 이민 공동체 중 칠레는 아르헨티나, 미국에 이어 세 번째로 많다.

세 번째 시기는 2000년대 이후로 다시 근로이민이 늘어나던 때이다. 이는 스웨덴과 유럽연합 간 밀접한 관계 형성에 바탕을 두고 있다. 스웨덴은 1995년의 유럽연합 가입에 이어 2001년에는 솅겐조약(Schengen Agreement)에 조인했다. 이는 스웨덴과 여타 유럽연합 회원국 간 국경 개방을 의미하는 것이다. 이에 따라 약 2만9천여 명에 달하는 근로이민자가 유럽연합 그리고 유럽경제지역(AEE)으로부터 스웨덴에 입국했다. 뿐만 아니라 2008년의 전 세계적인 이민개방(open immigration) 선언은 유럽연합 비회원국 출신의 근로이민을 증가 시켰다(OECD, 2017: 234). 한편, 이 시기에는 2017년까지 망명 신청자 또한 늘어나던 때이기도 하다. 특히 2014년의 망명 신청자 수는 1992년에 이어 두 번째로 많은 기록을 보이고 있다(8만4천 명). 대부분은 시리아 내전을 피해 입국한 시리아 인들이며 비동반 청소년 이민도 전체 이민자의 9%를 차지할 만큼 많은 비중을 나타내고 있다.

2) 이민 현황 및 구성

〈그림 1〉은 스웨덴 통계청이 발표한 2000년부터 2017년까지 유입 이민과 유출 이민규모 추이를 나타난 것이다. 앞에서 언급한 바와 같이 송출 이민에 비해 유입 이민의 규모가 2배에서 3배까지 많다. 특히 2006년 이후 유입 이민은 적어도 10만 명은 되는 것으로 나타난다. 그 가운데 가장 많은 유입 이민의 규모를 보이고 있는 연도는 16만 명의 2016년이다. 뿐만 아니라 2017년을 제외하곤 유입인구는 상승 곡선을 그리고 있음을 알 수 있다. 이에 반해 유출 이민 인구는 3만 명에서 5만 명 사이에서 정체되어 있음을 알 수 있다. 이상의 유출 인구와 유입 인구의 차이는 자연증가와 함께 스웨덴 인구 증가의 원동력으로 작용하고 있다.[6]

스웨덴 통계청(SCB)에 따르면 2018년을 기준으로 스웨덴 총인구는 약

6) 2000년의 스웨덴 인구는 882만 명인데 비해 2016년도는 999만 명임. 한편, 2015년 기준, 스웨덴 인구 천 명당 10명이 증가하게 된 데는 자연증가가 2.4명, 이민 증대가 8.1명인 것에 기인한 것이다(OECD. 2017: 235).

그림 1 스웨덴 유입 이민과 유출 이민의 추이 비교(2000~2017년)

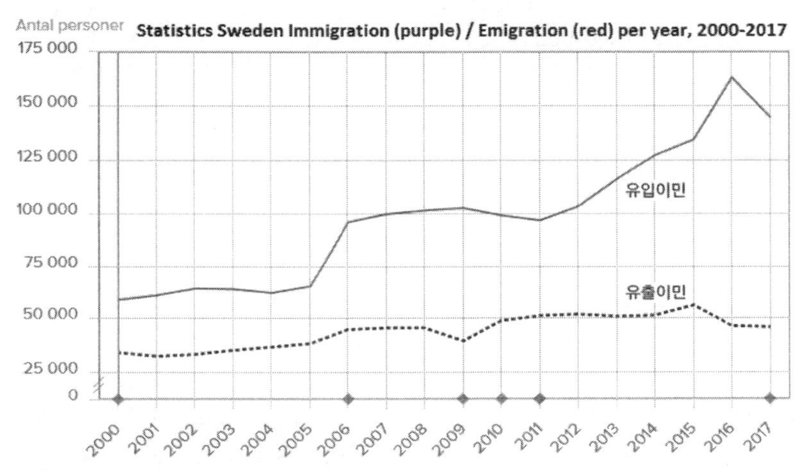

출처: Statistics Sweden(SCB)

1,023만 명이다. 이 가운데 이민자 수는 195만 명으로 전체 인구 대비 19.1%를 차지하고 있다. 이 수치는 2000년에 100만 명을 돌파한 이후 8년 만에 거의 2배 가까이 늘어난 것이다.[7)]

한편, 〈표 3〉은 유형별 유입 이민의 규모 및 비중을 나타낸 것이다. 이 〈표〉는 유입 이민의 배경을 보여주고 있다는 점에서 중요하다고 할 수 있다. 〈표 3〉을 통해 최근의 이민 양상을 살펴보면 가족재결합과 인도주의 동기가 양대 축을 형성하고 있음을 알 수 있다. 여기서 인도주의 동기란 망명 신청자 혹은 난민을 의미한다. 그리고 가족재결합은 이민자와 가족이 떨어져 살고 있는 경우 본국의 가족에 대해서 이민을 허용함으로써 스웨덴 사

7) 전체 인구 가운데 이민자가 차지하는 비중도 2000년의 11.3%에 비하면 약 66% 포인트 증가되었다. 1960년부터 2018년까지 스웨덴 인구 추세에 대해서는 https://www.scb.se/en/finding-statistics/statistics-by-subject-area/population/population-composition/population-statistics/pong/tables-and-graphs/yearly-statistics—the-whole-country/summary-of-population-statistics/.

표 3 이민유형별 스웨덴 유입 이민 구조

유형/연도	2014		2015	
	규모(천명)	비율(%)	규모(천명)	비율(%)
근로이민	3.7	3.7	3.9	3.7
가족재결합	32.9	32.8	32.8	31.7
인도주의 동기	35.6	36.5	35.5	35.6
자유이동	28.1	29.8	28.0	28.9
기타	--	--	--	--
합(명/A)	126,000	100	163,000	100

출처: OECD, 2017:235의 〈표〉에서 발췌.

회에서 이민자 가족 형성을 용이하게 하는 것을 목적으로 하고 있다. 다음으로 많은 비중을 차지하는 유형이 자유 이동이다. 이는 솅겐조약(Schengen Agreement) 체결 이후 나타난 현상으로 유럽연합 회원국 사이에서 나타나는 이민유형이다. 한편 가장 적은 비중을 차지하고 있는 것은 근로이민으로 두 개 연도 공히 3.7%에 불과하다. 이렇게 볼 때 1950년대부터 약 20여 년간 지배적이었던 근로이민은 줄어든 반면 나머지 세 개 유형이 이민의 주된 배경이라고 할 수 있다.

3) 스웨덴 이민정책의 전개: 포용적 이민 개방정책 유지

스웨덴 이민정책은 지금까지 살펴본 이민 흐름을 추동하기도 하면서도 때로는 이민 흐름에서 나타나는 부작용을 최소화하기 위한 대응의 성격을 띠기도 하면서 전개되었다. 본격적인 이민이 시작된 1950년대 이후의 스웨덴 이민정책은 세 시기로 구분될 수 있다.

첫 번째 시기는 1950년대부터 1967년까지로서 이 시기는 자유로운 이민이 허용되었던 시기이다. 즉 이 시기는 스웨덴 경제 성장에 따른 노동 수요를 충족시키기 위해 근로 사증이 없더라도 이민이 허용되었다. 즉 입국이

곧 이민을 의미하는 입국 이민의 시기라 할 수 있다. 따라서 이 시기에는 외국 근로자들이 스웨덴 입국 후에라도 일자리를 찾는 것이 얼마든지 가능했다. 앞에서 살펴본 바와 같이 자국의 경기 침체에서 벗어나 취업을 위해 스웨덴에 온 핀란드 이민자 그리고 독일, 그리스 이민자들이 이에 해당 된다(〈표 1〉과 〈표 2〉 참조). 하지만 이러한 정책의 실시는 스웨덴의 대표적인 노조인 LO와의 긴밀한 협의를 통해서 이루어 졌다(Ch. Westin, 2006). 구체적으로 전쟁 복구 과정에서 스웨덴의 수출품에 대한 수요가 급격히 높아지자 스웨덴 제조업계는 노동력 부족을 경험하기 시작했다. 이를 해결하기 위해 우선 기업체의 사업주는 노동정책위원회 산하기관인 국영직업알선소에 필요한 노동력을 의뢰한다. 국영직업알선소는 이를 근거로 유럽 각지를 돌면서 필요한 노동력을 채용하는 경우가 빈번했다. 여기서 외국인 노동자가 한 기업체에 고용될 경우 사업주뿐만 아니라 그 기업체에서 활동하고 있는 노동조합의 허가를 얻어야만 일을 할 수 있는 것이다(손혜경, 2010: 1). 이처럼 외국 노동력의 노동시장 충원은 노조가 인정하는 범위 내에서만 가능했다. 한편, 외국 근로자들은 스웨덴 근로자와 동일한 임금 수준과 권리를 지녀야 한다는 점에 당시 스웨덴 정부와 LO는 공감대를 형성하고 있었다. 이상의 근로이민과 관련된 LO의 역할은 스웨덴 이민정책 역사에 지속적으로 나타나는 대목이기도 하다.

두 번째 시기는 근로이민 억제의 특징이 나타나는 시기로서 1967년부터 1990년대까지이다. 유형으로는 선별적 이민형에 속하는 시기이다. 이의 대표적인 정책으로 1967년에 실시된 노동허가제를 들 수 있다. 이를 통해 기존의 자유롭던 입국 이민을 조절 규제하게 되었다(변광수, 2010: 3). 구체적으로 외국 근로자의 이민 허용은 일자리의 사전 제의가 있어야만 했다. 이와 동시에 재정 후원, 거주에 대한 증거를 제출해야만 근로이민이 가능했다. 이후, 오일 쇼크로 인해 세계 경제가 침체하게 되자 스웨덴도 유럽의 여타 국가와 마찬가지로 근로이민 중지를 선언했다(1972년). 이로써 비노르딕 국가를 제외한 국가 출신의 근로이민은 적어도 제도적으로는 불가능하게 된 것이다. 선별적 이민형의 정책은 이후 1990년대까지 지속되었다. 그럼에도 불구하고 분명한 점은 가족재결합을 위한 이민은 허용되었다는 점이다. 따라서 전체적으로 이민 규모는 유지되었다.

세 번째 시기는 2000년대 이후로서 완전개방형에 가까운 모습을 보이고 있다. 구체적으로, 2001년의 셍겐조약 가입으로 근로 목적의 유럽연합 회원국의 스웨덴으로의 자유로운 이동이 가능하게 되었다. 이는 근로이민에 있어서 유럽연합 회원국과 비 회원국 간 차이 발생이라는 결과를 낳게 됨을 의미한다. 이에 2004년, 스웨덴 사민당은 유럽연합 비회원국 출신의 근로이민 그리고 미래에 노동력의 부족이 예상되는 분야에 대한 외국 노동력 유입 확대를 목표로 하는 특별위원회를 국회에 설치했다. 2008년에 발표된 특별위원회 보고서의 주요 골자는 다음과 같다. 첫째, 노동력이 부족한 경우 스웨덴 내부 노동력, 유럽연합 회원국의 노동력, 유럽연합 비회원국의 순으로 노동력이 충원될 것임을 강조하고 있다. 단, 사업주가 합당한 노동력을 찾기 위해 최선을 다했음에도 불구하고 여의치 않은 경우 유럽연합 비회원국에서 노동력을 충당할 자유가 있다. 이는 충원 순서와는 무관하게 유럽연합 비회원국 출신의 근로이민의 가능성을 열어 놓고 있음을 의미하는 것이다. 둘째, 외국 근로자에 대해 이전보다 관대한 거주 및 노동 허가 부여이다. 기존에는 18개월이었으나 특별위원회 보고서는 24개월로의 연장을 제안하고 있다. 또한 사업주가 노동력이 계속 필요하다고 판단되는 경우 24개월간 추가 연장이 가능하며 이후 외국 근로자는 스웨덴 영주권을 취득할 수 있도록 제안했다. 셋째, 외국 근로자의 구직을 위해 3개월간 임시 비자를 발급할 수 있도록 했으며 스웨덴 내의 유학생들이 유학기간이 끝난 후 취업을 할 수 있는 기회를 높이도록 했다(손혜경, 2010: 79). 특별위원회의 이러한 제안은 2008년 전 세계적인 이민개방(open immigration) 선언의 토대가 되었다.[8] 즉 유럽연합 회원국뿐만 아니라 비회원국 출신의 근로이민도 허용함과 동시에 이들의 영주권 취득 기회까지 보장하고 있는 것이다. 이들에 대한 스웨덴 정부의 관심은 임금 및 노동 조건을 스웨덴 내의 비슷한 직업

8) 특별위원회의 의견이 반영된 관련 법안은 2008년 12월 15일 국회에서 통과되었음.

에 종사하는 노동자들과 같도록 하는 대목에서도 잘 드러나고 있다. 2010년에 접어들어 창업이나 IT 산업 분야에 태국, 인도 그리고 중국 출신의 근로자가 스웨덴으로 오게 된 것 역시 이에 힘입은 바가 크다고 할 수 있다(2012년 기준, 약 2만 명). 〈표 4〉는 1950년대 이후 스웨덴 근로이민정책의 흐름을 필자 나름대로 정리한 것이다.

〈표 4〉처럼 스웨덴 이민정책 변천을 유형론에 근거하여 살펴본다면 1950~60년대는 완전개방형이라 할 수 있다. 1967년부터 1990년대까지는 기존의 완전개방형에서 선별적 이민형으로 정책 기조에 변화가 있음을 알 수 있다. 한편, 이 시기에는 근로이민중단선언에도 불구하고 노르딕 국가 간에는 자유로운 이동이 가능했으며 이외 지역의 근로이민은 축소되었으나 가족 재결합을 목적으로 하는 이민은 허용되었다. 따라서 해당 시기의 스웨덴 이민정책은 선별적 이민형의 세부 형태 가운데 이민자와 그 가족 선별형으로 보는 것이 적절할 것이다. 이어서, 2000년대에 접어들면 다시 완전개

표 4 스웨덴 이민정책 개관과 유형의 변화

시기 구분	주요 정책	비고	유형
1950년대 ~1967년	이민 개방 (입국 이민 가능)	노조(LO)와 긴밀한 협의	완전개방형
1967년 ~1990년대	노동허가제(1967년)	증명: 일자리의 사전제의, 재정후원, 거주	선별적 이민형
	근로이민중단선언 (1972년)	대상: 비노르딕 국가 근로자	
	이후 정책 불변	유입 이민 계속(가족재결합 등)	
2000년대 이후	외국노동력 유입 확대 정책(2004년) 취업비자 기간 연장(2004년) 이민개방(2008년)	유럽연합 회원국뿐만 아니라 비회원국에게도 문호 개방	완전개방형

방형으로 회귀하는 모습을 보이고 있다. 외국노동력 유입 확대 정책의 실시, 전 세계적인 이민개방 선언이 이를 대변하고 있다.

한편, 이 시기에 근로이민정책 못지않게 스웨덴에서 쟁점의 대상이 되었던 이슈는 망명 및 난민정책이다. 이미 언급한 바와 같이 스웨덴의 난민정책은 1951년에 발효된 제네바 협약에 바탕을 두고 있다.[9] 이에 따라 스웨덴은 인도적인 차원에서 1980년대, 세계분쟁지역에서 온 상당수의 전쟁난민들을 받아들였다. 뿐만 아니라 칠레, 쿠르드 족, 이란 등의 정치적 망명 역시 이에 포함되었다. 스웨덴은 난민들이 가장 선호하는 망명 국가 중 하나이며 이로 인해 스웨덴은 유럽연합 내에서 1인당 가장 많은 난민을 수용하고 있는 국가가 되었다.[10]

1970년대부터 나타난 스웨덴의 관대한 난민 망명 정책은 인도주의에 바탕을 두고 있기 때문에 스웨덴 국내의 자유주의자들의 비판을 피할 수 있었다. 게다가 당시 스웨덴 정부는 제네바 협약과는 별도로 폭넓은 관점에서 망명의 인도주의적 동기를 해석하고 있었다. 그 결과 1972년 이후 근로이민은 감소하는 반면 난민과 그 가족들의 영주권 인정 규모는 급증되었다. 이후, 1980년대 말은 구소련 연방국가의 붕괴와 보스니아 내전 발발이 시작된 시점이다. 스웨덴 통계청에 따르면 1989년부터 1993년 사이 스웨덴에 입국한 난민은 208,700명인데 이 중 56%에 달하는 115,900명이 전 유고슬라비아에서 온 난민이며 43,000명(약 21%)은 중동 국가 출신이다. 1990년대 초 이들의 수는 점점 증가되었으며 이에 스웨덴 정부는 전 유고슬라비아 출신에 대해서는 비자 요구 제도를 도입하기도 했다(1993년). 하지만 난민 지위에 관한 협약 국가로서 스웨덴은 협약이 규정하고 있는 난민에 대한 망명

---

9) 제네바 협약에 따르면 난민이란 "인종, 종교, 국적, 특정 사회 집단의 구성원 신분 또는 정치적 의견을 이유로 박해를 받을 우려가 있다는 합리적인 근거가 있는 공포로 인하여, 자신의 국적국 밖에 있는 사람으로서, 국적국의 보호를 받을 수 없거나 또는 그러한 공포로 인하여 국적국의 보호를 받는 것을 원하지 않는 사람"을 말한다. Convention(1951) and protocol(1967) relating to the status of refugees. Art. 1.

10) 그동안 스웨덴이 받아들인 난민 수는 유럽연합 회원국 중 다섯 번째로 많으며 전쟁 난민 중 약 8~12%가 스웨덴에 입국한 것으로 알려져 있다.

승인 정책은 2000년대와 2010년대에 접어들어 변함없이 유지되었다. 그 결과 2014년에는 35,642명이 난민으로 인정받았는데 이는 2010년의 12,130명의 3배에 달하는 수치이다. 특히 2010년 중반에는 시리아인이 많았다.

이에 2015년 스웨덴 사민당과 녹색당으로 구성된 스웨덴 정부와 중도우파 계열 정당들은 기존의 관대한 난민 망명정책을 유지하면서도 난민들을 스웨덴 사회에 어떻게 적응시킬 것인가에 대한 정책을 구상하기 시작했다. 그 결과 동년 10월 합의문이 발표되었으며 이는 2016년부터 실시되고 있다. 주요 내용은 다음과 같다.[11]

첫째, 난민 망명 정책의 강화 차원에서 난민의 환경과 처우 개선을 목적으로 하고 있다. 이를 위해 망명 처리 소요 기간 제도를 도입했다. 이의 대상은 안전한 국가 출신의 망명 신청자와 망명 불인정이 거의 확실한 사람이다. 이는 유럽연합 내 협의에 따른 것은 이러한 신속 트랙 제도는 근로이민에서도 도입되었다. 또한 더 많은 망명 신청자들을 위한 숙소 공간 증대를 계획하며 가족 이민유지 요건도 변화를 꾀하고 있다.

둘째, 2016년 7월부터 3년간 한시적으로 도입된 것으로 난민 할당제를 들 수 있다. 구체적으로 보호자가 없는 미성년 난민이나 유자녀 가족 난민들에게는 변함없이 3년의 영주권을 부여할 수 있으나 이를 제외한 다른 난민들에게는 1년의 임시 거주권을 부여하기로 결정했다. 그리고 난민들의 가족 결합 허용 요건을 강화시키면서 자신과 가족의 자조 기능이 증명되어야 하며 충분한 시설이 있는 경우로 한정하고 있다(OECD, 2017: 234)[12]. 한편, 보호자 비동반 미성년 난민의 유입이 급증함에 따라 이들에 대한 조사 및 검토도 계획하고 있다.

셋째, 난민과 이민자를 위한 일자리 알선 강화와 정착 지원 정책을 강화시켰다. 우선, 망명 신청 결과를 기다리는 동안 예비시민교육과 함께 스웨

11) 별도의 인용이 없는 한 아래 내용은 송지원, 2015: 33-34에 바탕을 두고 있음.

12) 이는 유럽의 여타 국가가 국제적으로 합의된 국가별 수용 가능 난민 규모를 제대로 지키지 못하는 데서 등장한 조치임.

덴어를 학습하게끔 하는 조치가 시행되며 기존에 제공되던 일자리 알선제도를 보다 단순하게 만들어 난민과 이민자들의 노동시장 진입에 유연성과 속도를 높이겠다는 계획도 세웠다. 이상 조치는 이민자뿐만 아니라 난민들을 노동시장에 빠르게 진입시키고 스웨덴 사회의 일원으로 활동하게끔 하는 스웨덴 정부의 의도를 극명하게 보여주는 대목이다.

넷째, 이상의 노동시장과 관련된 정책 외에도 난민과 이민자의 정착을 돕는 방안들도 강구되었다. 예컨대 주택 공급이 절대적으로 부족한 상태에서 일시적으로 건축에 대한 규제를 풀어 이민자들과 난민을 위한 주택 공급을 확대하기로 했다. 특히 망명 허용자에 대해서는 기존 지자체 대신 이민청에서 시설을 제공하기로 하는 법을 개정했다. 지금까지의 논의를 바탕으로 1970년대 이후 스웨덴의 망명 및 난민정책을 정리하면 〈표 5〉와 같다

한편, 앞의 〈표 3〉에서처럼 현재 스웨덴 유입 이민의 3분의 1이상을 차지하고 있는 이민유형이 인도주의적 동기 즉 난민 혹은 망명 허용자이다. 이러한 구성 비율은 세계에서 유례를 찾아볼 수 없을 정도로 높다. 이의 배경에는 1970년대부터 최근까지 지속되고 있는 난민 및 망명 정책의 개방적

표 5 **스웨덴 난민 및 망명정책 개괄(1970년대~2010년대)**

시기 구분	주요 정책	비고
1970년대	개방적 난민 및 망명 허용 정책	난민유입시작 제네바 협약 준수 스웨덴 고유의 인도주의적 동기 반영
1980년대	기존정책 고수	난민 및 망명 신청 본격화
1990년대	기존정책 고수 부분적으로 엄격해짐(비자 요구: 전 유고슬라비아 출신)	제네바 협약 준수
2000년대	기존정책 고수	
2010년대	기존정책 고수 난민할당제 도입(2016년 7월, 한시적 특별조항)	망명신청자 급증 1년 거주 허용 제도 도입 가족결합허용 조건 강화

성격을 손꼽을 수 있을 것이다. 〈표 5〉에서처럼 스웨덴 역대 정부는 난민 유입이 시작된 1970년대 이후 개방적 난민 유입 및 망명 허용 정책을 한 번도 포기한 적이 없다. 2013년에 스웨덴 교외의 소요 사태가 발생했을 때도 스웨덴 사회 논쟁의 핵심은 난민 그리고 망명 허용자를 스웨덴 사회에 어떻게 통합시킬 것인가 하는 것이었다.[13]

달리 말하면 이들의 입국 혹은 망명 허용을 제한시키는 것은 스웨덴 사회의 관심 주제가 아닌 것이다. 이러한 스웨덴 역대 정부의 난민 유입 및 망명 허용 정책은 난민 할당제가 도입된 2016년 이후 약간 후퇴한 면도 있으나 이는 한시적 특별 조항으로서 포용적·개방적 정책 기조는 변함없이 유지되고 있다.

그럼, 어떤 요인이 포용적·개방적인 이민정책 기조 유지를 가능하게 했을까. 한 연구는 아래 세 가지 요인의 복합적인 작용의 산물이라고 강조한다(E. Wadensjö, 2014).

첫째, 전쟁경험이 없는 스웨덴 특유의 역사적 요인이다. 스웨덴은 1815년 이후 영토를 침략당한 적이 한 번도 없다. 이는 유럽 본토 국가뿐만 아니라 이웃국가와 매우 대조적인 양상을 보이는 대목이다. 예컨대, 노르웨이는 1814년까지는 덴마크 왕국 이후 1905년까지 스웨덴 왕국의 일부였다. 그리고 제2차 세계대전 중 독일 점령하에 놓여 있었다. 한편 덴마크는 19세기 중 프러시아 제국과의 두 차례 전쟁에서 모두 패했다. 그뿐만 아니라 제2차 세계대전 중 독일에 점령당한 아픈 역사를 지니고 있다. 이는 왜 두 개 국가

---

13) 2013년 5월 스웨덴의 수도 스톡홀름 근교 휴스비(Husby)에서 이민자 폭동·방화 사건이 발생했다. 이 사건은 칼로 위협을 하여 범죄 혐의를 받고 있던 이슬람계 출신 이민자 남성(69세)이 경찰과 대치하는 과정에서 경찰의 총을 맞고 사망한 것이 사건의 발단이었다. 폭동·방화사건의 근본적인 원인은 차별 대우에 대한 이민자들의 불만이었다. 이들은 평소 스웨덴 인에 비해 상대적으로 낮은 수준의 복지급여를 받고 있다고 판단했다. 게다가 이슬람권 청년들은 실업률이 매우 높았으며 평소에 경찰이 그들을 잠재적 범죄자로 간주하여 불심검문을 자주 해왔다는 점들에 강한 불만을 가지고 있었던 것으로 보인다. 이후 이 사건은 스웨덴 사회에 이민자의 사회통합과 관련된 논쟁의 불씨가 되었던 것이다. 이에 대해서는 권경득·박동수, 2018을 참조.

가 스웨덴에 비해 민족주의 성향이 강한 반면 이민에 대해서 덜 우호적인가를 설명해주는 요인 가운데 하나이다. 이에 반해, 본토에서 전쟁 경험이 없는 스웨덴은 민족주의적 성향이 약한 반면 이민에 대해서는 상대적으로 우호적인 역사적 배경을 간직하고 있는 것이다.

둘째, 스웨덴은 비교적 오랜 이민 역사의 국가이기도 하다. 앞에서 본 바와 같이 스웨덴 이민 역사는 길게는 중세부터, 짧게는 제2차 세계대전 전부터 시작되었다. 당시 나치 독일을 피해 스웨덴에 온 유대인부터 이후 근로이민까지 스웨덴 이민 역사는 이웃국가에 비해 오랜 전통을 지니고 있다. 이러한 역사적 요인은 스웨덴 사회를 이민자 존재에 상대적으로 익숙한 공

표 6　스칸디나비아 3개 국가의 출신 국가별 유입 이민자 분포

덴마크(2012.1기준)		노르웨이(2012.1기준)		스웨덴(2011.12기준)	
출신국가	규모	출신국가	규모	출신국가	규모
터키	32,379	폴란드	67,565	핀란드	166,733
독일	28,584	스웨덴	46,968	이라크	125,499
폴란드	28,043	독일	27,292	폴란드	72,865
이라크	21,197	덴마크	23,260	유고슬라비아	70,050
보스니아 헤르체고비나	17,580	리투아니아	22,707	이란	63,828
노르웨이	14,882	이라크	21,959	보스니아 헤르체고비나	56,290
스웨덴	13,079	소말리아	20,658	독일	48,422
이란	12,883	영국	18,058	덴마크	44,951
영국	12,229	파키스탄	18,043	터키	43,909
파키스탄	12,078	미국	16,558	노르웨이	40,058
유고슬라비아	12,028	필리핀	16,301	소말리아	40,165
레바논	12,012	러시아	15,312	태국	33,613
아프가니스탄	11,134	태국	15,190	칠레	28,385
루마니아	10,135	이란	14,374	중국	25,657
소말리아	9,951	베트남	13,297	레바논	24,394

출처: E. Wadensjö, 2014: 305의 table. 9.3.

동체로 만드는 데 일조했다는 것이다.[14]

셋째, 출신국가별 이민자 구성의 차이이다. 〈표 6〉은 스칸디나비아 3개 국가의 출신 국가별 이민자 분포를 나타낸 것이다.

〈표 6〉에서처럼 스웨덴에서 가장 많은 이민 인구는 핀란드에서 온 사람들이다. 이전 시기에 비해 숫자는 약간 줄었지만 핀란드 출신 이민자 규모는 2011년 기준, 15만 명을 상회한다. 반면 덴마크와 노르웨이에서 이민자 규모가 많은 출신 국가는 각각 터키와 폴란드이다. 즉, 많은 이민자의 출신 국가가 스웨덴과 오랜 공통의 역사를 지니고 있는 핀란드라는 점은 이민에 대한 스웨덴 인들의 태도에 긍정적인 요인을 작용했을 가능성이 매우 높다. 이에 한 가지 요인을 덧붙인다면 영향력 있는 반이민정당(anti-immigration party)의 부재를 들 수 있다. 이웃국가와 달리 정당 역사에서 스웨덴은 전통적으로 반이민 성향을 지닌 정당이 아예 없거나 있다고 하더라도 그 영향력이 매우 미미했다.[15] 이는 집권 정당의 이민 우호적인 정책 마련 및 집행에 긍정적 요인으로 작용했다.

2. 통합정책

통합정책은 신규 이민자 혹은 기존 이민자의 경제 사회적 통합을 용이하게 위한 제반 정책을 의미한다. 여기서의 통합정책 대상은 해당 국가의 이민정책에 따라 이민 승인을 받고 이민국에 입국한 새로운 이민자 혹은 기존 이민자이다. 따라서 통합정책의 핵심문제는 이들이 이민국 사회에 통합될 수 있도록 어떠한 정책 및 제도가 실시되고 있는가 여부이다. 이를 위해서는 세 가지 부분에 대한 분석이 필요한 바 통합정책의 유형론적 특징(즉

---

14) 한편, 연간 이민 규모가 스웨덴의 2분의 1에 못 미치는 노르웨이와 덴마크의 이민 역사는 1960년대 말경에 시작했다.

15) 2010년 스웨덴 총선에서 이민에 반대 입장인 스웨덴 민주당이 5.7%를 득표하여 20석을 획득한 것이 유일함.

구분배제 모델, 동화주의 모델, 다문화주의 모델, 시민통합정책), 이민자 사회통합을 위한 제반 정책(즉 교육 및 언어 프로그램 및 이민자 참여의 강제성 여부, 노동시장 진입 및 유지를 위한 정책 및 제도), 마지막으로 시민권 인정이 바로 그것이다. 이상의 분석틀을 바탕으로 스웨덴의 이민자 통합정책을 살펴보기로 한다.

1) 통합정책의 유형론적 특징: 다문화주의의 유지 혹은 약화

(1) 1975년의 3대 목표 선언

이미 언급한 바와 같이 다문화주의는 집단으로서의 이민자의 정체성을 인정하고 집단별 상이한 문화의 공존을 지향하는 것을 의미한다.[16] 스웨덴에서 이러한 정책 기조가 마련된 것은 1970년대 중반이다. 1975년 스웨덴 정부는 이민자 및 원주민 정책과 관련하여 3대 목표를 제시하고 있다.[17] 이는 1974년에 구성된 의회조사위원회의 의견을 반영한 것으로 평등(equality), 선택의 자유(freedom of choice) 그리고 파트너십(partnership)이 바로 그것이다.

먼저 평등은 이민자의 삶의 조건은 여타 인구, 구체적으로 스웨덴 국민과 유사해야 함을 의미한다. 따라서 이민자는 복지 시스템 접근을 포함하여 각 영역에서 스웨덴 국민과 동일한 권리를 보장받아야 된다는 것이다. 이는 보편주의적 복지국가의 원칙과 맥을 같이하는 것으로 집단간 차이를 최소화하겠다는 의지의 표현이기도 하다. 두 번째 정책 목표는 선택의 자유이다. 이는 이민자 고유의 문화 유지 정도 혹은 스웨덴 지배 문화에의 적응 정도를 스웨덴 국가가 아니라 이민자 스스로 결정할 수 있는 자유를 부여하는 것을 말한다. 이는 또한 이민자 자녀를 위한 표적화된 언어 지원을 의미하

---

16) 다문화주의를 포함하여 통합정책의 유형별 특징에 대해서는 제1부의 〈표 4〉를 참조할 것.
17) 이에 대해서는 M. Soininen, 1999 ; Ch. Westin, 2006; G. Brochmann and A. Hagellund, 2011 ; 장석인 외, 2013의 관련 내용을 참조할 것.

기도 한다. 마지막으로 파트너십(협력)은 이민자의 선호가 무엇이든지 간에 이는 스웨덴의 본질적인 가치와 규범과 충돌해서는 안 된다는 것을 의미한다. 이를 위해 이민자 공동체와 스웨덴 국민 간의 원만한 소통을 통해 문화 차이의 인정과 동시에 협력을 추구하고자 한다.

이상의 목표하에 스웨덴 정부는 집단으로서의 이민자의 정체성을 인정하는 여러 조치를 취했다. 예컨대 이민자와 그 자녀에게 고유의 언어 보존과 문화 활동을 보장하는 여러 사회 조치가 바로 그것이다(Ch. Westin, 2006). 한편 이러한 조치는 미래사회발전을 관리하는 데 필요한 국가 능력에 대한 강한 믿음과 계획에 대한 낙관주의적 신뢰에 바탕을 둔 것이다. 그리고 3대 목표의 근저에는 이민자도 차별 없이 스웨덴 원주민과 동등하게 헌법의 보호 대상이 되어야 한다는 인식이 깔려있었다. 이를 바탕으로 1975년에 채택된 정책은 이민자를 종족·문화 공동체를 구성하는 하나의 집단으로 인식하고 이들에게 집단적 권리로서의 문화적 권리를 부여하는 것을 핵심으로 삼고 있다. 이의 구체적인 내용은 다음과 같다(유숙란, 2011: 81-82).

첫째, 스웨덴에 거주하는 이민자를 '개인'이 아니라 '소수집단'으로 규정하고 있다. 구체적으로 스웨덴에서는 이주 집단의 규모가 1,000명이 넘으면 일단 소수종족으로 인정한다. 그리고 국가는 소수종족 집단에 대해서 모국어 지원, 독자적인 TV, 방송, 신문, 잡지, 기타 문화 활동을 할 수 있도록 지원한다. 한마디로 집단으로서 이민자의 문화적 권리를 인정하고 있는 것이다. 둘째, 집단으로서의 이민자의 대표성과 이들의 집단정체성을 인정하고 있다. 이를 실현하기 위해 1976년에는 지자체마다 이민자 대표를 구성원으로 하는 이민자 자문기구를 설립토록 했다. 이 협의기구의 설립은 이민자 집단의 집단 대표권을 보장하기 위한 조치이다. 셋째, 1975년에는 선거법의 개정을 통해 3년 이상 거주한 외국인 주민에게 지방선거 투표권과 피선거권을 부여했다. 이는 제한적이나마 이민자들의 정치참여를 보장한다는 것을 의미한다(M. Soininen, 2011).

(2) 1980년대: 이민자와 원주민 정책에서 이민자정책으로

한편, 이러한 인식은 1980년대에 접어들어 변화의 모습을 보이기 시작한다. 첫째, 1982년에 구성된 의회조사단의 의견에 따라 스웨덴 정부는 법적 차원에서 이민자와 원주민 간 구분을 시도한다. 헌법상 보호 대상은 원주민만을 위한 것이기 때문에 이민자는 집단 기반적 권리 행사의 주체가 아니라는 것이다. 둘째, 선택의 자유 측면에서도 문화적 정체성의 수용 정도를 결정할 수 있는 주체는 이민자 개인이라는 점이다. 이는 집단으로서의 이민자 고유의 언어 및 문화 활동을 보장하려는 기존 입장의 후퇴를 의미한다. 예컨대, 이민자 고유의 언어 정보는 모국어 보호의 차원이 아니라 서비스 접근에 필요한 지원의 성격을 띠고 있다(G. Brochmann and A. Hagellund, 2011). 셋째, 선택의 자유의 범위를 명확히 하고 있다. 즉 스웨덴 사회의 지배적인 관습과 수용 가능성하에서의 언어와 전통 그리고 제한적 의미에서의 문화에 한정시키고 있다.

이상의 변화는 1975년에 설정된 3대 목표의 오류에 대한 반성에서 비롯되었다. 예컨대 당시 스웨덴의 실질적, 경제적 상황을 고려하면 광범위한 의미에서의 평등 및 선택의 자유 목표는 실현불가능하다는 것이다. 이를 두고 한 연구는 1970년대의 정책이 이민자와 원주민을 동일시하는 이른바 '이민자와 원주민 정책'이라면 이러한 정책 기조는 1980년대에 접어들어 양자 집단의 구분에 바탕을 둔 '이민자정책'으로 변화되었다고 보고 있다(M. Soininen, 1999). 이민자의 문화적 권리 정체성은 집단에서 개인차원으로 약화된 반면 지방선거에의 참여 보장을 통해 이민자의 정치적 권리는 강화된 것이 이 시기의 특징이라 할 수 있다. 한편, 스웨덴어 교육프로그램(SFI, Swedish for Immigrants) 등 이민자를 대상으로 하는 특별 정책은 여전히 실시되었다.[18]

---

18) 스웨덴은 이민자 통합의 중요성을 가장 일찍 인지한 국가 중의 하나로서 이들을 대상으로 한 스웨덴 어 강좌가 실시된 것은 1965년부터이다. A. Wiesbrock, 2011: 50.

(3) 1990년대 이후: 이민자정책에서 통합정책으로

이상의 스웨덴의 이민자 대상 통합정책은 1990년대에 접어들어 새로운 양상을 보이게 된다. 대표적인 것이 이민(자)정책에서 통합정책으로의 이행이다. 이는 1996년, 스웨덴 정부가 공식적으로 발표한 한 것으로 "스웨덴, 미래와 다양성 – 이민정책에서 통합정책으로"라는 다소 긴 제목의 법안에 기초하고 있다. 1997년에 통과된 이 법은 새로운 정책 목표로 종족적, 문화적 배경과 무관한 동등 권리, 책임 및 모든 사람을 위한 기회 제공 그리고 적극적, 책임 있는 역할 수행과 상호존중을 특징으로 하는 민주주의 사회 발전과 다양성에 바탕을 둔 사회적 결속을 천명하고 있다. 이민자정책에서 통합정책으로의 공식적인 이행은 이민자 등 특정 집단이 아니라 전체 인구집단의 포괄적인 통합 필요에 연유한 것이다(A. Wiesbrock, 2011: 50). 이의 연장선상에서 종족적 다양성은 이민자 접근 방식의 출발점으로 간주되고 있으며 새로운 정책은 모든 사회 구성원의 권리 · 의무 그리고 기회의 존재와 인종적 · 종족적 차별 투쟁의 중요성을 강조하고 있는 것이다.[19]

이처럼, 1990년대의 통합정책은 전체 인구를 대상으로 하는 보편정책이며 이민자 특히 스웨덴에 새로 입국한 신규이민자의 신속한 지원 정책은 보완적 조치로서 추진된 것이다(유숙란, 2011: 84). 여기서 보편정책의 대상으로 스웨덴 태생 내국인은 물론이거니와 기존 이민자도 포함되었다. 따라서 이들은 모두 평등하다는 관점에서 실시되는 것이 보편정책의 기본 성격인 것이다. 한편, 신규이민자에 대해서는 별도의 보완적 조치가 실시되는데 대표적으로 신규 이민자 입국프로그램(introductory programmes for newcomers)을 들 수 있다. 이는 1994년에 이미 도입된 것으로 같은 해 도입된 통합 수당(integration allowance)과 함께 현행 스웨덴의 대표적인 신규 이민자 제도로 간주되고 있다(G. Brochmann and A. Hagellund,

---

19) 이를 정책적으로 뒷받침하기 위해 내무부 내에 기존 이민담당 장관직 대신 통합장관직이 신설되었다(1996년). 한편, 2017년부터는 고용부 산하의 고용과 통합장관이 업무를 관장하고 있다.

A., 2011).[20] 이에 따라 스웨덴 통합정책은 기존 이민자 및 내국인 등 다양한 인구 집단 전체를 적용대상으로 하는 보편정책과 신규 이민자가 적용대상인 표적화된 정책의 두 가지로 양분되게 되었다.

한편, 2000년대 이후 스웨덴 정책은 큰 틀에서의 변화 없이 지속되고 있다. 하지만 이전에 비해 신규 이민자의 노동시장통합을 많이 강조하고 있는 점은 중요한 차이라 할 수 있다. 신규 이민자의 언어 요건을 공지하고 있는 점, 신규 이민자의 입국프로그램에의 참여를 적극 장려하고 있는 점 등은 이의 방증이다.

2) 다문화주의 통합정책프로그램

이상의 논의에 바탕을 두면서 지금부터는 다문화주의에 근거를 두고 시행되고 있는 대표적인 이민자 통합프로그램을 살펴보기로 한다.

(1) 노동시장 통합정책: 보편정책

앞에서 언급한 바와 같이 스웨덴의 기존 이민자들은 스웨덴 국민과 동등한 사회구성원으로 간주된다. 따라서 이들을 대상으로 실시되는 특별한 제도는 존재하지 않는다. 대신 보편정책의 관점에서 누구든지 프로그램에 참여할 수 있는 기회가 주어지며 이와 관련된 권리 또한 보장되어 있는 점이 특징이다. 이민자를 대상으로 하는 노동시장 통합정책은 담당중앙기구인 AMS(노동시장이사회), PES(공공고용서비스), 기초자치단체인 코뮌의 협력 속에 추진되었다. 주지하다시피 스웨덴 노동시장정책의 주요 특징 중 하나는 소극적 노동시장정책보다 취업 및 재취업을 지원하는 적극적 노동시장정책의 비중이 훨씬 높다는 점인데 이는 이민자를 대상으로 하는 노동시장정

---

20) 이 프로그램은 2010년에 새로운 형태로 도입되어 지금도 실시되고 있다. 이의 구체적 내용은 후술할 것임.

책에서도 그대로 반영된다. 1970년대 이후 이민자의 취업이 어려워짐에 따라 적극적 노동시장정책에 참여하는 비중이 커졌다. 1982-83년에 노동시장 교육프로그램의 참가자 가운데 21%가 이민자인데 이는 전체인구에서 차지하는 이민자 비중을 크게 상회하는 수치이다. 그뿐만 아니라 이민자가 공공고용서비스(PES)에 구직을 신청하는 비율은 본국 출생자에 비해 12% 정도 높은 것으로 나타난다(OECD, 2014). 또 노동시장이사회(AMS)는 이민자 취업률 제고를 위해 이들을 고용하는 고용주에게 최대 6개월간 이민자 급여의 최대 85%를 지원해주는 프로그램을 도입하기도 했다.[21]

한편, 청년 실업률 해소의 차원에서 실시되고 있는 프로그램의 적용 대상자에게 이민자 청년이 포함되어 있다(OECD, 2014). 대표적인 제도가 청년일자리 보장 프로그램인데 이는 16~24세의 청년 중 실업 기간이 12주 이상인 사람을 대상으로 하고 있다. 이 프로그램에 참여하는 청년 이민자는 3개월의 구직 훈련 및 지도(단계 1)를 받은 후 취업 혹은 최장 15개월 혹은 25세가 될 때까지 단기 훈련 프로그램에 참여할 수 있다(단계 2).

(2) 스웨덴어 교육프로그램(SFI, Swedish for Immigrants): 보편정책과 보완적 조치의 공유

OECD가 강조하고 있는 바와 같이 언어는 이민자의 경제, 사회 포용의 속도와 성공 여부를 결정짓는 주요 요인이다. 특히 노동시장에서 나타나는 이민자의 스웨덴 언어 능력은 스웨덴 국민과 네트워크를 형성하고 구직 그리고 취업 후 더 많은 기술 습득을 위한 본질적인 전제 조건인 것이다. 특히 이민자 가운데 스웨덴어가 본국의 공식 언어인 비율이 여타 이민국에 비해 낮은 수치임을 고려한다면 스웨덴어 교육의 중요성은 재삼 강조할 필요가 없을 것이다.[22]

---

21) 이상 내용은 신정완, 2013: 266에 바탕을 둔 것임.

22) 스웨덴 이민자 중 본국의 공식 언어가 스웨덴어인 비율은 13%이다. 이는 캐나다, 프랑스, 영국의 45%, 뉴질랜드의 76%에 비해 현저히 낮은 수치이다.

한편. 스웨덴에서 이민자를 대상으로 스웨덴어 강좌가 실시된 때는 1965년으로 당시 모든 이민자는 스웨덴 야간 학교가 제공하는 언어 교육프로그램에 무료로 수강할 권리가 주어졌다. 그리고 1973년에는 이민 근로자의 스웨덴어 수강 권리가 부여되었다. 구체적으로 이민 근로자들은 고용주 부담하에 근로 시간 중에 최대 240시간의 스웨덴어를 배울 수 있는 기회가 주어진 것이다(M. Benito, 2010: 14).

현재 시행되고 있는 스웨덴어 교육프로그램 즉 SFI는 후술하게 될 입국계획(introduction plan)의 법정 요소로 지자체의 책임하에 지역 공공 고용서비스와 협력하에 시행되고 있다. 이의 구체적 내용은 아래와 같다. 우선 수혜 대상은 덴마크어와 노르웨이어 구사 능력이 있는 사람을 제외한 16세 이상 이민자 중 스웨덴어에 대한 기본 지식이 없는 사람이다. 비용은 이민자 거주 지역의 지자체에서 부담하며 수강생은 무료이다. 강좌는 그 수준에 따라 가장 낮은 Sfi 1(courses A와 B)에서 중간 수준인 Sfi 2(courses B와 C) 그리고 가장 높은 수준의 Sfi 3(courses C와 D)으로 이루어져 있다. SFI 중앙센터에 따르면 총 137개의 외국어를 사용하는 사람이 이에 참가하고 있다. 국가별로는 이라크가 가장 많으며(13,477명), 소말리아(10,355명), 태국(5,558명)이 그 뒤를 잇고 있다. 2005년에 비해 2011년도의 언어 교육 프로그램 참가자 수는 2배 이상 늘었다. 하지만 참가자 중 23%는 중도탈락하고 38%는 최하위 등급으로 이수하는 등을 비롯하여 성취율이 낮은 점은 문제점으로 지적되고 있다. 이에 스웨덴 정부는 2009년 성취 보너스 지급제도를 도입했다가 2014년에 폐지했다(OECD, 2014: 7-8).

한편, 이 프로그램은 이민 체류 기간에 관계없이 신규이민자 뿐만 아니라 기존 이민자 중 스웨덴어 구사 능력이 낮은 사람을 대상으로 하기 때문에 보편정책과 보완적 조치의 성격을 공유하고 있다고 할 수 있다.

(3) 이민자 문화 다양성 존중을 위한 정책: 보완적 조치

한편, 스웨덴 정부는 이민자의 스웨덴어 강좌 프로그램을 실시할 뿐만

표 7 스웨덴의 문화 다양성 존중을 위한 정책(1960~1970년대)

1966	· 정부는 이민자 문제를 다루는 working groups 설립 · 핀란드-스웨덴 양 정부는 핀란드 소수민족의 교육 증진을 위한 양국협의회 설립
1967	· 정부 재원하의 이민자 주간지 발간(마지막 호는 1998년)
1968	· 이민자 자녀 교육을 위한 새로운 원칙 승인. 주 최소 2시간의 모국어 이수 권리(실시: 지자체/ 재원: 교육청) · 신 이민자 조사 시작: 이민자 상황 파악 목적/ 스웨덴 사회에 이민자의 문화·사회 적응에 관한 법안 제출
1975	· 스웨덴 공공 도서관의 이민자 모국어 도서 확보에 재정 지원 받음 · 최초의 핀란드 평생 대학 설립 · 이민자가 많은 종교 단체에 대한 재정 지원(스웨덴 비공인 교회에 대한 재정 지원과 같은 방식) · 스웨덴 의회: 새로운 이민자정책 방향 정립(평등, 선택의 자유 그리고 협력) · 이민자 단체에 대한 스웨덴 이민청의 재정지원 · 스웨덴어 외의 신문이나 잡지에 대한 재정 지원(지원 기관: 스웨덴 이민청/스웨덴 문화청: 성격 구분에 따른 지원)
1976	· 이민자 자녀의 모국어 수강 권리(초등학교 취학 전과 후) · 스웨덴 매스컴(라디오와 TV 등)에 이민자 모국어 방송 프로그램 시작

출처: M. Benito, 2010: 14의 표에서 발췌.

아니라 이민자 본국의 문화 존중과 이민자 자녀들의 모국어를 습득하는 데 많은 지원을 하고 있다. 이러한 정책은 1960년대 말에 시작되어 다문화주의 정책 기조가 발표되었던 1970년대 중반에 정립되었다. 이의 구체적 내용은 〈표 7〉과 같다.

(4) 입국계획과 입문수당: 보완적 조치

현재 스웨덴에서는 이민자, 그중에서도 신규이민자의 노동시장통합을 촉진하기 위한 여러 정책 및 제도가 시행되고 있다. 이는 스웨덴의 이민자

정책에 대한 상반된 평가에 기인한 것이다. 구체적으로 이민자통합정책지표(MIPEX) 등 다문화관련 지표의 국가비교에서 스웨덴은 항상 최상위에 위치하고 있다.[23] 반면, 스웨덴 이민자의 노동시장 통합은 상대적으로 열악한 모습을 보이고 있다. 2002년을 기준으로 스웨덴 남성 이민자와 여성 이민자의 고용률은 각각 63.0%와 58.4%로서 이를 내국인(스웨덴 국민)과 비교할 때 그 격차는 EU 15개국 평균에 비해 스웨덴이 훨씬 큰 것으로 나타났다(신정완, 2013:264).[24] 더욱 심각한 문제는 이민자의 노동시장 통합을 위한 스웨덴 국가의 정책적 노력은 어느 국가보다 강함에도 불구하고 그 성과가 좋지 않다는 점이다. 이에 대한 정책적 대응으로 나타난 것이 바로 입문계획(introduction plan)과 연계 프로그램인 입문수당(introduction allowance)이다. 이 제도의 변천은 두시기로 구분될 수 있다. 첫 번째 시기는 제도가 처음 도입되었던 1994년 전후이다.[25] 이로써 스웨덴은 덴마크와 노르웨이 등 이웃국가와 유사한 정책 방향을 취하게 되었다.[26] 두 번째 시기는 2010년으로 기존 프로그램을 대체하는 새로운 입문계획제도가 도입되었다.

기존 프로그램과의 차이점을 정리하면 아래와 같다.[27] 첫째, 이민자의 전반적인 관리는 여전히 지자체 권한임에도 불구하고[28] 새로운 프로그램은

---

23) 예컨대, 2014년을 기준으로 한 MIPEX 국가비교에서 스웨덴은 조사 대상 국가 38개 국가 중 1위를 차지했다. 이는 스웨덴의 다문화주의 성격이 그만큼 강하다는 것을 의미한다. 노동시장 이동 등 8개의 정책영역(policy strands)과 32개의 정책 차원(policy dimensions) 그리고 167개의 지표(indicators)로 이루어져 있는 MIPEX의 구체적인 내용 및 국가 비교 결과에 대해서는 MIPEX의 홈페이지를 참조. http://www.mipex.eu/.

24) 저학력일수록 내국인과의 고용률 차이가 큰 것으로 나타나는데 이는 고학력일수록 차이가 심한 프랑스와 대비된다(OECD, 2014).

25) introductory programmes for newcomer.

26) 3개 국가 중 유사 제도가 가장 먼저 도입된 국가는 덴마크이며(1988년), 노르웨이는 가장 늦게 도입되었다(2003년)

27) 이에 대한 보충설명은 Ministry of Integration and Gender Equality, 2010을 참조할 것.

28) 난민 접수, 신규 이민자의 스웨덴어 교육, 기타 성인 교육, 주거 시설 제공, 아동 및 청소년 보호 등.

이전 프로그램에 비해 중앙정부의 책임 강화 및 역할 조정 기관으로서 공공고용서비스센터(PES)의 역할을 상대적으로 많이 강조하고 있다. 특히 이 프로그램에서 공공고용서비스센터는 신규 이민자 활동 조정을 책임지는 핵심 기관으로 부상했다.29) 둘째, 신규 이민자의 취업을 도와주는 새로운 서비스 제공기관이 출범했다. 입문 가이드(introduction guide)로 불리는 이 기관은 민간 비영리 조직 혹은 기업으로 PES의 업무를 위탁받아 신규 이민자에게 구직과 경력 지도를 위한 정보 제공, 사회 문제 조언, 네트워크 접근 제공과 관련된 역할을 수행하고 있다. 이를 위해 PES는 이민자에게 입문 가이드 기관에 대한 정보 제공 및 재정 지원의 역할을 수행하고 있다.30) 여기서의 재정지원은 입문 가이드 기관에 대한 것으로 PES는 서비스 이용량에 준하여 기본적인 재정 지원 그리고 취업 결과에 따른 추가 지원을 하고 있다. 셋째, 신규 난민에게도 동일한 권리를 보장하고 있는 점 또한 기존 프로그램과의 차이이다.

이상의 차이점을 고려하면서 프로그램의 내용을 살펴보면 다음과 같다(OECD, 2014:26). 먼저, 이 프로그램의 수혜 대상은 20~64세의 신규이민자와 난민이다. 이들은 입국과 동시에 주거 관할 지역의 PES의 사례관리자와 입국 인터뷰를 한다. 이는 이민자의 본국에서의 근로 경험, 교육, 열망을 밝히는 기회임과 동시에 사례 관리자의 입장에서는 이민자 가정환경 및 욕구 확인에 도움을 주고 있다. 이를 바탕으로 향후 2년 동안의 입문계획을 작성한다. 이민자와 PES 사례관리자 간 협의의 결과물로서 입문계획은 세 가지 공통사항으로 구성되어 있는데 스웨덴어 교육, 취업준비(근로경험, 교육 및 직업 경험), 사회교육(스웨덴 사회에 대한 기본지식함양)이 바로 그것이다.

입국 계획의 작성 및 실행에 참여하는 이민자에 대해서는 입문수당으로 불리는 법정 수당이 제공된다. 입문수당의 지급은 두 단계로 진행 된다.31)

29) 공공고용서비스센터의 역할 강화는 취업 우선이 신규 이민자정책의 핵심 원칙임을 시사하는 대목이다.

30) 입문 가이드 기관의 선택은 전적으로 이민자의 몫임. 만약 이민자가 선택하지 않으면 거주지 근처의 기관에 배속됨.

첫째, 입문계획 작성 기간 중 제공되는 것으로 급여 수준은 일 기준 231 SEK(약 26유로)이다.[32] 둘째, 입문계획 활동 수행 기간에 제공되는 것으로 급여 수준은 활동 정도에 따라 다르나 풀타임 활동의 경우에는 308 SEK이다(하루 기준). 입문 수당은 취업 후 6개월 동안은 중복 수급도 가능하다. 입문수당을 받기 위해 이민자는 PES에 신청서를 제출하며 PES는 심사를 거쳐 수급 자격 여부 및 수준을 결정한 후 그 결과를 신청자에게 통보한다. 이를 근거로 신청자는 사회보험기관(Swedish social insurance agency)에 입문수당을 청구 한다.[33]

한편, 2013년에는 새로운 규정이 발효되어 입문계획 참여 이민자는 PES의 적당한 일자리 제의를 받아들이는 것을 의무화하고 있다(OECD, 2014:10). 이처럼, 입문수당은 신규이민자에게 입문계획 활동에 대한 적극적 참여와 근로를 장려하기 위해 마련된 것이다.[34] 한편, 신규 이민자는 입문수당 외에도 보충입문수당(supplement), 주거지원입문수당(rent supplement) 등을 받을 수 있는데 이의 자세한 내용은 아래 〈상자 1〉과 같다.

앞서 언급한 바와 같이 스칸디나비아 3개국은 공히 신규 이민자를 대상으로 입문수당과 유사한 제도를 실시하고 있다. 하지만 스웨덴 사례에서 특이한 점은 입국계획 마련 및 실행에의 참여가 자발성에 바탕을 두고 있다는 점이다. 즉 이 프로그램이 신규이민자를 대상으로 하고 있음에도 참여 여부는 어디까지나 신규 이민자의 몫인 것이다. 뿐만 아니라 비참여에 대한 법적 제재 조치도 존재하지 않는다. 대신에 프로그램에의 참여를 권장하는 차

---

31) 이하 내용은 스웨덴 공공고용서비스센터(PES)의 영문판 홈페이지를 참조한 것임. https://www.arbetsformedlingen.se/For-arbetssokande/Stod-och-service/Ny-i-Sverige/engelska/New-in-Sweden/For-you-in-the-introduction-programme.html

32) 주급은 5일로 산정되며 월 2회 지급.

33) 입문수당의 재원은 중앙정부이다. 사회부조가 지자체 재정으로 이루어지는 점을 고려한다면 이는 신규이민자의 노동시장 통합과 관련하여 중앙정부의 책임이 강화되었다는 것을 시사한다. Ministry of Integration and Gender Equality, 2010

34) 입문수당 외에도 신규 이민자는 자녀가 있는 경우에는 보충입문수당(supplement), 가족이 없이 사적 소유의 거주시설에서 살고 있는 1인 이민자에게는 주거지원입문수당(rent supplement) 등을 받을 수 있음.

신규이민자의 노동시장통합촉진수당

1. 보충입문수당(Supplementary Introduction benefit)
- 대상: 자녀가 있는 입국 이민자
- 급여 수준: 가변적(아동수와 나이) → 11세까지는 자녀 1인당 800크로나(SEK) / 그 이상은 1500크로나 (1크로나 = 130원)
- 최대 자녀수: 3인 / 3명 초과인 경우에는 가장 나이가 많은 자녀만 수급 인정 → 해당 가족에게 월 최대 4,500크로나 지급(약 58만 원)
- 중복 급여 불허: 유지 소득 지원을 받는 경우 보충 입문 수당 삭감.

2. 주거지원 입문수당(Introduction benefit for housing)
- 대상: 소유 거주 시설에서 홀로 살고 있는 이민자. 인구통계청에 등록
- 소유 거주 시설의 범위: 개인, 협동조합 아파트, 보수(관리)권리를 가진 아파트
- 적용대상 확대: 임차인이더라도 임대 계약이 서면이고 임대인 혹은 소유 단체가 이를 입증하는 경우에는 수급권 인정. 하지만 이민자가 세대 구성원이고 다른 사람과 같이 사는 경우에는 자격 없음.
- 과세대상: 주거비용이 월 1,800크로나 초과. 최대 3,900크로나

3. 지급기관
- 사회보험기관: 입문수당, 보충입문수당, 주거지원 입문수당 /소급지급

출처: 스웨덴 사회보험기관 홈페이지
(https://www.forsakringskassan.se/myndigheter/kommuner/formaner_till_nyanlanda/!ut/p/z0/04_Sj9CPykssy0xPLMnMz0vMAfIjo8ziLYwMfJ2cDB0NLIINLAw8LT0sXd0sjdx9gk31g1Pz9AuyHRUBFdEQzg!!/)

원에서 입국 수당의 수준을 상향 조정하는 조치를 취하고 있을 뿐이다.[35] 이는 강제적 성격이 점점 강화되고 있는 덴마크 혹은 노르웨이와 분명한 차이를 보이고 있다. 이의 연장선상에서 한 연구는 스웨덴 통합프로그램의 특징으로 프로그램 참여에 있어서의 자발성, 입국프로그램이 지니고 있는 고용 지향성, 통합정책에서 지방정부의 중요성, 상대적으로 덜 엄격한 국적 취

35) 한편, 참여자가 입국계획을 제대로 이행하지 않은 경우에는 급여 삭감 혹은 중지 조치가 수반된다.

득요건 등을 들고 있으며, 국적 취득은 통합 과정의 궁극적 목적이나 보상이 아니라 통합의 중요한 요소로 간주되고 있다는 인식과 연계되어 있는 점을 강조하고 있다(A. Wiesbrock, 2011: 51-57).

한편, 이의 배경에 대해서 학계 일각에서는 노동시장에서의 이민자 차별현상발생을 설명하는 지배담론 분석에서 그 답을 찾아야 한다고 강조하고 있다. 즉, 스웨덴의 지배담론은 구조적, 제도적 차별의 성격을 지니고 있는 복지국가 메커니즘이 바로 이민자 차별의 근본 원인으로 보고 있다. 따라서 이 문제를 해결하기 위한 실질적 해법은 이민자 프로그램의 강제적 성격 담보가 아니라 차별 구조의 개선 즉 양질의 훈련 프로그램 제공, 근로 인센티브 제고를 위한 복지국가제도의 정비에 초점을 두어야 한다는 것이다(G. Brochmann and A. Hagellund, 2011: 21).

3) 시민권 인정

우선, 스웨덴 국적법의 역사를 개괄하면 스웨덴 최초의 국적법은 1858년에 제정된 '외국인이 스웨덴 국민이 될 수 있는 규정과 조건에 관한 왕립명령'이다. 하지만 이 명령은 외국인의 귀화만을 다루고 있다는 점에서 매우 제한적이라는 한계를 보이고 있다. 이후 1894년과 1924년의 국적법에 이어 1950년에는 현행 국적법의 토대가 되는 법이 제정되었다. 1951년부터 시행된 국적법은 세 가지 원칙에 바탕을 두고 있는바, 혈통주의 전통, 무국적 상태가 아니기를 원함(the wish to avoid statelessness), 이중국적 금지가 바로 그것이다. 1950년의 국적법은 이후 근본적인 변화 없이 약 50년간 스웨덴 시민권 취득의 법적 토대로 작용했다. 하지만 해당 기간 동안의 스웨덴 사회의 급변에 대응하여 2001년 7월, 새로운 국적법이 제정됨과 동시에 1950년 법은 폐지되었다. 비교 관점에서 2001년 국적법은 이중국적을 인정하고 있는 점이 기존법과 큰 차이라고 할 수 있다. 대신 나머지 두 가지 원칙 즉 혈통주의 전통, 무국적 상태가 아니기를 원하는 것은 스웨덴 국적법의 기본 철학으로 남아 있다. 현행 국적법은 2006년에 개정된 것으로 특별 이민법원의 설립에 관한 법조문이 추가되었다.[36] 스웨덴의 국적 취득과 관련된 현행 제도는 〈표 8〉과 같다.

우선, 특정 국가의 국적 부여의 중요한 원칙으로 가장 많이 언급되는 것은 혈통주의(속인주의)와 출생지주의(속지주의)이다. 이와 관련하여 스웨덴은 혈통주의 중에서도 부모양계혈통주의의 국가이다. 하지만 이는 신생아 즉 출생과 함께 대상자에게 국적을 부여하는 기준으로 적용되는 것으로 현실적으로는 출생 후 일정 연령이 되었을 때 국적을 취득하는 경우도 많음에 유의할 필요가 있다.[37] 이와 관련하여 한 연구팀은 국적 취득과 관련된 모든 제도를 조사하고 분석한 결과 그 수가 총 27개임을 발견했다. 달리 말하면 국제 취득제도 수가 많을수록 해당 국가에서 국적을 취득할 수 있는 가능성이 많다는 것이다. 한편, 이 조사에서 스웨덴에서 실시되고 있는 국적 취득제도는 총 16개로 조사대상국가의 평균 수치에 가깝다(R. Bauböck et al.(eds.), 2006a: 178).

다음으로, 국적 취득에서 확인되어야 할 다른 하나는 국적 취득요건이다. 〈표 8〉은 스웨덴의 국적 취득요건을 정리한 것이다.

표 8 스웨덴의 국적 취득요건

	거주기간(년)	선량한 품행	경제적 자족성	언어	시민성 테스트(지식)	가치 테스트	국적증서 수여식		이중국적
							참여	충성 선언	
충족요건	5	있음	없음	없음	없음	없음	자발적	없음	인정

출처: OCDE, 2011 ; G. Brochmann and A. Hagellund, 2012: 256 ; .G. Brochmann, 2014: 296 내용을 바탕으로 재정리.

---

36) 이상 스웨덴 국적법의 변천에 대한 자세한 내용은 H. L. Bernitz and H. Bernitz, 2006을 참조할 것.

37) 현행법에 의하면 스웨덴 국적법을 취득할 수 있는 방법은 자동적, 신고, 마지막으로 귀화 절차를 통한 방법 등 세 가지가 있다. 이 중 부모양계혈통주의는 첫 번째 방법과 직결되는 반면, 세 번째 방법은 국적법의 내용에 따라 취득 여부가 결정된다.

먼저, 국적 취득을 위한 거주 요건은 5년이다. 이는 유럽연합 회원국별 거주 요건이 3년에서 10년임을 고려하면 상대적으로 짧은 편에 속한다.[38] 한편, 시민통합정책의 실시와 함께 유럽 각국에서 추가적으로 명시되고 있는 국적 취득요건으로 경제적 자족성, 언어 요건 및 해당 국가 시민성 검증 테스트(이민국 사회 지식 및 가치 인지여부) 그리고 국적증서 수여식에서의 선서 등을 들 수 있다. 이와 관련하여 스웨덴은 선량한 품행 요건은 국적 취득에 필요한 것으로 보고 있다.[39] 반면 이를 제외한 다른 항목은 스웨덴 국적 취득의 필수 요건이 아니다. 그뿐만 아니라 국적증서 수여식 참여는 어디까지나 자발적이며, 충성 선언을 요구하지 않는다. 이는 두 가지 점에서 중요한 의미를 보여주고 있다.

첫째, 기존의 다문화주의 모델에서 시민통합정책의 도입 · 강화로 변화를 꾀하고 있는 국제적 흐름과는 달리 스웨덴은 여전히 다문화주의를 정책 기조로 삼고 있음을 알 수 있다. 둘째, 이민자 국적 취득에는 두 가지 관점이 존재한다. 이를 이민자 사회통합 성공에 대한 보상으로 보는 관점이 첫 번째라면, 두 번째 관점은 국적 취득을 이민자 사회통합을 촉진하기 위한 매개물로 보고 있다(A. Wiesbrock, 2011: 56-57). 여기서 나타나는 스웨덴의 지배적인 관점은 후자임을 알 수 있다. 즉 국적 취득이 통합의 마지막 단계가 아니라 이민자의 사회통합을 촉진하기 위해서는 우선적으로 필요한 것이 국적 취득이다. 프랑스 등 유럽 일부 국가와 대조되는 대목이다.

한편, 〈표 9〉는 스웨덴 이민자의 국적 취득 현황을 나타낸 것이다. 〈표 9〉에서처럼 스웨덴 이민자 국적 취득률은 매우 높다. 구체적으로 10년 이상 스웨덴에 거주 중인 이민자 중 70~80%가 스웨덴 국적을 취득한 것으로 나타난다. 이 수치는 유럽연합 비회원국 출신 이민자에게서 특히 높게 나타난다. 전반적으로 이상의 스웨덴 이민자의 국적 취득률은

---

38) 벨기에(3년), 프랑스(5년), 영국(6년), 독일(8년), 오스트리아, 그리스, 이탈리아, 포르투갈, 스페인(이상 10년) 등.

39) 이는 주로 범법 행위 기록 여부 등으로 파악함.

표 9 스웨덴 이민자 국적 취득 동향(OECD 회원국 평균 비교)

	이민자전체*		유럽연합회원국 출신 이민자*		유럽연합 비회원국 출신 이민자*	
	1999/2000	2007/2008	1999/2000	2007/2008	1999/2000	2007/2008
스웨덴	71**	82	61	65	79	93
OECD 회원국 평균	56	59	47	45	63	69

* 10년 이상 해당 국가에 거주 중인 이민자
** 수치: 전체 이민자 중 이민국 국적을 취득한 사람의 비중(%)
출처: OCDE, 2011: 32의 tableau 1.2에서 발췌

OECD 회원국 평균보다 20~30% 정도 높은 것이다.[40] 여기에는 상대적으로 관대한 스웨덴 국적 취득요건 제도가 주요 요인으로 작용하고 있다는 것이 일반적인 평가이다(H. L. Bernitz and H. Bernitz, 2006: 538).[41]

4) 스웨덴 통합정책의 실행과 성과

여기서는 이상 살펴본 스웨덴 통합정책의 실행과 성과를 관련 지표를 통해 살펴보기로 한다.

(1) 다문화관련지표의 분석

먼저 다문화관련지표이다.[42] 첫째, 다문화주의정책지표(MCPs)에서 스웨덴은 7점을 기록, 호주에 이어 두 번째를 차지하고 있다. 이는 그만큼 스

40) 2007년 기준, 스웨덴의 국적 취득률(82%)은 15개 분석 대상 국가 중 캐나다(89%)에 이어 두 번째로 높은 수치이다. 특히 북아프리카와 중동 지역 출신의 이민자 국적 취득률은 97%에 달함(OCDE, 2011: 30).

41) 한편, 이민자 국적 취득률의 다른 분석방법은 국적 취득 신청자 대비 인정자 비율이다. 여기서도 스웨덴의 불인정 수는 감소 추세에 있다.

42) 여기서 언급되는 다문화관련지표의 자세한 내용에 대해서는 이 책의 제2장을 참조할 것.

웨덴이 다문화주의정책의 실시에 적극적이라는 것을 의미한다. 흥미로운 점은 1980년부터 최근까지 그 수치가 급상승하고 있다고 있다는 점이다.[43] 1990년대 이후 유럽의 일반적 경향이 다문화주의에 대한 관심 약화임을 고려한다면 다문화주의에 대한 스웨덴의 강한 정책적 관심은 매우 이례적이라 할 수 있다.

둘째, 이민자 사회권지표(ICRI)에서도 역시 스웨덴은 가장 높은 수치를 보여주면서 조사 대상 국가 가운데 첫 번째에 위치하고 있다. 달리 말하면 스웨덴의 이민자 사회권은 어느 국가보다도 잘 보장되어 있다는 것이다.[44]

셋째, 이민자통합정책지표(MIPEX)이다. 조사 대상 정책영역이 가장 포괄적이며 조사 대상 국가 또한 가장 많은 이 지표의 국가 비교에서 나타나는 스웨덴의 위상은 〈표 10〉과 같다.

〈표 10〉에서처럼 스웨덴은 2007년 이후 조사대상 국가 가운데 이민자 통합정책을 가장 적극적으로 실시하고 있는 국가이다. MIPEX 관련된 스웨덴의 모습을 좀 더 구체적으로 살피기 위해서는 영역별 분석이 필요하다. 이와 관련하여 〈표 11〉은 2014년의 조사 결과이다.

표 10 스웨덴의 연도별 MIPEX 추이

	2007	2010	2011	2012	2013	2014
총점(건강제외)	-	80	80	80	80	80
총점(건강포함)	-	-	-	-	-	78
총점(교육제외)	81	81	81	81	81	81
조사대상 국가 수	28	31	36	36	38	38
순위	1	1	1	1	1	1

* 조사 대상 국가 수.
출처: http://www.mipex.eu/(MIPEX 홈페이지)

43) 제2장의 〈표 5〉를 참조.
44) 제2장의 〈표 11〉을 참조.

표 11 스웨덴 MIPEX의 정책영역 · 정책차원별 점수(2014년 기준)

정책영역	정책차원	점수	순위
노동시장이동	계	98	1
	접근	90	
	보편적 지원접근	100	
	특정집단 지원	100	
	근로자 권리	100	
가족결합	계	78	5
	자격	79	
	지위취득요건	70	
	지위보장	70	
	부가권리	92	
교육	계	77	1
	접근	58	
	표적화된 욕구	90	
	새로운 기회	80	
	모든 사람을 위한 상호문화교육	80	
정치참여	계	71	7
	선거권	75	
	정치적 자유	100	
	협의체	10	
	실행정책	100	
영주	계	79	2
	자격	75	
	지위취득조건	67	
	지위보장	75	
	부가권리	100	

국적 취득	계	73	2
	자격	50	
	취득조건	83	
	지위보장	60	
	이중국적	100	
반차별	계	85	5
	정의규정 및 개념	75	
	적용영역	100	
	강제기제	81	
	평등정책	83	
건강	계	62	9
	보건서비스접근자격	78	
	시설접근정책	62	
	이민자 욕구대응 보건서비스	58	
	변화성취조치	50	
총점(건강영역포함)	-	78	
총점(건강영역 비포함)	-	81	

출처: http://www.mipex.eu/sweden

위의 영역별 점수로 절대평가와 상대 평가가 가능하다. 먼저 절대평가에서 MIPEX 연구단은 점수를 여섯 구간으로 나누고 구간별로 〈상자 2〉와 같은 평가를 부여하고 있다.

이에 근거하여 스웨덴의 영역별 Mipex 점수 상황을 살펴보면 8개의 정책영역 중 아주 좋음 정책영역은 노동시장이동과 반차별 영역의 2개 영역이다. 노동시장이동영역의 4개 정책차원 중 노동시장접근을 제외한 나머지 3개 정책차원에서는 이민자를 최대한 고려한 정책을 펼치고 있다. 반차별 정책영역 역시 스웨덴의 적극적 관심이 드러나는 대목이다. 2009년에 제정, 2010년부터 실시된 반차별법을 근거하여 여러 조치가 실시되고 있는 것이 반영된 것으로 보인다. 한편, 약간 좋음의 구간 범주에 들어가는 정책영역은 나머지 6개 영역이다. 이 중 5개 영역은 70점대 후반을 보여주고 있는 반면 건강정책영역은 62점으로 8개 정책영역 가운데 가장 낮은 점수를 기록하고 있다.

이어서 〈표 11〉을 통해 국가 비교를 통한 상대 평가 결과를 살펴보자. 스웨덴의 전체 순위가 1위인 점을 고려하면서 정책영역별 순위를 보면 노동시장이동과 교육이 전체 순위가 같다. 특히 노동시장이동은 절대평가에서도 아주 좋음 구간에 위치하고 있는 점을 고려하면 스웨덴을 대표하는 이민자 통합정책이라 할 수 있다.[45]

한편 교육정책영역은 절대평가에서의 모습과는 달리 조사 대상 분석 국가 중 가장 관대한 성격을 보여주고 있다. 이는 달리 말하면 조사 대상 국가의 이민자 교육정책영역이 오히려 덜 관대하다는 것을 보여주고 있는 것이다. 영주와 국적 취득은 두 번째이며 가족결합과 반차별은 다섯 번째 순위를 차지하고 있다. 특히 반차별은 절대평가에서는 아주 좋음에도 불구하고 상대평가에서는 약간 뒤처지는 모습을 보이고 있다. 반차별을 위한 스웨덴 정부의 정책적 노력이 더 있어야 됨을 보여주는 대목이다. 8개 정책 영역의 국가 비교에서 가장 후순위에 자리 잡고 있는 것이 건강이다. 보건서비스 접근자격, 시설접근정책, 이민자 욕구 대응 보건서비스, 변화 성취 조치의 4가지 정책 차원으로 구성되어 있는 점을 고려하다면 이민자의 보건서비스 접근, 전쟁과 고문으로 인한 트라우마 치유 등 이민자의 개별적 욕구에 부응하는 정책 및 제도가 미비한 것으로 보인다. MIPEX 연구단이 공공 당국과 시민사회단체 간 협력을 통해 이민자에 대한 보편의료서비스 제공 및 특

상자 2 MIPEX 점수구간별 평가

80-100: 매우 좋음	60-79: 약간 좋음	41-59: 보통
21-40: 약간 나쁨	1-20: 나쁨	0: 매우 나쁨

출처: http://www.mipex.eu/methodology

45) 그럼에도 불구하고 이민자 노동시장통합 성과에 대해서는 부정적인 평가가 많다는 사실은 매우 역설적이다. 이에 대해서는 후술하기로 한다.

별한 고통을 받고 있는 이민자에 대한 관심을 권고하는 것은 바로 이에 연유한 것이다(http://www.mipex.eu/sweden).

넷째, 다문화지표의 대척점에 있는 지표가 시민통합지표(CIVIX)이다. 유럽에서 시민통합정책은 다문화주의의 대안으로 알려져 있다. 이에 따라 해당국가의 시민통합지표의 수치가 높을수록 다문화주의가 후퇴한 것으로 보고 있다.[46] 이 점을 고려하면서 〈표 12〉를 통해 스웨덴의 시민통합지표

표 12 **스웨덴의 시민통합지수(1997년과 2009년)**

<table>
<tr><th colspan="10">1997년</th></tr>
<tr><td>영역</td><td>Gate 1: 입국</td><td colspan="5">Gate 2: 정착</td><td colspan="2">Gate 3: 시민권</td><td>합</td></tr>
<tr><td>요건</td><td>언어/통합 요건</td><td colspan="5">통합요건</td><td>언어/시민 요건</td><td>국적증서수여식/선서</td><td></td></tr>
<tr><td>배점</td><td>1</td><td colspan="5">1 or 0.5</td><td>시험: 1/한 가지 요건: 0.5</td><td>0.5</td><td>3.5</td></tr>
<tr><td>점수</td><td>없음(0)</td><td colspan="5">없음(0)</td><td>없음(0)</td><td>없음(0)</td><td>0.0</td></tr>
<tr><th colspan="10">2009년</th></tr>
<tr><td>영역</td><td>Gate 1: 입국</td><td colspan="5">Gate2: 정착</td><td colspan="2">Gate 3: 시민권</td><td>합</td></tr>
<tr><td>요건</td><td>언어/통합요건</td><td>어학강좌이수</td><td>어학 수준</td><td>비용 부담</td><td>부가적 통합 요건</td><td>가족</td><td>언어/통합 요건</td><td>국적증서수여식 혹은 선서</td><td></td></tr>
<tr><td>배점</td><td>1</td><td>1(or 0.5)</td><td>A1 이상 0.5씩</td><td>0.5</td><td>추가 시 0.5씩</td><td>0.5</td><td>0.5 혹은 1</td><td>0.5</td><td>6</td></tr>
<tr><td>점수</td><td>0</td><td>0</td><td>0</td><td>0</td><td>0</td><td>0</td><td>0</td><td>0</td><td>0.0</td></tr>
</table>

출처: W. Goodmann, 2010: 761과 763의 table 1과 table 2에서 발췌.

46) 유럽의 일반적인 인식에도 불구하고 이 책은 약간 다른 관점을 가지고 있다. 제2장에서 언급했듯이 국가에 따라서는 다문화주의와 시민통합정책이 서로 양립할 수도 있다. 이에 대해서는 캐나다 사례에서 상술하기로 하고 여기서는 일단 기존 인식에 바탕을 두고 서술했다.

를 살펴보기로 하자.[47)]

〈표 12〉에서처럼 스웨덴의 시민통합정책은 지표상으로는 실시되고 있지 않다. 이민정책에서 살펴본 바와 같이 이민 신청에 필요한 언어 및 통합 요건이 없다. 그리고 정착 단계에서 별도의 어학 강좌에의 의무 참여나 일정 수준 이상의 어학 성취 등의 요건을 필요로 하지 않는다. 그뿐만 아니라 국적 취득에 필요한 별도의 언어 및 통합 요건이 없으며 충성 서약도 의무적이지 않다.

지금까지 살펴본 것처럼 스웨덴의 이민자 통합정책은 다문화주의에 바탕을 두고 있다. 집단으로서의 이민자의 문화적 정체성을 인정하고 반차별법제정 등의 정책적 노력을 통해 내국인과 차별 없는 평등을 추구하고 있다. 1980년대부터 다문화주의 성격은 약간 변화를 겪었지만 정책 기조는 변함없이 유지되고 있다. 스웨덴의 이러한 성격은 방금 살펴본 다문화관련지표 국가비교에서도 여실히 드러나고 있는 것이다.

(2) 다문화주의 통합정책의 그림자

그럼에도 불구하고 스웨덴의 통합정책에 대한 부정적인 평가가 있는 것 역시 사실이다. 정책적, 제도적 장치에도 불구하고 스웨덴의 다문화주의정책이 이민자의 사회통합에는 실효성이 약하다는 지적이 바로 그것이다. 이의 이유로서는 첫째, 스웨덴 이민자의 낮은 노동시장통합을 지적할 수 있다. 노동시장통합정도를 파악하기 위해 이민자의 고용률과 실업률을 스웨덴 본국 출생자와 비교하면 〈표 13〉과 같다.

먼저 고용률에서 스웨덴 이민자 남성은 63.7%에서 67.7% 사이이다. 한편, 스웨덴 본국출생 남성의 고용률은 76.2%에서 79.3%로 이는 이민자 남성 집단에 비해 12~13% 정도 높은 것으로 나타난다. 출생지에 따른 고용률 차이가 드러나는 대목이다. 더욱 더 심각한 문제는 고용률의 추이이다. 〈표

---

47) 여기서 언급하는 시민통합지표에 대해서는 이 책의 제2장에 상술되어 있음.

표 13 **스웨덴 이민자의 노동시장통합지표**

노동통합 지표	집단	년도				평균	
		2005	2010	2014	2015	2005-09	2010-14
고용률	본국출생 남성	76.2	76.0	78.5	79.3	77.0	77.5
	이민자 남성	63.7	67.0	68.0	67.7	66.8	67.5
	본국출생 여성	72.6	72.8	76.8	77.7	73.5	75.0
	이민자 여성	58.4	55.9	59.2	60.7	58.3	58.0
실업률	본국출생 남성	7.0	7.8	6.6	5.7	6.1	6.8
	이민자 남성	15.1	16.1	16.6	16.6	13.6	16.7
	본국출생 여성	6.9	7.0	5.9	5.3	6.2	6.4
	이민자 여성	13.7	16.8	16.2	15.9	13.4	16.0

출처: OECD, 2017: 235의 표에서 발췌

13〉에서처럼 스웨덴 본국출생 남성은 2005-09년에 비해 2010-14년의 평균 고용률이 약간 상승되는 모습을 보이고 있다. 이와는 반대로 이민자 남성은 오히려 하락 추세에 있음을 알 수 있다. 집단간 고용률의 차이는 여성 집단에서 더욱 더 두드러지게 나타난다. 이민자 여성은 본국출생여성에 비해 14~17%정도 낮은 고용률을 보이고 있는 것이다. 추이에서도 남성과 마찬가지로 이민자 여성 집단의 고용률은 하락 추세인 반면 스웨덴 본국 출생 여성 집단은 상승 추세의 고용률을 보이고 있다.[48]

한편, 실업률의 양상도 비슷한 모습을 보이고 있다. 집단간 실업률 차이가 남성은 8~11%, 여성은 7~10% 정도이다. 추이 면에서 양 집단 공히 상승추세를 보이고 있는 점은 고용률과 다른 점이라고 할 수 있다. 이처럼 고용률과 실업률을 통해서 살펴본 스웨덴 이민자의 노동시장통합정도는 매우 열악하다고 할 수 있다. 한편, 〈표 14〉는 유럽연합 비회원국 출신 이민자 고용률의 국가비교에 관한 것이다.

---

48) 한편, 이민자 집단의 고용률은 성별에 관계없이 거주기간이 길수록 높아지는 경향을 보인다. 이의 자세한 내용은 L. Aldén and M. Hammarstedt, 2014: 9를 참조.

표 14 집단별 고용률의 국가비교(15-64세, 1999-2004년 평균)

	본국출생(A)	이민자(B)*	비율(B/A)
오스트리아	68.1	66.6	0.98
독일	68.5	59.4	0.87
스위스	79.5	68.5	0.86
영국	72.0	60.3	0.84
프랑스	63.5	52.5	0.83
벨기에 -왈론지역	56.4	45.1	0.80
네덜란드	75.1	57.8	0.77
스웨덴	75.1	54.4	0.72
벨기에-플랑드르	64.4	45.3	0.70

*유럽연합 비회원국 이민자
출처: R. Koopmans, 2010: 13의 table 3.

〈표 14〉의 분석 대상 사례 중 집단간 고용률의 차이가 가장 적은 국가는 오스트리아이다. 그 뒤를 독일, 스위스, 영국이 잇고 있다. 한편, 스웨덴의 집단간 고용의 차이비율은 0.72로서 최하위에 속한다. 이는 그만큼 여타 국가에 비해 스웨덴 이민자의 노동시장참여가 다른 국가에 비해 상대적으로 부진함을 의미한다. OECD 보고서가 스웨덴의 이민자 노동시장 성과를 조사 대상 국가 가운에 최하위에 있는 것으로 판단하고, 언어 및 교육 훈련의 강화와 좀 더 분명한 노동시장 통합정책의 마련을 권고하는 것도 바로 이러한 사실에 바탕을 둔 것이다. 뿐만 아니라 한 연구에 의하면, 이민자의 노동시장참여, 범죄 발생률, 거주공간분리정도의 국가비교에서 스웨덴은 오스트리아, 독일, 스위스보다 사회통합정도가 낮다(R. Koopmans, 2010). 이렇게 볼 때 스웨덴의 이민자 통합정책에 대한 평가는 매우 역설적인 성격을 띨 수밖에 없다. 즉, 다문화관련지표에서 스웨덴은 어느 국가보다도 적극적이며 이민자에 관대한 정책 및 제도를 실시하고 있다. 반면, 이민자의 노동시장통합에 한정하는 경우 이의 성과는 부정적이다. 이민자의 노동시장통합

여부는 그 자체만의 의미뿐만 아니라 빈곤 등 이민자의 삶의 질과 직결되고 있다는 점에서 무엇이 본국출생 인구집단과 차이를 낳게 하는지에 대한 면밀한 진단과 이를 바탕으로 한 정책적 대안 제시가 필요하다.[49)]

3. 사회정책

스웨덴 이민레짐의 세 번째 구성요소는 사회정책이다. 여기서의 사회정책은 이민자 역시 사회구성원의 하나로서 내국인과 동등한 사회권을 보장하기 위한 제 정책을 의미한다. 어떤 의미에서 사회정책이야말로 완전체로서의 한 국가의 이민자정책 성립 여부를 결정짓는 중요한 요소라 할 수 있다. 한 국가의 이민자 사회권을 파악하기 위해서는 사회권 기반이 무엇인가에 대한 파악이 중요하다. 사회권은 기본가치로서 인권이 내재되어 있으며 이를 실현하는 제도로서 사회보장이 핵심에 자리 잡고 있다. 이 점을 고려하면서 스웨덴의 이민자 사회정책 특히 사회권을 살펴보자.

1) 스웨덴 복지레짐과 이민자 사회권: 사민주의 복지레짐

한국가의 이민자 사회권을 정확히 이해하기 위해서는 해당 국가의 복지국가 특징, 다른 말로 복지레짐을 먼저 파악하는 것이 필요하다. 왜냐하면 복지레짐은 내국인(본토 출생 국민)뿐만 아니라 이민자의 사회권에도 그대로 영향을 미치기 때문이다. 3가지 유형 가운데 스웨덴은 사민주의 복지레짐의 대표적 국가로서 보편적 복지와 국가의 적극적 역할 그리고 지방자치

---

49) 2018년 OECD 보고서에 따르면 스웨덴 이민자의 경제활동지위별 빈곤율에서 취업자는 14%인 반면 실업자는 55%, 비경제활동인구은 46%인 것으로 나타난다(2015년 기준). OECD, 2018: 14.

단체와의 역할분담 등 세 가지 특징을 지니고 있다.

첫째, 보편적 복지는 모든 국민이 경제사회적 위상에 관계없이 골고루 혜택을 분배하는 제도로 1938년 아동수당제도를 도입할 때 스웨덴 모든 아동에게 적용하면서 뿌리내리기 시작했다. 보편적 복지는 1970년 복지황금기를 거치며 의료, 보건, 사회보험, 돌봄, 교육, 연금, 적극적 노동시장과 국영 직업 소개 등까지 전국민을 대상으로 서비스와 지원을 확대했다.

둘째, 이와 동시에 등장한 것이 국가의 적극적 역할이다. 재원확보, 분배, 관리 등에 있어 국가 역할이 확대된 것이다. 구체적으로 팽창된 사회복지분야의 업무를 담당할 사회부처가 등장하게 되었으며 이를 바탕으로 더욱 체계적인 사회복지정책, 집행과 감독 등의 포괄적 기능을 담당하게 되었다.

셋째, 국가와 지방자치단체 간 역할분담으로 이는 1960년대와 1970년대 사이 중 · 소규모의 기초단체를 중 · 대규모로 통폐합한 행정개혁을 통해 광역 및 기초자치단체에 복지서비스의 전달자 역할을 부여하면서 국가, 광역, 기초 단위의 역할분담이 이루어지기 시작했던 것이다(이현주 외, 2018: 45-46).

2) 사회보험과 이민자 사회권: 거주기반형 제도의 역할 중요

이민자 사회권의 제 영역 중 먼저 사회보험을 살펴보자. 일반적으로 사회보험은 근로와 연계되어 있는 제도로 알려져 있다. 하지만 스웨덴의 사회보험은 〈표 15〉처럼 두 가지로 구분되어 있음에 유의할 필요가 있다.

먼저, 일반거주와 관련된 사회보험 중 재정적으로 가장 많은 비중을 차지하는 것이 출산과 육아 관련 사항으로 대표적으로 부모보험을 들 수 있다. 이는 임신, 출산 그리고 출산 후의 부모를 대상으로 한다. 뿐만 아니라 65세 이전의 조기퇴직자, 혹은 노동시장에서 일찍 은퇴해 수입이 없는 사람들에게 지급하는 기초생계비, 재활치료와 치료활동에 소요되는 비용을 지원하는 보조금, 아동수당, 아동보호수당, 노인 및 장애인의 가사 도움과 직결되어 있는 가정보조지원금, 주택보조금 등은 근로와 무관하게 정주 사실만 확인되면 지급되는 사회보험급여이다.

표 15 스웨덴 사회보험의 구분

거주와 연계된 사회보험	직장(근로)과 연계된 사회보험
· 부모보험 · 65세 이하 기초생계비 · 65세 이상 최저보장연금(기초연금) · 조기퇴직연금 · 재활치료 및 치료활동보조금 · 아동수당 · 연장아동수당(16세 이상 장애자 아동을 위한 수당) · 아동보호수당(가정에서 장애아동보호자) · 장애인 자동차 보조 · 국제입양보조금 · 장기장애아동 보호자를 위한 추가 퇴직연금 · 가정보조 지원금(노인, 장애인) · 주택보조금 · 퇴직연금생활자를 위한 추가 주택보조금 · 추가 아동수당 · 19세 이상 장애인의 추가 지원금 · 65세 이상의 노인추가생활지원금 · 퇴직연금자 사망 시 자녀의 보조금	· 병가수당(상병급여) · 임신수당 · 보장구간 초과 추가 부모보험 · 임시 부모수당(아동병간호를 위한 수당) · 취업을 목적으로 한 재활치료보조금 · 산업재해보험 · 자녀 간병 위임 보조금 · 소득연금(임금연계) · 조기퇴직연금(임금연계) · 임금연계 퇴직사망자 자녀연금 혹은 배우자연금

출처: 이현주 외, 2018: 57의 내용을 바탕으로 재정리.

다음, 직장 즉 근로와 연계된 사회보험으로는 병가수당(상병급여), 임신 60일 전 신체변화에 따라 조기 퇴근 등을 할 수 있도록 지원하는 임신수당, 아동병간호를 위해 지원해주는 임시부모수당, 병가로 자녀를 병간호할 수 없을 때 다른 가족 혹은 친지, 이웃 등이 대신 그 역할을 담당할 때 지원하는 보조금(자녀 간병 위임 보조금), 임금연계 소득연금(Income pension), 조기퇴직연금, 유자녀 연금, 배우자 유족연금 등이 있다. 여기서 흥미로운 점은 사회보험에 대한 일반적인 인식과는 달리 스웨덴 사회보험에는 근로와 연계된 것보다 거주와 연계된 사회보험의 종류가 더 많다는 사실이다. 다른 말로 근로 기반형 사회권보다 거주 기반형 사회권의 성격이 더 강하게 나타난다는 점이다. 이는 이민자의 사회권을 논할 때 매우 중요한 대목이다. 왜냐하면 이민자 사회권은 근로 기반형보다 거주 기반형에서 보장될 가능성이 높기 때문이다. 이는 특히 스웨덴 사례처럼 본국 출생 국민에 비해 이민자가 낮은 고용률과 높은 실업률을 보이고 있는 곳에서는 더욱 더 그러할 것이다.

한편, 〈표 16〉은 이민자의 사회보험 수혜 여부를 좀 더 정확하게 이해하기 위해 스웨덴 사회보험의 적용 대상과 사회권의 토대를 정리한 것이다. 〈표 16〉에서처럼 국제적으로 알려져 있는 스웨덴의 사회보험제도는 크게

표 16 스웨덴 사회보험 적용대상 및 사회권의 토대

구분	하위구분	적용대상	재정부담	사회권의 토대
연금	최저보장연금 (Universal)	스웨덴 거주민	정부	거주
	소득연금 (Income pension)	근로자와 자영인	고용주, 자영인, 정부	근로
	프리미엄연금	근로자와 자영인	근로자, 자영인, 고용인	근로
질병 및 출산 (건강)	보편급여 (부모 수당 및 의료급여)	스웨덴 거주민	지방정부(regional county councils)	거주
	현금급여	근로자와 자영인, 실업자	자영인, 고용주	근로
산업재해		근로자와 자영인	고용주 혹은 자영인	근로
실업	자발적 소득 연계 보험	근로자와 자영인(실업보험기금 가입)	근로자와 자영인 (이상 실업보험기금 회비), 고용주	근로
	기본 프로그램	자발적 소득연계 보험 미가입자	정부(보조금), 고용주	근로
가족수당	보편 및 사회보험체계	스웨덴 거주민	정부	거주

출처: SSPTW, 2018: Sweden(348-356)의 내용을 토대로 정리.

3가지이다.[50] 먼저 스웨덴의 공적연금제도는 1998년 개혁을 거쳐 2016년 현재 최저보장연금(기초연금), 소득연금, 프리미엄연금의 3층으로 구성되어 있다.[51] 먼저, 최저보장연금은 기존의 기초연금이 전환된 것으로 연금소득조사를 통해 연금수급액이 적은 노인 즉, 빈곤위험이 높은 노인을 선별하여 최저한의 생활을 보장하는 것을 목적으로 하고 있다. 적용대상자는 국적에 관계없이 16세에서 64세 사이 40년 이상 거주 기록이 있거나 30년 이상 일한 이력이 있으면 누구나 받을 수 있다. 또한 다른 공적연금 소득에 따라 혹은 거주 연한이 충족되지 못하는 경우라도 하더라도 최소 3개월 거주했음이 확인되면 감액 연금(partial pension)을 받을 수 있다(이현주 외, 2018: 173-174 ; SSPTW, 2018: 348). 이렇게 볼 때, 스웨덴의 최저보장연금은 거주기반형 제도라 할 수 있다. 왜냐하면 국적 혹은 근로 여부에 관계없이 수급 여부를 결정짓는 기준이 바로 거주기간이기 때문이다.[52]

한편, 소득연금과 프리미엄연금은 근로기반형 제도이다. 예컨대, 61세부터 수급 가능한 소득연금과 프리미엄 연금은 기여금 산정에 필요한 연 최저 소득을 적어도 3년은 유지해야 받을 수 있다. 따라서 이 요건을 충족하는 이민자라면 얼마든지 수급자격이 주어지는 것이다. 이처럼, 스웨덴 공적연금은 국적에 관계없이 이민자들을 적용대상에 포함시키고 있다. 특히 최저보장연금은 정부 예산으로 충당된다.

질병 및 출산보험(건강보험)은 보편급여와 현금급여의 두 가지로 구분된다. 이 가운데 지방정부의 재정이 투입되는 보편급여의 수급권은 거주에

---

50) 〈표 15〉에서처럼 스웨덴 사회보험에는 이외에도 여러 제도가 있다. 〈표 16〉은 국가 비교의 목적으로 미국의 사회보장행정기구가 제시한 주요 사회보험제도를 정리한 것이다.

51) 1998년 이전에는 기초연금(AFP)과 소득비례연금(ATP) 그리고 특별보충연금(SPF)로 설계되어 있었음.

52) 한편, 특히 이민자 등 최저보장이 필요하지만 거주기간 요건 등 자격을 갖추지 못한 경우에는 이들에게 특별생활수당이 지급된다. 이는 비과세 급여이자 65세 이상 노인에 대한 최후의 소득 보장으로서 소득조사를 통해 제공된다. 2014년 기준 급여액은 연간 5,353 SEK (한화 72만 5,492원)이며 여기에 주거비 보조비가 추가된다. 특별생활수당 수급자 수는 15,700명으로 연금 수급자의 1%미만이다(이현주 외, 2018:174).

바탕을 두고 있다. 따라서 정주가 확인되는 이민자는 이의 적용대상에 포함된다. 반면, 현금 급여는 근로기반형 제도로서 이의 재원은 고용주 혹은 자영인의 기여금에 의존하고 있다. 이렇게 볼 때, 스웨덴 국민에 비해 근로경험이 상대적으로 적은 이민자들은 현금 급여의 혜택에서 배제 가능성이 높다고 할 수 있다. 하지만 보편급여의 혜택에서는 스웨덴 국민과 차이를 거의 발견할 수 없다.

산업재해는 대표적인 근로 기반형 제도이다. 따라서 국적에 관계없이 근로이민자도 적용대상에 포함된다.

스웨덴의 실업보험은 두 가지 방식으로 나뉘어 있다. 첫째, 자발적 소득연계 보험으로 이는 실업보험기금에 가입한 근로자와 자영인이 적용대상이다. 이 가운데 수급을 위해서는 12개월 이상 실업보험기금에 일정 금액을 납부해야 하며, 구직자는 전체 혹은 부분적 실업상태여야 하며 1일 3시간 이상, 주당 최소 17시간 이상 일할 여건이 되어야 한다. 그리고 실직 직전 1년 중 최소 6개월 이상 일을 했거나(기간 중 한 달 이상 80시간 근로) 혹은 연속된 6개월 동안 일한 시간이 480시간(기간 중 매달 최소 50시간 근로)이 되어야 한다. 둘째, 실업보험의 다른 하나로 기본프로그램이 있다. 이는 근로자 가운데 자발적 소득연계 보험 미가입자가 대상이다. 뿐만 아니라 가입에도 불구하고 그 기간이 12개월에 미치지 못하거나 실업자 연령이 20세 미만인 경우도 이의 적용대상에 포함된다(이현주 외, 2018: 211). 급여가 소득과 연계되어 정해지는 자발적 소득연계보험과는 달리 기본 프로그램은 정액으로 지급된다. 이에 필요한 재원은 정부의 보조금과 고용주 부담금으로 이루어져 있다. 이렇게 볼 때 실업보험은 근로기반형 제도임을 알 수 있다.

마지막으로 스웨덴 가족수당은 거주기반형 제도로서 국적에 관계없이 스웨덴 거주자가 적용대상이다. 정부 예산으로 여러 가지 수당이 제공된다.

지금까지 〈표 15〉와 〈표 16〉을 통해서 스웨덴 사회보험의 특징을 살펴보았다. 가장 흥미로운 점은 사회보험임에도 불구하고 상당히 많은 수의 거주기반형 제도가 실시되고 있다는 사실이다. 달리 말하면, 스웨덴 이민자 사회권과 관련하여 denizen(비귀화 이민자)과 citizen 간의 차이가 거의 없다는 점이다. 즉 스웨덴 국적이 아니더라도 정기적 거주만 확인되면 스웨덴인과 마찬가지의 급여 및 서비스가 비귀화 이민자에게도 제공되고 있다. 근로나 국적보다는 정기적 주거가 사회보험의 사회권 인정 여부의 기준으로 작용하고 있음을 보여주는 대목이다. 노동시장 진입 및 유지 측면에서 불리한 여건의 이민자 상황을 고려할 때 이러한 제도의 존재는 사회보험과 관련된 이민자의 사회권 보장에 긍정적 측면이라 할 수 있다.

3) 공공부조제도와 이민자 사회권

공공부조 및 사회서비스와 관련된 스웨덴 사례의 특징으로 첫째, 공공부조제도와 사회서비스를 하나의 법체계로 통합한 점을 들 수 있다.[53] 이는 1982년에 제정된 사회서비스법에 바탕을 둔 것이다. 공공부조에 의지하는 사람들은 스스로 근로를 통한 생계유지가 어려운 이들이다. 그뿐만 아니라 이들 대부분은 신체적 문제, 약물문제 등 정신적 문제 등 다양한 문제를 복합적으로 경험하는 모습을 보이고 있다. 이에 반해 기존 제도들은 병렬적으로 분리 운영되면서 실효성 측면에서 많은 문제가 있음이 인식되었으며 이의 대안으로 제시된 것이 바로 사회서비스법인 것이다. 동법의 제정으로 개인의 경제적 욕구와 일상생활이 분리 없이 통합적인 접근이 가능하게 되었다.

두 번째 특징은 지방정부의 권한 영역임과 동시에 중앙정부와 긴밀한 협력 체계를 구축하고 있다는 점이다. 스웨덴 지방정부 구체적으로 코뮌은 공공부조와 사회서비스의 집행뿐만 아니라 재정부담의 책임도 맡고 있다. 이는 국민 소득세의 대부분이 지방세로 이루어져 있고 지방정부 스스로 세액과 세율을 자율적으로 조정할 수 있는 조세 행정권을 가지고 있기 때문에 가능한 것이다. 한편 지방정부와 중앙정부 간 유기적 협력의 모습을 보이고

53) 아래 내용은 이현주, 2016과 OECD, 2014의 관련 내용에 바탕을 둔 것임.

있다. 예컨대 중앙정부는 수급자 선정기준과 관련하여 국가급여기준을 제시하고 있는데 이는 가능한 지역별 차이를 줄이고자 하는 의도의 반영이라 할 수 있다. 뿐만 아니라 이민자를 포함하여 청년 실업문제 해결을 위해 지방정부와의 역할 분담을 통해 중앙정부의 공공고용서비스의 역할을 강화하고 있다. 예컨대, 공공고용서비스는 앞에서 언급한 바 있는 입국프로그램의 조정 책임 권한 하에 정형화된 계획 마련, 입국 수당의 수급 자격 여부 결정의 임무를 맡고 있다. 뿐만 아니라 입국 프로그램 참여 이민자 중 스스로 거처를 마련하지 못한 이들을 위한 정착 및 제반 편의 시설을 조직하고 있다. 한편, 지방정부는 이민자를 대상으로 스웨덴어 강좌 개설, 유자녀 신규 이민자에 대한 보육서비스 제공 등의 업무를 맡고 있다.

세 번째 특징은 사회복지 실천 현장 인력의 역할이 매우 중요하다는 점이다. 이들은 전문가로서 급여 결정에 상당한 수준의 자유재량을 인정받고 있다. 이상의 점을 고려하면서 스웨덴 공공부조와 사회서비스에서 이민자 사회권이 어떻게 보장되고 있으며 이의 성과는 어떠한가 살펴보자.

먼저, 공공부조의 수급 대상자가 되기 위해서는 선정기준에 적합해야 한다. 스웨덴에서는 공공부조의 구체적 수준을 법에 별도로 규정하지 않은 채 지방정부에서 정하도록 하고 있다. 지방정부에서 제시하고 있는 선정기준은 소득기준과 재산기준이다. 급여 상한액이 바로 소득기준이며 이는 가구소비에 포함된 품목(예: 기초생계지원 품목, 가구별 추가 생계 지원 등)에 기초하고 있다[54]. 한편 공공부조 수급 동향을 살펴보면 〈표 17〉과 같다.

〈표 17〉에서처럼, 스웨덴 공공부조 수급자 규모는 1996년을 기점으로 변화의 모습을 보이고 있다. 1990년에 49만 2천 명이었던 것이 지속적 증가를 통해 1996년에는 72만 2천 명까지 늘어났다. 이는 6년 사이에 약 46% 증가된 수치이다. 이후 37만 8천 명을 기록했던 2007년까지 하향추세를 보이다가 이후 40만 명 정도의 수급자 규모를 유지하고 있다. 한편, 2014년을 기준으로 수급가구수는 226,684가구이며, 전체 가구수 대비 5.6%이다. 수

---

54) 소득 기준과 재산 기준의 자세한 내용에 대해서는 이현주, 2016:102-105를 참조.

표 17 스웨덴 공공부조 수급 동향

년도	수급자규모(천명)	수급률(%)	수급기간(월)
1990	492	5.7	4.3
1991	511	5.9	4.4
1992	560	6.5	4.6
1993	642	7.4	4.8
1994	696	7.9	5.1
1995	689	7.8	5.4
1996	722	8.2	5.7
1997	718	8.1	5.8
1998	660	7.4	5.8
1999	581	6.6	5.8
2000	522	5.9	5.8
2001	469	5.3	5.7
2002	434	4.9	5.8
2003	418	4.7	5.6
2004	417	4.6	5.7
2005	407	4.5	5.8
2006	382	4.3	5.9
2007	378	4.1	6.0
2008	384	4.2	6.1
2009	422	4.5	6.2
2010	437	4.7	6.4
2011	418	4.4	6.6

출처:B. A. Gustafsson, 2013: 129의 표에서 발췌.

급가구 역시 수급자수 추이와 마찬가지로 1996년까지 증가했다가 이후 감소 추세를 보이고 있다. 이러한 변화는 1995년의 난민과 이민자에 대한 입문수당 도입의 결과 대상자들이 공공부조에서 빠져나갔기 때문으로 보인다(이현주, 2016: 105).[55] 스웨덴 공공부조의 특징 중 하나는 다른 국가와 달리 수급기간이 그렇게 길지 않다는 점이다. 〈표 17〉에서처럼 짧게는 4개월,

길게는 7개월 정도 수급하는 것으로 나타난다. "일시적 경제 지원금'이라는 명칭에서처럼 공공부조가 장기 수급이 아니라 단기적인 지원임을 보여주는 대목이다.

지금까지의 논의를 바탕으로 공공부조 수급자 가운데 이민자가 차지하는 비중을 살펴보자. 〈표 18〉은 수급가구수를 기준으로 한 집단별 구분에 관한 것이다.

〈표 18〉에서처럼, 공공부조 수급가구 가운데 스웨덴인 가구가 차지하는 비중은 51%로 약 절반을 차지하고 있다. 그리고 나머지 절반은 이민자가구(35%)와 난민가구(14%)가 차지하고 있음을 알 수 있다. 이의 상대적 비중을 좀 더 정확하게 파악하기 위해서는 집단별 비중을 살펴보아야 할 것이다. 〈표 19〉는 연령대별 스웨덴 국민과 이민자집단의 공공부조 수급 비중을 정리한 것이다.

〈표 19〉의 내용을 살펴보면 첫째, 스웨덴 국민 가운데 공공부조 수급자 비중은 2%이다. 반면, 이민자 중 공공부조 급여를 받는 사람의 비중은 11%에 달한다. 달리 말하면 스웨덴 공공부조는 이민자에게 사회안전망 역할이 더 크다고 할 수 있다. 이는 이민자의 열악한 상황 즉 사회보험의 혜택에서 배제되어 있거나 급여의 수준이 낮은 결과라고 할 수 있다. 그럼에도 불구하고 65세 이상 이민자의 공공부조 의존현상은 상대적으로 많이 낮다. 이는 스웨덴 공적연금 그중에서도 최저보장연금에 기인하는 바가 큰 것으로 보인

표 18 스웨덴의 집단별 공공부조 수급가구(2007년 기준)

구분	스웨덴인 가구	이민자 가구	난민 가구	합
가구수	107,640	74,650	29,290	211,580
비율	51	35	14	100

출처: 백석인, 2008:55의 〈표〉에서 재인용.

55) 이미 언급한 바와 같이 1995년에 도입된 본 제도는 2010년에 명칭은 유사하나 새로운 내용을 가진 제도로 대체되었다.

표 19 연령대별 공공부조 수급 비중(2011년 기준)

연령	스웨덴 출신		이민자	
	수급자규모	비중*	수급자규모	비중*
18-19	11,648	56	8,584	34
20-24	34,050	6	18,748	20
25-29	18,122	4	19,049	13
30-39	23,153	2	35,652	13
40-49	22,485	2	30,968	12
50-59	15,955	2	20,833	10
60-64	4,523	1	6,573	8
65-74	2,852	〈1	3,706	3
75-	1,686	〈1	1,524	2
합	134,474	2	145,637	11

*해당 연령대 전체 인구 대비 비중(%)
출처: B. A. Gustafsson, 2013: 130의 표.

다. 즉 65세 이상 이민자 노인 중 대부분은 공적연금의 적용대상에 포함되어 있으며 그 결과 공공부조 수급자의 비중은 낮게 나타난다.

둘째, 연령대별로 청년 집단의 공공부조 의존도가 매우 높다. 특히 18~19세의 스웨덴 국민의 가운데 반 이상이 공공부조 수급자이다. 이는 동일 연령대의 이민자 집단에서도 마찬가지이다. 해당 연령 집단의 공공부조에의 강한 의존 현상은 스웨덴 역시 여타 국가와 마찬가지로 청년실업문제가 심각함을 보여주는 방증이라 할 수 있다. 결론적으로 스웨덴 공공부조는 이민자 집단의 마지막 사회안전망으로 그 역할이 매우 중요함을 알 수 있다.

4) 사회정책 실행의 영향

사회정책의 마지막 부분으로 여기서는 이민자 사회권으로 대변되는 사회정책이 이민자의 삶의 질에 어떠한 영향을 주고 있는가를 살펴보기로 한다. 이를 위해 세인즈베리와 모리센의 연구 결과 중 스웨덴 사례에 초점을 맞추기로 한다(D. Sainsbury and A. Morissens, 2012). 이들의 연구 질문은 첫째, 법적·공식적으로 규정되어 있는 이민자 사회권(formal rights)이 소득 이전 수급 차원에서 어느 정도 실질적 권리(substantive rights)로 전환·실행되고 있는가 둘째, 이러한 이민자의 실질적 권리는 본국출생시민과 비교할 때 어떠한가이다. 여기서는 세 가지 분석 기준 가운데 탈상품화와 욕구충족에 초점을 두고자 한다. 먼저, 이민자 사회권의 탈상품화 측면과 직결되는 빈곤감소 효과를 살펴보려 하는데 〈표 20〉은 스웨덴을 비롯하여 분석 대상 국가의 소득이전 후 빈곤율을 가구유형별로 정리한 것이다.

첫째, 국가별 전체 가구 빈곤율을 살펴보면 미국이 16.8%로 가장 높으며 영국과 독일이 그 뒤를 잇고 있다. 한편 스웨덴은 덴마크보다 약간 높은 4.8%를 보이고 있다. 이는 전체가구가 100이라면 5가구 정도가 빈곤에 빠져 있음을 의미한다. 한편, 이러한 모습은 본국출생 가구에서도 비슷하게 나타난다. 즉, 미국이 15.1%로 가장 높은 반면, 스웨덴이 가장 낮다(3.6%).

둘째, 이민자 가구의 빈곤율 역시 미국과 영국이 높게 나타난다(각각 25.6%와 20.8%). 한편, 스웨덴의 이민자 가구 빈곤율은 11.6%로 5개 분석 대상국가 중 가장 낮다.

셋째, 〈표 20〉은 귀화여부에 따른 이민자 가구 빈곤율의 차이가 있음을

표 20 가구유형별 빈곤율의 국가비교(소득이전 후/ 2004년 기준)

국가	전체가구	본국출생 가구(A)	이민자 가구(B)	귀화 이민자가구	비귀화 이민자가구	배수 (B/A)
미국	16.8	15.1	25.6	17.0	32.2	1.7
영국	10.3	9.3	20.8	-	-	
독일	7.7	6.8	14.4	12.9	16.0	2.1
스웨덴	4.8	3.6	11.6	9.5	16.2	3.2
덴마크*	4.6	3.8	14.4	-	-	3.8

* 2002년 통계치

출처: D. Sainsbury and A. Morissens, 2012: 120의 표에서 발췌, 재산정

보여주고 있다. 통계 확인이 가능한 3개 국가 공히 비귀화 이민자 가구가 귀화 이민자 가구보다 빈곤율이 높다. 스웨덴 사례에서도 양 집단 간 7% 포인트 정도 차이가 있음을 알 수 있다.[56]

넷째, 본국출생 가구와 이민자 가구의 빈곤율을 비교하면 앞에서의 분석 결과와 반대의 모습을 보이고 있다. 구체적으로 가구 유형에 관계없이 빈곤율이 가장 높은 미국에서 집단 간 빈곤율 차이가 가장 적은 것으로 나타난다(1.7배). 반면, 스웨덴의 이민자 가구 빈곤율은 본국출생 가구 빈곤율의 3배 이상으로 그 차이가 덴마크에 두 번째로 큰 차이를 보여주고 있다. 이렇게 볼 때 가구유형별 빈곤율을 통해서 나타난 이민자 사회권 실행 효과의 스웨덴 사례는 양가적인 측면을 동시에 내포하고 있다. 즉 이민자 가구의 빈곤율은 다른 국가에 비해 낮게 나타난다. 하지만 스웨덴 내의 가구유형별 비교 즉 이민자 가구와 본국출생 가구 간 빈곤율의 차이는 여타 국가보다 높은 것으로 나타난다.

한편, 〈표 21〉은 분석대상국가의 가구유형별 빈곤감소효과에 관한 것이

표 21 가구유형별 빈곤감소 효과의 국가비교(2004년/%)

국가	본국출생 가구			이민자가구		
	소득이전 전 빈곤율	소득이전 후 빈곤율	빈곤감소 효과	소득이전 전 빈곤율	소득이전 후 빈곤율	빈곤감소 효과
미국	27.6	15.1	45	31.1	25.6	17
영국	34.2	9.3	72	59.2	20.8	47
독일	33.6	6.8	79	34.6	14.4	58
스웨덴	28.6	3.6	87	47.4	11.6	75
덴마크*	29.3	3.8	87	50.7	14.4	71

* 2002년 통계치

출처: D. Sainsbury and A. Morissens, 2012: 121의 그림.

---

56) 귀화와 이민자 가구의 빈곤율 사이에 상관관계가 있음을 시사 하는 대목이다. 하지만 이의 인과관계 혹은 선후관계에 대해서는 좀 더 엄밀한 연구가 필요하다.

다. 즉 소득이전 전과 후의 빈곤율 변화를 통해 해당국가의 소득이전이 빈곤 변화에 영향을 미치고 있는가를 분석하는 것이다. 따라서 소득이전 전후의 빈곤율 변화가 클수록 소득이전의 빈곤감소효과는 강하다고 할 수 있으며 이는 그만큼 빈곤 감소에 대한 국가적 관심과 정책 실시 효과가 크다는 것을 의미한다. 이를 고려하면서 〈표 21〉의 내용을 살펴보자.

우선, 본국출생 가구의 경우 빈곤감소효과가 가장 큰 국가는 스웨덴이다. 해당가구의 소득이전 전 빈곤율은 28.6%였던 것이 소득이전 후에는 3.6%로 격감했으며 이에 따른 빈곤감소효과비율은 87%이다. 이는 소득이전 전 빈곤가구수가 100이었다면 소득이전을 통해 87가구가 빈곤에서 벗어났다는 것을 의미한다. 반면 미국의 빈곤감소효과는 45%로 분석대상국가 중 가장 약하다. 복지레짐의 관점에서 보면 스웨덴, 덴마크 등 사민주의 복지레짐 국가의 빈곤감소효과가 가장 강하며 그 다음으로 조합주의, 자유주의 복지레짐의 순이다.

이어서, 이민자 가구의 빈곤감소효과를 살펴보자. 전반적으로 본국출생 가구의 빈곤감소효과보다는 약한 것으로 나타난다. 후술하겠지만 이는 그만큼 이민자의 소득이전 혜택이 상대적으로 적음을 의미한다. 한편 국가별로는 스웨덴이 가장 강하다. 소득이전 전에는 이민자 가구의 절반 정도에서 소득 이전 후에는 100가구 가운데 11가구가 빈곤상태로 빈곤가구가 급격히 줄어든 모습을 보이고 있다. 한편, 복지레짐의 관점에서 보면 본국출생 가구의 경우와 마찬가지로 사민주의, 조합주의, 자유주의의 순으로 빈곤감소효과가 강한 것으로 나타난다. 앞의 〈표 20〉에서 스웨덴 이민자 가구의 빈곤율은 11.6%로 이는 본국출생 가구의 3배 이상 되는 수치임을 확인했다. 한편 〈표 21〉에서 스웨덴 이민자의 소득이전 전 빈곤상황은 매우 심각했음을 알 수 있다. 이상 두 가지 점을 종합하면 입국 당시 혹은 이민 초기의 이민자는 매우 열악한 상황에 처해있음을 알 수 있다. 추론컨대, 여기에는 스웨덴 이민자 구성의 특이성이 작용한 것으로 보인다. 구체적으로 앞서의 〈표 3〉에서처럼 스웨덴의 이민자 중에는 난민, 망명 승인자 등 인도주의적 동기에 의한 이민유형이 3분의 1을 훨씬 상회한다. 이들의 대부분은 경제적으로 열악한 상태로서 소득이전 전의 높은 빈곤율은 이를 반영하고 있는 것이다. 이들 중 약 4분의 3이 소득이전을 통해 빈곤에서 벗어났다는 것은 이민자 사회정책이 그만큼 효과가 있었음을 보여주고 있다. 다시 말하면 이민자 사회권 보장에 바탕을 둔 여러 사회정책의 실시가 강한 빈곤감소효과를 가져온 것이다. 이는 국가별 사회이전 프로그램의 욕구 충족 정도를 보여주고 있는 〈표 22〉를 통해서도 여실히 증명되는 대목이다.

프로그램별로 살펴보면, 가족수당의 경우 본국출생 적용대상자보단 약간 낮지만 이민자들도 높은 수혜비율을 보이고 있다. 특히 독일은 이민자 가운데 98.2%가 가족수당을 수혜하고 있는 것으로 나타나는데 이는 내국인(본국출생)과 차이가 거의 없다. 스웨덴 역시 95% 이상의 높은 수혜 비율을

표 22 가구유형별 사회이전 프로그램 수혜비율의 국가비교

		가족수당	연금	실업급여	공공부조
미국	본국출생	-	86.6	27.6	2.2
	이민자	-	72.3	21.4	2.2
	비귀화 이민자	-	57.4	17.5	2.6
영국	본국출생	96.6	98.9	68.9	7.4
	이민자	88.5	92.7	63.6	13.2
	비귀화 이민자	-			
독일	본국출생	98.4	94.7	28.0	1.5
	이민자	98.2	94.6	24.2	2.9
	비귀화 이민자	97.7	92.7	14.9	2.9
스웨덴	본국출생	94.9	99.5	41.4	2.4
	이민자	95.5	97.4	25.0	13.4
	비귀화 이민자	95.9	9.27	24.0	18.7
덴마크	본국출생	94.4	92.0	78.1	5.9
	이민자	92.7	82.3	60.7	25.9
	비귀화 이민자	-	-	-	-

* 2002년 통계치
출처: D. Sainsbury and A. Morissens, 2012: 126의 표에서 발췌.

기록하고 있다. 이는 가족수당의 성격상 스웨덴은 물론이거니와 여타 국가들에서 역시 수급권의 토대가 거주이기 때문이다.

둘째, 연금의 경우에는 두 가지 국가군으로 구분이 가능하다. 먼저, 수혜비율이 내국인과 거의 차이가 없는 국가군으로 영국, 독일과 스웨덴이 이에 속한다. 두 번째 국가군은 집단간 수혜비율이 10%정도 이상 차이가 발생하는 경우로 미국과 덴마크를 들 수 있다. 덴마크는 사민주의 복지레짐 국가임에도 불구하고 이민자의 사회권은 엄격한 규정을 적용시키고 있음은 이미 언급한 바와 같다. 반면 스웨덴은 거주기반형의 최저보장연금을 통해 일정 기간 정주했음이 인정된다면 이민자에게도 수급 권리를 부여하고 있다.

셋째, 실업급여의 경우는 또 다른 양상을 보이고 있다. 먼저, 가구 유형에 관계없이 높은 수혜율을 보이고 있는 국가로서 영국과 덴마크를 들 수 있다. 이는 2개 국가의 수급 요건이 상대적으로 관대한 데 기인한다. 대신 수급기간과 급여 수준은 그렇게 높지 않음에 유의할 필요가 있을 것이다. 스웨덴을 비롯한 나머지 3개 국가는 가구 유형에 관계없이 수혜비율이 높지 않다. 특히 스웨덴 경우는 내국인과 이민자 집단간 수혜율 차이가 매우 심하게 나타난다. 이는 실업보험제도의 실시에도 불구하고 이민자의 노동시장 진입 자체가 어렵기 때문에 나타나는 현상으로 보인다.

넷째, 스웨덴 이민자의 사회권 특징이 가장 잘 부각되는 영역이 공공부조이다. 단적으로 내국인의 낮은 수혜비율에 비해 이민자 수혜비율은 높은 제도이다. 이는 앞에서 언급한 바와 같이 이민 초기의 경제적으로 열악한 상황, 그리고 이를 포용하고자 하는 스웨덴의 복지레짐 특징의 상호결합의 결과로 해석될 수 있을 것이다. 이렇게 볼 때 스웨덴 이민자의 사회권은 앞의 4가지 제도 중 적어도 3개 영역 즉 가족수당, 연금, 그리고 특히 공공부조에서 여타 국가에 비해 잘 보장되어 있다고 할 수 있을 것이다.

4. 스웨덴 이민레짐의 특징

지금까지 스웨덴 이민레짐의 특징을 이민정책, 통합정책 그리고 사회정책 등 세 가지 세부 영역을 중심으로 살펴보았다. 〈표 23〉은 이를 정리한 것이다.

첫째, 전반적으로 스웨덴 이민정책은 포용적 이민개방정책을 유지하고 있다. 구체적으로 외국인 근로자의 본격적인 이민은 1950년대부터 시작되었다. 이 시기부터 약 20여 년간 지속된 근로이민정책은 완전 개방의 특징을 띠고 있다. 스웨덴 노조(LO)와의 긴밀한 협의하에 입국이민도 가능한 시기였다. 1960년대와 70년대에 접어들어 개방적 근로이민정책은 노동허가제(1967년)의 도입 그리고 1972년의 근로이민 중단 선언 등으로 경색 국면을 맞게 되었다. 특히 근로이민 중단 선언은 오일쇼크로 인한 국제경기침체와 스웨덴 국내경제의 부진에 기인한 것이다. 여기서 유의할 점은 근로이민 제한 대상이 외국인 전체 근로자가 아니라 비노르딕 국가 출신 근로자라는 점이다. 뿐만 아니라 이 시기에 스웨덴 정부는 외국인 근로자의 가족재결합 이민은 여전히 허용했다. 이에 따라 이후 2~30여 년간 전체 이민 규모는 현상 유지 혹은 완만한 상승 곡선을 유지할 수 있었다. 이상의 선별적 이민정책은 2000년대에 접어들어 다시 완전개방으로 선회했다. 이는 2004년의 외국노동력 유입 확대정책, 2008년의 이민개방 선언으로 대변된다. 이를 통해 스웨덴 정부는 미래에 노동력의 부족이 예상되는 분야에서 여타 국가보다 선제적으로 외국 노동력의 확보를 꾀하고자 했던 것이다. 특히 2008년의

표 23　스웨덴 이민레짐의 구성과 영역별 특징

이민레짐 세부 영역	이민정책	통합정책	사회정책
스웨덴 특징	포용적 이민개방정책 유지	다문화주의/관대한 시민권 인정	사민주의 복지레짐 하의 거주 기반형 제도의 발달

전 세계적인 이민개방 선언은 창업이나 IT 산업 분야에 태국, 인도, 중국 등 유럽연합 비회원국 출신 외국 근로자가 스웨덴에 입국할 수 있는 기회를 제공했다. 이러한 정책은 유럽의 여타 국가 특히 인근 국가인 덴마크와 대조적인 부분이다. 스웨덴은 현재도 프랑스, 캐나다는 물론이거니와 스칸디나비아 국가들 가운데 가장 개방적인 이민정책을 실시하고 있는 국가이다.

둘째, 이민자 통합정책 측면에서 1970년대의 정책이 '이민자와 원주민 정책'이라면 이는 1980년대에는 '이민자정책'으로 바뀌었으며 이는 1990년대에 접어들어 다시 통합정책으로 이행되었다. 이 과정에서 나타난 특징을 정리하면 다음과 같다. 첫째, 다문화주의의 성격이 약간 약화되는 모습을 보이고 있다. 대표적으로 이민자의 문화적 정체성 인정 기준을 집단 차원에서 개인 차원으로 바뀐 것이다. 이는 일부 학자들이 스웨덴 다문화주의 후퇴를 주장하는 근거이기도 하다(cf. G. Brochmann and A. Hagellund, 2011). 둘째, 하지만 다문화주의의 기본 틀은 변함이 없음에 주목할 필요가 있다. 개인 차원에서의 이민자의 문화적 권리는 여전히 존중되고 있는 점, 이민자에게 선택의 자유가 여전히 보장되고 있는 점, 종족적 다양성 기반 위에 사회구성원간의 동등 권리 존중의 원칙이 지속되고 있는 점 등은 스웨덴 다문화주의의 유지를 보여주는 중요한 징표라 할 수 있다. 이렇게 볼 때 1970년대 이후 스웨덴 이민자통합정책은 큰 변화 없이 다문화주의에 바탕을 두고 있음을 알 수 있다.

한편, 스웨덴의 이민자 통합정책에 대한 평가는 양가적이다. 먼저 긍정적인 평가로서 스웨덴은 대표적인 다문화주의 국가로서 이민자의 사회통합 역시 내국인과 차별 없는 평등에 바탕을 두고 있는 점을 강조한다. 예컨대 귀화 요건만 하더라도 프랑스는 물론 다문화주의의 대표적 국가인 캐나다보다 관대하다. 거주 기간 요건만 충족되면(5년, 영주권 취득은 0~2년) 귀화 신청이 가능하며 이 경우 다른 국가와 달리 언어능력이나 사회지식요건, 경제적 자기충분성 요건은 필요하지 않다. 더 나아가서 국적 취득을 위한 별도의 의식이나 서약도 요구하지 않는다. 그 결과, 스웨덴 이민자의 귀화율은 3개 국가 중 가장 높다(82%, 2013년 기준). 뿐만 아니라 국적 취득을 하나의 권리로 간주하고 언어강좌 및 시민권 함양 강좌에 참여하는 경우 경제적 인센티브를 주고 있다. 이는 다문화주의정책의 대안으로 유럽 일부 국가에서 시행하고 있는 시민통합정책(civic integration policy)의 흐름과는 반대되는 대목이다. 뿐만 아니라 근로이민의 근로 조건이나 임금은 스웨덴 내국인과 동일하다(2008년 이후). 그리고 2년간의 최초 노동 허가 역시 4년이 지나면 영구 허가로 전환될 수 있도록 하고 있다. 이와 관련된 제반 행정 책임은 기존의 공공 노동 서비스 국에서 현재는 이민국에서 맡고 있는데, 이는 이민 문제에 대한 포괄적 접근의 필요성에서 단행된 조치로 평가받고 있다. 이상 간략히 살펴본 스웨덴 이민자 통합정책에 대한 국제평가는 매우 두드러진 모습을 보이고 있다. 예컨대 다문화정책(MCPs)의 국가비교에서 스웨덴은 1980년의 3점에서 급상승하는 모습을 보이면서 2010년에는 7점을 기록, 21개국에서 호주(8점), 캐나다(7.5점)에 이어 세 번째의 위치를 차지하고 있다. 가장 많은 조사대상국가(38개국)를 포함하고 있는 이민자통합정책지표(MIPEX)의 조사에서 스웨덴은 2007년 이후 줄곧 1위를 차지하고 있다. 이외에 이민자시민권지표 등 여타 다문화관련 지표의 국가비교에서도 스웨덴은 캐나다, 프랑스는 물론 어느 비교대상국가보다 다문화주의 성향이 강한 것으로 나타난다. 반면 다문화주의의 대척점에 위치하고 있는 시민통합지표(CIVIX)에서는 반대로 0점을 기록했다(2009년 기준, 이 조사에서는 프랑스는 3.5). 달리 말하면 스웨덴은 다문화주의정책의 대표적 국가임을 의미한다. 그럼에도 불구하고 스웨덴의 이민자 통합정책에 대해서는 부정적인 평가가 있는 것 또한 무시할 수 없다. 정책적, 제도적 장치에도 불구하고 스웨덴의 다문화주의정책이 이민자의 사회통합에는 실효성이 약하다는 지적이 바로 그것이다. 시민통합정책 실시의 필요성을 강조하는 한 연구에 의하면 이민자의 노동시장참여, 범죄 발생률, 거주공간분리정도의 국가비교에서 스웨덴은 오스트리아, 독일, 스위스보다 사회통합정도가 낮은 것으로 나타난다. 이상의 분석결과를 바탕으로 이 연구는 다문화주의와 복지국가의 비양립성이라는 기존의 연구 결과에서 한걸음 더 나아가 다문화주의정책이 결국에는 이민자에게도 좋지 않은 요소임을 지적하고 있다. 규범적 타당성에도 불구하고 실효성 측면에서 다문화주의의 한계가 발견되는 대목임을 이 연구는 강조하고 있다(R. Koopmans, 2010).

셋째, 사회보험에서 이민자의 사회권이 가장 잘 보장되어 있는 대표적인 국가가 스웨덴이다. 이민자의 사회권은 두 가지 요소 즉 해당국가의 복지레짐과 권리 기반의 성격에 의해 결정되는 경향을 보이고 있다. 스웨덴은 사민주의 복지레짐으로서 조세를 바탕으로 전국민을 대상으로 여러 가지 급여 및 서비스가 제공되고 있다. 구체적으로 연금분야에서의 최저보장연금, 건강 분야의 보편급여(부모 수당 및 의료급여) 그리고 가족수당은 사회보험임에도 불구하고 근로가 아닌 거주가 수급권 인정의 토대로 간주되고 있다. 여기서 등장되는 용어가 바로 'denizen status'이다. 비귀화 이민자 지위로 번역될 수 있는 것으로 처음에는 핀란드 등 이민 초기의 주요 송출국이었던 노르딕 출신 이민자를 지칭하는 용어였다가 여타 국가이민자에게 확대되었다. 이민자 사회권에서 이 용어가 중요한 이유는 스웨덴 국적의 시민과 차별 없는 수급권 보장을 의미하는 개념으로 사용되고 있기 때문이다. 스웨덴 국적이 아니더라도 정주 요건만 확인되면 이민자들도 사회서비스 등 다양한 사회복지제도를 누릴 수 있는 것이다. 이는 공공부조도 예외가 아니다. 이민자 가운데 공공부조 수혜 비율은 11%이다. 이는 스웨덴 출생 인구 집단의 2%에 비하면 5배 이상 높은 수치이다. 이민자 집단의 높은 빈곤율을 고려할 때 공공부조제도는 마지막 사회안전망으로서 매우 중요한 기능을 수행하고 있는 것으로 판단된다.

프랑스 이민레짐

1. 이민정책

1) 이민 역사의 변천 과정[57)]

프랑스의 국내 이민 및 외국인 근로자 유입의 역사적 변천에서 나타나는 첫 번째 개괄적 특징은 근로이민의 특징을 보여주고 있다는 점이다. 구체적으로 프랑스는 제조업, 건설업, 농업분야의 노동력을 제공받기 위해 외국인의 이민을 장려했던 대표적인 국가이다. 이는 방대한 영토 개발 및 인구증가의 목적으로 이민정책을 채택한 캐나다, 호주, 아르헨티나 그리고 미국과는 일정한 차이가 드러나는 대목이다(HCI, 2001). 두 번째 특징은 국가정책으로서 이민정책의 조기 도입을 들 수 있다. 인근국가와 달리 프랑스는

---

57) 별도의 인용표시 없는 한 이 부분은 한국보건사회연구원, 2011 ; 장니나, 2010 ; 김용찬, 2001 ; HCI, 2011 ; Colletif des luttins, 2004 ; F. Daguet et S. Thave, 1996의 관련 내용에 바탕을 두고 있음.

19세기 중엽부터 공식적 이민정책을 천명했다. 18세기 말부터 시작된 산업의 발전과 19세기 중엽에 본격적인 모습을 보인 산업혁명은 생산 기술의 혁신을 가져왔으며 이는 외국인 노동자 등 많은 노동력을 필요로 하게 되었다. 19세기 중엽인 산업혁명시기에 프랑스에 들어온 이민자의 송출국가는 초기에는 벨기에, 독일, 스위스였으며 이후 폴란드, 이탈리아, 스페인이 자리를 차지했다.[58] 근로이민과 이민정책의 조기도입의 결과 프랑스는 제1차 세계대전 후 규모면에서는 미국에 이어 두 번째, 인구 수 대비로는 세계 최대의 이민국가로 자리잡게 되었다(F. Daguet et S. Thave, 1996: 2). 이러한 점을 고려하면서 본 글은 20세기 이후의 역사적 변천과정을 시기 구분을 통해 자세히 살펴보기로 한다.

(1) 제1차 세계대전 후부터 제2차 세계대전 전: 유입인구의 지속적 증가 후 정체

제1차 세계대전은 프랑스에게 140만 명 사망(당시 경제활동인구의 10.5%)과 300여만 명의 부상이라는 결과를 초래했다. 노동력 부족이라는 국가 차원의 문제를 해결하기 위해 당시 프랑스 정부는 이민을 장려하기 위한 여러 정책을 실시했으며 이러한 정책적, 제도적 뒷받침은 대규모 이민현상을 야기시켰다. 특히 1921년부터 26년까지 이민자가 연평균 10%씩 증가했다.[59] 1931년 기준 프랑스 국내 외국인 인구수는 〈표 24〉처럼 약 270만 명으로 늘어났는데 이는 당시 전체인구의 6.6%에 달하는 규모이다.

성별로는 여성보다 남성이 많았던 시기로서 이는 노동력의 확보라는 이민 장려의 근본 취지에 기인한 것으로 보인다(156:100의 비율). 하지만 대규모 이민 현상은 1931년을 정점으로 더이상 지속되지 못했다. 당시의 경제

58) 1891년 기준, 프랑스 국내 이민자 중 벨기에 출신이 가장 많으며(46만 5천 명), 다음으로는 이탈리아(29만 명), 독일(9만 명), 스페인(8만 명), 스위스(7만 명)의 순이다. Colletif des luttins, 2004:5.

59) 1920년대 프랑스 입국 이민자는 연평균 300,000명에 달함.

표 24 **프랑스 외국인 인구 규모(1931년 기준)**

국가	규모	국가	규모	지역	규모
이탈리아	808,000	러시아	71,900	북아프리카 (프랑스식민지)	102,000
폴란드	507,000	독일	71,700	지중해유럽	100,000
스페인	351,900	영국	47,400	중 · 동부유럽	44,300
벨기에	253,000	체코	47,400	기타	175,500
스위스	85,500	터키	36,100	합	2,701,700

출처: M.-C. Blanc-Chaléard, 2009: 13의 tableau 2.

위기로 인해 유입인구는 둔화되고 오히려 유출인구는 늘어나는 현상이 발생했다. 또한, 1932년에 발효된 외국인 근로자의 입국 통제 법령은 이를 가속화시키는 요인으로 작용했다. 이후 1930년대 후반기의 스페인 내전으로 인한 스페인 난민 유입에도 불구하고 당시 이민자 수는 200여만 명(전체인구의 5%)으로 10여년에 비해 감소된 모습을 보였다.

(2) 제2차 세계대전 종결 이후 1970년대 중반까지의 시기: 근로이민 증가

이 시기는 '영광의 30년'으로 일컬어질 정도로 이민이 활발했다. 제2차 세계대전의 여파로 프랑스는 노동력 부족이라는 문제에 직면했다. 뿐만 아니라 당시 도입된 계획경제에 따르면 프랑스에게 필요한 노동력 인구는 약 150만 명으로 추계되었다. 이에 프랑스 정부는 또 다시 근로이민의 목표를 설정하고 공식적으로 이민을 장려하기 시작했다. 하지만 프랑스 정부의 이러한 노력에도 불구하고 초기 이민자 수는 많이 늘지 않았다. 이는 다시 프랑스 경제 및 사회 상황이 그만큼 열악했던 데 기인한 것이다. 이시기의 대규모 이민 현상이 나타나기 시작한 것은 1950년대 중반이다.

이는 몇 가지 요인의 복합적 작용에 따른 결과로서 우선 1956년에 체결

표 25 프랑스 이민자의 출신국가 추이(1968년과 1974년)

	1968년	1974년
이탈리아	590,000	
스페인	620,000	
알제리	470,000	711,000
포르투갈	300,000	
폴란드	130,000	
모로코	90,000	260,000
벨기에	67,000	
튀니지	60,000	140,000
유고	50,000	80,000
터키		50,000

출처: Colletif des luttins, 2004:9의 표.

된 로마조약을 들 수 있다. 이로 인해 근로자의 자유 이동이 현실화되게 되었다. 둘째, 프랑스 정부와 인근 국가와의 이민과 관련된 상호협정 체결 또한 이민 급증에 기여했다. 구체적으로 1956년부터 1973년까지 매년 약 11만 2천여 명의 이민자가 입국했으며, 1975년도의 이민자 수는 380만 명으로 늘어났다(전체인구대비 7.4%). 뿐만 아니라 이 시기에는 주요 송출국의 변화가 목격되는 시기이기도 하다. 구체적으로 이탈리아, 포르투갈, 스페인 대신 알제리, 모로코, 튀니지 등 마그레브 지역의 국가가 프랑스 이민 역사의 전면에 나타나기 시작했다(〈표 25〉 참조).

(3) 1970년대 중반부터 1990년대까지: 근로이민의 감소 및 가족 재결합 이민 증가

프랑스 이민 및 외국인 근로자 유입의 세 번째 시기는 1970년대 중반부터 1990년대까지이다. 이 시기는 프랑스 이민개방정책의 공식적 중단 선언 시기이다. 1974년 7월, 프랑스 정부는 정치적 망명, 가족 결합, 고용주의 필요 등 예외적인 경우를 제외하곤 이민정책의 공식적 중단을 선언하였다 (J. F. Hollifield, 2014: 164). 이 선언은 완화된 측면이 있음에도 불구하고 현재까지 유효한 것으로 간주되고 있다. 이민 근로자의 취업 분야는 자동차, 철강, 직물분야인데 이는 많은 일자리가 없어진 분야이기도 하다. 고실업 상황에서 1970년대 중반의 지스카르 데스땡(V. G. d'Estaing) 정부 이후의 어느 정부도 감히 근로이민정책을 재개할 수 없는 형국이 지속되고 있는 것이다. 따라서 이 시기의 이민유형을 살펴보면 가족적 동기(가족 결합)가 가장 높은 비율을 차지하는 반면 이전의 지배적 형태였던 경제적 동기(근로이민)는 급감하는 모습을 보이고 있다. 예컨대 1974년과 1980년 사이의 근로

표 26 프랑스 이민자 규모의 추이

(단위: 천명 ; %)

연도	전체 인구	이민자	전체인구 대비 이민자 비율(%)
1911	39,192	1,110	2.8
1921	38,798	1,429	3.7
1926	40,228	2,288	5.7
1931	41,228	2,729	6.6
1936	41,183	2,326	5.6
1946	39,848	1,986	5.0
1954	42,781	2,293	5.4
1962	46,456	2,861	6.2
1968	49,756	3,281	6.6
1975	52,599	3,887	7.4
1982	54,296	4,037	7.4
1990	56,652	4,166	7.4
1999	60,095	4,387	7.3

출처: F. Daguet et S. Yhave, 1996: 2의 표를 바탕으로 재정리

이민 수는 19만 명으로 이는 1968년부터 1973년까지의 80만 명에 비해 5분의 1 수준으로 극감했다. 한편, 〈표 26〉은 지금까지 살펴본 시기의 주요 연도별 전체 인구 및 이민자 추이를 정리한 것이다.

(4) 2000년대 이후 최근까지: 이민 급증

1990년대까지 정체 혹은 완만한 증가추세를 보여 왔던 프랑스 유입 이민은 2000년대에 접어들어 현저하게 증가되었다. 〈표 27〉은 이 시기의 연도별 프랑스 유입 이민자 수를 나타낸 것이다.

〈표 27〉에서처럼 2000년대까지 20만 명에 미치지 못했던 이민 규모는 2010년대에 접어들어 지속적인 증가 현상을 보이고 있다. 특히 2015년 이후는 매년 25만 명 이상의 이민자가 프랑스에 들어왔다. 이 시기의 이민 규모 급증은 프랑스 전체 인구에서 이민자가 차지하는 비중의 증가를 가져왔다. 구체적으로 1999년의 7.3%에서 2010년에는 8.5%까지 상승했으며 이 수치는 2018년에 9.7%를 기록했다. 이 수치는 스웨덴이나 캐나다에 비해서는 낮지만 프랑스 이민 역사에서 가장 높은 것이다. 여기서 흥미로운 점은 이 시기의 프랑스 이민정책은 근로이민뿐만 아니라 가족 재결합 이민까지도

표 27 **2000년대 이후 프랑스 유입 이민자 수**

연도	이민자 수	연도	이민자 수
2004	201,460	2011	216,640
2005	194,880	2012	229,600
2006	193,440	2013	236,000
2007	192,270	2014	234,000
2008	195,410	2015	253,000
2009	194,920	2016	260,000
2010	210,510	2017	262,000

출처: Statista, 2020
https://fr.statista.com/statistiques/499591/nombre-arrivees-immigres-france/

규제하는 것이다. 당시의 프랑스 이민정책이 단지 상징적인 것에 불과하다는 비판은 이에 근거한 것이다.

2) 프랑스 유입 이민 현황 및 구성

먼저, 아래 〈그림 2〉를 통해 프랑스 이민자 규모를 외국인 인구 개념과의 비교 관점을 통해 살펴보자.

그림 2 프랑스의 이민자(immigrants)와 외국인 인구(foreigners)의 구분 및 규모(2015년 기준)

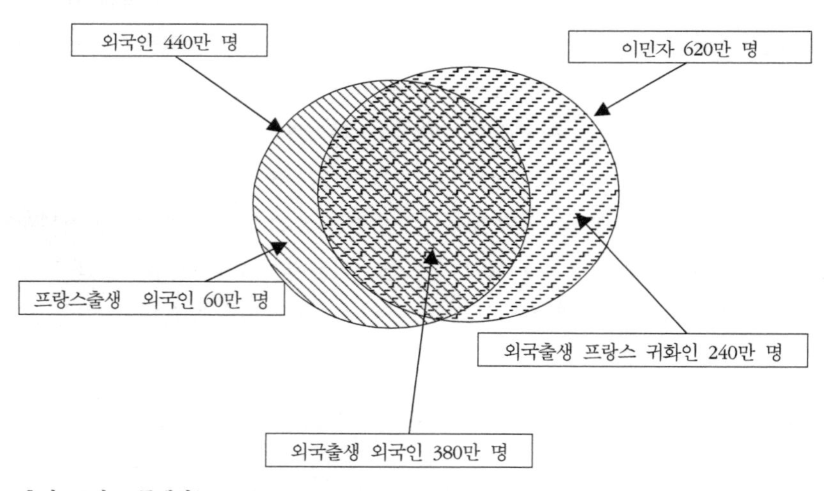

출처: 프랑스 통계청(INSEE)

이미 언급한 바와 같이 이민자는 국적 여부에 관계없이 외국에서 출생한 사람을 의미한다. 따라서 여기에는 외국출생 프랑스 귀화인과 외국출생 프랑스 국적 미취득자(즉, 외국출생 외국인)가 포함된다. 이렇게 볼 때, 2015년을 기준으로 프랑스의 이민자는 약 620만 명이다. 이는 240만 명에 달하는 귀화인과 380만 정도의 비귀화인으로 구성되어 있다.[60] 이러한 점을 고려하면서 지금부터는 2000년대 이후 프랑스 이민 동향에 대해서 프랑

표 28 **프랑스 입국 동기별 체류 허가 분포**

동기	2005	2006	2007	2008	2009	2010	합
경제적 동기(근로)	11,905	11,678	12,088	21,717	19,575	18,067	95,030
가족결합	92,568	95,973	89,973	85,968	88,256	86,827	539,565
학생(학업)	46,294	44,943	46,778	52,309	53,304	59,964	303,592
기타*	14,033	14,002	10,801	9,999	11,331	11,514	98,079
인도주의적동기	22,334	16,665	15,751	17,651	18,857	17,785	82,644
합	187,134	183,261	175,391	187,644	191,323	194,157	1,118,910

*기타: 방문객, 미성년입국외국인, 예외적 체류허가, 연금수령자 등 포함
출처:HCI, 2011: 38

스 통계청(Insee) 등 정부기구의 통계자료를 바탕으로 살펴보기로 한다.

첫째, 이민자의 프랑스 입국 동기 즉 이민유형 분포이다. 앞에서 언급한 바와 같이 프랑스의 전통적 이민은 근로이민이었다. 하지만 1974년에 근로이민의 공식적 중지가 발표되었고 이후에는 가족결합 등에 바탕을 둔 이민이 주를 이루고 있다. 〈표 28〉은 이러한 점을 여실히 보여주고 있다.

〈표 28〉에서처럼, 가족결합 등 가족적 동기에 바탕을 둔 이민의 규모가 가장 크다(54만여 명, 전체 대비 48.2%). 한편, 연수, 비봉급 경제활동, 전문지식, 예술, 봉급생활 등의 경제적 동기 때문에 최초로 체류허가를 득한 이민자 규모는 전체 대비 8.4% 정도이다. 그리고 여기에는 총 약 15,000명의 계절적 혹은 한시적 취업도 포함되어 있다. 여기서 주의할 점은 가족적 동기에 의한 이민자의 상당수는 고용시장에 진출한다는 사실이다. 왜냐하면 이들에게 주어지는 임시 혹은 영구 체류증은 노동시장 진출을 위한 권리 보장의 상징이기 때문이다. 한편, 가족결합 지배형인 프랑스 이민유형의 특징

60) 반면 외국인은 출생지역에 관계없이 국적이 프랑스가 아닌 사람을 의미한다. 〈그림 2〉에서처럼, 프랑스 출생 외국인 60만 명과 외국에서 출생한 외국인 380만 명을 합치면 약 440만 명에 달한다.

표 29 **이민유형에 의한 프랑스 유입 이민자 분포**

연도		2014		2015	
이민유형		규모(천명)	비율(%)	규모(천명)	비율(%)
	근로	22.9	9.1	25.6	10.0
	가족결합	104.3	41.4	103.7	40.4
	인도주의	14.1	5.6	16.6	6.5
	자유이동	87.6	34.8	88.3	34.4
	기타	23.0	9.1	22.3	8.7
	합	251.9	100.0	256.5	100.0

은 〈표 29〉처럼 2010년대 중반에도 변함없이 유지되고 있다.

단지 이전 시기와 차이가 있다면 유럽연합 회원국 간 근로자의 자유이동에 의한 이민의 비중이 눈에 띄게 증가한 점이다.

둘째, 프랑스 이민자의 송출 국가별 분포 및 추이에 관한 것이다. 역사적으로 송출국가 제1세대가 이탈리아, 포르투갈, 스페인이었다면 1960년대 중반 이후의 제2세대 송출국가는 주로 마그레브 지역의 국가임은 이미 언급한 바 있다. 이러한 점을 고려하면서 2010년대 중반의 경향을 살펴보면 〈표 30〉과 같다.

2000년대 이후의 송출국가(지역)별 이민자의 동향을 정리하면 다음과 같다. 첫째, 제1세대의 3대 송출국가 중 포르투갈을 제외한 스페인과 이탈리아 출신의 이주자는 정체 혹은 감소 추세에 있다. 반면 포르투갈 출신의 이민자는 정체에서 증가추세를 보이면서 이민자 대비 10%대를 유지하고 있다.

둘째, 제2세대 송출국가 출신의 이민자는 2000년대에도 계속 점증 추세에 있음을 알 수 있다. 특히 알제리와 모로코 출신의 외국인은 지속적으로 급증하는 모습을 유지하면서 2010년에는 송출국 중 최상위에 자리 잡고 있다.

셋째, 송출지역을 기준으로 할 때 눈에 띄게 급증하고 있는 지역으로서는 아메리카와 오세아니아 지역을 들 수 있다. 1999년에 비해 2006년도에는 2배 이상의 증가를 가져왔고 이러한 추세는 2010년과 2015년에도 일정

표 30 출생국가(지역)별 프랑스 유입 이민자 분포

출생국가 (지역)	2010		2015		
	규모	비율	규모	비율	추이(2010-2015년, %)
유럽	2,062,207	37.4	2,184,939	35.4	5.9
유럽연합 회원국	1,820,983	33.0	1,896,713	30.7	4.2
스페인	248,324	4.5	248,910	4.0	0.2
이탈리아	303,923	5.5	286,324	4.6	-5.7
포르투갈	588,276	10.7	621,793	10.1	5.7
영국	153,598	2.8	148,338	2.4	-3.4
유럽연합비회원국	526,864	9.6	591,348	9.6	12.2
기타 유럽 국가	241,224	4.4	288,226	4.7	19.5
아프리카	2,362,099	42.8	2,754,302	44.6	16.6
알제리	729,814	13.2	790,717	12.8	8.3
모로코	671,225	12.2	741,343	12.0	10.4
튀니지	241,904	4.4	269,851	4.4	11.6
기타 아프리카 국가	719,157	13.0	952,391	15.4	32.4
아시아	791,231	14.3	883,425	14.3	11.7
터키	245,714	4.5	249,111	4.0	1.4
캄보디아, 라오스, 베트남	161,484	2.9	159,793	2.6	-1.1
기타 아시아 국가	384,033	7.0	474,521	7.7	23.6
아메리카, 오세아니아	298,617	5.4	346,457	5.6	16.0
합	5,514,154	100.0	6,169,123	100.0	11.9

출처: 프랑스 통계청(INSEE).

부분 지속되고 있다. 한편, 아프리카에서 이민자 수는 전체 이민자의 절반에 가까울 정도로 늘어났다.

넷째, 여타 지역의 증가 추세에도 불구하고 프랑스 이민자의 3분의 1은 유럽연합 회원국 출신임에 주목할 필요가 있다. 이는 셍겐조약(Schengen Agreement)에 의해 촉발된 것으로 이민자 통계에는 제외되는 사람의 규모까지 합치면 이들 집단이 차지하고 있는 높은 비중에 대해서는 이론의 여지가 없을 것이다.

3) 프랑스 이민정책의 전개: 완전개방에서 선별적 이민정책의 강화

(1) 제1차 세계대전 후부터 제2차 세계대전 전: 완전개방시기

세계대전이 야기한 노동력 부족에 대처하기 위해 당시 프랑스 정부는 유럽의 인근국가와 이민협약체결(1919년~30년)을 통해 이민을 적극 장려했다. 따라서 이 시기에는 이민의 목적(취업 혹은 거주)에 관계없이 자유로운 입국이 허용되었다. 이민 절차 또한 매우 간소화하여 해당 지역 구청에 신고로 충분했던 시기이기도 했다. 또한 1924년에는 이민자 모집 업무를 담당하는 단체가 설립되어 국가의 이민정책에 부응했다. 농산업분야 이민 일반회사(이하 SGI)로 불리는 이 단체는 외국인 근로자 충원의 필요성을 인지한 고용주의 주도로 설립된 것으로 당시 유럽 최대의 이민성과를 가져오기도 했다. 이렇게 볼 때 이 시기는 완전개방형태에 가깝다고 할 수 있다.

(2) 제2차 세계대전 후부터 1970년대 상반기까지: 이민자 적극 유치하의 선별적 이민형태[61)]

이전시기와는 달리 이 시기에는 근로이민장려의 정책 기조를 유지함에도 불구하고 일정부분 이민에 대한 국가 관리의 필요성이 제기되었다. 구체적인 정책 사례로서 첫째, 1945년에 공포된 외국인의 입국 및 체류에 대한 명령[62)]은 근로이민과 관련된 제반 사항을 제시하고 이민 업무를 담당하는

61) 별도의 인용 표시가 없는 한 이 부분은 김용찬, 2001 ; 문준조, 2007 ; 한승준, 2008 ; 장니나 2010 ; M.-C. Blanc-Chaléard, 2009의 관련 내용을 정리한 것임.

62) L'ordonnance No 45-2358, du 2 novembre 1945, sur l'entrée et le séjour des étrangers en France.(외국인의 프랑스 입국 및 체류 행정명령)

국가기구의 설립을 명하고 있다는 점에서 역사적 의의를 지니고 있다. 관련 법령은 외국인의 프랑스 입국, 체류 및 근로에 관한 요건을 규정하고 있다. 뿐만 아니라 동법령은 외국인 근로자의 모집 및 수용을 담당하는 국가기관으로 국립이민청(Office national de l'Immigration, 이하 ONI)의 설립을 규정하고 있다. ONI의 설립(1946년)은 두 가지 기대효과를 내재하고 있었다. 첫 번째는 외국인 근로자 모집의 주체와 관련하여 SGI의 관여 등에 기인한 기존 구조의 복잡성을 단순화하는 것이다. 두 번째는 외국인 근로자의 정기적 모집 및 관리 측면에서 국가 역할의 강화를 꾀하고 있는 것이다.[63] 하지만 이를 뒷받침하는 프랑스의 경제 및 사회 상황의 열악성 때문에 ONI 설립 효과는 가시적으로 나타나지 못했다.

둘째, 프랑스와 외국인 근로자 송출국가 양자 간 협정을 들 수 있다. 당시 프랑스 정부가 체결한 상호 협정으로서는 스페인협정(1961년), 포르투갈협정(1963년), 튀니지협정(1963년) 그리고 알제리와의 전쟁 이후 체결된 알제리 협정(1968년)을 들 수 있다. 특히 프랑스-알제리 협정은 이후 알제리가 대표적인 송출국가로 등장하는 데 기폭제 역할을 했다고 볼 수 있다. 이렇게 볼 때 이 시기의 프랑스 이민정책은 선별적 이민정책형태이며 그중에서도 이민자 적극 유치 형태의 시기라 할 수 있다.

(3) 1970년대 상반기부터 1990년대까지: 이민자 유입 억제하의 선별적 이민형태

하지만 프랑스의 기존 근로이민장려정책은 1970년대 상반기에 발생한 오일 쇼크를 기점으로 정책 기조에 큰 변화를 가져오게 된다. 즉, 외국인에 대한 노동시장 접근 규제의 틀 내에서 근로이민에 대한 정책적 접근이 시작되었다. 이의 구체적 내용은 다음과 같다.

---

63) ONI는 OMI, ANAEM을 거쳐 2009년에는 OFII로 개칭되어 현재 운영 중이다. 이에 대해서는 후술하기로 함.

첫째, 1974년 7월, 프랑스 정부는 공식적으로 이민 중단을 선언했다. 그 대상은 비유럽국가 출신의 외국인 근로자로서 다만 가족 재결합(가족적 동기) 그리고 고용주의 필요에 의한 경우는 예외로 했다. 달리 말하면 외국인 근로자라 하더라도 유럽 출신인 경우에는 근로이민이 계속 허용되는 반면, 비유럽 출신 외국인의 근로이민은 매우 제한적으로 이루어질 것이라는 점이다. 불법체류 근로자의 양산이라는 부작용에도 불구하고 1974년 7월의 근로이민 중단은 지금도 유효한 정책으로 남아있다.

둘째, 프랑스 체류외국인 근로자에 대한 통제 강화를 들 수 있다. 오일쇼크로 인한 경제위기와 실업문제의 심각성에 대한 대응차원에서 도입된 이민 제한 조치는 불법 근로자의 양산이라는 또 다른 결과를 초래했다. 이에 프랑스 정부는 통제 강화 및 본국 송환 조치라는 강경책을 실시했다. 대표적으로 1988년에 실시된 개정 이민법은 외국인 근로자의 생계수단 증명 의무화, 도지사에게 불법 체류자 추방 권한을 부여하고 있으며 이에 따라 도지사는 공공질서에 대한 위협으로 간주되는 경우 즉각적 추방 조치를 명할 수 있게 되었다. 이상 사법부에서 도지사로의 추방권한주체의 변화는 이민문제에 대한 인식의 변화 즉 경제적 관점에서 사회적 관점(예: 치안문제)로의 이행을 의미하고 있다.

셋째, 체류 중인 외국인 근로자에 대한 통제 강화는 일반 외국인에게까지 확대되는 경향을 보였다. 대표적으로 외국인 체류 카드 취득 및 귀화 요건의 엄격성을 들 수 있다. 우선 전자와 관련하여 이 제도는 1984년 도입되었다(HCI, 2011: 401). 기존의 체류증 제도와 근로카드 제도를 하나로 통합한 것이 바로 외국인 체류 카드제도이다. 임시체류카드(1년)와 영주카드(10년)로 구분되어 있는 외국인 체류 카드는 프랑스 체류와 근로를 보증하는 하나의 상징물이다. 이 제도가 지니고 있는 사회통합적 성격에도 불구하고 이는 공공임대주택 부족, 외국인 가족의 대규모 유입으로 인한 주거 지역의 황폐화라는 부작용을 초래했다. 이에 역대 프랑스 정부는 외국인 체류카드 가운데 영주카드가 지니고 있는 시민으로서의 완전한 권리 성격의 축소와 함께 신청을 위한 최소한의 정기적 거주 기간의 변화를 시도했다.[64]

한편, 역대 프랑스 정부가 지속적인 관심을 보였던 부분은 프랑스인 배우자를 둔 이민자의 귀화와 관련된 것이다. 불법 체류자의 상당수는 결혼을 통해 합법적 체류자가 된다는 인식하에 프랑스 정부는 이를 막기 위해 귀화신청 요건을 강화시켰다.

넷째, 이민의 제한적 허용, 불법 외국인 강제 추방, 체류 중인 외국인의 통제로 특징지을 수 있는 전반적인 경향에도 불구하고 프랑스의 좌파 정부 시기에는 불법 외국인의 합법화 조치, 인도주의적 조치가 있었음에 유의할 필요가 있다. 1981년, 1988년과 1989년 등 3차례의 합법화 조치가 있었으며 1997년에는 사회적 배제 극복에 관한 법의 제정을 통해 체류외국인 주거개발에도 많은 관심을 보였다. 그리고 총리 직속의 이민정책 자문기구인 고등통합위원회(HCI)가 설립된 것 역시 사회당 정부의 치적 중 하나이다(한승준, 2008: 475).

이렇게 볼 때 이 시기의 전반적인 정책 기조는 선별적 이민형태의 하위모형 중 이민자 유입 억제 형태라 할 수 있다.

(4) 2000년대 이후: 선별적 이민형태의 강화

프랑스 이민정책의 네 번째 시기는 2000년대 이후이다.[65] 이 시기의 두드러진 특징은 이민신청에 대해 엄격한 입장을 취하고 있다는 점이다. 특히 2005년 10월 초 프랑스 교외지역에서 발생했던 폭동사태를 계기로 이민정책을 큰 폭으로 수정하였다. 우파의 압력 하에 도미니크 드 빌팽(Dominique de Villepin) 총리는 이민자 가족재결합을 위한 비자발급을 제한하고 외국인 학생에 대한 규율을 강화하겠다고 공표했다. 이의 연장선상에서 사르코지(N. Sarkozy) 당시 내부무장관은 이민법 개정을 요구하였다. 그 결과, '이민과 사회통합에 관한 법안(Projet de loi relatif à l'immigration et à

64) 1984년의 3년에서 2003년에는 5년으로 연장.

65) 이 부분은 유길상 외, 2008: 26-28을 내용을 바탕으로 재정리한 것임.

l'integration)'이 2006년 7월 24일 의회를 통과했다. 이 법은 4가지 목적을 가지고 있는데 (1)전문인력 유치를 강화하고, (2)외국인유학생의 체류를 용이하게 하고, (3)가족재결합규정을 강화하며, (4)거주증과 시민권발급을 제한하는 것을 주요 골자로 하고 있다.

동법에 의거한 주요 변화를 요약하자면, 우선, 가족 재결합 규정 및 국적 취득요건이 강화되었다. 프랑스에 거주하는 외국인이 자신의 가족을 프랑스로 불러 오기 위해서는 18개월간 합법적으로 체류하고 있어야 하며 최저임금(SMIC)에 준하거나 상회하는 소득을 가지고 있어야 한다(이전에는 1년이었음). 이에 따라 외국인 근로자와 합류하기를 원하는 가족의 프랑스 입국이 더욱 어려워졌다. 가족재결합 비자신청 대기기간이 더욱 길어졌고 구비서류는 보다 엄격해졌다. 이때 가족을 부양할 수 있다는 증빙서류가 매우 중요한 요건이다. 또한 국제결혼에 의한 국적 취득요건을 강화하였다. 프랑스인과 국제 결혼한 외국인 배후자는 결혼 3년이 지나야 프랑스 영주권(une carte de résident)을 얻을 수 있도록 했고 위장 결혼에 대한 단속 역시 강화하였다. 뿐만 아니라 결혼한 지 4년 이내 이혼하는 경우에는 귀화와 관련된 기존의 모든 권리가 박탈당하도록 했다. 그리고 2007년의 관련 법은 체류외국인 가족 재결합의 경우 최저임금의 120% 이상인 월급증명서 제출을 요구하고 있다. 그리고 필요한 경우 유전자 감식을 통한 가족 여부의 확인도 할 수 있도록 함으로써 가족이민규정을 한층 강화시켰다.

둘째, 체류증을 획득하기 위해서는 장기 체류 비자가 반드시 요구된다. 프랑스에 장기간 체류할 목적으로 오는 외국인들은 프랑스어와 프랑스 문화에 대한 교육을 이수할 것을 약속하는 외국인에 대한 '안내 및 통합계약(contrat d'accueil et d'integration)'[66]에 서명해야 한다. 뿐만 아니라 외국인은 자신의 소득이나 재정수단을 증명해야 입국이 허가되며 사회부조(social assistance) 대상자가 될 가능성이 없음을 증명해야 한다. 이는 많은 이민자들이 사회부조에 의존하고 있기 때문이다.

---

66) 프랑스의 생활방식을 존중하며, 프랑스어를 배우고 프랑스의 전통을 수용하겠다는 내용.

셋째, 외국인 학생의 학업 계획서는 출신 국가에 의해 먼저 타당성을 인정받아야 한다. 해당 요건에 부합되는 학생에 한해서는 이전보다 손쉬운 방법으로 체류증이 발급된다.

넷째, 고용주가 외국인을 원하는 분야들에서는 고용 계약 기간 동안 갱신 가능한 1년 연한의 임시 체류증이 신설된다.

다섯째, 불법 체류자의 신분 합법화 제도를 폐지하였다. 구체적으로, 1998년 셰베느망 법(Loi Chevènement)에 의해 마련된 10년 이상 프랑스에 체류한 불법 이민자들에 대한 자동 구제, 신분 합법화 조항이 삭제되었다. 즉, 과거에는 불법이민자도 10년 이상 프랑스에 거주하였음을 증빙하는 서류를 제출할 경우 합법적 지위를 얻을 수 있었지만 동 이민법에서는 이민을 신청하기 위해선 개별적으로 심사를 거치도록 하였다. 불법 체류자의 신분 합법화는 특정한 경우만 가능해졌고, 심지어 불법이민자 자녀를 추방할 수 있도록 하여 심각한 인권침해 논쟁을 야기하기도 하였다.[67]

여섯째, 영토 추방 명령이다. 행정부에 의해 체류증이 거부된 경우 프랑스 영토를 떠나라는 명령을 내릴 수 있다. 이의 청원을 제기할 수 있는 시한은 애초 법안에서 15일이었으나 하원에서 한 달로 그 기간이 연장·확정되었다. 한편, 동법은 2011년 5월에 통과된 개정법에 의해 프랑스 언어 구사능력 요건이 더욱 강화되었다. 이는 야당 및 시민사회의 반대에도 불구하고 사르코지 대통령이 목표로 하고 있는 '선택적 이민(immigration choisie)'으로의 전환을 실현하기 위한 조치의 하나로 해석된다. 그럼에도 불구하고 2010년대 이후 프랑스로의 이민은 급증 추세를 보이고 있다. 이를 근거로 프랑스 일각에서는 이민규제정책이 상징적인 것에 불과하다는 비판과 함께 정책과 현실 간의 괴리가 있음을 지적하기도 한다(OFII. 2019). 〈표 31〉은 지금까지의 내용을 정리한 것이다.

---

67) 프랑스는 2006년 현재 약 20~40만 명의 불법체류자가 있는 것으로 추산하며 이 가운데 2006년에 약 2만 6천명을 추방할 계획을 가지고 있었다. 매년 8~10만 명의 불법이민자들이 프랑스로 들어오는데 이들은 주로 루마니아, 중국, 모로코, 알바니아, 콩고와 앙골라 출신이다.

표 31 **프랑스 이민정책 전개 과정과 유형 변화**

시기 구분	주요 정책(법)	비고	유형
제1차 세계대전 후~제2차 세계대전 전	· 이민협약 체결 · 이민 개방 (입국 이민 가능)	· 이민절차 간소화(신고제) · SGI설립: 고용주 주도	완전개방형
제2차 세계대전 후~1970년대 상반기	· 외국인의 입국 및 체류에 관한 행정 명령(1945년) · 국립이민청 설립(ONI) · 이민협약 체결(국가 간)	이민에 대한 국가 관리의 필요성(외국근로자의 모집 및 수용 담당)	선별적 이민형 (이민자 적극 유치)
1970년대 상반기~1990년대	· 이민중단선언 (1974년 7월) · 외국인체류카드제 도입(1984년) · 이민법 개정(1988년)	· 비유럽출신 외국인 근로자의 이민제한(가족재결합은 예외) · 도지사에게 추방권한 부여 · 체류외국인 통제 강화	선별적 이민형 (외국인 유입 억제)
2000년대 이후	· CESEDA(외국인과 망명신청자 입국 및 체류법, 2005년) · 이민과 사회통합에 관한 법(2006년)	· 전문인력유치강화 · 외국인유학생 체류 조건 완화 · 가족재결합 및 국제결혼 규정 강화 · 체류증 발급 및 시민권 인정 제한	선별적 이민형 강화(외국인 유입 억제)

2. 통합정책

1) 공화주의적 동화주의

역사적으로 동화주의는 다문화주의가 등장하기 전에 나타난 특정 시기의 이민자정책 패러다임이다. 제2장의 〈표 4〉처럼 20세기 초의 미국 그리고 1945년 전후의 영국이나 캐나다가 대표적 사례이다. 하지만 시기에 관계없이 줄곧 동화주의를 표방하고 있는 국가가 있으니 바로 프랑스가 그러하다. 특히 최근에 시민통합적 요소가 보임에도 불구하고 공화주의적 동화주의라는 다른 국가에서는 찾아볼 수 없는 독특한 모습을 유지하고 있다는 점은 이론의 여지가 없어 보인다. 그럼 왜, 어떤 배경에서 프랑스는 공화주의적 동화주의를 견지하고 있는지를 살펴보아야 할 것이다. 앞에서 언급한 바와 같이 동화주의는 일방적인 적응 과정을 통해 이민자들을 사회에 포용시키는 것을 지향하고 있다. 시간 경과와 함께 이민자는 고유의 언어, 문화, 사회적 특성을 포기하게 되며 장기적으로는 내국인과 구분이 사라질 것으로 기대하고 있다. 이를 촉진하기 위해 국가는 다문화주의와는 반대로 집단으로서의 이민자 정체성을 부정하며 이민자를 사회의 지배 문화에 순응하도록 교육 등 사회제도를 최대한 활용하고 있다.

이상의 프랑스 특징을 이해하기 위해서는 다음 몇 가지 점에 대한 고려가 필요하다. 첫 번째, 민족 개념이다. 일반적으로 민족이라는 용어는 집단 간 차이를 인정하고 구분하는 가장 중요한 양식이며 배타성을 전제로 한다. 그럼에도 불구하고 민족이 어떻게 형성되는가는 국가별 상이한 민족개념에 달려있다. 뿐만 아니라 민족 개념은 이민자의 민족 구성원으로서의 포함 여부를 정하는 가늠자의 기능을 수행하기도 한다. 이러한 관점에서 국가별 민족 개념은 이민자의 사회 포용(inclusion) 혹은 통합(integration)에 매우 중요한 사안인 것이다. 이와 관련하여 브루베이커(Brubaker)는 프랑스의 민족 개념은 공민적(civic), 정치적(political) 공동체에 바탕을 두고 있다고 강조한다(W. R. Brubaker, 1990). 따라서 종족적 · 인종적 출신에 관계없이 누구나 공민적 · 정치적 공동체의 구성원이 될 수 있는 기회가 부여된다. 또한 프랑스 민족 형성에 중요한 것은 개인의 정치적 선택이다. 즉 공동체에 대한 구성원들의 자발적이고 능동적인 의지가 중요하며 이를 바탕으로 함께 살고자 하는 점에 대해 합의를 이룬 집단이 민족의 구성원이 되는 것이다. 따라서 프랑스 민족 개념에서 중요한 것은 정치적 시민인 것이다.[68)]

68) 민족 개념에 대한 이러한 인식은 외국인 국적 취득에서 속지주의 원칙을 적용시키는 결과를 낳고 있다. 한편 이러한 프랑스적 특징은 민족의 종족적, 문화적 공동체 성격을 강조하는

그 결과, 유대인뿐만 아니라 유색인, 외국인, 노예 등 그 누구라도 공화국을 구성하는 개방적이며 정치적인 민족이 등장한 것이다(정해조 · 이정욱, 2011: 92).[69] 이는 어떤 의미에서는 민족에 대한 여느 개념보다도 이민자가 프랑스 민족의 일원이 될 수 있는 가능성이 높음을 시사한다. 여기서 제기되는 문제는 이민자가 프랑스 민족의 일원 즉 정치적 시민이 될 수 있는 자격 요건은 무엇이며 자격 요건 충족을 위해 프랑스 국가가 취하고 있는 정책은 무엇인가 하는 점일 것이다.

둘째, 이의 연장선상에서 프랑스 동화주의는 공화주의 모델에 바탕을 두고 있다. 프랑스 공화주의는 프랑스 대혁명을 통해서 정립된 것으로 정치 및 사회 이념이자 프랑스 국가의 운영 지배 원칙이다. 공화국 이념은 1946년 제4공화국 그리고 1958년의 제5공화국 헌법 전문에 구체화되어 있다. 통합과 관련된 프랑스 공화주의 모델은 네 가지 원칙에 바탕을 두고 있는데[70] 첫 번째, 사적영역과 공적영역의 분리이다. 이는 사적 영역에서의 종족 · 인종의 차이와 무관하게 공적 영역에서는 모든 사람이 법 앞에 평등함을 의미한다. 다시 말하면 평등에 기초하는 보편주의가 사회통합의 원칙인 것이다. 두 번째, 집단 권리에 대한 개인 권리의 우월성이다. 이는 프랑스 대혁명기에 등장한 것으로 관건은 일반의지의 실현을 위해 자신의 권리를 국가에 양도한 국민의 삶을 국가가 어떻게 보장할 것인가 하는 것이다. 여기서 중요한 점은 국가 개입을 통한 개인 권리의 실현은 보장되는 반면 집단 권리는 일반 의지나 개인 권리를 실현하는데 장애물에 불과하다는 것이다. 이는 이민자에 대한 프랑스 접근 방식과 일맥상통하는 측면이 강하다. 즉. 집단보다는 개인으로서의 이민자 정체성을 인정하기 때문에 이민자 집단만을 위한 특별한 조치나 중개 구조를 허용하지 않는다(Y. N. Soysal,

---

독일과 매우 대조적인 것이라고 브루베이커는 강조하고 있다.

69) 한편, 정해조와 이정욱은 독일(종족, 문화적 민족), 프랑스(데모스 시민), 영국(신영연방 시민으로서의 민족) 등 3개 국가의 민족 개념과 국가별 이민자 사회통합정책 특성 간의 관련성을 밝히고 있다. cf. 정해조 · 이정욱, 2011.

70) 이는 G. Bigea, 2016과 정해조 · 이정욱, 2011의 관련 내용을 종합한 것임.

1994). 뿐만 아니라 소수자 우대 정책이나 적극적 차별시정조치 등을 통해 특정 집단의 소수자들에게 일정한 배려를 하며 그들의 사회적 진입을 제도적으로 유도하는 정책은 찾아볼 수 없다. 세 번째, 세속주의(secularism, 불어로는 laïcité)이다. 정교분리원칙으로 이 역시 프랑스 대혁명 기에 정립된 것이다. 중요한 것은 이러한 원칙이 국가와 종교와의 관계에만 적용되는 것이 아니라는 점이다. 종교 외에 시민의 종족적 · 문화적 특징까지도 국가가 이를 의도적으로 무시한다는 점을 강조한다. 따라서 사적 영역에서만의 문화적 차이는 존중된다. 네 번째, 하나의 불가분의 공화국이다. 이는 세속주의와 마찬가지로 프랑스 헌법 제1조에 명시되어 있다. 이는 국가를 분리하는 이질적인 외부의 어떠한 정체성과 양립할 수 없다는 것을 천명하는 것이다. 오직 하나의 정체성에 의한 통일성과 국민통합을 공화국 최상의 가치로 두고자 한다. 이는 바로 지배문화 및 가치에 대한 이민자의 순응을 강조하는 동화주의와 맥을 같이하는 것이다. 구체적으로 이민자들은 프랑스 사회의 가치나 관습, 문화 등 프랑스적인 것에 속해져야 한다.[71] 이상의 공화주의적 원칙의 틀 내에서 투표와 이익 표출에 바탕을 둔 공공 생활에의 참가, 학교 · 군 · 작업장 · 가족을 통한 사회 포용, 중앙집권적 국가 등의 토대가 구축되어 있다(G. Bigea, 2016: 23). 이렇게 볼 때 프랑스의 공화주의적 동화주의는 집단이 아닌 개인의 법적 평등, 사적 영역과 공적 영역의 엄격한 분리, 사적 영역에서의 문화적 차이 인정이라는 공화국 정신을 존중하는 이민자에 대한 민족 구성원으로서의 인정을 바탕으로 이들을 프랑스의 지배적인 가치 혹은 문화에 순응시키고자 하는 이념 혹은 정책 패러다임을 말한다. 따라서 프랑스는 스웨덴이나 캐나다와 달리 이민자를 특별 집단으로 간주하고 이들만을 대상으로 하는 정책이나 제도는 거의 실시되지 않는다. 왜냐하면 이민자 역시 프랑스 국민과 마찬가지로 동등한 권리를 가진 법적 주

71) 이러한 의미에서 무슬림의 공동체 주의를 인정하는 것은 곧 프랑스 공화국을 분열시키는 정책으로 평가되고 이들의 '다를 권리'를 인정하는 것조차도 다문화주의정책을 연상시키는 것으로 간주되기 때문에 정책의 우선순위에서 배제된다. cf. 박단, 2007:39.

체로 간주하기 때문이다.

이상 살펴본 프랑스의 공화주의적 동화주의는 정부의 행정조직에서도 그 특징이 그대로 드러난다. 구체적으로 앞에서 살펴본 스웨덴 그리고 후술하게 될 캐나다에서는 이민자 통합정책을 전담하거나 적어도 이를 주요 업무로 맡고 있는 정부 부처가 존재한다.[72] 이러한 점을 고려하면서 〈표 32〉를 살펴보자. 이는 이민 문제를 담당하고 있는 역대 프랑스 행정부처를 정리한 것이다.

표 32 **프랑스의 이민 관장 행정부처 변천(1974년 이후)**

시기	담당부처직책	소속부처	재임대통령
1974~1978	청장(이민근로자)	노동부	발레리 지스카르 데스탱 대통령(공화당 / 우파)
1979~1981	청장(육체근로자 및 이민자)	노동 및 참여 부	
1981~1982	청장(이민자)	국가연대 부	프랑수아 미테랑(사회당 / 좌파)
1982~1984	청장(가족, 인구, 이민근로자)	사회문제 및 국가연대 부	
1984~1991	없음	없음	
1991~1992	청장(사회문제 및 통합)	사회문제 및 통합 부	
1992~1993	청장(통합)	사회문제 및 통합 부	
1993~1995	없음	없음	
1995.5~ 1995.11	장관 (통합, 배제 투쟁)	통합 및 배제 투쟁 부	자크 시라크(공화국연합, 대중운동연합 / 우파)
1995.11~ 1997	위임장관 (도시개발 및 통합)	국토 개발, 도시, 통합 부	
1997~2004	없음	없음	
2004.3~ 2004.10	청장 (통합 및 기회균등)	고용, 노동 및 사회적 결속 부	
2004.10~	위임장관	고용, 노동 및 사회적	

72) 스웨덴: 이민자 담당 장관 → 통합장관(1996년) → 고용과 통합장관(2017년) / 캐나다: 시민권 및 이민부(1994년) → 이민, 난민 그리고 시민권부(2015년)

2005	(통합, 기회 균등 및 배제 투쟁)	결속 부	
2005~2007	없음	없음	
2007~2008	장관 (이민, 통합, 국가 정체성 및 공동개발)	이민, 통합, 국가 정체성 및 공동개발 부	
2008~2010	장관 (이민, 통합, 국가 정체성 및 연대개발)	이민, 통합, 국가 정체성 및 연대개발 부	니콜라 사르코지 (공화국 연합 / 우파)
2010~2012	장관 (내무, 해외영토, 지자체 및 이민)	내무, 해외영토, 지자체 및 이민 부	
2012~2017	없음	내무부	프랑수아 올랑드(사회당 / 좌파)
2017~	없음	내무부	에마뉘엘 마크롱 (전진하는 공화국! / 중도)

출처: 관련 자료를 바탕으로 필자가 재정리한 것임.

〈표 32〉를 살펴보면 몇 가지 흥미로운 사실이 발견된다. 첫째, 이민 관련 부처는 특정 시기의 국가 현안과 직결되어 있다. 예컨대, 1970년대의 이민은 근로이민에 초점을 두고 있기 때문에 당시의 행정 부처는 노동부이다. 한편, 1980년대와 90년대 상반기는 가족 이민이 급증하면서 이민문제가 사회문제의 하나로 인식되면서 사회문제 및 국가 연대부 혹은 사회문제 및 통합부가 관련 업무를 담당하고 있다. 1990년대 중반 이후에는 이민 자체의 중요성 인식 보다는 이민자를 여타 정책의 적용 대상자의 하나로 인식하는 경향이 강한 시기이다. 따라서 통합 및 배제 투쟁부 등이 이민을 담당하는 행정 부처로 등장했다. 2000년대에 접어들어 프랑스의 이민 담당 행정 부처는 큰 변화를 가져왔다. 초기에는 노동시장 차별 관점에서의 이민 문제에 대한 인식으로 인해 고용, 노동 및 사회적 결속부가 관여하게 되었다. 하지만, 2002년부터 이민문제는 사르코지 내무부 장관을 비롯한 당시 우파정부에게 치안문제로 간주되었다. 게다가, 2005년의 파리 교외의 이민자 소요

사태는 이민 문제에 대한 강경정책을 가져오는 결정적인 계기가 되었다. 2007년부터 2012년의 우파 정부는 이민을 국가 통합을 저해 하는 요인으로 간주하고 이를 전담하는 행정부처를 등장시켰다. 다시 말하면 당시의 전담 행정 부처의 등장은 가능한 이민을 억제하고 기존 이민자를 통제하기 위한 차원에서 비롯된 것이다.[73]

둘째, 스웨덴과 특히 캐나다와 비교 관점에서 볼 때 프랑스에서는 특정 시기를 제외하고는 이민문제를 전담하는 행정부처가 있었던 적이 없다. 대부분의 시기는 행정부처 산하의 청장 혹은 위임장관이 이민문제를 관장하고 있는 것이다. 특히 2012년 이후의 이민정책은 청장이나 위임장관[74]이 아예 없는 상태에서 내무부 소속 직제가 담당하고 있다. 구체적으로 프랑스 거주 외국인 정책 총국(DGEF)은 내무부 소속 총국의 하나로서 2013년에 설립되어 외국인 및 이민자 관련 제반 문제를 총괄하고 있다.[75] 그리고 이민자들의 프랑스 사회의 정착 과정을 지원하기 위한 실무는 〈표 33〉처럼 역대 관련 기구 통폐합을 통해 2009년에 출범한 이민 및 통합 사무소(OFII)에서 맡고 있다.

표 33 **프랑스 이민 행정업무 담당기구의 변천**

기구명	출범연도	시대적 배경	특징 및 임무
농산업 분야 이민 일반 회사(SGI)	1924	· 통제 위주의 국가 정책 한계 · 외국인 이민자 충원의 필요성	· 고용주 자발 단체 · 유럽 최대의 이민 유입 성과
이민자 지원	1920		· 단체

73) 2000년부터 2008년까지의 프랑스 이민정책에 관한 국내 연구로는 박선희, 2010을 참조할 것.
74) 위임장관은 총리 혹은 부처 장관 소속 혹은 독립적으로 특정 업무만을 맡고 있는 직책임.
75) 산하에 파리와 Loire-Atlantique에 소재하고 있는 5개의 팀 혹은 서비스(이민 팀, 외국인 환대 및 동반, 국적 담당 팀, 망명 팀, 국제 및 유럽 사무 서비스, 전산 팀)가 있음. 총 600명의 직원. https://www.immigration.interieur.gouv.fr/La-Direction-generale/Presentation

사회 서비스(SSAE)	년대		· 인도주의적 · 사회적으로 긴급한 상황의 이민자 지원
이민청	1938		· 최초의 이민담당 국가 행정 기구
국립 이민 사무소(ONI)	1945	· 기존 이민자 충원 조직의 복잡성(설립 배경) · 영주 외국 근로자 이민 중지 선언(1974년)	· 행정 성격의 공공 기관 · 외국 근로자 충원 전담 기구 · 관장 부처: 노동 및 사회보장청(충원)/ 공공보건의료 및 인구청(외국 근로자 건강 심사) · 1945~1950년대: 노동력 충원 및 새로운 유입 관리 · 1960년대: 충원, 선택(평가), 의료 검진, 이민자 환대 및 블랙 이민 통제, 계절 근로자 관리, 영주 이민, 비합법 이민자 인정 · 1970년대: 환대를 위한 전국 네트워크(통합, 정보 제공, 대화), 가족 이민허용, 귀국지원(1977년) → 본국에서의 재포용 지원(1981년)
국제이민사무소(OMI)	1988	· 유럽 자유 이동 → 충원, 통제 정책 약화	· 가족이민, 계절근로자/의료 검진, 재포용 절차(1994) · ANPE 협력: 프랑스인의 외국근로 · 이민자 통합:의료검진, 개별면담 · PFA(1998): 가족집단이민, SSAE 연계 · CAI(2005): 통합수용계약 · 귀국 및 재통합 지원 재정립 · 망명 업무(2003): 망명신청자 의료검진,
국립 외국인 이민자 환대 기구(ANAEM)	2005		· 기구 통폐합: OMI와 SSAE
이민 및 통합 사무소(OFII)	2009	· 우파 정권 출범	· 기구 통폐합: ANAEM + ACSE(사회적 결속 및 기회 균등 전국 기구)의 일부 · 이민자 환대, 동반, 통합의 중추적 역할 수행 · 관장부처: 내무부 산하 프랑스 거주 외국인 정책 본부(2010년) · CIR(2016): 공화주의 통합계약 · 귀국 및 본국 재통합 지원 프로그램 · 망명: 망명신청의 유일창구, 망명신청자 급여(ADA), 거주시설관리 · 중병환 중인 외국인의 체류권 제도 개혁(2016)

이처럼, 좌파와 우파에 관계없이 역대 프랑스 정부에게 이민 혹은 이민자정책은 고용정책, 사회적 배제 극복정책, 도시정책 등 주요 정책의 한 영역으로 자리잡고 있을 뿐이다. 여기에는 바로 공화주의적 동화주의가 내재되어 있는 것이다. 즉, 프랑스에서 이민자는 내국인과 동등한 권리를 지닌 법적 주체로서 프랑스의 가치와 문화에 동화될 것으로 기대되는 잠재적인 민족 구성원이다.

따라서 스웨덴이나 캐나다와 달리 프랑스는 교육, 고용, 문화 차원에서 소수민족 및 이들의 문화를 보존 유지하고자 하는 적극적 노력이 덜하다. 이는 다문화주의정책지표(MCPs), 이민자통합정책지표(MIPEX) 등 다문화정책 정도를 가늠하는 지표의 국가별 비교에서 낮은 평가를 받고 있는 이유이기도 하다.[76]

국적 취득요건 역시 기존에는 유럽국가 중 자유주의 국가로 불릴 정도로 덜 엄격했으나 생존 수단 증명이나 언어 항목 등이 추가로 요구되고 있다. 이는 스웨덴과 달리 국적 취득을 더 이상 이민자 통합 수단이 아니라 성공적인 통합의 보상으로 보고자 하는 시각이 팽배해 있음을 보여주고 있다(OECD, 2007: 140). 뿐만 아니라 프랑스 국적을 취득하지 않은 비유럽연합 출신의 이민자의 참정권은 허용되지 않은 채 논쟁 중에 있다.[77] 이렇듯, 프랑스의 이민자 통합정책은 공화주의의 절대 명제 하에 이민자의 프랑스 사회의 지배적 가치 및 문화 수용을 강요하고 있는 것이다.

---

76) 다문화주의정책지표(MCPs)에서 프랑스는 8점 만점에 2점을 보여 약한 다문화주의 국가로 분류되었으며(2010년 기준), 이민자통합정책지표(MIPEX)에서 54점을 받아 38개 국가 중 17위를 차지했음(2014년), 이의 구체적 내용은 후술하기로 한다.

77) 이 역시 시민(citizen)과 비귀화 이민자(denizen) 간 동등한 권리 보장을 추구하고 있는 스웨덴과 다르다.

2) 이민자 통합프로그램

(1) 교육 및 언어

여러 정책 중 프랑스의 교육정책은 이민자를 프랑스 사회에 통합시키는 강력한 도구이다. 프랑스 공교육제도는 공화주의 전통 계승이라는 미명하에 종족, 종교적 차이를 고려하지 않는 평등 원칙을 견지하고 있다. 학교에서의 이슬람 2세와의 충돌은 바로 이에 연유한 것이다. 문화 부문 역시 이슬람 출신 이민자들의 급증에도 불구하고 프랑스 정부는 이들의 문화적 특수성을 고려하거나 지원하는 정책을 취하지 않는데 이 역시 동화주의에 바탕을 둔 이민자 통합정책의 중요한 표징이라 할 수 있다. 어떤 의미에서는 평등을 강조하는 공화주의와 지배 문화로서 소수 민족의 지배 문화에의 순응을 강조하는 동화주의가 상호 충돌하는 지점이기도 하다.[78]

한편, 프랑스 교육부는 이민자 자녀만을 대상으로 하는 언어 교육 실시에 매우 소극적이다. 이민자를 대상으로 이루어지고 있는 제도로는 신규 이민자를 위한 언어 강좌가 유일하다. 대신 이민자는 취약 지구의 교육 성취 프로그램 등 지역 기반 프로그램의 주요 적용 대상에 포함될 수 있다(A. Escafré-Dublet, 2014:1).

(2) 통합수용계약(CAI)에서 공화주의통합계약(CIR)으로: 시민통합정책의 등장

프랑스 이민자정책에서 두르러지는 현상 중의 하나는 기존의 공화주의적 동화주의에 시민통합정책 성격이 강화되고 있다는 점이다. 이미 살펴본 바와 같이 시민통합정책은 장기적인 관점에서 공통의 문화 창출이라는 목표

---

78) 공화주의적 동화주의의 문제점에 대한 국내 연구로는 김민정, 2007을 참조할 것. 한편 취업분야 제한 등 프랑스의 노동시장정책을 통해서 나타나는 이민자 차별에 대해서는 김상호 · 강욱모 · 심창학, 2016:177-179를 참조.

하에 이민자의 적극적, 공유된 그리고 도덕적 시민권 창출을 강조하고 있다. 이 중 가시적인 국가정책으로 나타난 것은 도덕적 시민권으로 시민통합정책을 실시하고 있는 국가는 예외 없이 이민 승인과 시민권(국적)취득을 위한 요건을 강화하고 있다. 프랑스에서 이러한 성격의 제도가 등장한 것은 2003년부터이다. 우파 정부시기로 당시 내무부 장관은 사르코지이다. 이 시기에 프랑스 이민정책은 기존의 이민 중단에서 선택적 이민으로 방향이 선회되었다. 이와 동시에 장기 체류를 목적으로 하는 외국인에 대한 시민통합정책이 실시되었는데 대표적인 것이 바로 통합수용계약(Contrat d'Accueil et d'Intégration, 이하 CAI)이다.[79]

시범실시에 이어 2005년에 실시된 이 제도의 적용 대상은 장기 체류를 목적으로 프랑스에 처음 입국하는 외국인이며 개별면담을 거쳐 불어 능력이 확인 된 후 도의 경찰청장과 외국인 사이에 계약이 체결된다.[80] 계약 기간은 1년이며 1회 연장 가능하다. 만약 정당한 사유 없이 계약 내용을 제대로 이행하지 않을 경우 도의 경찰청장은 본 계약을 일방적으로 해지할 수 있다. 한편, 계약 내용의 대부분은 국가 의무보다 이민자의 의무 사항으로 이루어져 있다. 언어 테스트 참여 및 필요한 언어 강좌에의 성실 참여, 시민교육 및 일상생활 정보 관련 강좌 참석, 노동시장 참여를 위한 직업 능력 강좌에의 참석이 바로 그것이다. 여기서 이민자의 성실 참여가 중요한 이유는 장기 체류증 발급여부 결정을 위한 중요한 평가 기준이 되기 때문이다.[81] 즉, 이민자의 프랑스 공화주의 가치 수용 여부를 확인하기 위한 방법으로 시민통합정책이 도입되었으며 이는 궁극적으로 이민자의 프랑스 지배적인 가치 및 문화 수용을 목적으로 하고 있는 것이다. 이렇게 볼 때 프랑스

---

79) 이에 자세한 내용은 아래 사이트 참조.
http://www.vie-publique.fr/actualite/dossier/integration/contrat-accueil-integration-parcours-obligatoire-condition-installation-durable.html

80) 이민자 개별면담은 내무부 산하에 이민문제를 전담하고 있는 OFII(이민 및 통합 사무소)에서 맡고 있음.

81) 2009년 기준 19만 3천여 명의 입국 외국인 중 98,000명 정도가 계약 체결함.

에서 시민통합정책은 공화주의적 동화주의를 실현하기 위한 수단으로 사용되고 있는 것이다. 여기서 공통의 문화 창출이라는 시민통합정책 본연의 철학은 찾아보기 어렵다.

한편, CAI 제도는 2016년 공화주의 통합계약(Contrat d'Intégration Républicaine, 이하 CIR)으로 대체되었다.[82] 좌파 정부 시기의 개정 외국인법은 통합경로보장을 위한 새로운 규정을 만들었는데 그중 하나가 CIR 제도의 도입이다.[83] 기본 운영 방식은 CAI와 유사하다. 하지만 두 가지 점에서 CIR 제도는 시민통합정책의 성격이 더욱 강화되었다. 첫째, 적용대상자의 확대이다. 기존의 최초 입국 외국인뿐만 아니라 기존 외국인 가운데 영구 거주 희망 이민자까지 포함하고 있다.[84] 이는 신규 이민자뿐만 아니라 기존 이민자들도 공화주의적 동화주의 구현의 걸림돌이라는 인식에 바탕을 두고 있는 것이다. 둘째, 시민 교육 및 언어 요건의 강화이다. 시민교육의 경우 이수기간을 기존의 하루에서 이틀로 늘렸다. 한편, 언어 테스트를 통해 수준이 A1 미만인 경우에는 언어 강좌에 의무적으로 참여해야 한다. 이보다 더 중요한 변화는 장기 체류 혹은 국적 취득에 필요한 언어 요건을 명시하고 있다는 점이다.[85]

이상 살펴본 바와 같이 프랑스의 이민자 통합정책은 공화주의적 동화주의를 유지하면서 이를 실현하기 위한 수단적 성격의 정책인 시민통합정책을 도입한 것이다. 비교 관점에서 프랑스의 CIR제도는 강제성을 띠고 있다는 점, 참여에 대한 보상 성격의 급여가 없다는 점, 계약 내용이 포괄적이라는 점, 시민 교육 및 언어 강좌 등 프랑스 지배 문화의 주입에 초점을 두고 있다는 점에서 스웨덴의 입문계획제도와 근본적인 차이를 두고 있다. 왜냐하

---

82) CIR 제도에 대해서는 http://www.ofii.fr/le-contrat-d-integration-republicaine.

83) 차등다년거주허용 제도, 고숙련 이민자 우대제도 등 개정 외국인법의 여타 주요 내용은 OECD, 2017, 프랑스 편을 참조할 것.

84) 적용 대상 규모는 연 11만 명 예상.

85) 구체적으로 유럽표준 언어체계(CECRL)에 따라 초급(A1)부터 고급(C2)까지 총6등급 중 장기 체류는 A2, 프랑스 국적 취득을 위해서는 최저 B1 등급 이상의 불어 구사 능력을 지녀야 한다.

면 입문계획제도는 자발적인 참여 그리고 참여에 대한 보상으로서 입문수당을 지급하고 있기 때문이다. 그 보다 더 근본적인 차이는 스웨덴의 입문 계획은 기본적으로 이민자의 노동시장 통합에 초점을 두고 있는 점이다. 유사 제도임에도 불구하고 동화주의와 다문화주의 간 차이가 분명하게 나타나는 대목이다. 〈표 34〉는 지금까지 살펴본 통합수용계약(CAI)과 공화주의통합계약(CIR)을 정리한 것이다.

표 34 프랑스 통합수용계약(CAI)과 공화주의통합계약(CIR) 비교

구분	CAI	CIR	비고
도입 시기	2005년	2016년	
적용 대상	최초 입국자	최초 입국자 혹은 영구 거주 희망 이민자 국제 보호 수혜자(급여 제공)	제외: 유학생 등
규모	98000명(2009년/ 193천명의 체류자 중)	11만여 명(예상)	
국가 역할	· 단체 환대 모임 · 의료 검진: 체류증 발급 · 개별면담: 불어 능력 확인 · 요청에 의해: 언어 평가, 사회복지사 면담, · 시민교육(하루, 프랑스 기본법, 공화주의 정신, 프랑스 제도) · 필요한 경우: 언어 교육(기간: 수강생 욕구와 능력 →불어 초급 학위 취득에 부합되도록) · 프랑스 일상생활 정보: 프랑스 사회 이해, 공공서비스 접근 · 직업 능력 평가(한나절) : 직업능력, 취업 계획,	· OFII 청취자(상담가)와의 개별 면담: 욕구 파악, 개인별 훈련 처방, 오리엔테이션 · 두 종류의 시민 교육 제공: - 프랑스 공화국 원칙 및 가치(6시간) - 프랑스 생활 및 취업(6시간) · OFII 주관하의 불어 수준 확인 시험 - 필요한 경우 언어 교육: 기간과 수준은 CECRL (유럽표준언어체계)의 A1 수준이 기준 (50, 100, 200시간)	공통: 개별면담, 교육 제공 차이: 시민교육 강화(2일) 및 세분화(일상생활 초점) / 언어 시험 결과 기준 명시

이민자 의무	· 강좌 참석(시민교육, 일상생활 정보, 직업 능력) · 언어 교육 및 검증 시험 성실 참여 · 체결 후 주기적 면담	· 프랑스와 공화국의 기본 가치 존중 · 두 종류의 시민 교육과 불어 교육 성실 참가 · 면담 시 결정 사항에 대한 성실 이행 · 상황 변화 시 OFII에 서면 통지	의무 사항 중대 및 다년간 거주 요건
계약 기간	1년, 갱신 가능(최대 1년, 경찰청장 결정)	1년/ 필요한 경우 경찰청장의 결정으로 1년 연장 가능	
계약 해지	경찰청장 결정 (계약 불이행 판단)	경찰청장 결정 (계약 불이행 판단)	
체결자 혜택		동반 조치(거주 지역의 다양한 행위자, 단체…)	

3) 시민권 인정

이미 언급한 바와 같이 시민권은 특정 정치 공동체에 대한 개인의 멤버십을 부여하는 것으로 이의 인정 여부는 이민자에게 특히 중요한 문제이다(M. M. Howard, 2006: 444). 왜냐하면 시민권 인정 여부 및 정도에 따라 이민자의 통합 정도 및 방향이 달라질 수 있기 때문이다. 또한 이는 이민자의 이민국에 대한 소속감에도 많은 영향을 미치고 있다. 이러한 점을 고려하면서 프랑스의 시민권 인정의 핵심에 자리 잡고 있는 국적 취득과 관련된 사안을 살펴보자. 프랑스 사례를 살펴볼 때 두 가지 점에 대한 고려가 필요하다. 첫째, 프랑스는 전통적으로 유럽국가 가운데 국적 취득에서 자유주의적 성격을 유지하고 있었다. 즉, 국적 취득요건이 다른 국가에 비해서 덜 엄격했다.[86] 하지만 이러한 성격은 변화되는 모습을 보이고 있다. 둘째, 국

86) 시민권 인정 국가 비교에서 프랑스는 1980년대와 90년대 공히 자유주의 범주에 포함되어 있음. cf. M. M. Howard, 2006.

적 취득을 보는 관점 가운데 프랑스는 이민자의 사회통합을 위한 수단의 성격에서 사회통합 성공에 대한 하나의 보상으로 이행되는 모습을 보이고 있다(OECD, 2007). 따라서 국적 취득의 관건은 국적 취득 신청까지 이민자가 어느 정도 프랑스 사회에 진입하기 위해 노력했는가 하는 것이다.

여기서 잠시 프랑스 국적 취득제도의 역사를 살펴보자.[87] 먼저, 구체제(Ancien Regime) 시기의 외국인에 대한 프랑스 국적 인정 여부는 국왕의 전권이었다. 국왕만이 해당 외국인에게 국적 인증서(lettres de nationalité)를 수여할 수 있었다. 이후, 프랑스 국적 취득에서 프랑스 대혁명기는 매우 의미 있는 시기이다. 왜냐하면 대혁명을 통하여 시민개념, 그리고 시민의 권리와 의무 개념이 등장했기 때문이다. 그리고 시민 자격은 프랑스 거주라는 조건하에 공화국에 충성을 맹세하는 외국인에게 부여되었기 때문이다. 프랑스 국적 취득과 공화주의 간 깊은 관련성이 발견되는 대목이다.[88]

프랑스 국적법 개정 역사에서 중요한 년도를 몇 개 꼽는다면 1851년, 1927년 그리고 1993년이다. 먼저, 1851년은 프랑스에 속지주의가 처음으로 도입된 해이다. 좀 더 정확하게 표현하면 이중속지주의(le double droit du sol)가 도입되었다. 19세기 중반 외국인 유입이 증가하는 상황에서 당시 프랑스 정부는 인구 감소에 대한 우려가 매우 컸다. 게다가 당시 프랑스인들은 국방의무를 이행해야 되는 반면 프랑스 거주 외국인들은 각종 혜택은 누리면서도 국방의 의무에서 면제되었다. 이러한 시대상황에 등장한 것이 바로 이중 속지주의에 바탕을 둔 국적 취득제도이다. 즉 프랑스에서 출생한 외국인 아버지 혹은 외국인 어머니 사이의 자녀가 프랑스에서 태어났다면 자녀는 자동적으로 프랑스인이 되는 것이다.[89] 당시 대부분의 서구 국가에

87) 아래 내용은 Direction de la population et des migrations, 1999 와 김진영, 2015에 바탕을 두고 있음.

88) 프랑스 국적법 개정과 공화주의 이념의 관련성에 대한 역사적 고찰에 대해서는 김진영, 2015를 참조.

89) 당시 통계에 의하면 프랑스에 거주하는 외국인 112만 명 가운데 절반 이상이 프랑스에서 출생했다고 함(김진영, 2015: 54).

서 속인주의를 당연시하던 시기에 이러한 프랑스의 속지주의 도입은 그야말로 파격적 이었다.[90] 이때 채택된 속지주의 제도는 지금도 그대로 유지되면서 프랑스 국적 취득의 한 축을 형성하고 있다. 이처럼, 당시 제3공화국의 정치지도자들은 외국인들 중 교육을 받은 이민 2세대와 3세대를 사회구성원에 포함시켰다.

하지만 이후 제1차 세계대전으로 인한 노동력 부족은 새로운 국적법 제정의 필요성을 낳았으며 그 결과 1927년에 새로운 국적법이 제정되었다. 제정 목적은 외국인의 프랑스 국적 취득권리를 강화시키는 데 있었다. 이를 위해 기존의 속지주의 원칙이 확대 적용되어 출생과 동시에 프랑스 국적을 취득할 수 있는 집단이 증가했다. 구체적으로 외국인 아버지와 프랑스인 어머니 사이에서 태어난 자녀도 프랑스 국적을 취득할 수 있었다. 이는 기존의 부계 중심의 국적 전수에서 모계를 통한 국적 전수도 허용함을 의미하는 것이다.[91] 그리고 1927년의 국적법은 거주 기간의 단축(3년)을 통해 국적 취득의 기회를 넓히기도 했다.

이후 프랑스 내에서는 속지주의 원칙의 폐지를 주장하는 움직임이 있었다. 이에 프랑스 의회는 여러 논의를 진행했으며 그 결과 도출된 것이 바로 1993년 국적법이다. 현행 프랑스 국적 제도는 이에 바탕을 두고 있다는 점에서 중요하다. 주요 골자는 속지주의 원칙이 유지되어 있지만 매우 축소되었다. 예컨대, 프랑스에서 출생한 외국 청년의 경우 기존에는 자동적으로 프랑스인이 될 수 있었으나 1993년 국적법은 국적 취득을 위한 행정 절차 이행을 의무화할 것을 규정하고 있다. 즉, 13세부터 5년간 프랑스에 거주 및 공교육 이수를 증명해야만 국적 신청이 가능하게 된 것이다. 그리고 프랑스인과 결혼한 외국인은 일정 기간(2년) 결혼 생활을 한 후에야 국적 신청이 가능하다. 이 조항은 1998년에 1년으로 줄었지만 결혼과 동시에 국적

---

90) 1889년의 개정 국적법은 이민 2세대뿐만 아니라 3세대까지 이중속지주의의 적용대상에 포함시켰다.

91) 이러한 국적 취득의 완전한 양성평등은 1973년 개정 국적법을 통하여 완성되었다.

신청 기회는 불가능하게 된 것이다.[92] 지금까지 내용을 바탕으로 현행 프랑스 국적 취득제도를 살펴보면 다음과 같다.

첫째, 프랑스는 속인주의(혈통주의)와 속지주의(출생지주의)의 두 가지 원칙을 공히 적용하고 있다.[93] 앞서 언급한 바와 같이 부모 중 한사람이라도 프랑스인이면 그 자녀는 자동적으로 프랑스인이 될 수 있다(혈통주의). 한편, 부모 둘 다 외국인이더라도 그 자녀가 프랑스에서 태어났다면 일정 기간 거주와 공교육 이수 증명을 통해 프랑스인으로 귀화가 가능하다(속지주의).

둘째, 일정 연령이 된 후에 국적을 취득하는 경우로 이는 출생 당시의 상황에 초점을 두고 있는 속인주의 혹은 속지주의 원칙과는 별개의 문제이다. 이와 관련하여 한 연구팀의 조사결과에 따르면 프랑스에서 실시되고 있는 제도 수는 총 20개로 조사 분석 대상 국가 중 독일과 함께 가장 그 수가 많다(R. Bauböck et al.(eds.). 2006a: 178). 이는 그만큼 프랑스 국적을 취득할 수 있는 길이 열려있다는 것을 의미한다.[94]

셋째, 일반적으로 적용되고 있는 이민자의 국적 취득요건이다. 〈표 35〉를 통해 살펴보자.

〈표 35〉에서처럼 프랑스의 국적 취득요건을 살펴보면 우선 귀화 신청을 위한 전제 조건인 거주 기간은 5년으로 이는 스웨덴과 동일하다. 이중국적 허용 역시 스웨덴과 마찬가지이다. 그럼에도 불구하고 최근 국적 취득요건이 강화되고 있음에 유의할 필요가 있다. 예컨대, 언어 요건은 물론이거니와 시민성 테스트, 가치 테스트 등도 포함되어 있다. 여기서 유의해야 할 점은 국적 취득 인정 여부는 종합적 판단을 통해서 이루어지고 있기 때문에 이들 항목 하나하나가 국적 취득의 필요조건은 아니다. 게다가 테스트

---

92) 지금은 4년으로 늘어났음.

93) 속인주의와 속지주의 동시 적용 국가의 사례:벨기에, 프랑스, 독일, 아일랜드, 네덜란드, 포르투갈, 스페인, 영국 등.

94) 이민자의 프랑스 국적 취득은 다음 세 가지 유형으로 구분된다(G. Bouvier et E. Coirier, 2016: 2). 첫째, 속지주의 원칙 적용을 통한 방식이다. 둘째, 프랑스인과 결혼 신고를 통한 방식이다. 셋째, 귀화 신청을 통한 방식으로 본문 내용은 둘째와 셋째에 해당된다.

표 35 프랑스의 국적 취득요건

	거주 기간 (년)	선량한 품행	경제적 자족성	언어	시민성 테스트 (지식)	가치 테스트	국적증서 수여식		이중 국적	2세대 자동 국적 취득권
							참여	충성 선언		
충족 요건	5년	있음	-	있음	있음*	있음*	있음	없음	허용	있음

* 2010년 도입 /종합적 판단 근거의 하나(교육에의 성실 참여도).

출처: OCDE. 2011 ; E. Ersanilli and R. Koopmans, 2010 : 780(table 2)의 내용을 바탕으로 재정리.

는 자격시험이 아닌 관련 교육에의 참여도를 보는 것이다. 그럼에도 불구하고 국적 취득요건에 시민통합정책 요소의 추가는 기존의 자유주의적 전통에서 벗어나는 것으로 프랑스의 향후 국적 취득 정책에 대한 지속적인 관심이 필요한 대목이다.

마지막으로, 프랑스 이민자의 국적 취득률을 살펴보기로 하자. 프랑스 통계청(INSEE)에 따르면 1999년부터 2017년 까지 매년 10~15만 명 정도의 이민자들이 프랑스 국적을 취득하는 것으로 나타난다. 이 중 가장 많은 비중을 차지하는 유형은 귀화 신청을 통한 것으로, 총 11만 9천 명의 국적 취득자 가운데 53%에 달하는 6만 5천 명이 이에 속한다(이하 2016년 기준). 다음으로는 속지주의 원칙 적용에 의한 경우로서 2만 7천 명 정도가 이에 속한다(23%). 세 번째는 프랑스인과 결혼에 의한 것으로 그 수는 약 2만 명이다(17%). 이렇게 볼 때 〈표 35〉의 국적 취득요건은 매우 중요한 의미를 담고 있다. 즉 국적 취득의 엄격성 정도는 이민자의 프랑스 국적 취득 규모를 결정짓는 가늠자 역할을 할 수 있는 것이다.[95] 한편, 〈표 36〉은 출신 지역을 중심으로 프랑스 국적을 취득한 이민자 비율을 나타낸 것이다.

〈표 36〉에서처럼 프랑스의 유입 이민자 가운데 프랑스 국적을 취득한

95) 2014년 기준, 귀화 신청자 중 승인 비율은 60% 정도로 나타남(G. Bouvier et E. Coirier, 2016: 2).

사람의 비중은 47%이다. 이는 스웨덴은 물론이거니와 OECD 회원국 평균에 비해 낮은 수치이다. 이러한 현상이 프랑스 이민자 중 아예 국적 신청을 하지 않는 사람이 많은 것인지 혹은 국적 신청에서 불허 판정을 받은 사람이 많은 데 기인하는 것인지는 불분명하다.[96] 하지만, 국적 취득에 대한 양국의 관점 차이가 있는 것은 분명한 것 같다. 즉 스웨덴에서는 국적 취득을 통합을 위한 디딤돌로 판단하고 관대한 규정을 적용하는 반면 프랑스에서는 기존의 이러한 관점에서 벗어나 통합 성공에 대한 보상의 차원으로 이행되고 있다는 점이다. 한편 〈표 36〉에서 나타나는 공통적인 현상은 이민자 출신 지역별로 국적 취득률이 뚜렷한 차이를 보이고 있다는 점이다. 즉, 아시아, 아프리카 지역 출신의 이민자 국적 취득 비율이 유럽연합 회원국을 비롯한 고소득국가보다 훨씬 높게 나타난다. 이는 국적 취득이 이민자의 삶의 질에 미치는 영향이 출신지역별로 다르게 인식되고 있음을 보여준다. 즉 고소득국가 출신의 이민자들은 나머지 국가 출신 이민자와는 반대로 국적 취득을 삶의 질 유지에 중요한 요인으로 인식하지 않는다는 것으로 프랑스 역시 예외가 아닌 것으로 판단된다.

지금까지 본 글은 프랑스의 이민자 통합정책을 대변하고 있는 공화주의적 동화주의정책에 대해서 살펴보았다. 내용을 요약한다면 첫째, 사회구성

표 36 출신지역(국가)별 프랑스 이민자* 국적 취득률(2007년)

구분	고소득 국가	유럽연합 비회원국	중남미 국가	동아시아/동남아시아	북아프리카/ 중동	여타 아프리카	합
프랑스	36	40	59	87	50	55	47
스웨덴	65	94	87	91	97	96	82
OECD 회원국 평균	51	63	71	73	75	74	61

* 이민국에 10년 이상 거주하고 있는 15~64세 이민자.
출처: OCDE, 2011: 30의 Tableau 1.1에서 발췌.

96) 비교 관점에서 프랑스의 국적 신청 요건은 스웨덴보다는 약간 엄격한 것이 사실이다.

원 간 평등 원칙을 바탕으로 이민자의 프랑스 가치 및 이념 수용을 강조하고 있다. 따라서 프랑스는 이민자를 특별집단으로 간주하고 이들만을 대상으로 실시되는 정책이나 제도는 거의 없다. 둘째, 최근 변화 중의 하나로서 프랑스의 이민자 통합정책은 동화주의 목적을 실현하기 위한 수단으로 시민통합정책적 요소가 늘어나고 있다. 대표적인 사례로 2005년도의 통합수용계약과 2016년의 공화주의통합계약 제도를 들 수 있다. 언어 및 프랑스 사회에 대한 지식 및 가치 인식 제고를 목적으로 신규 이민자와 영구 거주 목적의 기존 이민자들은 해당 강좌에 의무적으로 참가해야 한다. 셋째, 국적 취득에서 프랑스는 전통적으로 자유주의 범주의 국가이다. 즉 여타 국가에 비해 국적 취득요건이 덜 엄격하다. 하지만 국적 취득요건에 시민통합적 요소가 부가됨으로써 엄격해지는 경향을 보이고 있다.

4) 공화주의적 동화주의정책의 실행 결과와 영향

(1) 다문화관련 지표를 통해 본 프랑스의 동화주의

여기서는 지금까지의 논의를 바탕으로 프랑스의 공화주화적 동화주의정책의 실행 결과가 관련지표에서는 어떤 결과를 낳고 있는지 살펴보자. 국내외를 막론하고 동화주의 지표를 통한 조사 결과는 존재하지 않는다. 대안으로 다문화주의가 동화주의의 대안이라는 점을 고려하여 다문화관련 지표에 나타나는 수치를 통해 해당 국가의 동화주의적 성격을 파악하고 있다. 즉 특정 국가의 다문화관련 지표 수치가 높을수록 동화주의 성격이 약하다는 것이다. 이 점을 고려하면서 프랑스의 동화주의정책 실행 결과를 살펴보자.

첫째, 다문화주의정책지표(MCPs)이다. 8개의 다문화지표를 통해 조사 대상 분석 21개 국가의 다문화주의정책 실행 정도를 확인하고,[97] 이를 바탕

---

97) 국가별 총점은 0점부터 8점까지로 점수가 높을수록 해당국가의 다문화주의 성격이 강하다. 이의 구체적 내용은 제2장에 소개되어 있음.

표 37 프랑스의 다문화정책지표 수치 변화 추이

국가명	1980	1990	2000	2010	추이 (1980~1990)	추이 (1990~2010)
프랑스	1	2	2	2	완상	정체
21개국 평균	1.33	1.98	2.67	3.62	완상	완상

출처: http://www.queensu.ca/mcp/

으로 세 가지 유형으로 구분하고 있다. 조사 결과 나타난 프랑스의 다문화정책 실행 수치는 〈표 37〉과 같다.

〈표 37〉에서처럼 프랑스의 다문화정책지표 수치는 1과 2 사이이다. 추이를 살펴보면 1999년 조사결과는 1980년에 비해 다문화주의 성격이 강화된 것으로 나타난다. 하지만 1990년 이후 20년 동안은 정체현상을 유지하고 있다. 이는 21개국 조사대상 분석 국가의 평균치에 미치지 못할 뿐만 아니라 다문화주의 성격이 강화되는 국제적인 흐름에도 벗어나는 모습이다. 한편, 연구팀은 조사결과를 바탕으로 다문화주의정책 실행 정도를 〈표 38〉처럼 세 가지 유형으로 구분하고 있다. 국가별로 호주와 캐나다가 1980년 이후 줄곧 다문화주의 성격이 강한 국가에 포함되어 있다. 스웨덴은 1980년부터 2000년까지의 중간 유형에서 2010년에는 강한 유형으로 이동되었다.

표 38 다문화주의정책 유형과 사례 국가

	1980	1990	2000	2010
강함	호주, 캐나다	호주, 캐나다	호주, 캐나다	호주, 캐나다, 스웨덴
중간	스웨덴, 미국, 네덜란드, 영국, 뉴질랜드	영국, 뉴질랜드, 스웨덴	벨기에, 네덜란드, 스웨덴, 영국, 뉴질랜드	벨기에, 핀란드, 영국, 뉴질랜드
약함	나머지 국가(프랑스 등)	나머지 국가 (프랑스 등)	나머지 국가 (프랑스 등)	나머지 국가 (프랑스 등)

출처: http://www.queensu.ca/mcp/

반면, 프랑스는 1980년 이후 30년간 계속 약한 유형에 머무르고 있음을 알 수 있다. 이는 집단으로서의 소수민의 문화적 정체성을 부정하는 동화주의가 프랑스의 이민자정책 패러다임으로 자리 잡고 있음을 의미한다.

둘째, 이민자통합정책지표(MIPEX)이다. 정책영역과 조사대상 국가수 측면에서 가장 포괄적인 성격을 보이고 있는 이 지표의 국가 비교에서 나타나는 프랑스의 위상은 〈표 39〉와 같다.

〈표 39〉에서처럼 프랑스는 2007년 이후 조사대상 국가 가운데 중간 정도에 위치하고 있다. 추이를 살펴보면 2007년의 11위에서 점점 하락하고 있는 모습을 보이고 있다. 이는 시간이 갈수록 여타 국가에 비해 이민자 통합정책에 덜 적극적이라는 것을 의미한다. 한편 〈표 40〉은 2014년을 기준으로 프랑스 이민자 통합정책의 영역별 점수와 위상을 정리한 것이다.

〈표 40〉의 영역별 점수로 절대평가(등급)와 상대 평가(순위)가 가능하다. 먼저 절대평가에서 MIPEX 연구단이 구분하고 있는 여섯 구간 가운데 프랑스는 5개 정책영역이 보통에 속한다.[98] 반면 교육 영역은 36점으로 약간 나쁜 구간에 위치하고 있다. 이는 이민자 자녀의 모국어교육 혹은 문화간교육의 실시에 대해 소극적이거나 부정적인 입장을 보이고 있는 동화주의 정책이 그대로 반영된 것이다. 반면, 국적 취득과 반차별은 약간 양호한 평

표 39 연도별 프랑스 MIPEX 변화 추이

	2007	2010	2011	2012	2013	2014
총점(건강제외)	55	51	53	54	54	-
총점(건강포함)	-	-	-	-	-	54
순위	11	15	17	16	18	17
조사대상 국가 수	28	31	36	36	38	38

* 조사 대상 국가 수.
출처: http://www.mipex.eu/(MIPEX 홈페이지)

98) 6가지 등급에 대해서는 제4장의 〈상자 2〉를 참조.

가 구간에 속한다. 이미 언급한 바와 같이 프랑스의 국적 취득요건은 덜 엄격한 편이다. 한편 총점 순위를 기준으로 영역별 상대 평가 결과를 살펴보면 구간별 평가와 유사한 모습을 보이고 있음을 알 수 있다. 즉 국적 취득과 반차별은 등급 분석과 마찬가지로 순위에서도 전체 순위보다는 나은 위치를 차지하고 있다. 반면 나머지 정책영역은 전체 순위에 미치지 못하는 위상을 보이고 있다.99) 특히 영주 영역은 38개 조사대상 국가 중 36위를 차지하고 있다. 이는 달리 말하면 영주 등 장기 체류에 대해서 그만큼 엄격하다는 것을 의미한다. 예컨대 프랑스의 체류 허가는 1년부터 10년까지 다양하다. 유효 기간 만료 전에 반드시 갱신해야만 지속적인 체류가 가능하다. 국적 취득요건은 비교적 덜 엄격한데 비해 프랑스 국적 미취득 이민자의 장기 체류 허가에 대해서는 소극적인 정책이 반영된 결과로 판단된다. 이렇게 볼 때 프랑스 이민자 통합정책은 실질적으로 공화주의보다는 동화주의에 더 경도된 특징을 지니고 있는 것으로 판단된다.

표 40 프랑스 MIPEX의 정책영역별 점수와 위상(2014년 기준)

정책영역	점수	등급	순위
노동시장이동	54	보통	23
가족결합	51	보통	30
교육	36	약간 나쁨	21
정치참여	53	보통	17
영주	48	보통	36
국적 취득	61	약간 좋음	11
반차별	77	약간 좋음	11
건강	50	보통	17
총점	54		17

출처: http://www.mipex.eu/france

99) 스웨덴과 달리 프랑스에서는 비귀화 이민자의 선거권과 피선거권이 없다.

셋째, 시민통합지표(CIVIX)로 다문화지표의 대척점에 있다. 유럽에서 시민통합정책은 다문화의주의의 대안으로 알려져 있다. 그럼, 동화주의의 대표적 국가인 프랑스에서는 시민통합정책이 어느 정도 실시되고 있는지 살펴보자. 〈표 41〉은 1997년과 2009년의 프랑스 시민통합지표를 정리한 것

표 41 프랑스의 시민통합지수(1997년과 2009년)

<table>
<tr><th colspan="10">1997년</th></tr>
<tr><td>영역</td><td>Gate 1: 입국</td><td colspan="5">Gate 2: 정착</td><td colspan="2">Gate 3: 시민권</td><td>합</td></tr>
<tr><td>요건</td><td>언어/통합 요건</td><td colspan="5">통합요건</td><td>언어/시민 요건</td><td>국적 증서 수여식/선서</td><td></td></tr>
<tr><td>배점</td><td>1</td><td colspan="5">1 or 0.5</td><td>시험: 1/한가지 요건: 0.5</td><td>0.5</td><td>3.5</td></tr>
<tr><td>점수</td><td>없음(0)</td><td colspan="5">없음(0)</td><td>충분한 언어 능력, 동화 요건 부합 심사(0.5)</td><td>0</td><td>0.5</td></tr>
<tr><th colspan="10">2009년</th></tr>
<tr><td>영역</td><td>Gate 1: 입국</td><td colspan="5">Gate2: 정착</td><td colspan="2">Gate 3: 시민권</td><td>합</td></tr>
<tr><td>요건</td><td>언어/통합요건</td><td>어학강좌이수</td><td>어학 수준</td><td>비용 부담</td><td>부가적 통합 요건</td><td>가족</td><td>언어/통합 요건</td><td>국적 증서 수여식 혹은 선서</td><td></td></tr>
<tr><td>배점</td><td>1</td><td>1(or 0.5)</td><td>A1 이상 0.5씩</td><td>0.5</td><td>추가 시 0.5씩</td><td>0.5</td><td>0.5 혹은 1</td><td>0.5</td><td>6</td></tr>
<tr><td>점수</td><td>0.5</td><td>1</td><td>A1(1)</td><td>무료 (0)</td><td>시민 교육 (1)</td><td>0.5</td><td>0.5</td><td>0</td><td>3.5</td></tr>
</table>

출처: W. Goodmann, 2010: 761과 763의 table 1과 table 2에서 발췌.

이다.[100)]

〈표 41〉에서처럼 프랑스의 시민통합정책은 점점 강화되는 모습을 보이고 있다. 구체적으로 1997년 조사 결과에 따르면 프랑스에서 시민통합정책적 요소가 보이는 영역은 국적 취득에서 언어 능력 요건이다. 반면에 입국이나 정착 단계에서 이민자가 별도로 갖추어야 될 항목은 존재하지 않았다. 하지만 2009년 조사에서는 각 영역에서 공통적으로 시민통합정책이 도입된 것을 발견할 수 있다. 예컨대 입국에 필요한 언어 요건, 시민권 취득 영역에서 이민자에게 부과되는 요구가 신설되었거나 강화되었다. 하지만, 2009년 조사에서 시민통합정책 요소가 눈에 띄게 늘어난 영역은 정착이다. 이는 통합수용계약(2005년) 제도의 도입에 기인한 바가 크다.

지금까지 본 글은 다문화관련지표 분석을 통해 프랑스 이민자 통합정책 실행이 어떠한 결과를 낳았는지 살펴보았다. 종합하면 다문화주의 성격은 매우 약한 것으로 나타난다. 이는 강한 동화주의에 기인한 것으로 프랑스 사례에 국한한다면 약한 다문화주의와 강한 동화주의는 동전의 양면과 같다. 한편, 시민통합적 요소가 새롭게 도입되고 있는 점에 유의할 필요가 있다. 결국 프랑스 이민자 통합정책은 공화주의적 동화주의와 시민통합정책이 공존하는 모습을 띠고 있는 것으로 판단된다.

(2) 이민자의 노동시장 통합성과

여기서는 프랑스의 공화주의적 동화주의가 어느 정도 이민자의 노동시장 통합을 이루고 있는지 살펴보기로 한다.

첫째, 이민 근로자의 노동시장 상황이다. 〈표 42〉는 2007년 기준, 본국 출생 국민과의 비교 관점에서 이민자의 노동시장 상황을 경제활동참가율, 실업률, 고용률을 통해 나타낸 것이다.

2007년 기준, 프랑스 이민자 중 경제활동 참여 인구 즉 취업자 혹은 실

---

100) 여기서 언급하는 시민통합지표에 대해서는 이 책의 제2장에 상술되어 있음.

표 42 프랑스 본국출생인구와 이민자의 노동시장상황 비교(2007년 기준)

	경제활동참가율		실업률		고용률	
	본국출생 국민	이민자	본국출생 국민	이민자	본국출생 국민	이민자
남성	74.2	78.2	6.8	13.5	69.1	67.5
여성	66.2	56.7	7.8	17.3	61.0	46.9
전체	70.2	67.0	7.3	15.2	65.1	56.3

출처: J. Perrin-Haynes, 2008: 2

업상태에 있는 사람은 240만 명에 달한다. 이러한 수치는 프랑스 경제활동인구 중 8.6%에 해당되며 이민자의 경제활동 참가율은 67% 정도임을 의미한다. 이는 본국출생 국민 경제활동참가율(70%)에 비해 약간 낮은 수치이다. 한편, 이민자의 고용률과 실업률을 살펴보면 이민자의 노동시장 상황이 얼마나 열악한가를 여실히 보여주고 있다. 먼저, 이민자의 실업률은 비이민자의 2배에 가까우며 특히 여성 실업률이 심각하다. 뿐만 아니라 외국인근로자의 규모와 직결되는 노동시장 지표인 고용률 역시 비이민자보다 9%정도 낮다. 한편, 여성집단의 취약한 노동시장 상황은 고용률에서 더욱 더 적나라하게 드러난다. 2000년대 프랑스 이민의 중요한 특징으로 여성 이민의 증대가 많이 강조되고 있다.[101] 하지만, 이들의 상당수가 열악한 노동시장 상황에 처해있다는 점 또한 동시에 언급되어야 할 것이다. 한편, 이민자의 열악한 노동시장 상황은 〈표 43〉처럼 이후 큰 변화 없이 그대로 유지되고 있다.

둘째, 외국인 근로자의 근로 안정성이다. 본국 근로자 고용시장 보호의 원칙하에서 프랑스 현행법은 외국인이 프랑스에서 유급 근로를 원하는 경우 사전허가를 받도록 하고 있다. 사전 고용 허가와 동시에 명시되는 것이 바로 근로 계약의 유형이다. 이는 〈표 44〉와 같이 세 가지 유형으로 구분될 수 있는데 간접적이나마 본 연구는 이를 통해 이민 근로자의 근로 안정성을

101) 1990년의 35%에서 2007년에는 47%까지 증대.

표 43 프랑스 본국출생인구와 이민자의 노동시장상황 변화 추이

연도		2005	2010	2014	2015
고용률	프랑스 본국 출생 남성	69.4	68.5	67.8	67.7
	남성 이민자	67.2	66.0	63.5	62.8
	프랑스 본국 출생 여성	59.7	61.3	62.1	62.5
	여성 이민자	48.2	50.2	49.7	48.7
실업률	프랑스 본국 출생 남성	7.5	8.4	9.8	9.9
	남성 이민자	12.4	14.0	16.7	17.9
	프랑스 본국 출생 여성	9.0	8.7	9.2	9.0
	여성 이민자	16.8	15.1	16.4	16.8

출처: OECD, 2017: 189.

표 44 근로형태별 프랑스 이민 근로자 고용 현황(2010년 기준)

지역	주요국 (지역)	상용 근로자*	임시 근로자	계절성 근로자	합
유럽(EEA***는 제외)		1,130	76	4	1,210
아프리카		6,258	208	928	7,394
	마그레브**	2,660	142	883	3,685
	외 지역	3,598	66	45	3,709
아시아		4,578	126	94	4,798
아메리카, 오세아니아		4,026	217	18	4,261
합		15,992	627	1,044	17,663

*1)상용근로자: 체류 허가 시 무기 계약 혹은 1년 이상의 고용 계약 근로자
2)임시근로자: 체류 허가 시 12개월 미만 고용 계약 체결 근로자
3)계절성 근로자: 체류 허가 시 1년 중 최대 6개월의 근로 조건, 특수 분야 근로 수행 근로자(최대 체류 기간은 3년).

** 북아프리카 지역(알제리, 모로코, 튀니지 등).

*** EEA: 유럽경제지역

출처: Insee, 2012: 147.

가늠해 보기로 한다.

약 18,000명에 달하는 근로이민 신청자 가운데 약 16,000명은 상용근로자이다(90%). 반면 대표적인 근로 불안정 근로자인 임시 근로자 혹은 계절성 근로자가 차지하는 비중은 10%에 불과하다. 이렇게 볼 때 적어도 경제적 동기에 바탕을 둔 체류 허가 근로자의 근로 안정성은 매우 높다고 할 수 있다. 하지만 이를 근거로 외국인 근로자 전체의 근로 안정성이 높다고 판단하는 것은 부적절하다. 첫째, 입국시에 근로 계약이 평생 유효한 것이라는 보장이 없다. 이는 외국인 근로자 자신의 상황 혹은 경제적 상황 등 외적 환경의 변화에 따라 가변적인 성격을 내포하고 있다. 둘째, 앞에서 언

표 45 **사회 직업 범주별 외국인 근로자 분포**

(단위: 천 명)

사회직업적 범주	소범주	외국인 근로자		유럽연합회원국 근로자*	
		1999	2007	1999	2007
자경농		0.7	1	1.0	2
소상공인, 중소기업경영		8.4	8	8.6	11
간부직, 전문직		10.1	13	8.2	31
중개직업		11.6	16	13.0	25
사무직		25.1	29	27.6	19
	고숙련사무직		10		11
	비숙련사무직		19		8
	개인서비스직		11		5
육체근로직		44.1	33	41.6	12
	고숙련	25.1	17	26.8	7
	비숙련	19.1	16	14.8	5
합		100	100	100	100
규모		1,654	2,131	684	176

*이탈리아, 포르투갈, 스페인 제외.

출처: S. Thave, 2000: 2와 J. Perrin-Haynes, 2008: 3의 표의 내용을 발췌, 재정리

급한 바와 같이 가족적 동기로 입국한 이후 노동시장에 진입하는 외국인의 근로 상황도 동시에 고려되어야 할 것이다. 이러한 관점에서 본 연구는 〈표 45〉의 내용에 주목하고자 한다.

〈표 45〉에서처럼, 외국인 근로자의 60% 이상은 육체 근로직 및 사무직에 집중되어 있다. 그 중에서도 1999년에 비해 개선된 측면이 있음에도 불구하고 외국인 근로자의 과반은 비숙련직 근로직에 종사하고 있다. 반면 간부직과 전문직에 종사하는 있는 외국인 근로자는 13%에 불과하다. 이는 근로이민 신청자 가운데 상용근로계약이 90%를 차지하고 있음에도 불구하고 외국인 근로자의 대부분은 임금과 근로환경이 열악한 직종에 집중되어 있음을 의미한다. 반면, 외국인 근로자 중에서도 출신이 유럽연합 회원국인 경우에는 상대적으로 양호한 직종에 종사하고 있음을 알 수 있다. 출신 국가를 중심으로 외국인 근로자의 내적 차이가 발견되는 대목이다. 그뿐만 아니라 〈표 46〉처럼 외국인 근로자의 임금은 비외국인 근로자에 비해 열악하다.

이렇게 볼 때, 입국 당시의 근로 안정성에도 불구하고 근로 직종 및 사회직업적 범주 그리고 임금을 고려할 때 외국인 근로자가 처해있는 근로 상황은 내국인에 비해 상대적으로 열악한 것으로 판단된다. 게다가 이들이 겪고 있는 고실업문제는 외국인 자신뿐만 아니라 프랑스 사회에 큰 영향을 미치고 있다는 점에서 각별한 주의가 요구되는 대목이다.

표 46 외국인 근로자의 월평균 세후소득(2002년)

(단위: 유로)

	전일제 근로		시간제 근로	
	외국인 근로자	비외국인 근로자	외국인 근로자	비외국인 근로자
남성	1,400	1,700	750	850
여성	1,250	1,450	650	800
전체	1,325	1,575	700	825

출처: Insee, 2005: 134-135의 내용.

3. 사회정책

앞에서 스웨덴 사례를 통해 복지레짐과의 강한 관련성, 사회보험에서 거주 기반형 제도의 중요성, 공공부조 및 사회서비스에 대한 이민자의 강한 의존, 마지막으로 이들 제도가 여타 국가에 비해 이민자의 빈곤 감소에 미치는 영향이 상대적으로 큰 것을 확인할 수 있었다. 이러한 점을 고려하면서 이민자 사회권을 통해 나타나는 프랑스의 사회정책을 살펴보기로 한다.

1) 프랑스의 복지레짐과 이민자 사회권: 조합주의(보수주의) 복지레짐

에스핑 안데르센의 복지레짐 유형구분에서 조합주의(혹은 보수주의) 복지레짐은 기여금 중심의 복지제도를 중심으로 전통적인 가족제도의 유지와 보존을 특징으로 하고 있다. 이 레짐하에서 실시되고 있는 복지제도의 기본 목적은 재분배가 아니라 지위 유지에 있다. 반면 탈상품화 점수는 사민주의 복지레짐과 자유주의 복지레짐 사이에 위치하고 있다. 프랑스가 조합주의 복지레짐의 하나로 알려져 있는 것은 바로 이러한 특징을 포함하고 있기 때문이다.

구체적으로 첫째, 프랑스 사회보험은 가입요건으로 근로 여부를 중시하고 있다. 전통적 남성생계부양자 모델로서 프랑스 사회보험은 남성 상용직 근로자를 기준으로 설계되어 있다. 한편, 근로자의 배우자 및 부양가족은 수급권자로서 사회보험의 적용대상에 포함되어 있다. 둘째, 탈상품화 지수이다. 지수가 높을수록 사회구성원에 대한 국가의 보호 정도가 높은 것을 의미하는 것으로 사민주의 복지레짐이 가장 높다. 한편 프랑스는 분석 대상국가 가운데 중간에 위치하고 있다(27.5점). 셋째, 조합주의 복지레짐의 가장 극명한 특징으로 가입자의 신분 및 계층 유지에 바탕을 둔 사회복지제도를 들 수 있다. 예컨대, 프랑스 사회보험제도는 3층 체계[102]로 구성되어 있

---

102) 예컨대 연금의 경우 기초레짐(1층), 소득비례형 보충레짐(2층) 마지막으로 민간 혹은 추가레짐(3층)이 있음.

는데 여기서 중요한 것은 각 층마다 전체 국민을 포함하는 하나의 제도(레짐)가 아니라 〈표 47〉처럼 종사상 유형(민간분야 봉급생활자, 공무원, 특수직역 종사자, 자영인, 자경농 등)에 따른 복수의 레짐들로 구성되어 있다는 점이다. 또한 사회적 위험별로 세부레짐이 다른 경우도 있다.

〈표 47〉에서처럼 가족수당을 제외한 나머지 사회적 위험은 가입자 유형에 따라 별도의 레짐(제도)이 운영되고 있다. 에스핑 안데르센에 따르면 보수주의 복지레짐의 지위분화적 사회보험체계는 국가주의에 대한 귀족계

표 47 프랑스 사회보험의 조합주의적 성격

가입자 유형*	사회적 위험	레짐
민간봉급 생활자	질병, 산재 및 직업병, 출산, 장애, 사망, 노령, 가족수당	일반레짐
	실업	실업보험 및 연대레짐
농업봉급 생활자	질병, 산재 및 직업병, 출산, 장애, 사망, 노령,	농업레짐(농촌사회공제조합)
	가족수당	일반레짐
	실업	실업보험 및 연대레짐
자영업자 (전문직종사자)	질병, 출산	자영인 사회레짐**
	노령(장애, 사망)	자영인 사회레짐**
	가족수당	일반레짐
농촌자영업자	질병, 산재 및 직업병, 출산, 장애, 노령	농업레짐
	가족수당	일반레짐
기타	질병, 출산, 장애	일반레짐/ 보편의료보장제도(PUMA/ CMU-C)
	노령	임의보험
	가족수당	일반레짐

*공무원, 특수직역종사자들이 가입대상인 특수레짐은 이 〈표〉에서 생략.
**2020년 완료를 목표로 2018년 1월부터 일반레짐에 편입 시작.
출처: X. Prétot, 2011: 31-32(tableau No.2)를 바탕으로 최근 변화 반영.

급의 저항과 길드 및 협동조합 전통 그리고 가톨릭교회 전통에 기원을 두고 있다(G. Esping-Andersen, 1990: 58-61). 이렇게 볼 때 조합주의 복지레짐에서의 이민자 사회권 보장의 관건은 이민자의 종사상 유형과 이에 따른 사회 지위(계층)임을 미루어 짐작할 수 있으며 이는 프랑스 역시 예외가 아닐 것이다.

한편, 프랑스가 완전히 조합주의 복지레짐 국가인가에 대한 반론도 만만치 않다. 왜냐하면 프랑스 사회보장제도는 보험(근로)원칙뿐만 아니라 또 하나의 다른 원칙 즉, 연대 원칙에도 바탕을 두고 있기 때문이다. 연대 원칙의 제도적 표상은 전국민이 적용대상이며 이에 필요한 재정은 정부 예산 즉 조세에 바탕을 두는 것으로 나타난다. 대표적인 것이 건강 분야에서의 보편의료보장제도(PUMA)를 들 수 있다. 한편, 연대 원칙에 대한 관심이 큰 이유는 최근 마크롱 대통령의 대선 공약 중의 하나가 사회보장 재정개혁에서 조세의 비중 증가 구체적으로 사회보장세의 강화를 특징으로 하고 있기 때문이다(노대명, 2017). 한편, 노동시장의 열악성을 고려하다면 이민자의 사회권 보장이 상대적으로 용이한 영역은 근로 보다는 연대 원칙에 바탕을 둔 제도일 것이라는 추론이 가능하다.

이렇게 볼 때 복지레짐의 관련성에서 살펴본 프랑스 이민자의 사회권은 근로 여부를 중심으로 인정 여부가 결정됨과 동시에 부가적으로 연대 원칙의 현실적 적용에 달려 있다고 할 수 있다.

2) 사회보험과 이민자의 사회권: 강한 근로기반 및 거주기반제도의 혼합

앞서 언급한 바와 같이 프랑스 사회보험은 1층 체계에서 조차 복수의 레짐으로 구성되어 있다. 한편, 〈표 48〉은 이러한 복잡성을 가능한 가장 단순하게 정리한 것이다. 과도단순의 위험성은 있으나 이민자의 사회권을 확인하는 데 유용할 것으로 판단된다.

먼저, 연금은 가입자의 종사상 유형에 따라 일반연금, 자영인 사회연금, 특수연금, 농업연금으로 구성된다. 하지만 공통적인 것은 연금에 가입하기

표 48 프랑스 사회보험 개관과 사회권의 토대

구분	하위구분	적용대상	재정부담	사회권의 토대
연금	기초레짐 (일반연금)	근로자와 자영인	근로자와 고용주 자영인	근로
	퇴직연금 (보충레짐)	근로자	근로자와 고용주	근로
건강 (질병 및 출산)		근로자 혹은 프랑스 거주민(3개월 이상), …망명신청자	고용주, 자영인 정부 (사회보장세)	근로, 거주
산재		근로자, 학생	고용주	근로
실업		근로자(견습, 재가근로, 육아돌봄 포함)	근로자, 고용주	근로
가족수당		프랑스 거주민	자영인, 고용주, 정부(보조금)	거주

출처: SSPTW, 2018: 120-131의 내용을 바탕으로 재정리.

위해서는 우선 근로가 전제되어야 한다는 점이다. 예컨대 일반연금만 하더라도 프랑스 사회보장법전(CSS)에 따르면 적용 대상의 첫 번째 적용 기준은 근로자성에 두고 있다. 이는 민간 분야의 종속적 상태의 근로자라면 소득, 지위 등과 무관하게 강제적 가입 대상임을 의미하는 것이다.[103] 이에 조종사와 비정규직 공무원도 일반연금의 적용대상으로 규정하고 있다. 프랑스 통계청(INSEE)에 따르면 일반연금 가입자는 1,770여만 명, 연금 수급자는 1,300여만 명으로 수급자 대비 가입자 비율은 1.36이다(2014년 기준). 연금 운영에 필요한 재정은 레짐에 따라 근로자와 고용주 혹은 자영인이 부

103) 연령, 국적, 성, 임금액, 계약 형태, 성격, 유효성에 관계없이 봉급생활자 또는 단일이나 복수의 고용주를 위해 근로하는 모든 사람(사회보장법 제311조 제2항).

담하고 있다.

질병과 출산의 사회적 위험으로 대변되는 프랑스 건강보험은 가족수당과 함께 가장 보편적인 성격이 강한 사회보험이다. 구체적으로 근로자는 물론 외국인이라도 3개월 이상의 거주만 확인되면 누구든지 가입할 수 있다.[104] 이를 위해 〈표 49〉처럼 직장 건강보험에 가입하지 못한 사람을 위한 별도의 제도가 운영되고 있다. 사회 구성원의 건강권 보장이라는 목적하에 거주에 바탕을 둔 제도가 실시 운영 중인 것이다.

〈표 49〉에 나타나있는 제도를 살펴보자. 첫째, 보편의료보장제도(PUMA)이다. 이는 2000년부터 실시된 기존의 보편의료보호(CMU 기초)를 대체한 것이다.[105] 이의 적용대상은 국적에 관계없이 프랑스 거주자 중 의무적 건강보험에 가입되어 있지 않는 사람이다. 이에 부합되는 사람은 여권이나 거주증명서 등을 건강보험 기초공단에 제출하면 혜택을 받을 수 있다. 이 제도는 기본적으로 저소득 혹은 비근로인 사람을 적용대상으로 하고 있기 때

표 49 프랑스의 거주기반형 의료보장제도

명칭	적용대상자	거주 요건	재정부담	수혜 규모
보편의료보장제도 (PUMA)	의무적 건강보험 미가입자	3개월 이상 정기적 거주	국가 혹은 대상자	228만 명 (2014년)
보충적 보편의료 보장제도(CMU-C)	법정소득 이하 (저소득층)	상동	국가	549만 명 (2016년)
보충적 보편의료보장 취득 지원(ACS)	법정소득 이하 (저소득층)/ CMU-C를 받지 못하는 사람	상동	국가	111만 명 (2016년)

출처: http://www.cmu.fr/statistiques.php

104) 예컨대 학생, 인턴, 그리고 망명신청자 등이 이에 포함된다.

105) 2000년에 실시된 보편의료보호제도에 대해서는 심창학, 2012를 참조할 것.

문에 법정 소득 이하인 자는 기여금 납부 면제 대상이 된다.[106] 한편, 법정 소득 이상인 자는 초과소득분의 8%에 상응하는 기여금 납부의 의무가 있다.

둘째, 보충적 의료보장제도(CMU-C)는 최저소득인 사람을 대상으로 도입된 제도이다. 따라서 무상의료제도의 성격을 지니고 있다. 즉 기여금 납부는 물론 각종 의료비를 국가가 100% 보상한다. 이 제도의 가입 대상은 국적에 관계없이 법정 소득 이하인 사람이다.[107]

셋째, 보충적 보편의료보장 취득 지원(ACS)이다. 저소득임에도 불구하고 보충적 보편의료제도(CMU-C)의 수급에 필요한 법정 소득보다는 높은 사람을 적용대상으로 하고 있다.[108] 이들에 대해서는 상호부조 건강보험(Mutuel) 가입에 필요한 기여금을 지원하고 있다.[109] 이상 살펴본 세 가지 제도의 수급자 규모를 살펴보면 보충적 보편의료제도(CMU-C)가 549만 명으로 가장 많고 다음으로는 보편의료보장제도(PUMA), 보충적 보편의료보장제도 취득지원(ACS)의 순이다.

그뿐만 아니라 건강보험은 망명신청자와 어린 자녀에게도 수급권이 주어진다. 구체적으로 망명신청자와 그 가족은 요양급여는 물론이거니와, 보편의료보장제도(PUMA)를 통해 본인 부담금까지도 면제받을 수 있다. 망명신청에 대한 승인이 이루어지는 즉시 프랑스 사회보장제도에 정식으로 가입할 수 있으며 반대로 불허 결정이 나더라도 망명신청 증명서 시효 만료부터 1년간은 질병과 출산에 대한 건강 보험 혜택을 받을 수 있다.[110] 한편, 건강보험 재정은 연금과 달리 고용주 그리고 사회보장세를 통해서 국가가 부

106) 2017년을 기준으로 3,923유로임.

107) 2017년 기준, 법정 소득 상한액은 8,723 유로(1인 가구 / 월 727 유로)

108) 수급 법정 소득은 CMU-C보다 35% 높음. 따라서 실질적 수급대상은 소득이 CMU-C의 수급 법정 상한액과 35% 더 많은 소득 사이이다.

109) 지원액은 100~550유로(연령에 따라 다름).

110) https://www.ameli.fr/assure/droits-demarches/europe-international/protection-sociale france/demandeur-dasile

담한다. 이처럼, 프랑스 건강보험은 근로에 바탕을 둔 사회보험임에도 불구하고 이의 사각지대에 있는 사람들을 대상으로 별도의 제도를 운영하고 있는 것이다. 그리고 여기서 나타나는 수급권은 거주에 바탕을 두고 있음을 알 수 있다. 결국, 프랑스 건강보험에서 발견되는 사회권의 토대는 두 가지로서 근로와 거주가 바로 그것이다. 한편, 산재보상보험의 적용대상은 근로자와 학생이다. 고용주 부담금을 통해서 재정이 확보된다. 근로기반형 제도라 할 수 있다. 실업보험 역시 대표적인 근로기반형 제도의 하나이다. 견습, 재가근로, 육아 돌봄자를 포함한 근로자가 이의 가입대상이며 이에 필요한 재정은 근로자와 고용주의 양자부담으로 충당된다.

마지막으로 가족수당은 자녀를 양육하는 사람에 대해 금전적으로 지원

표 50 프랑스 가족수당 급여 개관(2015년)

목적	급여	수급 규모(천 명)
자녀양육	가족수당(AF)	5,032
	가족보조금(CF)	881
	영아보육수당(PAJE)	2,205
	출산·입양 장려금	49
	기초수당	1,805
	자녀방식의 자유로운 선택에 대한 보조금(CMG)	868
	자녀교육 분담 수당(PREPARE)	455
	장애아동교육수당(AEEH)	242
	가족지원수당(ASF)	760
	개학수당(ARS)	3,128
	자녀간호수당(AJPP)	5*
사회적 최소 수준 유지	활동연대수당(RSA)	-
	성인장애수당(AAH)	-
	가족주거수당(ALF)	1,325*
총계		11,900*

*2012년 통계 수치.

출처:Insee Référence, 2017:69와 DSS, 2013의 관련 내용을 바탕으로 재정리

하는 재정지원정책으로 자녀양육이 지원의 직접적인 목적인 급여와 사회적 최소 수준의 유지를 통한 가족 지원의 성격을 가진 급여 등의 두 가지 유형으로 구분된다. 이의 자세한 내용은 〈표 50〉과 같다.

이민자 사회권과 관련하여 가족수당제도가 의미가 있는 이유는 이 제도는 프랑스에 거주하는 사람 전체를 적용대상에 포함시키고 있기 때문이다. 따라서 국적에 관계없이 일정 거주 요건을 갖추고 있으면 누구나 가족수당의 수혜자가 될 수 있는 것이다. 급여의 구체적인 사례를 살펴보면,[111] 총 1,190만 명에 달하는 가족수당 수혜자 중 규모가 가장 큰 급여는 가족수당(AF)이다. 20세 미만의 자녀가 둘 이상 있는 가족에게 지급되는 것으로 소득수준과 무관하다. 그 다음으로 수혜자가 많은 급여는 개학 수당이다. 6~18세 미만의 자녀를 양육하는 가구 가운데 일정 소득수준 이하인 경우에 지급된다. 연 1회 지급되며 연령이 높을수록 지원액도 많다. 이처럼 가족수당 수급에 국적 요인은 고려되지 않는다. 가족수당 지급에 필요한 재원은 자영인과 고용주 부담금 그리고 정부 보조금이다. 거주기반형 제도의 대표적 사례라 할 수 있다.

지금까지의 논의를 정리하면, 프랑스 사회보험은 조합주의 복지모델 국가로서 기여금 중심, 즉 근로에 기반을 둔 제도가 주를 이루고 있다. 연금, 건강, 산재, 실업보험 등의 이의 대표적 사례이다. 그럼에도 불구하고 거주기반형 제도도 있음에 유의할 필요가 있다. 건강보험의 보편의료보장제도 그리고 가족수당이 이에 포함된다. 이렇게 볼 때 사회보험에서 나타나는 프랑스 이민자 사회권은 이민자의 상황과 보험 종류에 따라 달라짐을 알 수 있다.[112] 하지만 분명한 것은 건강보험과 가족수당에 관한 이민자 사회권은 근로 여부와 무관하게 정기적 거주만 증명되면 인정받을 수 있다는 것이다.[113]

---

111) 프랑스 가족수당급여의 구체적인 내용에 대해서는 노대명 외, 2018의 제10장을 참조할 것.
112) 자료의 한계로 인해 사회보험에서 나타나는 이민자 수혜 규모는 확인하지 못했다.
113) 한편, 프랑스의 한 단체는 이민자의 사회보호를 건강, 가족수당, 연금 분야로 나누어 소개하고 있다.(Unafo, 2016).

3) 공공부조제도와 이민자의 사회권

프랑스 공공부조제도는 마지막 사회안전망으로서 역사적으로 노인이나 장애인 등 근로가 어려운 취약계층에서 근로빈곤층까지 적용대상을 확대하는 방식으로 변천했다. 현행 프랑스 공공부조제도는 〈표 51〉처럼 최저소득보장 목적의 현금급여와 현물급여 등으로 나눌 수 있다.

먼저, 현물급여로는 이미 앞에서 살펴본 무상의료제도인 보충적 보편의료보장제도가 있다. 이제도가 건강보험분야의 제도이면서도 공공부조에도 포함되어 있는 이유는 조세에 바탕을 두고 있기 때문이다.
다음, 현금급여로서는 최저소득보장제도의 급여가 있다. 이들 급여 중

표 51 프랑스 공공부조제도의 주요 급여

구분		급여명칭
최저소득보장	생계급여 수당	활동연대수당(RSA)
		특별연대수당(ASS)
		임시대기수당(ATA) 망명신청수당(ADA)
		성인장애수당(AAH)
		장애보충수당(ASI)
		미망인수당(AV)
		노령연대수당(ASPA)
		연대수당(RSO)
	기타	청년지원기금(FAJ)
		연금대체수당(AER-R)
		연대대체수당(ATS-R)
	주거급여	주거수당(AL)
현물급여		보충적 보편 의료보장제도(CMU-C)
근로인센티브		근로장려금(PA)

출처: 노대명 외, 2018: 346의 〈표-11-1〉에서 발췌.

일부를 총칭하여 프랑스에서는 사회적 미니마(minima sociaux)라고 부른다. 사회적 미니마에 관심이 필요한 이유는 첫째, 사회적 미니마의 급여 구조가 여타 국가와 매우 다른 모습을 띠고 있기 때문이다. 현재 프랑스 사회적 미니마에는 총 10개의 급여가 있다. 한국의 생계급여제도와 유사함에도 불구하고 단일급여가 아니라 적용대상별 상이한 급여로 구성되고 있는 것이다. 둘째, 프랑스 공공부조제도의 하나로서 사회적 미니마도 이민자의 사회권 보장에 포함되는 제도임에 유의할 필요가 있다. 달리 말하면 프랑스 공공부조제도와 관련된 이민자 사회권의 핵심에 바로 사회적 미니마가 자리 잡고 있는 것이다. 이 점을 고려하면서 〈표 52〉를 통해 프랑스 사회적 미니마의 급여 구조를 살펴보기로 하자.

〈표 52〉를 바탕으로 사회적 미니마 구조를 살펴보면 이는 1개의 보편급여와 9개의 선별급여로 구성되어 있다. 여기서 선별급여는 특정 집단을 대상으로 지급되는 급여를 말하며 보편급여는 선별 급여 적용의 사각지대에 있는 인구 집단을 대상으로 지급되는 급여를 의미한다. 먼저 선별급여는 인구 집단의 성격에 바탕을 둔 것이다. 예컨대, 특별연대수당은 실업보험 수급기간이 만료된 자를 대상으로 지급되는 급여로 실업부조에 가깝다. 약 45만여 명의 수급자가 있다. 다음으로, 이민자의 사회권과 직결되는 급여로 망명신청수당을 들 수 있다. 이는 가장 최근에 도입된 급여제도로서 임시대기수당에서 분리된 급여제도이다. 최근 급증하고 있는 망명신청자의 사회권 보장 차원에서 등장한 급여 제도이다. 그 외에도 선별급여는 장애인, 노인 등 특정 집단을 대상으로 하고 있다. 한편, 사회적 미니마 급여 중 유일한 보편급여가 있으니 활동연대수당이 바로 그것이다. 이는 경제활동 여부에 관계없이 수급을 위한 법정 소득 이하인 자 중에서 선별급여의 수혜대상에서 제외된 사람을 모두 포함하고 있다. 따라서 수혜자 규모도 가장 많다. 내부적으로 두 가지 급여로 구분되어 있는바, 활동연대수당 기본급여는 가구내 경제활동인구가 없는 것으로 전제로 하고 있다. 두 번째 급여인 활동연대수당 활동급여는 경제활동인구가 있는 것을 전제로 하여 근로소득에 대한 공제를 통해 급여 제공이 이루어지고 있다. 신빈곤층을 염두에 두고 도

표 52 사회적 미니마 급여 개관(도입연도순)

종류	도입연도	특징 및 비고	수급규모 (2016년 기준 / 천 명)
장애보충수당 (ASI)	1957년	질병이나 비업무상 재해로 60세 이전에 근로 능력을 상실한 장애연금 등을 수급 중인 자. 60세부터 노인연대수당 개시 연령까지 지급	80.3
성인장애수당 (AAH)	1975년	중증 성인 장애인 중 최소노령수당(노령보충수당, 노인연대수당) 제외자	1,090.3
미망인수당 (AV)	1980년	· 사망한 사회보험 가입자의 배우자(55세 미만) · 최대 2년 지급	7.9
특별연대수당 (ASS)	1984년	실업보험 수급기간이 만료된 실업자	454.2
연대수당 (RSO)	2001년	· 프랑스 부속영토 지역 · 최소포용수당(RMI) 수급한 지 2년 이상 된 사람 중 노동시장 은퇴가 확실시 되는 경우	8.7
임시대기수당 (ATA)	2006년	· 기존의 통합수당(AI) 대체 · 통합 수당 기존 수급자들(외국거주 프랑스인 중 실업보험 미가입자, 출감자 등)	12.3
노인연대수당 (ASPA)	2007년	65세 이상 노인 중 일정 자산 이하	552.6
활동연대수당 (RSA)	2009년	· 기존의 최소포용수당(RMI)과 편부모수당(API) 대체 · 법정 소득 이하의 경제활동인구(취업 여부 불문)	1,863.2
연대임시수당 (ATS)	2013년	· 기존의 연금대체수당(AER-R) 대체(2011년 폐지) · 연금수급개시연령이 안된 구직자 혹은 기존의 AER-R 수급자(2015년 3월 이후 수급자 없음)	3.8
망명신청수당 (ADA)	2016년	· 망명신청 절차 진행 기간 동안 지급 · ATA 에서 이행.	76.1
총계			4,149.3

출처: 심창학 외, 2015 ; 노대명 외, 2018 ; Insee référence, 2017:69를 토대로 재정리.

입된 급여라 할 수 있다.

이민자의 사회권과 관련하여 사회적 미니마 급여를 비롯하여 공공부조제도가 중요한 이유는 이민자 사회권의 마지막 사회안전망 기능을 수행하고 있기 때문이다. 구체적으로 3개월 이상의 정기적 거주만 입증되면 국적에 관계없이 누구나 수혜대상에 포함될 수 있으며 이민자 또한 예외가 아닌 것이다.

4) 사회정책 실행의 영향

지금까지 본 글은 사회보험과 공공부조에서 나타나는 이민자 사회권 실태를 통해 프랑스 이민레짐의 한 구성요소인 사회정책의 내용을 살펴보았다. 조합주의 복지모델의 대표적 국가로알려져 있는 프랑스의 사회보험은 근로에 바탕을 둔 제도가 많이 운영되고 있다. 이는 해당 제도의 수혜 대상이 되기 위해서는 이민자도 취업이 필수적임을 의미한다. 하지만 이미 살펴본 바와 같이 프랑스 유입 이민자의 고용률은 비이민자에 비해 성별에 따라 5~15% 정도 낮다. 이는 사회보험제도에서 나타나는 이민자 사회권은 프랑스 내국인에 비해 열악할 수밖에 없음을 시사하고 있다.[114)]

한편, 프랑스 사회보험에서 주목이 필요한 부분은 거주에 바탕을 둔 사회권을 인정하는 제도도 운영되고 있다는 점이다. 이는 프랑스 복지모델의 정체성에 대해서 논란이 야기되는 대목이기도 하다. 대표적인 것이 건강보험에서 보편의료보장제도(PUMA)를 비롯한 세 가지 제도를 들 수 있다. 한편, 사회보험 중 거주 기반적 성격이 강하게 나타나는 영역은 가족수당이다. 가족수당은 공공부조제도와 마찬가지로 3개월 이상 정기적 거주만 입증되면 국적에 관계없이 수혜 대상에 포함된다. 이상의 점을 고려하면서 프랑스의 이민자 사회정책이 미친 영향을 몇 가지 수치를 통해 살펴보기로 하자.

첫째, 이민자의 공공부조급여의 수혜대상 포함 정도에 관한 것이다. 〈표

---

114) 프랑스 이민자의 노동시장 동향은 〈표 42〉를 참조.

표 53 활동연대수당(RSA)과 특별연대수당(ASS)의 이민자 수혜 비율(2011년)

구분	활동연대수당				특별연대수당	전체인구대비 비율(%)
	기본급여	활동급여	기본+활동	전체		
수혜자 규모(명)	1,349,000	277,000	608,000	2,234,000	341,000	
수혜비율(%)						
이민자	23	24	21	23	19	8
비이민자	77	76	79	77	81	92

출처: J. Grangier, A. Isel, 2014: 2의 tableau 1에서 발췌.

53〉은 대표적인 사회적 미니마 급여인 활동연대수당와 특별연대수당의 이민자 수혜비율을 비이민자와 비교한 것이다.

2011년을 기준으로 할 때 활동연대수당의 수급자는 220여만 명이다. 이 중 이민자가 차지하는 비중은 23%인데 비해 비이민자 즉 프랑스 본국 출생 수급자 비율은 77%로 나타난다. 한편, 특별연대수당에서 이민자 비중은 19% 그리고 비이민자 비중은 81%로 나타난다. 한편, 같은 시기에 전체 인구에서 이민자가 차지하는 비중은 8%이다. 이렇게 볼 때 이민자 수급 비율은 전체인구 대비 비율에 비해 3배 가까이 높은 것을 알 수 있다. 달리 말하면 활동연대수당과 특별연대수당에 대한 의존은 비이민자보다 이민자에게서 상대적으로 더 강한 것을 알 수 있다. 이러한 공공부조에 대한 이민자의 높은 의존도는 프랑스뿐만 아니라 스웨덴 사례에서도 그대로 드러났다. 이민자 사회권 보장의 마지막 장치로서 공공부조의 중요성을 확인할 수 있는 대목이라 할 수 있다.

둘째, 이민자의 빈곤 실태이다. 사회구성원의 탈빈곤이 사회정책 실시의 주요 목표임을 고려할 때 이민자의 빈곤 실태는 사회정책의 효과성 평가에 준거점이 될 수 있다. 먼저, 〈표 54〉는 2007년을 기준으로 한 이민자의 빈곤실태를 나타낸 것이다.

〈표 54〉처럼 프랑스 전체 가구의 빈곤율은 13.4%이다. 한편 이를 집단별로 구분하면 비이민자 가구 즉 프랑스 본국 출생 가구의 빈곤율은 11.3%

표 54 **프랑스 이민자 빈곤 실태(2007년)**

가구 구분	출신지역	규모(천명)	연평균소득	빈곤율(%/ 60%)
이민자		5,084	14,630	36.1
	아프리카	2,588	12,670	
	유럽	1,523	18,540	
	여타	973	13,760	
비이민자		54,771	21,680	11.3
합		59,855	21,080	13.4

출처: Ph. Lombardo, J. Pujol, 2010: 40의 표와 41의 표에서 발췌.

이다. 반면 이민자 가구의 빈곤율은 36.1%로 비이민자 가구에 비해 3배 이상 높게 나타난다. 출신 지역을 기준으로 할 때 아프리카 출신 이민자 가구의 연평균소득이 가장 낮다. 반면 유럽지역 출신 이민자 가구의 연평균소득은 이민자 가구 가운데 가장 높게 나타난다. 하지만 이들 가구 역시 비이민자 가구보다는 소득이 낮은 것으로 나타난다. 이렇게 볼 때 출신지역에 비해 이민자 가구의 소득은 비이민자 가구에 비해 공통적으로 낮음을 알 수 있다. 또한 빈곤율 역시 높은 점을 고려한다면 사회정책의 실시에도 불구하고 이들의 생활상은 매우 열악하다고 할 수 있다. 한편, 〈표 55〉는 같은 해 경제활동상태에 따른 집단별 소득수준 및 빈곤율을 나타낸 것이다.

전체가구의 경우 취업 가구의 빈곤율이 가장 낮다(9.7). 흥미로운 점은 비경활 가구보다 실업가구의 빈곤율이 더 높게 나타난다는 점이다. 이는 달리 말하면 연령, 장애 등의 이유로 일을 하지 못하는 비경활인구의 기본 생활 보장을 위한 국가의 관심이 매우 높다는 것을 보여주는 대목이다. 한편, 이민자 가구의 경우 경제활동상태와 무관하게 높은 빈곤율 수치를 보여주고 있다. 예컨대, 실업가구와 비경활가구의 빈곤율은 6~70% 사이이다. 10가구 가운데 6~7가구는 빈곤가구라는 것을 의미한다. 비이민자 집단과의 비교관점에서 흥미로운 점은 취업이 탈빈곤의 필요조건은 될 수 있으나 충분조건

표 55 경제활동상태에 따른 이민자 소득수준 및 빈곤율(2007년)

	경제활동상태	분포	평균소득	중위소득	빈곤율(%)
이민자 가구	취업	56.6	16,060	13,390	27.1
	실업	9.0	9,800	9,090	67.2
	은퇴	21.6	15,100	13,230	31.8
	비경활	12.8	10,930	9,890	61.2
비이민자 가구	취업	67.2	22,520	19,460	8.3
	실업	3.3	13,040	11,160	48.0
	은퇴	25.4	21,590	18,400	9.3
	비경활	4.1	15,340	11,600	43.4
전체	취업	66.3	22,050	19,040	9.7
	실업	3.8	12,390	10,500	51.9
	은퇴	25.1	21,110	17,950	11.0
	비경활	4.8	14,340	11,100	47.4

출처: Ph. Lombardo, J. Pujol, 2010: 41의 표에서 발췌.

은 아니라는 사실이다. 왜냐하면 취업 가구 가운데 4분의 1이상이 빈곤 상태에 있기 때문이다. 이는 앞에서 살펴본 바와 같이 취업 이민자의 저임금에 그 원인이 있는 것이다.[115)]

그럼, 이민자 집단 빈곤의 동태적 분석 차원에서 8년 후인 2015년의 상황은 어떠한지 〈표 56〉을 통해 살펴보자.

전반적으로 연평균 소득은 2007년보다 많이 상승된 모습을 보이고 있다. 하지만 상대적 빈곤율은 집단에 따라 추이가 다르게 나타난다. 예컨대, 프랑스 전체 가구의 빈곤율은 14.2%로 이는 2007년에 비해 0.8% 늘어난 것이다. 한편, 비이민자 가구의 빈곤율은 11%로 이 수치는 2007년의 11.3%에 비해 약간 줄어들었다. 반면, 이민자 가구의 빈곤율은 38.6%로 이

115) 〈표 46〉을 참조.

표 56 프랑스 이민자 빈곤 실태(2015년)

구분	출신지역	규모(천명)	연평균소득	빈곤율 (%/ 60%)
이민자		5,928	16,160	38.6
	아프리카	3,199	14,390	44.0
	유럽	1,543	16,690	25.0
	여타	1,187	16,340	42.0
국제결혼가구		4,385	22,480	19.0
비이민자		52,259	24,350	11.0
합		62,573	23,440	14.2

출처: Insee référence, 2018:151의 표2.

는 2007년의 36.1%보다 2.5% 늘어난 수치이다. 특히 아프리카 지역 출신의 이민자 가구의 절반 정도는 빈곤 가구임을 알 수 있다. 이렇게 볼 때 2015년 기준, 이민자 가구의 빈곤 문제는 2007년에 비해 더 심각해졌다고 할 수 있다. 〈표 57〉은 해당 가구 집단의 소득분위별 분포를 나타낸 것이다. 이는 어느 분위에 해당 가구의 소득이 집중되어 있는지를 파악하는데 유용하다.

〈표 57〉을 살펴보면 국제결혼가구와 비이민자 가구는 특정 분위에 치

표 57 소득분위별 이민자 분포(2015년)

구분	1	2	3	4	5	6	7	8	9	10
이민자	27.8	20.5	14.2	9.1	7.8	4.8	8.4	3.5	3.6	3.1
국제결혼가구	13.8	12.9	11.9	10.3	8.8	8.3	8.8	6.8	7.3	11.0
비이민자	7.7	8.6	9.4	10.1	10.3	10.7	10.6	11.0	11.0	10.7
합	10.0	10.0	10.0	10.0	10.0	10.0	10.0	10.0	10.0	10.0

출처: Insee référence, 2018:151의 표3.

우치지 않고 비교적 골고루 펴져 있음을 확인할 수 있다. 반면 이민자 가구의 절반 정도가 소득1~2분위 즉 최저소득분위에 집중되어 있다. 이는 이민자 가구의 절반 정도는 경제적으로 매우 심각한 상황에 놓여 있다는 사실을 보여주고 있는 것이다.

지금까지 몇 가지 지표를 통해 프랑스의 이민자 사회정책이 이민자의 일상생활에 미치고 있는 영향을 살펴보았다. 확인 결과, 공공부조에 대한 이민자의 의존도는 비이민자에 비해 높은 것으로 나타났다. 이는 스웨덴에서도 발견된 현상으로 공공부조가 이민자에게 마지막 사회안전망 역할을 수행하고 있음을 의미한다. 둘째, 그럼에도 불구하고 이민자의 상당수는 여전히 경제적인 어려움에 처해 있음이 확인되었다. 비이민자에 비해 높은 빈곤율, 취업가구의 4분의 1이상이 빈곤 상태에 처해있는 점, 이민자 가구의 절반정도는 소득 분위에서 극빈 소득 구간에 집중되어 있는 점 등이 이의 방증이다. 사회보험에서 나타나는 거주 기반형 제도의 실시, 이민자를 적용대상에 포함하고 있는 공공부조제도의 실시에도 불구하고 프랑스 사회정책에서 나타나는 이민자 사회권 보장의 본질적인 성과는 매우 제한적이라 할 수 있다.

4. 프랑스 이민레짐의 특징

지금까지의 논의를 바탕으로 여기서는 프랑스 이민레짐의 특징을 살펴보자. 〈표 58〉은 세부영역별 특징을 정리한 것이다.

프랑스 이민레짐의 특징을 정리하면 다음과 같다.

첫째, 이민정책에서 시기별로 네 단계로 구분될 수 있다. 첫 번째 시기는 제1차 세계대전 후부터 제2차 세계대전 전 시기로 이민개방이 그 특징이다. 입국 후 신고를 통한 이민절차의 간소화, SGI를 설립한 고용주 주도의 외국인 근로자 유치가 이를 대변하고 있다. 한편, 이 시기에는 국가 차원의 이민 관리의 모습은 보이지 않는다. 제2차 세계대전 후부터 최근까지는 선별적 이민형이다. 세부적으로 제2차 세계대전 후부터 1970년대 상반기까지는 이민자 적극 유치의 모습을 보이고 있다. 1945년에 제정된 외국인의 입국 및 체류에 관한 명령, 국립이민사무소(ONI)의 설립 그리고 이후의 국가간 이민협약체결 등은 국가 차원에서 이민자를 유치하겠다는 의지를 표명한 것이다. 특히 1945년의 명령은 전후 프랑스 이민 및 귀화 정책의 틀을 제시함과 동시에 인종이나 기원에 따라 이민자를 선택하려는 사상을 거부하고 있다. 이는 프랑스의 국가 정체성의 근간이라고 할 수 있는 공화주의정신에 연유한 것이다. 프랑스 혁명을 통해 정립된 공화주의는 평등, 정교분리, 국민주권, 시민권과 인권 존중을 기본가치로 하고 있다. 한편, 영광의 30년으로 불리는 경기 호황(2차 세계대전 후~1970년대 초)은 대량의 이민자를 필요로 했다. 다음, 1970년대 상반기부터 1990년대까지는 외국인 유입 억제정책 시기라 할 수 있다. 1974년의 이민 중단선언을 통해 비유럽출신의 외국인 근로자의 이민 제한을 꾀했으며 1984년의 외국인 체류 카드제도의 도입과 1988년의 개정이민법을 통해 이미 프랑스에 거주 중인 외국인에 대한 통제를 강화하고 필요한 경우 도지사가 추방할 수 있는 권한도 부여했다. 이러한 정책은 우파정부에 의해 주도되었다. 2000년대에 접어들어 프랑스 이민정책은 중요한 변화를 겪게 된다. 즉, 종래와는 달리 고숙련 근로자 즉 전문인력을 유치하는 데 초점을 두고 있다. 고학력 외국인 유학생의 체류를 용이하게 하는 정책도 전문인력유치의 연장선상에서 도입된 것이다. 반면, 그 외의 이민자는 원하지 않은 이민자라는 미명하에 체류 허가를 제한했다. 한편, 가족재결합 및 국제결혼의 규정은 강화되었으며 체류증 발급 및 국적

표 58 프랑스 이민레짐의 구성과 영역별 특징

이민레짐 세부 영역	이민정책	통합정책	사회정책
프랑스 특징	선별적 이민형 (이민자 적극 유치에서 고숙련 근로자 선호로)	공화주의적 동화주의(시민통합정책 도입)	조합주의 복지레짐 하의 강한 근로기반형과 거주기반형 제도의 공존

취득요건 또한 엄격해졌다. 따라서 이 시기는 강화된 선별적 이민형의 시기라 할 수 있다. 이렇게 볼 때 프랑스 이민정책은 제2차 세계대전 전의 완전개방형에서 선별적 이민형으로 고착화되는 모습을 보이고 있다.

둘째, 통합정책은 이민자가 사회구성원으로서 생활 영위에 필요한 정치, 경제, 사회적 포용 정책을 의미하는 것이다. 이와 관련된 기존 연구에서 프랑스는 동화주의 통합정책의 대표적 국가로 간주된다. 엄밀하게는 공화주의적 동화정책이다. 즉, 이민을 받아들이면서 프랑스에 자발적으로 살기로 결정한 사람들에게 내국인과 평등한 프랑스 시민으로 받아들이면서 프랑스 사회에 동화될 것을 요구했고 프랑스 국가는 그들의 동화를 도와주기 위한 차원에서 여러 정책을 추구했다. 먼저 공화주의의 구현을 위해 프랑스는 여타 국가에 비해 관대한 국적 취득요건을 유지하고 있다. 예컨대, 프랑스에서 태어난 외국인 자녀에게 18세가 되면 프랑스 국적 취득의 자격을 부여하고 있는 것 또한 공화주의 전통에서 비롯된 것이다. 순혈주의를 강조하면서 민족적, 문화적 시민권을 지향하고 있는 독일과 달리 프랑스는 공민적, 정치적 시민권을 지향하고 있다는 기존 연구 결과는 시사하는 바가 매우 크다고 할 수 있다. 한편, 프랑스는 동화주의정책의 대표적 국가이기도 하다. 비교관점에서 동화주의와 다문화주의의 큰 차이는 소수민족 혹은 이들의 문화 보호에 대한 접근방식이다. 따라서, 스웨덴과 캐나다와는 달리 프랑스는 교육, 고용, 문화 차원에서 소수민족 및 이들의 문화를 보존 유지하고자 하는 노력이 덜하다. 이는 다문화정책지표(MCPs), 이민자통합정책지표(MIPEX) 등 이민자정책 정도를 가늠하는 지표의 국가별 비교에서 낮은 평가가 나오는 이유이기도 하다. 예컨대 프랑스의 교육정책은 이민자를 통합하는 강력한 도구이다. 여기서 프랑스 공교육제도는 공화주의 전통 계승이라는 미명하에 인종, 종교를 고려하지 않는 평등의 원칙을 견지하고 있다. 학교에서의 이슬람 2세와의 충돌은 바로 이에 연유한 것이다. 문화 부문 역시 이슬람 출신 이민자들의 급증에도 불구하고 프랑스 정부는 이들의 문화적 특수성을 고려하거나 지원하는 정책을 취하지 않는데 이 역시 동화주의 통합정책의 중요한 표징이라 할 수 있다. 어떤 의미에서는 평등을 강조하는 공화주의와 지배 문화로서의 소수 민족의 동화를 통한 통합을 강조하는 동화주의가 상호 충돌하는 지점이기도 하다. 한편, 최근 프랑스의 공화주의적 동화주의에서 시민통합정책이 추가되는 모습을 보이고 있다. 대표적인 제도가 2016년부터 시행되고 있는 공화주의 통합계약(CIR)이다. 이는 기존 제도인 통합수용계약(CAI)에 비해 적용대상이 광범위하며 시민교육 및 언어 교육이 강화되었다. 결국, 프랑스에서 시민통합정책은 공화주의적 동화주의 강화를 위한 수단적 성격을 보이고 있는 것이다.

셋째, 사회정책은 이민자의 사회권 보장과 직결되는 정책이다. 먼저, 프랑스 사회보장제도는 기여금에 바탕을 둔 사회보험형 국가이다. 따라서 이민자의 사회보험 수급권은 근로에 바탕하고 있다. 따라서 프랑스 태생 근로자에 비해 취업의 어려움, 고용형태의 불안정성, 낮은 임금 수준이 이민자의 노동시장 상황임을 고려한다면 이들의 사회권은 상대적으로 약하다. 하지만 건강 분야에서 3개월 이상 정기적으로 거주하고 있음이 증명되면 누구나 보편의료보장제도(PUMA) 등 거주기반형 의료보장제도에 가입될 수 있음에 유의할 필요가 있다. 여기에는 망명신청자와 그 가족 역시 수급권이 인정된다. 뿐만 아니라, 사회보험 가운데 가족수당급여 역시 거주에 바탕을 두고 있다. 한편, 사회적 미니마로 불리는 공공부조제도 역시 프랑스 출생 인구집단뿐만 아니라 이민자들에게 마지막 사회안전망의 기능을 수행하고 있다. 특히 주요 공공부조급여의 수급비율 분석 결과 이민자는 전체인구에 비해 3배이다. 이는 그만큼 이민자 가운에 빈곤집단이 많으며 이는 스웨덴과 마찬가지로 이민자의 공공부조급여에 대한 의존성이 높음을 의미한다.

제6장

캐나다 이민레짐

국가 비교 관점에서 캐나다의 특징을 살펴보면 첫째, 호주, 미국, 뉴질랜드와 함께 전통적 이민국가의 하나이다. 여기서 말하는 전통적이라는 것은 이민이 국가 형성과 국가발전의 근간이 되었다는 것을 의미한다. 따라서 이들 국가에서는 전체 인구 중 이민자가 차지하는 비중도 상당히 높다.[116] 특히 캐나다는 포인트 시스템 제도를 통해 이민자를 선별하고 있다. 이는 근로이민 신청자 가운데 연령, 교육수준, 공용어 능력, 직업 능력에 대한 평가를 통해 일정 점수 이상이 되는 사람만을 선발하는 제도이다. 이 제도는 고유의 자체 제도를 시행하고 있는 퀘벡 주를 제외한 모든 주에 적용된다(연방정부의 권한). 최근의 변화는 근로 경험의 중요성이 상대적으로 줄고 대신 영어, 불어의 공용어 구사 능력에 대한 가중치가 늘어났다는 것으로,

116) 예컨대 4개 국가의 전체 인구 대비 외국 출생 인구가 차지하는 비중을 살펴보면 호주(28%)가 가장 높고 뉴질랜드(24.5%), 캐나다(20.3%), 미국(13.5%)의 순이다. 한편 본 글의 분석 대상 국가인 프랑스와 스웨덴의 관련 수치는 각각 12.3%와 17.1%이다(이상 2015년 기준). cf. OECD, 2017.

근로 경험은 적더라도 공용어 구사 능력만 양호하면 입국 후의 통합정책을 통해 캐나다 경제발전에 이바지할 수 있는 인구 집단으로 바꿀 수 있다는 믿음에서 이루어진 것이다.

둘째, 이민문제를 전담하는 행정부처가 있다는 점이다. 앞에서 본 바와 같이 프랑스는 전담행정부처 없이 내무부 산하의 소속 직제에서 이민문제를 관장하고 있으며 입국과 통합 등의 실질적 운영은 공법인 성격의 이민 및 통합사무소(OFII)에서 관련 업무를 수행하고 있다(앞의 〈표 32〉와 〈표 33〉). 한편, 스웨덴의 경우 이민과 망명 정책은 외무부(1996~2006년)를 거쳐 지금은 법무부에서 관련 업무를 맡고 있다. 신규 이민자의 노동시장통합 등 이민자 통합정책은 전담 행정부처가 따로 있는 것이 아니라 시기별, 집권 정당별로 다양한 행정부처 산하의 담당 장관이 관련 업무를 관장하고 있다.[117]

표 59 캐나다 이민 관장 행정부처 변천

시기	연방정부	퀘벡 주정부
1917년 전	내무부	MICC(이민, 문화, 공동체부)
1917~1936	이민 및 식민지화부	
1936~1950	광산 및 자원부	
1950~1966	시민권 및 이민부(CIC)	
1966~1977	인력 및 이민부	
1977~1991	고용 및 이민부	
1991~1994	다문화주의 및 시민권부	
1994.06.30~2015	시민권 및 이민부	
2015~현재	이민, 난민 그리고 시민권부(IRCC)	

출처: 관련 자료를 바탕으로 필자가 재정리한 것임.

117)1996년 이후 이민자 통합정책을 관장한 스웨덴 행정부처로 내무부(1996~1998년), 문화부(1998~2000년), 법무부(2000~2006년), 통합 및 젠더 평등부(2007~2010년), 고용부(2010~현재) 등이 있다. 관련 담당 장관으로는 내무부 산하의 이민자 담당 장관 → 통합 담당 장관(1996년) → 고용부 내의 고용과 통합장관(2017년) 등을 들 수 있다.

한편, 〈표 59〉는 캐나다에서 이민 문제를 관장하고 있는 행정부처의 변천을 정리한 것이다.

〈표 59〉에서 1917년 이후 지금까지의 시기 중 캐나다는 1936~1950년을 제외하고 한 번도 예외 없이 이민 전담 행정부처가 있었다. 구체적으로 1917년부터 1936년까지는 서유럽계 백인 위주의 이민정책을 수립했던 행정부처가 있었다(이민 및 식민지화부). 1950년에 시민권 및 이민부로 개칭되어 1962년에 이민법이 개정될 때까지 노동력 수급에 주안점을 두었다. 1962년의 개정 이민법의 주요 골자는 포인트 시스템 제도 도입을 통한 인종차별요소의 제거이다.

이에 따라 세계 여러 국가에서 이민 유입이 시작되면서 행정부처 명칭 역시 인력 및 이민부 그리고 고용 및 이민부로 바뀌게 되었다. 이후 1994년에 출범한 시민권 및 이민부는 기존의 이민 제반 업무뿐만 아니라 다문화정책까지도 총괄하고 있다.

이처럼 캐나다 연방정부에게 이민 문제는 최우선적 국가 정책으로 인식되고 있다. 이민자에 의해 국가가 형성되고 발전되는 전통적 이민 국가의 특징이 드러나는 대목이기도 하다.[118] 이상의 점을 고려하면서 캐나다 이민레짐의 하위 요소인 이민정책, 통합정책 그리고 사회정책을 살펴보자.

1. 이민정책

1) 캐나다 이민 역사

캐나다는 미국, 호주와 함께 대표적인 이민국가이자 이민자국가로 널리 알려져 있다. 3,400만 명 정도에 달하는 전체 인구 중 외국 태생 인구는 약 700만 명으로 그 비중은 20.1%에 달한다. 이 수치는 본 연구의 분석 대상

118) 이런 의미에서 전통적 이민국가는 이민자 국가(nations of immigrants)로 불리기도 한다.

국가 중 가장 높다(프랑스: 8.5%, 스웨덴: 14.7%). 뿐만 아니라 호주와 G8 국가를 대상으로 한 국가 비교에서도 캐나다는 호주(26.8%)에 이어 두 번째로 높다(이상 2010년).

한편, 역사적으로 1867년의 confederation 즉 캐나다 건국(영국 자치령) 이후 2017년까지 총 1천 7백만 명의 이민자들이 캐나다에 온 것으로 파악된다. 이는 150년 동안 연평균 11만 3천여 명의 유입 이민 인구가 발생했다는 것을 의미한다. 하지만 구체적으로 살펴보면 캐나다의 유입 인구는 해마다 가변적임을 알 수 있으며 이는 몇 가지 요인의 복합적인 작용의 결과로서 대표적으로는 시기별 이민정책의 변화, 경제 상황 혹은 난민 이주와 직결된 국제적인 사건의 발생을 들 수 있다. 이러한 점을 고려하면서 여기서는 150년 캐나다 이민 역사를 개관하고자 한다.[119)]

(1) 캐나다 건국(1867년)부터 19세기 말까지

캐나다 전체 인구는 1867년 이후 해마다 증가되었다. 1871년에 처음 실시되었던 인구조사에서 368만 9천 명으로 집계되었다. 이 중 이민자(외국인 주민) 수는 약 50만 명으로 이 수치는 전체 인구 대비 16.1%에 달한다. 한편 이 시기의 인구 증가는 두 가지 요인에 기인하는데 출산이 첫째이며 두 번째는 유입 이민 인구의 증가이다. 그 가운데 출산이 인구 증가를 견인했다고 볼 수 있다(〈그림 3〉 참조). 한편 유입 이민자 규모는 출산아 수보다는 적지만 1880년대까지 지속적으로 증가했음에 유의할 필요가 있다.

---

119) 특별한 언급이 없는 한 캐나다의 이민역사는 Statistics Canada, 2016과 H. Echenberg and S. Elgersma, 2016의 관련내용에 바탕을 두고 있다.

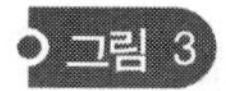

캐나다 출산아 수와 이민자 수 증가 추세(1850년~2000년)

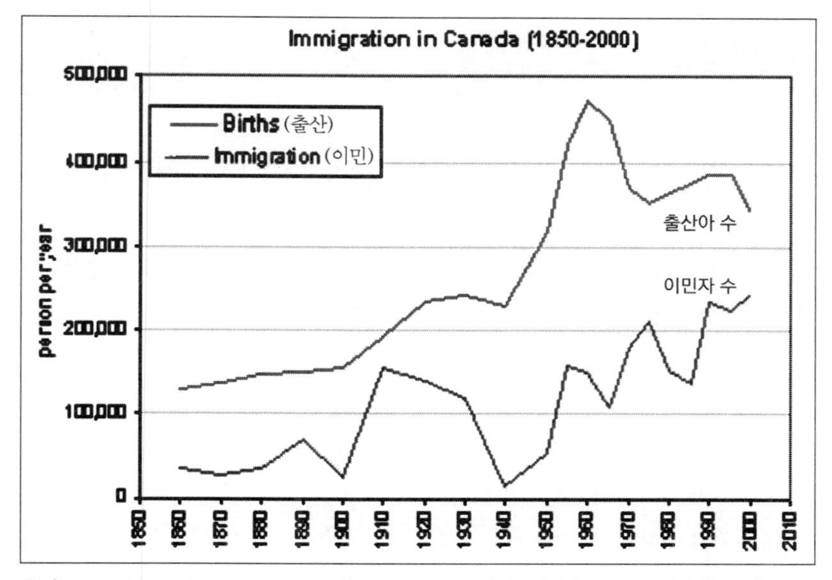

출처: https://en.wikipedia.org/wiki/Population_of_Canada(검색일: 2019년 7월 18일)

(2) 20세기 초부터 1960년대까지

이 시기에는 연간 유입 인구가 증가와 감소를 반복하는 모습을 보이고 있다.[120] 먼저 유입인구가 급증했던 대표적인 시기로 1900년대를 들 수 있다(이하 〈그림 3〉 참조). 이 시기는 캐나다가 태평양 지역(캐나다 서부)으로 영토 확장을 꾀했던 시기이다. 실질적으로 Prairie로 불리는 캐나다 중부 지역의 세 개주[121]와 캐나다 북동부에 위치하고 있는 유콘 준주의 인구는 이민에 많이 의존했다. 한편, 1910년대부터 1930년대까지 이민자 수는 전

120) 이는 후술하겠지만 해당 시기의 캐나다 이민정책의 변화가 결정적인 요인이라 할 수 있다.

121) 매니토바 주, 사스카치원 주, 앨버타 주.

표 60 **출생 지역(국가)별 캐나다 유입 이민자 분포(1911년)**

(단위: %)

출생지역(국가)	영국	유럽	미국	아시아	기타
비중	53	25	19	3	0.2

https://hillnotes.ca/2016/04/05/diversity-in-canada-evolving-patterns-in-immigration/
(검색일, 2019년 7월 9일)

시기에 비해 감소하는 추세를 보이고 있다. 그럼에도 불구하고 특정 몇 개 주에는 전체 인구 대비 이민자 수의 비중이 높은 모습을 보이고 있다. 예컨대, 1911년 인구 조사에 의하면 영토 확장의 결과 적어도 네 개 주의 이민자 비율은 전국 평균보다 두 배 정도 많은 수치를 보이고 있다.[122] 특히 이 시기에는 유럽 출신 이민자를 선호하는 특징이 두드러지게 나타난다. 이는 〈표 60〉에서 여실히 나타난다.

〈표 60〉에서처럼 1911년을 기준으로 외국출생 주민 중 반 이상은 영국에서 온 사람들이다. 이에 유럽 출신 이민자까지 합치면 약 80%를 차지한다. 반면 아시아 출신 이민자는 3%에 불과하다. 뿐만 아니라 흑인이나 아시아 출신 이민자에 대한 차별이 이루어지기도 했다. 예컨대 중국인 이민자에 대한 인두세 부과에 이어 1923년에는 관련법(중국이민법)을 개정하여 모든 중국인의 이민을 실질적으로 금지했다. 또한 당시 중국과 인도 이민자의 비중이 높은 브리티시컬럼비아 주에서는 예외적으로 인도 출신의 이민자의 투표권을 제한하기도 했다.

1930년대부터 1960년대까지 캐나다 유입인구는 증감이 반복되는 모습을 보이고 있다(〈그림 3〉 참조). 구체적으로 1930년대에는 대공황으로 인한 경제 침체로 유입 이민 인구가 격감했다. 제2차 세계대전이 끝나고 경기 회복이 시작된 1950년대부터 약 20년간은 증가와 감소가 반복되었다. 특히

122) 구체적으로 매니토바 주는 40%이며 앨버타 주, 브리티시컬럼비아 주 그리고 유콘 준주는 55%이다. 이는 해당 주의 전체 인구 가운데 반 이상이 외국 출생 주민 즉 이민자임을 의미한다.

1950년대 말의 이민 증가는 국제사회의 변화와 직결되어 있다. 즉, 정치적 위기시기에 인도주의에 바탕을 둔 이민으로 1956년과 1957년의 37,500명에 달하는 헝가리 난민의 캐나다 입국이 이의 대표적인 사례이다. 한편, 이 시기는 캐나다 이민 역사에서 분수령을 이룬 정책 변화가 나타난 시기이기도 한다. 구체적으로 경제이민(근로이민)에서 포인트 시스템의 도입을 들 수 있다(1967년). 기존의 인종, 종족 혹은 민족적 뿌리 대신에 학력이나 언어 구사 능력 등 이민자의 노동시장 통합에 필요한 요소가 이민 승인 여부의 주요 잣대로 등장한 것이다.

(3) 1970년대 이후

1970년대 이민은 캐나다 이민정책의 변화에 많은 영향을 받았다. 첫째, 캐나다의 국가정책인 다문화주의정책의 선언이다. 1971년, 당시 총리의 의회연설을 통해 천명된 이 정책은 이민자의 사회통합의 토대로 작용하게 되었다. 둘째, 1976년의 개정 이민법은 비차별이라는 캐나다 이민정책의 원칙과 목표를 재천명했다. 뿐만 아니라 동법은 난민이민을 근로이민(경제이민)과 가족결합이민과 함께 캐나다의 이민유형의 하나로 간주 했다. 여기서 제시된 세 가지 이민 범주는 캐나다 이민현황 및 추이를 파악하는 잣대로 사용되고 있다.

한편, 1970년대와 80년대에 증가와 감소를 반복하던 캐나다 유입 이민인구는 1990년대 초에 증가된 이후 큰 변화 없이 유지되고 있다.[123)]

2) 이민 현황과 구성

첫째, 이민유형별 이민자 구성의 다양성을 들 수 있다. 이와 관련하여

123) 통계에 의하면 1990년대 초 이후 매년 평균 235,000명의 신규 이민자들이 캐나다에 입국하고 있다.

표 61 이민유형별 캐나다 유입 이민자 분포

이민유형	2006년	2007년	2008년	2009년	2010년
가족결합	70,517	66,242	65,581	65,204	60,207
경제이민	138,251	131,245	149,071	153,491	186,881
난민	32,499	27,954	21,858	22,848	24,693
기타	10,375	11,313	10,737	10,629	8,855
합	251,642	236,754	247,247	252,172	280,636

출처: J. G. Reitz, 2014: 96의 tablel 2에서 발췌.

〈표 61〉은 2006년~2010년의 이민유형별 이민자 분포 추이를 정리한 것이다.

전체적으로 연평균 25만여 명의 신규이민자가 캐나다에 입국하고 있다. 특히 2010년에는 신규이민자 수가 28만 명까지 늘어났다. 경제이민의 수가 가장 많고 가족결합, 난민이 그 뒤를 잇고 있다. 한편, 〈표 62〉는 난민이 이민유형의 하나로 자리 잡은 후인 1980년부터 2016년까지 약 40년간 이민유형별 이민자 분포를 정리한 것이다.

〈표 62〉처럼 1980년대 이후 캐나다 이민자는 세 가지 유형으로 구성되어 있다. 그 가운데 가장 높은 비율을 차지하는 유형은 근로이민 즉 경제이민이다. 근로이민은 1980년대 상반기의 30% 중반에서 2010년대 중반에는 60% 정도를 차지하고 있다. 10년간 평균 수치를 보더라도 1980년대의 41.3%에서 46.7%(1990년대)과 57%(2000년대)로 상승했으며 이는 2011년~2016년 사이에 59.5%까지 올라갔다. 이러한 근로이민 비중은 국제적으로 유례를 찾아보기 힘들 정도로 높은 것이다.

두 번째로 많은 비중을 차지하는 유형은 가족 결합이다. 캐나다에서 영주하고 있는 가족과의 결합이 목적인 이민으로 1980년대와 1990년대에 높은 수치를 보이다가(각각 35.9%와 35.7%) 이후 비중이 하락되는 경향을 보이고 있다.

표 62 이민유형별 캐나다 이민자 분포 변화 추이(1980~2016년)

연도	이민유형				연도	이민유형			
	경제 이민	가족 결합	난민	기타		경제 이민	가족 결합	난민	기타
1980	38.1	33.2	28.4	0.2	2001	58.8	27.8	13.3	0.1
1981	49.9	33.0	16.7	0.4	2002	57.3	28.9	12.9	0.8
1982	45.6	36.4	17.7	0.4	2003	53.0	32.2	13.8	1.0
1983	32.8	45.0	21.3	0.8	2004	54.2	29.1	14.9	1.8
1984	35.2	40.9	23.0	0.9	2005	57.2	27.9	13.1	1.7
1985	35.9	40.9	22.4	0.9	2006	53.4	31.7	12.8	2.2
1986	37.6	37.5	24.3	0.6	2007	53.9	31.0	12.8	2.3
1987	43.8	34.3	21.2	0.8	2008	57.7	29.0	11.4	1.8
1988	48.3	29.5	21.4	0.8	2009	59.0	28.7	11.0	1.4
1989	45.2	30.4	23.6	0.8	2010	65.2	23.9	9.7	1.2
1990	41.4	34.5	23.2	0.9	평균	57.0	29.0	12.6	1.4
평균	41.3	35.9	22.1	0.7	2011	62.2	25.1	11.3	1.3
1991	35.8	39.1	24.0	1.1	2012	62.8	27.0	8.8	1.4
1992	36.2	42.2	20.3	1.4	2013	58.8	30.8	9.2	1.2
1993	38.8	44.4	15.0	1.8	2014	62.0	27.1	9.6	1.3
1994	41.5	42.2	14.6	1.7	2015	60.5	25.5	12.6	1.4
1995	46.2	37.4	15.7	0.6	2016	50.6	24.1	24.1	1.2
1996	51.5	32.5	14.6	1.4	평균	59.5	26.6	12.6	1.3
1997	55.8	29.5	13.4	1.3					
1998	51.4	31.3	15.9	1.4					
1999	53.1	29.7	16.6	0.6					
2000	56.5	29.1	14.2	0.2					
평균	46.7	35.7	16.4	1.2					

https://www.statcan.gc.ca/eng/dai/btd/othervisuals/other007 을 바탕으로 재정리
(검색일: 2019년 7월 22일)

마지막으로 난민 이민유형이다. 캐나다의 인도주의적 이민의 특징을 보이는 유형으로 1980년대에는 평균 20%를 상회했다. 이후 약간 수치가 떨어지는 모습을 보이고 있으나 국제적으로 난민에 대해 개방적인 자세를 견지하고 있음은 분명하다.

둘째, 이민 출신 국가 혹은 지역이 다양해지는 모습을 띠고 있다. 이미 언급한 바와 같이 1960년대까지 캐나다 이민 출신 국가는 유럽 중심이었다. 영국 출신 이민자를 선호하는 경향이 뚜렷했으며 이외에도 서유럽(독일, 네덜란드)과 남부유럽(이탈리아, 그리스, 유고, 포르투갈) 국가 출신의 이민자도 상당수 차지했다. 그 결과, 1971년의 통계를 살펴보면 영국(28.3%)과 여타 유럽 국가(51.4%)가 전체 이민자의 80%를 차지하고 있다. 하지만 이러한 양상은 포인트 시스템의 도입과 다문화주의정책 선언 이후 급격한 변화를 보이게 되었다. 우선, 1962년의 78%에서 1976년에는 38%로 하락되는 등 유럽 국가 출신 이민자의 비율이 많이 하락되었다. 반면에 아시아와 카리브 해안 지역 출신의 이민자 비율은 많이 상승되었다. 관련 수치를 살펴보면 1966년의 10%에서 1970년에는 23%로 상승되었다. 뿐만 아니라 가시적 소수 집단 또한 1971년 이전의 12.4%에서 2011년에는 78%로 급증했다.[124] 한편, 〈그림 4〉는 이상 살펴본 출신 지역별 이민자 분포의 다양성 추이를 보여주고 있다.

셋째, 지금까지 살펴본 캐나다 이민의 다양성은 언어 및 종교의 다양성으로 귀결된다. 먼저 언어에서 캐나다는 영어와 불어의 두 가지 공용어를 사용하고 있다.[125] 그럼에도 불구하고 캐나다인의 10%정도는 가정 등 사적 공간에서 공용어가 아닌 다른 언어를 사용하고 있는 것으로 나타난다(2011

---

124) 가시적 소수집단(visible minority)은 본래 캐나다 고용보호법에 명시되어 있는 것으로 원주민 외에 인종적으로 비코카시안(non-caucasian) 혹은 비백인(non-white in color)인 사람을 뜻한다. 일반적으로 아시아, 아프리카 출신 이민자가 이에 포함된다.

125) 10개 주 가운데 영어를 공용어로 지정하고 있는 곳은 앨버타 주 등 총 8곳, 프랑스어는 퀘벡 주 1곳이다. 한편, 뉴브런즈윅 주와 3개 준주(누나부트, 북서, 유콘)에서는 영어와 프랑스어 등 2개 언어가 공용어이다. 이상의 공용어와 입법, 사법, 행정, 교육 등 분야별 공용어에 대해서는 김진수, 2011을 참조.

출신 지역별 캐나다 이민자 분포의 다양성

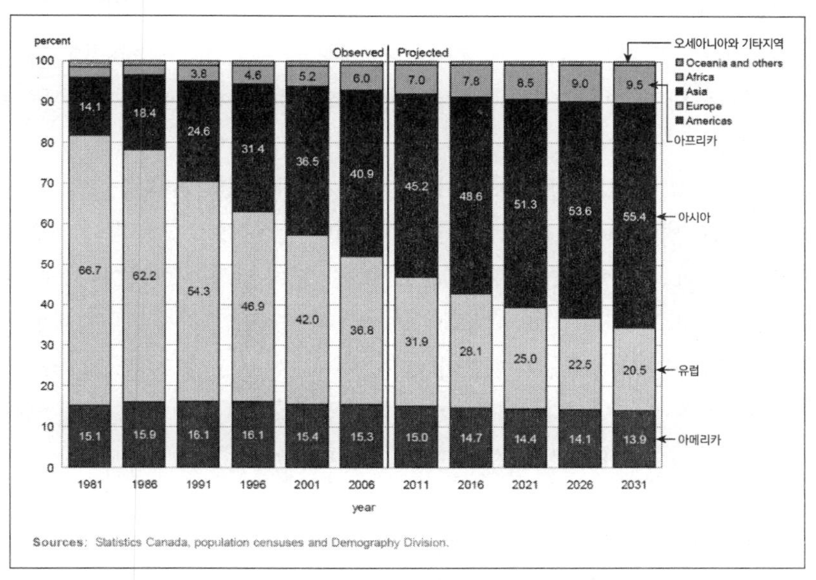

출처: E. C. Malenfant et al., 2010:9(figure 2)에서 재인용.

년 전국 가계 조사). 이 수치는 1971년(7% 미만)과 1991년(8%)에 비해 증가된 것이다. 특히 퀘벡 주, 온타리오 주, 브리티시컬럼비아 주 등 이민자들이 많이 거주하고 있는 주에서는 6가구 중 1가구가 집에서 영어와 불어 외의 언어를 사용하고 있다. 한편, 종교의 다양성 또한 캐나다 이민 특징 중의 하나라 할 수 있다. 2006년~2011년 입국 이민자 가운데 47.5%는 기독교인이다. 하지만 이 수치는 1971년 이전의 이민자를 대상으로 조사했을 때의 78%에 비하면 많이 낮아진 것이다. 반면, 2001년~2011년의 이민자의 3분의 1은 자신을 무슬림(이슬람교도), 힌두교도, 시크교도 혹은 불교신자라고 답했다. 이는 1971년 이전의 3%에 비해 10배 가까이 늘어난 것이다. 캐나다 통계청에 따르면 2011년 조사 대상자의 11.6%는 비기독교인으로 이는 2031년에는 17~18%로 증가될 것으로 예측했다. 그리고 이 가운데 신도수가 가장 많은 종교는 이슬람교로서 6.8%가 될 것으로 보고 있다.

이처럼, 1980년대 이후의 캐나다 이민은 이전시기와는 달리 이민자 구성에서 다양성을 특징으로 하고 있다.

3) 이민정책의 변천: 인종차별에서 선별적 이민정책으로

지금까지 살펴본 이민 동향 수치만 가지고 본다면 캐나다는 포용적인 이민개방국가로 인식될 가능성이 높다. 하지만 실질적으로 캐나다는 선별적 이민 국가의 대표적 국가이다. 매년 20~25만 명에 달하는 이민자의 60%를 차지하는 근로이민의 입국 허용을 위해 캐나다는 포인트 시스템에 바탕을 둔 선별과정을 거치고 있기 때문이다.[126] 캐나다에서 포인트 시스템 제도가 도입된 것은 1967년이다. 한편, 1867년 건국 이후 캐나다의 이민정책 역사는 아래와 같이 다섯 시기로 구분될 수 있다.

(1) 1867~1885년: 자유 이민의 시기(완전개방형)

1869년에 캐나다 최초의 이민법(immigration act)이 제정되었다. 이 법에는 이민과 관련하여 제한 규정이 없다. 왜냐하면 이 법은 본래 이민자의 캐나다 정착 기간 중에 이민자의 안전보장과 캐나다에 입국하자마자 발생할 수 있는 착취로부터 이민자를 보호하는 것을 목적으로 제정되었기 때문이다. 뿐만 아니라 맥도널드(J. A. Mcdonald) 당시 총리는 이민 문호 개방정책은 캐나다 서부로의 정착을 촉진할 것이라고 강조했다. 이렇게 볼 때 이 시기의 캐나다 이민정책은 이민 장려의 목적하에 자유 이민의 특징을 보이고 있다고 할 수 있다. 하지만 이 시기는 유출 이민 규모가 유입 이민을 상회했기 때문에 현실적으로 이 법으로 인한 인구 증가 효과는 별로 기대하기 어려웠다(U. George, 2012).

---

126) 포인트 시스템 제도를 실시하고 있는 국가로는 캐나다를 포함하여 영국, 호주, 뉴질랜드 등 영연방국가와 노르딕 국가 중에서는 스웨덴과 대조적인 이민제한정책 기조를 보이고 있는 덴마크 그리고 유럽 국가 중에는 네덜란드 등이 있다.

(2) 1885년~1940년대 중반: 인종차별적 이민정책 시기[127]

이 시기의 특징을 대변하는 대표적인 법으로 첫째, 중국 이민법(Chinese immigration act)을 들 수 있다. 1885년에 제정된 이후 1887년부터 1923년까지 다섯 차례 개정되었다. 종족적 뿌리에 바탕을 둔 이민자 배제를 명시한 최초의 법으로 제정법에 따르면 중국인 이민자에 대한 인두세(head tax) 즉 1인당 50달러를 부과하는 것이 주요 내용이다.[128] 한편 동법의 시행으로 1900년에 중국 이민자는 많이 감소된 것으로 나타난다. 한편, 1923년의 중국 이민법은 실질적으로 모든 중국인의 이민을 금지하고 있다. 왜냐하면 이민 가능한 중국인의 범주를 협소하게 명시하고 있기 때문이다. 구체적으로 외교관, 정부 대표단, 상인, 유학생 등에게만 이민 문호를 개방하고 있다. 이의 여파로 1923년~46년 사이 중국 이민자 수는 15명에 불과했다.

둘째, 1906년과 1910년의 이민법을 들 수 있다. 당시 캐나다 이민정책의 방향을 가늠할 수 있는 것으로 엄격성을 특징으로 하고 있다. 예컨대, 1906년의 이민법은 이민 금지 범주의 확대, 추방 과정의 공식화, 연방정부의 권한 강화가 주요 내용이다. 특히 연방정부의 권한 강화에서 동법은 문화, 종족, 민족에 바탕을 둔 이민자를 제한하지는 않았으나 필요한 경우 연방정부에게 특정 이민자 집단의 이민을 금지할 수 있는 권한을 부여했다. 1910년에 만들어진 이민법은 이전에 비해 더 강화되었다. 구체적으로, 이민 금지 리스트가 확대되었다. 예컨대 캐나다 환경과 필요에 부적절한 것으로 판단되는 이민 금지를 들 수 있는데 자선 단체 후원 이민자가 대표적이다. 그리고 이민과 관련하여 연방정부의 역할 또한 강화되었다. 즉 이민 승인 및 추방과 관련하여 연방정부의 재량권이 이전보다 더 강화되었다. 특히 동법은 사법부의 권한 제한을 통해 행정부의 역할 강화를 꾀하고 있다. 구체적으로 사법부는 이민정책 관계 장관의 결정을 리뷰하거나 파기, 감사 행위

---

127) 이 부분은 Statistics Canada(SC), 2016에 바탕을 둔 것임.

128) 인두세는 이후 개정을 통해 500달러까지 지속적으로 인상되었다.

혹은 청문회 소집을 할 수 없도록 명시했다.

셋째, 중국인에 대한 이민 제한 혹은 엄격성 강화와는 반대로 영국 등 특정 국가의 이민은 장려하는 정책을 실시했다. 대표적인 법이 제국정착법(Empire settlement Act)이다. 1922년에 제정된 동법은 white settler colony(백인 정착 식민지) 건설의 목적으로 영국과 영연방국가 간 협정의 성격을 띠고 있다. 주요 내용은 국가 간 상호 농업 경영자, 농업 분야 근로자, 하인, 미성년 이민자의 이민을 촉진하는 것이다. 이를 위해 당시 캐나다 정부는 이들을 위한 다양한 정착 계획을 마련함과 동시에 유출 이민을 위한 교통비용 보조 및 정착에 필요한 특화된 훈련을 실시했다. 유입 이민을 위한 다양한 프로그램 참가자로서 약 16만 5천명에 달하는 영국 이민자들이 캐나다에 입국했다. 뿐만 아니라 1925년에 체결된 철도 협약(Railway Agreement) 또한 캐나다의 노동 수요 충족의 목적으로 기업에게 유럽 출신 근로자의 충원 및 정착과 관련된 권한을 부여했다. 1931년에 제정된 추밀원령(Order-in-Council PC 1931-695)은 대공황의 여파로 캐나다 역사상 가장 엄격한 이민 승인정책을 표방하고 있음에도 불구하고 자립에 필요한 자본을 충분히 소유한 미국인과 영국인의 이민은 허용하고 있다.

이렇게 볼 때 1885년~1940년대 캐나다 이민정책은 중국인 등 아시아 국가 출신의 이민은 제한하는 반면, 영국을 비롯한 유럽 그리고 미국 출신 이민은 선호하는 모습을 보이고 있다. 결국, 그 배경에는 인종 혹은 종족적 뿌리가 고려되었음을 알 수 있다.

(3) 1940년대 중반~1960년대 상반기: 근대 이민정책의 틀 제시

세 번째 시기는 1940년대 중반부터 1960년대 상반기까지로 근대 이민정책의 골격이 완성된 시기이다. 예컨대 1946년에 구성된 이민문제 정부위원회는 1차 산업 육성에 필요한 노동력 공급을 위해 폴란드, 네덜란드 출신의 농업인 그리고 몰타 출신인의 이민을 승인했다. 그와 동시에 중국과 아시아 계통의 이민을 금지시킨 1923년 관련법을 무효화시켰다. 한편 1946년

5월, 당시 총리는 캐나다 이민정책의 틀과 관련하여 여섯 가지를 제시했는데 인구 증가, 경제발전, 선택적 이민, 능력 구비, 국내정책으로서 이민에 대한 전국적 통제, 마지막으로 이민으로 인해 캐나다의 인구 성격이 왜곡되어서는 안 된다는 것이 바로 그것이다(J. P. Lynch & R. J. Simon, 2003: 58). 이 여섯 가지는 현재에도 유효한 캐나다 이민정책의 틀이라 할 수 있다.

한편, 1910년의 이민법에 이어 두 번째로 마련된 1952년의 이민법은 기존법과 큰 차이는 없다. 기존 실행 규정을 재확인하고 정부가 추가 명령 제정 및 규정을 집행할 수 있는 법적 틀을 제시했다. 반면 1910년의 이민법과 차별성을 보이는 부분도 있으니 추밀원 수장의 권한 강화, 시민권 및 이민부 장관에게 이민 승인과 추방에 관한 재량권을 부여하는 것 등이 바로 그것이다. 마지막으로 1962년에 마련된 추밀원령(Immigration Regulations, Order-in-Council PC 1962-86)은 캐나다 이민정책에서 인종 및 종족 차별 요소를 제거했다는 점에서 역사적인 의의가 매우 크다. 구체적으로 본 령은 이민 승인의 결정적인 요소로 인종이나 종족적 뿌리 보다는 기술적 요인이 중요함을 천명했다. 그리고 후원 이민자의 범위도 확대되어 모든 캐나다인과 영주 이민자는 이민 목적의 친척을 후원할 수 있게 되었다. 실질적으로는 미국, 유럽 출신 국가의 이민자 선호 현상은 여전했던 시기이기도 하다. 그럼에도 불구하고 이상 살펴본 정책 방향이나 법령은 이후 캐나다 이민정책의 방향을 가늠하고 있다는 점에서 주목이 필요한 시기라 할 수 있다.

(4) 1960년대 중반~1990년대 말: 포인트 시스템 도입 및 난민에 대한 인도주의적 관심 고조(선별적 이민형)

네 번째 시기는 1960년대 중반부터 1990년 말까지로 이 시기의 중요한 이민정책을 살펴보면 다음과 같다. 첫째, 포인트 시스템에 의한 선별적 이민정책이 도입, 정착되었다. 우선 1967년의 개정 이민법은 인종차별 요소를 폐지하고 대신 포인트 시스템을 도입했다. 이는 인종차별적 이민정책에 대한 국제사회의 비난을 약화시킴과 동시에 근로이민에 대한 선발제도의 도입을 통해 캐나다의 경제발전에 대한 도움을 극대화시키겠다는 목적에서 도입된 것으로(J. P. Lynch & R. J. Simon, 2003: 58), 근로이민을 대상으로 연령, 교육수준, 공용어 능력, 직업 능력에 대한 평가를 통해 일정 점수 이상이 되는 사람만을 선발하는 제도이다. 이 제도는 고유의 자체 제도를 시행하고 있는 퀘벡 주를 제외한 모든 주에 적용된다(연방정부의 권한). 〈표 63〉은 주요 시기의 포인트 시스템의 산정 방식을 정리한 것이다.

〈표 63〉에서 몇 가지 변화된 모습을 볼 수 있다. 첫째, 이민 승인에 필

표 63 캐나다 포인트 시스템 산정 방식 변화(1996년 전 · 후)

항목	1996년 전	1996년(개정)	고려 요인
교육	12	16	학력
직업 기술	15	18	예정된 일자리, 훈련 기간, 캐나다 근로에 적합한 인턴십 유무 등
근로 경험	8	8	특정 직업 경험 유무 및 기간
직업	15	10	직업 리스트 포함 여부
지명 일자리	10(없으면 10점 감점)	10	지명 혹은 취업 예정된 일자리 유무 및 안정성
정착지 (location)	5(없으면 5점 감점)	삭제	-
연령	10	10	연령대/ 21~44세: 10점
공용어(영어, 불어) 지식	10	15	언어 수 및 수준
개인 적합성	10	10	비자 발급처 평가
인구통계학적 요인	-	8	연방정부의 연간 이민 규모에의 적합 여부
친족의 캐나다 거주	5	5	
합	100	100	
최소 필요 점수	50	70	

출처: James P. Lynch and Rita J. Simon, 2003: 59-61의 관련 표에서 발췌.

요한 최소점수가 상당히 높아졌다. 이는 1996년을 전후로 캐나다 이민정책이 엄격해졌음을 의미한다. 당시의 이민에 대한 새로운 비판 즉, 경기침제와 증가하는 난민 신청에 대한 비판의 목소리에 대한 정책적 대응의 성격이 짙다(U. George, 2012). 둘째, 이민 신청자의 캐나다 통합 가능성을 더 많이 고려하는 경향을 보이고 있다. 예컨대, 이민신청자의 교육(학력), 직업기술 그리고 공용어 구사능력 항목 배점이 이전보다 많아졌다. 반면 지명 일자리 유무 등 이민 신청 당시의 일자리 확정 유무 등에 대한 고려는 상대적으로 약해졌다. 이는 이민 신청 당시 일자리가 확정되어 있지 않더라도 이민 신청자의 잠재적 능력의 확인이 이민 승인 여부에 중요한 관건임을 의미한다. 특히 영어 혹은 불어 등의 공용어 구사 능력 항목은 향후 지속적인 배점 상향 조정의 대상이다.

이어서, 1976년에 이민법이 개정되었다. 먼저 그 과정을 살펴보면 1973년 당시 인력 및 이민부 장관은 기존 이민정책에 대한 재검토를 시작하고 그 결과물로 《녹서》를 발간했다. 이어서 구성된 특별위원회는 녹서 검토와 함께 의견 청취, 공공 협의를 통해서 획득된 정보에 바탕을 둔 65개 권고안을 마련하게 되는데 이는 1976년 이민법의 토대가 되었다. 동법은 서문을 통해 캐나다 이민법의 목표를 먼저 제시하고 있는바 가족 결합 촉진, 비차별, 난민에 대한 인도주의적 관심, 캐나다 사회 · 경제 · 문화 · 인구학적 목표 증진이 바로 그것이다. 이 가운데 마지막 목표는 이민은 경제 상황과 인구학적 요구의 결합물임을 의미한다(U. George, 2012).

한편, 동법의 주요 내용은 다음 네 가지이다. 첫째, 승인 가능한 이민 유형을 세 가지로 구분하고 있다. 포인트 시스템에 바탕을 둔 개별 이민자(경제 이민), 가족, 마지막으로 UN의 난민 지위에 관한 협약에 따른 난민이 바로 그것이다. 이처럼 난민을 여타 집단과 구분되는 이민유형에 포함시킨 것은 1976년 이민법이 최초이다. 둘째, 난민에 대한 인도주의적 관심이 많이 반영되어 있다. 예컨대, 동법은 UN의 난민 지위에 관한 협약에서는 포함되어 있지 않는 사람이더라도 박해 혹은 추방된 사람에 대해서도 이민 승인이 가능하도록 별도의 규정을 마련하고 있다. 셋째, 기존의 이민 불허 관련 조항을 건강, 공공 안전, 범법, 폭력, 사기와 관련된 배제 범주로 대체했다. 이는 기존의 개인 혹은 특정 집단 중심에서 개별 행위 중심으로 초점이 이행했음을 의미한다. 넷째, 연간 필요 이민 규모를 예측하고 이를 의회에 제출하도록 명시했다. 구체적으로 이민 관련 연방 정부부처는 주정부와의 밀접한 협력하에 특정 기간(연간)의 이민 규모를 계획하고 이를 공표하도록 했다. 이 조치는 지금도 시행되고 있는 것으로 동법은 필요한 경우 특별 이민 승인 규모의 대 의회 보고 역시 연방정부의 책무에 포함시켰다. 1978년 4월 1일부터 시행된 동법은 이전에 비해 진보적 성격을 띤 것으로 당시 정당, 이익집단, 학계 그리고 언론 등의 광범위한 지지를 얻었다. 이후 1980년대 초를 제외하고 매년 20만여 명의 이민자가 캐나다에 정착했다.

(5) 2000년대 초~현재: 이민 관리 및 유입 제한 정책(선별적 이민형)

이 시기에는 기존의 이민정책에서 변화가 목격되는 시기이다. 결론적으로 말하면 전체 이민 규모에서 통제와 관리를 강화하는 한편, 포인트 시스템에서 특정 항목의 배점 강화를 통해 사회통합에 적합한 이민자를 선발하고자 하는 의지를 보이고 있다. 그와 동시에 이민 승인에서 주정부의 요구를 반영하고자 하는 제도적 장치를 마련했다. 이의 구체적 내용을 살펴보면 다음과 같다.

첫째, 이민 규모의 관리 및 통제를 목적으로 하는 법이 제정되었다. 예컨대 국제 이민 압력과 9.11테러 이후의 테러리즘에 대한 대응의 목적으로 2001년에 이민과 난민보호법이 제정되었다. 1994년 비정당 자문위원으로 구성된 위원회의 활동 결과 보고서가 발간되었는데 여기에는 총 172개의 권고문이 수록되어있다. 2001년의 이민과 난민보호법은 이에 바탕을 두고 있는 것으로 1976년의 개정이민법을 대체한 것으로 평가되고 있다. 동법의 주요 내용은 이민의 핵심 원칙으로 평등 실현과 차별로부터의 해방, 아동보호(최상의 아동 이익 구현), 2가지 공용어 간의 지위 평등을 제시하고 있다. 그리고 이민유형을 경제이민(근로이민, economic immigrants), 가족

재결합(family class), 난민(refugee) 등으로 구분했다. 이는 기존의 이민 유형과 차이가 없다. 차이점 중의 하나는 난민을 세분화하여 UN 협약 난민과 보호가 필요로 난민으로 구분하고 있다는 점이다. 그리고 숙련 근로자 선발 제도 즉 포인트 시스템에서 나타나는 선발 원칙의 변화를 예고하고 있다. 구체적으로 기존의 직업기반 모델에서 유연성 고려 및 직업 전환 가능한 기술기반 모델로의 이행을 명시하고 있다(U. George, 2012). 이에 따라 〈표 64〉처럼 2001년 후의 포인트 시스템 산정 방식은 동법에 제시되어 있는 선발 원칙을 반영하고 있다.

2011년과 비교할 때 2019년의 산정방식은 간결성이 그 특징이다. 우선 항목 수에서 1990년대 중반까지 11개 항목에서 2010년 이후에는 6개 항목으로 대폭 축소되었다. 그리고, 공용어 구사 능력의 중요성은 날이 갈수록 강조되고 있다. 이는 1990년대 중반에 이미 나타난 현상으로 근로 경험이나 일자리확보 보다 더 중요한 것은 이민 신청자의 사회통합에 필요한 잠재적 요건 충족임을 보여주는 대목이다. 연령 중시 경향 역시 이러한 측면에서

표 64 포인트 시스템 산정 방식의 변화(2011년과 2019년)

2011년		2019년	
항목	배점	항목	배점
교육	25	전문성	25
공용어 능력	24	공용어 능력	28
근로 경험	21	근로 경험	15
연령	10	연령	12
취업 예정 일자리	10	취업 예정 일자리	10
적응성	10	적응성	10
합	100	합	100
필요 최소 점수	67	필요 최소 점수	67

출처: Herbert Grubel, 2013: 4의 표(2011년 배점표) 등.

이해될 수 있을 것이다. 한편 2001년 후에도 이민 관리 목적의 몇 가지 법이 제정되었다. 예컨대, 이민의 사전규제를 통해 캐나다 정부의 목적에 부합되지 않는 이민 신청에 대해서는 절차를 진행하지 않도록 했다(2008년). 뿐만 아니라 2010년의 이민계획조정법은 연간 이민자 규모의 상한선을 정하도록 했다.

둘째, 이민자 선발에서 주정부의 이민 수요를 가능한 많이 반영시키고자 정책적 노력이 가시화되었다. 정치체제에 관계없이 이민자 승인은 중앙정부의 책임이라는 일반적인 인식과는 달리 캐나다는 헌법에 명시되어 있는 것처럼 연방정부와 주정부의 공동 권한에 속해져 있다. 하지만 실질적으로는 1970년대까지 주정부는 거의 전적으로 권한 행사에서 소외되어 있었다. 한편, 1990년대부터 이러한 현상에 중요한 변화가 일어나기 시작했으니 이의 계기가 된 것이 주 지명 프로그램(Provincial Nominee Program, 이상 PNP)제도이다. 이 제도의 도입 배경으로 첫 번째, 이민에 대한 주정부의 관심 고조를 들 수 있다. 구체적으로 1990년대 초부터 퀘벡 주를 제외한 대부분의 주는 해당 지역의 낮은 이민 규모에 관심을 가지기 시작했다. 실례로 1995년을 기준으로 신규 이민자의 88%는 온타리오, 퀘벡, 브리티시컬럼비아 주 등 3개 주에 집중되었다. 반면 이민자 수가 적은 매니토바 주 등에서는 노동시장 불균형 문제가 심각했다. 즉 연방정부의 포인트 시스템으로 인해 저숙련 근로자 부족 현상이 발생한 것이다. 이에 각 주에서는 노동수요 충족을 위한 제도의 도입에 관심에 많은 관심을 가지게 되었다. 두 번째, 이러한 주의 요구에 대응하여 연방정부는 퀘벡주와 과거 협상의 전철을 밟지 않기 위한 대안적 제도로서 PNP 제도의 도입에 많은 관심을 가지게 되었다(F. L. Seidle, 2013).[129)]

PNP 제도는 근로이민의 선발권을 주정부에게 부여한 제도로서 1998년부터 시행되었다. 따라서 퀘벡 주를 제외한 모든 주는 나름대로의 이민범주

---

129) 연방정부는 퀘벡 주와 협약체결(Accord Gagnon-Tremblay-McDougall, 1991년)을 통해 퀘벡 주에 이민자 선발과 관련된 전권을 부여했음.

와 선발 기준을 가지고 있다. 연방정부에 따르면 PNP 제도는 다음과 같은 목적을 지니고 있다.

첫째, 주 혹은 준주의 경제적 우선순위와 노동시장 상황에 바탕을 둔 이민으로 인한 경제적 이익의 증대이다. 주정부는 연방정부에 비해 지역 노동시장의 욕구를 더 정확하게 파악할 수 있다. 뿐만 아니라 해당주의 고용주와 더 밀접한 관계를 형성하고 있으며 프로그램의 신속한 조율도 가능하다. 이렇게 볼 때 PNP 제도는 이민을 지역의 경제발전에 도움이 될 수 있는 기폭제로 활용할 수 있다. 둘째, 캐나다 전체 주 혹은 준주에 대한 이민 혜택의 공유이다. 기본적으로 PNP제도는 더 많은 이민을 원하는 소규모 주의 요청을 반영한 것이다. 실시 결과, 매니토바 주에서는 PNP 제도가 인구 증가에 중요한 기여를 한 것으로 나타났다. 프린스에드워드아일랜드 주를 비롯한 대서양 연안 4개주는 PNP 제도를 인구 감소의 대응 수단으로 간주한다. 이 외에도 모든 주는 PNP 제도를 사업 투자를 장려하고 가족 재결합을 촉진할 수 있는 제도적 장치로 여기고 있는 것이다. 이외에도 PNP 제도는 연방-주-준주 간 협력 강화, 소수민족 공동체에 캐나다 공용어의 확산 장려라는 목적을 지니고 있다고 연방정부는 강조하고 있다.

한편, PNP 제도의 실행 절차를 살펴보면, PNP 제도에 참여하는 주 혹은 준주는 먼저 연방정부의 이민관련 행정부처와의 상호 협약을 체결한다. 연방정부와 협약을 체결한 주정부는 그 내용에 따라 주별 스스로 PNP를 설계하고, 프로그램 수요를 파악한다. 그리고 이를 근거로 주정부는 필요한 이민자의 충원 및 이민자 지명권을 행사할 수 있다.[130] 마지막으로 주정부는 PNP의 모니터링, 평가 그리고 보고서를 발행해야 한다. 한편, 연방정부는 PNP를 통한 이민자에 대한 의학적, 범법, 치안 분야 등에서 확인을 거쳐 최종 승인의 임무를 맡고 있다. 〈표 65〉는 주 혹은 준주별 연방정부와의 협약 체결을 개관한 것이다.

〈표 65〉처럼 1998년에 시작된 연방정부와 주정부 간의 최초의 협약체

---

130) 한편, 이민 희망자는 정착하기를 원하는 주에 직접 이민 신청을 한다.

표 65 **캐나다 주 혹은 준주별 PNP 개관**

주/준주 명	협약체결년도 (최초)	유효기간	PNP 이민자 (2011년)	PNP 이민자 비중(전체 이민자 대비)
브리티시 컬럼비아(BC)	1998	2015년 4월	4,306	12.4
앨버타(AB)	2002	무기한	8,998	29.1
사스카치완 (SK)	1998	무기한	6,959	77.7
매니토바(MB)	1998	무기한	12,342	77.3
온타리오(ON)	2005	2015년 5월	1,708	1.7
뉴브런즈윅(NB)	1999	무기한	1,230	62.5
노바스코샤 (NS)	2002	무기한	779	36.4
프린스에드워드아일랜드(PE)	2001	무기한	1,565	90.4
뉴펀들랜드 래브라도(NL)	1999	무기한	274	40.2
유콘(YT)	2001	무기한	189	79.7
노스웨스트 (NT)	2009	2013년 8월	12	14.1

출처: F. L. Seidle, 2013: 5의 표.

결은 2015년까지 계속되었다. 그리고 기존에 체결된 협약을 갱신하는 주들도 등장했다. 한편, PNP 제도는 이민자의 주거 지역 분산에 많은 영향을 미쳤다. 특히 이 제도는 기존에 정착 지역으로 이민자의 선호가 낮았던 주의 이민 규모 증가에 긍정적인 효과를 미친 것으로 나타난다. 예컨대, 사스카치완 주, 매니토바 주, 프린스에드워드아일랜드 주와 유콘 준주에서는 전체 이민자 가운데 70% 이상이 해당 주의 PNP 제도를 통해 충원되었다.[131]

---

131) 2017년의 캐나다 전체 유입 이민 인구는 28만 6천 명이다. 이 가운데 경제 이민자 수는

셋째, 최근의 이민정책 역시 양질의 이민자 유인과 이들 가족의 이민을 장려하는 특징을 보이고 있다(OECD, 2017: 176). 대표적인 것이 신속입국 시스템(Express Entry system)이다. 이는 캐나다 경제에 필요한 직종 및 직업과 직결되는 이민자에 대해서는 신속 절차를 통해 이민을 허용하는 제도로서 2015년에 도입되었다. 그리고 가족의 재결합을 위한 여러 가지 조치가 2016년부터 실시되었다. 이민 절차의 간소화와 가족 이민 신청을 위한 업무 간소화가 특징인 이 제도의 도입으로 가족 이민의 규모가 2015년의 5만 명에서 2016년에는 6만 1천 명으로 늘어났으며 2018년에는 8만 명에서 8만 6천 명 사이 정도가 될 것으로 기대하고 있다. 2016년에 11월에 공포, 2017년 3월부터 시행된 세계기술전략(Global skills Strategy)은 새로운 일자리 창출을 위해 국제투자 촉진 및 고숙련 근로자의 유인을 목적으로 하고 있다.

한편 〈표 66〉은 지금까지 살펴본 캐나다의 이민정책 변천을 개관한 것이다.

표 66 캐나다의 이민정책 변천 개관과 유형 변화

시기 구분	주요 정책(법)	내용 및 비고	유형
1867~1885년	최초의 이민법(1869)	자유이민	완전개방형
1885~1940년대 중반	· 중국이민법(1885, 1923) · 이민법(1906, 1910) · 제국정착법(1922) · 철도협약(1925)	· 중국인: 인두세 부과 · 연방정부에 이민문제 권한 부여 · 영국 및 영연방국가 이민 장려 · 유럽출신 근로자 충원	선별적 이민형(인종차별정책)

15만 9천 명으로 전체 이민자 가운데 59%에 달하는 수치이다. 한편, PNP 제도를 통한 이민자 수는 49,700명으로 이는 전체 이민자 대비 17%, 그리고 경제 이민의 31%를 차지하고 있다. 한편, 2015년에 PNP 제도를 통한 이민자 수는 44,600명으로 이는 전체 이민자 대비 16%, 그리고 경제 이민 가운데 26%를 차지하고 있다. OECD, 2017과 2018.

시기 구분	주요 정책(법)	내용 및 비고	유형
1940년대 중반~ 1960년대 중반	· 추밀원령(1962)	· 중국 이민법 무효화(1946) · 이민정책의 여섯 가지 원칙 제시(1946) · 기술적 요인의 중요성 강조(1962)	선별적 이민형 (인종차별에서 기술 강조로)
1960년대 중반~ 1990년대 말	· 개정 이민법(1967) · 개정 이민법(1976)	· 포인트 시스템 도입(1967) · 이민정책의 4대 목표 제시 · 이민유형 구분 · 난민에 대한 인도주의적 관심 고조	선별적 이민형 이민자 적극 유치)
2000년대 초~	· PNP 제도 도입(1998) · 이민과 난민보호법(2001) · 이민계획조정법(2010)	· 주정부의 이민 수요 반영 · 포인트 시스템 산정 방식 변화 · 이민자 규모 상한선 설정	선별적 이민형 (이민자와 가족 선별정책)

2. 통합정책

앞에서 이미 언급한 바와 같이 통합정책은 신규 이민자 혹은 기존 이민자의 경제, 사회적 통합을 용이하게 위한 제반 정책을 의미한다. 여기서의 통합정책 대상은 해당 국가의 이민정책에 따라 이민 승인을 받고 이민국에 입국한 새로운 이민자들 혹은 기존 이민자이다. 따라서 통합정책의 핵심문제는 이들이 이민국 사회에 통합될 수 있도록 어떠한 정책 및 제도가 실시되고 있는가이다. 이를 위해서는 세 가지 영역에 대한 분석이 필요한 바 통합정책의 유형론적 특징(즉 구분배제 모델, 동화주의 모델, 다문화주의 모델, 시민통합정책), 이민자 사회통합을 위한 제반 정책(즉 교육 및 언어 프로그램 및 이민자 참여의 강제성 여부, 노동시장진입 및 유지를 위한 정책 및 제도), 마지막으로 시민권 인정이 바로 그것이다. 이상의 분석틀을 바탕으로 캐나다의 이민자 통합정책을 살펴보기로 한다.

1) 통합정책의 유형론적 특징: 다문화주의 혹은 시민통합적 다문화주의?

(1) 다문화주의

이민자 통합정책에서 캐나다는 다문화주의의 대표적 국가로 알려져 있다. 다문화주의는 집단으로서의 이민자 정체성 인정(종족 공동체)과 집단별 상이한 문화의 공존 및 이의 상호 존중에 바탕을 두고 있다.[132] 한편, 캐나다가 여타 국가와 분명한 차이를 보이고 있는 점은 다문화주의를 국가 이념이자 정책으로 간주하고 다문화주의를 실현하기 위한 국가의 역할을 강조하고 있다는 점이다. 그뿐만 아니라 캐나다는 세계 최초로 다문화국가임을 선언한 국가임과 동시에 다문화주의가 헌법에 명시되어 있는 유일한 국가이기도 하다(W. Kymlicka, 2012). 이를 고려하면서 캐나다 다문화주의의 등장 및 변천과정 그리고 특징을 살펴보면 아래와 같다.

① 1867년~1960년대 초: 일국 시민주의 그리고 동화주의

킴리카에 따르면 이 시기의 캐나다 통합정책의 기조는 건국 초기의 일국시민주의에서 동화주의로 이행되었다(W. Kymlicka, 2012). 특히 이 시기의 동화주의는 영국화와 동일시되었다. 이러한 당시의 통합정책은 영국인 혹은 백인 선호의 이민정책과도 맥락을 같이하는 것이다. 이렇게 볼 때, 캐나다에서 다문화주의에 대한 관심이 시작된 것은 1960년대로서 그 역사가 그렇게 길지 않다는 것을 알 수 있다.

② 1960년대~1970년대: 다문화주의 관심 등장 및 다문화주의 국가 선언

1969년에 2언어 2문화주의 왕립위원회가 발족되었다. 이는 당시에 팽배했던 비영국화 혹은 비미국화 주의 그리고 퀘벡 주의 분리주의 움직임에 대

---

132) 다문화주의에 대한 이데올로기, 정책, 사회현실 측면에서의 구분 시도에 대해서는 E. Kallen, 2004를 참조할 것.

응할 수 있는 캐나다의 새로운 국가 정체성을 확립해야 할 필요성에 기인한 것이다(I. Bloemraad, 2012). 위원회는 명칭에서 드러나듯이 지배 문화 혹은 공용어로서 영국과 프랑스에 초점을 맞춘 둔 것이다. 즉, 2개의 공용어(즉, 영어와 불어) 그리고 2가지 문화(영국과 프랑스)가 캐나다의 대안적 국가 정체성임을 강조했다. 이는 무엇보다도 영어 및 영국 지배 문화에 대한 퀘벡 주의 반발을 의식한 결정이다. 하지만 이러한 결정은 지배 문화로의 동화를 우려하는 여타 국가 혹은 소수 민족 출신 이민자들의 반발을 야기했다. 이에 기존의 동화주의도, 2언어 2문화주의도 아닌 제3의 대안적 통합정책이 등장했는데 이것이 바로 다문화주의이다(J. G. Reitz, 2012).

캐나다가 다문화주의 국가임을 선언한 때는 1971년이다. 당시 튀르도(P. Turdeau) 수상은 의회 연설을 통해 다문화주의와 문화적 자유를 동일시한다고 천명하면서 다문화주의 채택의 중요성을 강조했다. 이 자리에서 트뤼도 수상은 다문화주의의 틀 내에서 사회전체와 소수 집단을 연결하는 네 가지 정책 축을 제시하고 있는 데 문화 발전을 위한 공적 지원, 캐나다 사회 참여 보장 및 이를 위한 문화적 장애 철폐, 국민 통합을 위한 종족 집단간 교류촉진, 이민자의 사회참여를 위한 공용어 습득이 바로 그것이다(J. G. Reitz, 2012). 이는 집단으로서의 이민자의 정체성을 인정함과 동시에 이와 관련된 캐나다 정부의 관여(공적 지원)를 강조하고 있는 것이다.

여기서 중요한 점은 다문화주의 창달을 위한 국가의 역할을 강조하고 있다는 점이다. 즉, 자유방임형 다문화주의 국가인 미국과 달리 캐나다가 호주와 함께 정책접근형 다문화주의 국가 범주에 포함되는 것은 바로 이에 연유한 것이다(S. Castles, H. Haas, de. and M. J. Miller, 2014). 한편 트뤼도 수상은 이 자리에서 이민자 집단의 주류 사회통합도 동시에 강조하고 있다. 이를 위해 공용어(영어 혹은 불어)에 대한 이민자의 습득도 필요함을 천명했다. 요약하면 하나의 민족, 두 개의 공용어 그리고 복수의 문화, 이상 세 가지가 이 선언의 핵심인 것이다.133)

---

133) one people, two official languages, many cultures.

③ 1980년대 이후: 다문화주의의 법적 · 제도적 강화

다문화주의에 대한 캐나다 정부의 의지는 1982년에 제정된 헌법을 통해 확고해 졌음을 보여주고 있다. 헌법의 파트 1의 제목은 '캐나다 권리와 자유 헌장'으로 〈표 67〉처럼 구성되어 있다.

〈표 67〉에서 헌법 15(1)은 인종, 국적, 민족, 피부색, 종교, 성별, 연령, 장애에 관계없이 모든 개인은 법에 의한 동등 보호와 혜택의 권리를 갖고 있음을 명시하고 있다. 또한 15(2)는 소수민 집단의 불이익을 개선하기 위한 적극적 조치의 필요성을 강조하고 있다. 한편, 소수언어교육권리가 명시되어 있다(23조). 예컨대, 영어가 공용어인 주의 거주민이 불어로 기초교육

표 67 **캐나다 헌법 구성(파트 1)**

구분	section	주요 내용
권리 및 자유 보장	1	
기본적 자유	2	인식 및 종교 사상 · 신념 · 표현 자유집회 결사
민주주의적 권리	3~5	참정권 입법부(임기, 회기)
이동권	6	거주이전 삶의 터전 선택 제한: 주 법 적극적 조치(고실업 상태의 주)
법적 권리	7~14	생명 · 자유 및 치안 압류보호 체포 및 구금 통역지원 권리
평등권	15	법 외적 · 내적 평등 …/ 적극적 조치
공식 언어	16~22	영어 · 불어: 동등 지위(캐나다, 뉴브런즈윅 주)
소수언어교육권리	23	거주지 기준 소수 언어 사용 시민의 소수 언어 교육 권리(초등, 중등)
시행(이의제기)	24	
일반	25~31	원주민 권리 여타 권리 보호 다문화주의 유산 보호 및 강화 남녀 동등 적용, 준주 입법권 확대 없음
헌장 적용	32~33	
인용	34	

출처: Constitution Act 1982의 Part 1.

을 받았다면 초·중등학교에서 불어로 교육을 받을 수 있는 권리가 보장되어 있다. 또한 27조는 본 헌장이 다문화주의 유산 보호 및 강화와 양립하는 것임을 천명하고 있다. 한편, 밴팅(Banting)은 이 헌법이 다문화주의적 통합의 접근방법에서의 경계를 제시하고 있음을 강조하고 있다. 예컨대, 종교 및 사상의 자유 등의 조항은 다수로부터 소수종족을 보호하고자 하는 의지를 담고 있다. 반면 이 헌법은 용납할 수 없는 다문화주의의 위협에 대한 방지 역할도 하고 있다. 다시 말하면 정당한 문화적 전통의 영역을 한정시키고 있다. 예컨대 남녀동등 적용 조항은 특정 종교에서 나타나는 여성 억압적 요소에 대해서는 용인하지 않을 것이라는 것을 시사하고 있는 것이다(K. Banting, 2014).

이처럼, 캐나다의 다문화주의는 단순히 정치적 수사가 아니라 헌법 사안이자 국가이념인 것이다. 뿐만 아니라, 1988년에는 다문화주의에 관한 법이 제정되었다. 여기서는 다양성을 캐나다 사회의 기본 성격으로 규정하면서 이러한 다양성 유지와 평등 실현을 위해 다양한 문화적 유산 보존 및 강화, 경제적·문화적·정치적 등 모든 영역에서의 평등 실현을 천명하고 있다. 특히 이 법은 다문화주의의 유지 및 강화를 위한 연방기구의 의무를 구체적으로 명시하고 있다. 그리고 이러한 연방기구의 활동은 연간 보고서를 통해 평가받고 있다. 이처럼 이 법은 실질적 실행법률의 성격과 기능을 수행하고 있는 것이다. 그리고 2002년에는 6월 27일을 다문화주의의 날(canadian multiculturalism day)로 정하는 왕령이 공포되어 오늘에 이르고 있다.

한편, 다문화주의에 대한 캐나다의 관심은 비단 연방정부에 국한되어 있는 것은 아니다. 〈표 68〉처럼, 주정부 또한 다문화주의를 구현하기 위한 관련법이 제정, 시행 중이다.

〈표 68〉처럼, 다문화주의 관련법이 최초로 제정된 곳은 캐나다 연방정부가 아니라 사스카치원 주이다(1974년). 이를 시작으로 프린스에드워드아일랜드 주(1983년), 뉴브런즈윅 주(1986년) 등에서 다문화주의에 관한 법을 제정했다. 2009년을 기준으로 캐나다 13개 주 혹은 준주 가운데 10곳이 다문화주의를 구현하기 위한 법을 제정, 시행하고 있는 것이다.

표 68 캐나다 다문화주의 및 상호문화주의 관련법 및 정책 변천(2009년 기준)

구분	법명 혹은 정책	특징
캐나다	캐나다 다문화주의 법(1988)	
브리티시컬럼비아 주	다문화주의법(1993 / 1996)	EmbraceBC
앨버타 주	문화유산법(1984) 다문화주의법(1990) 인권, 시민법, 다문화주의법(1996) 인권법(2009)	자문위원회
사스카치원 주	다문화주의법(1974 / 1997)	다문화주의법 채택 최초의 주
매니토바 주	상호문화주의 위원회 법(1984) 다문화주의법(1992) 민속문화 자문 및 옹호 위원회 법(2001)	자문위원회
온타리오 주	다문화주의정책 실시(1977) 시민권 및 문화부 법(1982 / 1990)	
퀘벡 주 (상호문화주의, intermulticulturalism)	문화공동체 및 통합부 법(1981) 문화공동체 및 이민위원회(현: 상호문화 위원회 법(1984) 이민 및 문화공동체부 설치법(2005)	Autant de façon d'être quebecois(1981) 상호문화 및 상호인종 선언(1986) Let's build Quebec Together(백서/1990) Diversity: an added value(2008)
노바스코샤 주	다문화주의법(1989)	
뉴브런즈윅 주	다문화주의정책(1986)	
프린스에드워드 아일랜드 주	다문화주의정책(1983 / 1988?)	
뉴펀들랜드 래브라도 주	다문화주의정책(2008)	

출처: M, Dewing, 2009(2013) ; J. Garcea and N. Hibbert, 2011: 37에서 재인용.

이상 언급한 법들을 바탕으로 캐나다는 여러 다문화주의정책을 실시하고 있다. 여기서 나타나는 특징 중 하나는 비영리조직(NPO)의 역할이다(B. Evans, J. Shields, 2014). 예컨대 연방정부 혹은 주정부는 재정 지원 역할을 수행하고 있다면 비영리기구는 이를 바탕으로 서비스를 실질적으로 제공하는 역할을 담당하고 있다.[134] 이러한 공사역할분담모형은 1990년대 말에 형성된 것으로 연방정부의 이민자 통합정책 방향 설정, 지역 특성에 맞는 주정부의 정착지원 서비스 체계 설정, 그리고 전문성을 지닌 비영리기관에 의해 서비스 제공이라는 특징을 보여주고 있다. 이들 기관 중 상대적으로 규모가 큰 복합 서비스(multi-service)기관은 연방정부 통합프로그램을 위탁받아 수행하거나 이민자 대상 프로그램 및 서비스를 직접 개발하고 조율하는 일을 하고 있다.

(2) 시민통합적 다문화주의

한편, 여기서 제기하고자 하는 질문은 국내학계에서 알려진 바와 같이 캐나다의 이민자 통합정책이 다문화주의 성격에 국한되어 있는가 하는 것이다. 결론부터 이야기한다면 캐나다의 이민자 통합정책은 다문화주의정책과 시민통합정책 간 결합의 산물이라는 것이다. 이를 위해서는 시민통합정책과 다문화주의 사이의 관련성에 대한 논의를 살펴본 후 캐나다 사례에 초점을 맞추고자 한다.

① 시민통합정책과 다문화주의의 관련성

이미 언급한 바와 같이 시민통합정책은 이민자의 정치, 경제, 사회로의 적극적 통합을 위해 이민자의 이민국 언어 습득, 이민국의 역사, 규범 및 제도 지식 함양을 위한 교육의 실시를 강조하고 있다. 그리고 국적 취득의

134) 캐나다에서는 이런 역할을 수행하는 민간비영리조직을 이민자 정착 지원 서비스 기관(service provider organizations, SPOs)으로 부르고 있다.

요건으로서 이에 대한 테스트 제도를 도입한 국가도 등장하는 추세에 있다. 이러한 시민통합정책에 대한 관심이 필요한 이유 중의 하나는 다문화주의의 대안으로 간주되고 있기 때문이다.

이와 관련하여 시민통합정책 주창론자들은 세 가지 테제를 강조하고 있는데 첫 번째는 시민통합정책과 다문화주의는 상쇄관계(trade-off)에 있다고 보고 있다(상쇄 테제). 이는 양자 간 비양립적 성격을 강조하는 것으로 시민통합정책과 다문화주의 간에는 영합 관계가 있음을 시사한다. 둘째, 이의 연장선상에서 국가별 이민자 통합정책은 시민통합정책으로 수렴되는 경향을 띠게 될 것이라고 주장한다.[135] 이는 두 가지 의미를 담고 있는데 국가별 다양성 대신 시민통합정책을 중심으로 국가 간 유사성이 증가될 것이며(수렴테제), 시민통합정책의 부상은 곧 다문화주의의 후퇴를 의미한다(다문화주의 후퇴론). 한편, 〈표 69〉는 세 가지 테제의 타당성을 확인하기 위해 국가별 실증 분석 결과를 정리한 것이다.

먼저, 상쇄 테제의 타당성을 살펴보자. 유럽 14개 분석 대상 국가 중 아일랜드, 이탈리아 그리고 영국을 제외한 11개 국가에서 시민통합정책과 다문화주의정책 간 비양립적 성격이 있음을 보여주고 있다. 다시 말하면 다문화주의지표의 수치가 높은 국가에서의 시민통합정책지표 수치는 낮게 나타난다(그 역도 성립). 이렇게 볼 때 상쇄 테제의 타당성은 높다고 할 수 있다.

둘째, 수렴테제이다. 시민통합정책 주창론자들의 견해와는 달리 여전히 국가간 다양성을 발견할 수 있다. 유형별로는 다문화주의 지배형과 시민통합정책 지배형이 가장 많다(각각 5개국씩). 영국은 양자 모두 강한 성격이 있는 국가인 반면 아일랜드, 이탈리아, 그리스는 두 성격 모두 약하다. 이렇게 본다면 수렴테제의 타당성은 매우 낮다고 할 수 있다.

---

135) 이의 자세한 내용은 Ch. Joppke, 2007 ; S.W. Goodman, 2010 ; S.W. Goodman and M. Wright, 2015 ; R. Koopmans, I. Michalowski and S. Waibel, 2012 등을 참조할 것.

표 69 시민통합정책지표와 다문화주의정책지표의 국가 비교

국가	CIVIX 2009	MCPs 2010	성격 구분	
			시민통합정책 (CIVIX)	다문화주의 (MCPs)
스웨덴	0.0	7	약	강
벨기에	0.5	5.5	약	강
아일랜드	0.5	3	약	약
이탈리아	0.5	1	약	약
포르투갈	1.0	3.5	약	강
핀란드	1.0	6	약	강
스페인	1.0	3.5	약	강
영국	4.5	5.5	강	강
그리스	1.0	2.5	약	약
독일	6.0	2.5	강	약
덴마크	5.0	0	강	약
네덜란드	4.5	2	강	약
프랑스	3.5	2	강	약
오스트리아	4.5	1.5	강	약
평균	2.07	3.25		
캐나다	-**	7.5	-**	강

*성격 구분에서 강과 약의 판단은 평균치를 기준으로 한 것임.
**CIVIX 조사가 본래 유럽 15개국을 대상으로 하고 있기 때문에 캐나다 관련 수치가 빠져 있음.
출처: S. W. Goodman, 2010: 763의 table 2와 E. Tolley, 2016: 2-3의 표를 바탕으로 재정리.

셋째, 다문화주의 후퇴론이다. 다문화주의의 대안으로서 1990년대 중반 이후 등장한 시민통합정책은 결국 다문화주의의 후퇴를 가져올 것이라는 것이 이들의 입장이다. 하지만 10여 년이 지난 후에도 다문화주의는 여전히 이민자 통합정책의 주요 패러다임으로 자리 잡고 있는 국가가 상당수 있음을 알 수 있다. 결국, 시민통합정책 주창론자의 세 가지 테제 중 상쇄 테제는 타당성이 높은 반면 수렴테제와 다문화주의 후퇴론은 그 반대의 모습을 보이고 있는 것이다.

② 캐나다 사례

캐나다 사례는 상쇄테제의 타당성을 재검토할 필요성을 제기하고 있다는 점에서 매우 중요하다. 구체적으로, 킴리카와 밴팅 등 캐나다 학자들은 다문화주의와 시민통합정책이 양립될 수 없다는 유럽일부학자들의 견해에 강하게 반박하면서 그 근거로 캐나다 사례를 제시하고 있다. 먼저 킴리카는 캐나다의 이민자 통합정책에는 다양성 인정을 바탕으로 하는 다문화주의적 요소뿐만 아니라 시민통합적 요소도 포함되어 있음을 강조한다. 예컨대 시민통합정책에서 중요하게 간주하고 있는 입국단계의 언어 충족 요건, 통합단계에서의 적응 지원, 언어 훈련 프로그램의 실시 등이 대표적인 사례이다. 게다가, 언어 훈련 프로그램의 참여가 자발적인 성격임을 강조하면서 이러한 캐나다 사례는 다문화주의와 시민통합이 양립 가능할 뿐만 아니라 여기서 나타나는 다문화적 통합(multicultural integration)은 여전히 서구 민주주의의 유효한 선택지의 하나(a live option)임을 보여주고 있다고 강조한다(W. Kymlicka, 2012:20).

밴팅은 유럽 일부 국가에서 나타나는 시민통합정책의 상당 부분은 캐나다의 경우, 1970년대에 이미 도입 · 정착되었음을 지적하고 있다.[136] 그리고 영 · 불어 언어 교육 등 통합을 위한 정착 서비스에 소요되는 재정은 다문화주의 프로그램의 50배에 달한다.[137] 뿐만 아니라 캐나다의 국적 취득 요건은 상당히 엄격하여 언어 능력, 역사 및 사회 지식, 경제적 자기 충분성의 검증 절차(테스트)가 필요하며 충성 서약식에도 참석해야 하는데 이 역시 시민통합적 요소와 부합되고 있음을 강조한다. 따라서 캐나다의 '다문화주의'는 엄밀히 말하면 '다문화주의적 통합'으로 이러한 형태의 존재는 시민통합정책과 다문화주의간 비양립성 테제의 타당성에 대해서 의문을 품게 한다고 지적한다(K. Banting, 2014). 그뿐만 아니라 다문화주의 후퇴 혹은 시

136) 대표적으로 연방정부와 주정부의 공동재정부담하에 주별로 실시되고 있는 정착 서비스를 들 수 있다.

137) 10억 CAD(캐나다 달러) 대 2천만 CAD

민통합정책으로의 수렴은 담론 차원에 그치는 것으로 현실적으로는 다문화주의정책이 현상유지 혹은 확대되는 현상을 보이고 있다고 강조하면서 이의 대표적인 국가로 캐나다를 지목하고 있다. 이렇게 볼 때 캐나다의 이민자 통합정책은 다양성을 바탕으로 집단으로서의 이민자의 정체성을 인정하고 집단별 상이한 문화 공존을 위한 국가의 관여를 당연하게 여기는 다문화주의와 시민성 함양 교육 참여와 국적 취득의 엄격성을 특징으로 하는 시민통합정책적 요소가 결합된 '시민통합적 다문화주의(civic integration multiculturalism)'로 보는 것이 적절할 것이다.

2) 시민통합적 다문화주의 프로그램

지금까지의 논의를 바탕으로 캐나다의 이민자 통합정책을 다문화주의와 시민통합으로 구분하고자 한다. 양자 모두 연방정부의 주관하에 실시되고 있는 것들에 초점을 둘 것이다.

(1) 다문화주의정책 프로그램

캐나다의 다문화주의정책은 1988년에 제정된 다문화주의에 관한 법에 바탕을 두고 있다.[138] 1988년 이후 다문화주의정책은 모든 캐나다인에게 개방적인 포용적 사회 건설 및 사회적 결속의 공고화를 목적으로 하는 프로그램에 대해서 재정 지원을 하고 있다.[139] 여기서 말하는 다문화주의정책은 네 가지 목표를 지니고 있는바 첫째, 공공정책 결정 과정에 종족 · 문화적 · 인종적 소수집단의 참여(시민 참여), 둘째, 인종차별주의에 대항하는 지속적 활동과 비공식적 대화에 공동체 혹은 폭넓은 공공 관여(반인종주의/반혐오/문화 간 상호 이해), 셋째, 시스템 차원의 장애물 제거를 위한 공적 제도

138) 이 법에 따라 정부의 다문화주의정책에 관한 보고서가 매년 발간되고 있다.

139) 이하 내용은 CIC, 2012에 근거한 것임. CIC(시민권 및 이민부)는 2015년 IRCC(이민, 난민 및 시민권부)로 개칭.

(제도적 변화), 넷째, 다양성에 부응하는 연방정부 정책, 프로그램 및 서비스(연방제도 변화)가 그것이다.

이를 구현하기 위해 다문화주의 프로그램은 다음과 같이 네 가지 요소로 구성되어 있다. 첫째, 'Inter-Action'으로 불리는 요소로서 다문화주의 프로젝트를 수행하는 기관에 대한 재정지원이다. 이를 위해서 재정 지원을 원하는 기관은 계획서를 제출해야 한다(Call for proposals, CFP). 법정 절차를 거쳐 계획서 당 최대 140만 캐나다 달러의 재정 지원이 이루어진다.

둘째, 대중 교육 실시 및 증진 요소이다. 이에는 5개 실행주체가 있는데 그 가운데 Asian Heritage Month(AHM)가 있다. 매년 5월에 열리는 이 행사는 캐나다의 문화적 다양성, 경제 발전에 끼친 아시아 유산의 공헌을 캐나다 사람들에게 알리는 것으로 목적으로 하고 있다.[140] 이처럼 소수집단이 캐나다 역사, 경제, 문화 발달에 끼친 공헌을 널리 알림으로서 캐나다인들의 소수 집단에 대한 올바른 인식 정립에 도움을 주고자 하는 것이다.

셋째, 연방 및 여타 공적 제도 지원이다. 이는 다문화주의의 홍보 및 번창에 필요한 워크숍 등 행사 개최, 여론 조사, 보고서 발간 등의 임무를 맡고 있는 연방 기구 및 여타 공적 제도에 대한 지원을 의미한다. 또한 연방정부와 주정부간의 정보 교환 촉진 그리고 다양성 접근에서 최상의 실행 사례를 널리 알리는 역할도 포함된다.

넷째, 다문화주의와 직결되어 있는 국제 활동 촉진을 들 수 있다. 이처럼 캐나다는 단순히 정치적 수사가 아니라 국가를 대표하는 상징적 표상이자 이념인 다문화주의를 유지·발전시키기 위한 여러 정책이나 프로그램이 시행 중이다. 이를 위해 캐나다 연방정부는 연 1,500만~2,000만 캐나다 달러(한화로 130억 원~170억 원)의 예산을 지출하고 있다.[141]

한편, 캐나다의 다문화주의에 포함될 수 있는 정책으로 다언어교육 정책

---

140) 2018년 행사 캠페인은 "Passing it forward: Culture through the generations"임.

141) 2009~10년과 2010~11년의 다문화주의 분야 정부 지출은 각각 1,320만과 1,530만 캐나다 달러임.

을 들 수 있다(박영순, 2007). 다언어 교육에는 네 가지 유형이 있는데 원주민을 대상으로 하는 토착어-영어의 이중언어교육, 이민자들을 대상으로 실시되는 모국어-영어의 이중언어교육, 불어 사용 지역의 불어-영어 이중언어교육, 마지막으로 다수민을 위한 부가적 언어교육이 바로 그것이다. 이 중 다문화주의의 정신에 부합되는 것은 두 번째 유형이다. 즉 불어와 영어 등 2개 국어를 공용어로 채택하면서도 이민자 집단의 모국어 강좌 역시 공교육기관을 통해 개설되어 있는 것이다.[142]

(2) 시민통합정책 프로그램

밴팅이 강조하는 바와 같이 1990년대 중반에 유럽 일부 국가에서 등장한 시민통합정책을 캐나다는 이미 1970년대 중반에 도입하였다. 대표적인 프로그램 두 가지만 살펴보면 다음과 같다.[143]

① 이민자 정착 및 적응 프로그램(ISAP)에서 정착프로그램(SP)으로

1974년에 도입되어 지금도 실시되고 있다.[144] 이는 연방정부 및 주정부의 역할 분담하에 각 지역 단위 이민자 정착 지원 서비스 기관(SPOs)이 실시하고 있는 서비스들의 총칭이다. 2011년 명칭 변경과 함께 재편된 서비스는 성격상 직접적인 서비스 전달, 지원 서비스, 간접 서비스 등 세 가지로 구분된다(IRCC, 2017).

첫째, 직접적인 서비스 전달은 서비스 제공 기관에 재정 지원을 하는 것으로 서비스 제공 기관은 욕구사정 및 의뢰(NARS), 정보 제공 및 오리엔테이션 서비스(i&o), 언어 평가(LA), 언어훈련(LT), 고용서비스(ER), 지역사회연계(CC) 등 총 6가지 서비스 중 하나 이상을 담당하고 있다. 이 중 언어

---

142) 이민자 모국어 강좌는 일반적으로 토요일에 열림.

143) 한편 국내의 대부분 연구는 이를 다문화주의정책에 포함시키고 있는데 이는 다문화주의에 대한 오해 혹은 시민통합정책에 대한 인식 부족에서 비롯된 것으로 보인다.

144) 2011년 정착 프로그램(Settlement Program)으로 개칭됨. cf. CIC, 2011

평가는 캐나다 언어 벤치마킹(CLB) 혹은 캐나다어 능력 정도(NCLC)에 맞추어 진행된다. 고용서비스에는 일자리 배치, 고용 네트워킹 등이 포함되어 있다.

둘째, 지원서비스는 신규이민자의 직접적인 서비스 접근 장애 요소의 제거에 역점을 두고 있다. 예컨대, 보육서비스, 통역, 이동, 장애 지원, 긴급 상담 등을 들 수 있다.

마지막으로 간접적 서비스는 SPOs 파트너십 고양, 역량 구축 그리고 최상의 실행 사례 공유 등의 프로젝트를 포함하고 있다. 지역이민 파트너십(LIP)과 불어권 이민 네트워크(RIF) 등 2개 거대 기관이 간접적 서비스 활동에 관여하고 있다. 유의해야 할 점은 신규 이민자의 정착에 필요함에도 불구하고 이 프로그램 참여가 의무적이지 않다는 점이다. 대략적으로 20만여 명의 연간 이민자 중 39%에 해당하는 8만여 명이 적어도 하나 이상의 프로그램에 참여한 것으로 나타난다(2017년 기준, IRCC, 2017:4).

② 신규 이민자 언어 강좌(Language Instruction for Newcomers to Canada, LINC)

1992년에 도입된 이 프로그램의 목표는 이민자의 사회통합을 촉진하여 그들이 가능한 빠른 시간 내에 캐나다 사회의 구성원으로서 참여할 수 있도록 무료로 영어나 불어 교육을 제공하는 것이다. 구체적으로 신청 자격은 신규 이민자 가운데 학교 교육을 이수한 18세 이상의 영구 거주 혹은 신청 절차가 진행 중인 이민자 그리고 난민에 한한다. 반면, 난민 신청자와 임시 거주자는 적용 대상에서 제외된다. 그리고 신청 자격에 부합하는 사람들은 언어평가센터에서 실시하고 있는 언어능력검증시험에 반드시 응해야 한다.[145] LINC는 현재 캐나다에서 실시하고 있는 정착프로그램 중 가장 지출

145) https://settlement.org/ontario/education/english-as-a-second-language-esl/linc-program/what-is-the-language-instruction-for-newcomers-to-canada-linc-program/(2018년 7월 9일 검색)

규모가 크고 가장 많은 참여 규모를 보이고 있다.[146)]

이 프로그램 역시 ISAP 혹은 SP와 마찬가지로 임의적 참여 성격을 지니고 있다. 또한 이 프로그램에의 참가 여부가 향후의 캐나다 국적 취득과는 무관하다. 이런 의미에서 이를 시민통합정책이라고 보는 것은 무리라는 견해가 제기될 수도 있다. 하지만 이에 대해 밴팅은 시민통합정책은 강제성 여부에 따라 오스트리아, 덴마크 등의 비자유주의적 시민통합 유형과 스웨덴, 캐나다가 속하는 자발적, 다원주의적 시민통합유형으로 구분하며 두 유형 중 후자가 바로 다문화주의와 양립 가능한 유형이라고 강조하고 있다(K. Banting, 2014: 82). 다문화주의와 자발성에 바탕을 둔 시민통합정책의 결합 가능성을 볼 수 있는 대목이다.

3) 시민권 인정

국제적으로 다문화주의의 대표적 국가 혹은 시민통합적 다문화주의의 선도적 국가인 캐나다의 이민자 시민권 인정 특히 국적 취득요건을 살펴보는 것은 매우 흥미로운 일이다. 왜냐하면 포인트 시스템이라는 제도를 통해 선정된 이민자, 구체적으로 말하면 캐나다 사회통합에 긍정적인 요소를 지닌 이민자들의 국적 취득요건의 정도에 대한 분석은 이민정책과 통합정책의 제도적 정합관계를 살펴볼 수 있는 기준점이 될 수 있기 때문이다. 이론적으로 포인트 시스템과 다문화주의를 고려할 때 캐나다의 국적 취득요건은 관대할 것으로 추측된다. 만약 그렇지 못하다면 제도적 정합관계에 대한 면밀한 분석이 필요할 것이다. 이러한 점을 고려하면서 먼저 국적 취득과 관련된 법 제・개정의 역사를 살펴보자.[147)] 여기서 나타나는 특징 중의 하나

---

146) 약 10억 캐나다 달러에 달하는 정착 프로그램 총 지출의 34.2%를 차지하며 참여자는 약 5만 명임(2009년 기준). cf. CIC, 2010. 이외에도 내국인 자원봉사에 바탕을 두고 있는 호스트 프로그램, 재정 지원을 주요 골자로 하는 재정착 프로그램 등이 실시 중이다.

147) 이 부분은 캐나다 정부 공식 홈페이지의 내용과 법령 자료실에 내용에 바탕을 둔 것이다. https://www.canada.ca/en/immigration-refugees-citizenship/corporate/publications-

는 오랜 기간 영연방 자치령(dominion) 국가로서 캐나다 국적 취득 관련법은 영국의 관련법 종속에서 점점 분리되는 모습을 보이고 있다는 점이다.

캐나다 최초의 국적 취득 관련법은 1868년에 제정된 외국인과 귀화법이다. 여기서는 캐나다에 거주한지 3년이 지나면 귀화 신청이 가능하다. 한편 결혼 이민에서 캐나다인과 결혼한 외국 여성은 남편과 같은 국적을 취득할 수 있다. 다음으로, 캐나다 국적법 역사에서 중요한 법 가운데 하나는 1910년에 제정된 이민법이다. 왜냐하면 동법을 통해 처음으로 캐나다 시민권 그리고 캐나다 국민이라는 법적 용어가 등장하기 때문이다. 이 법에 따르면 외국 국적을 취득한 적이 없고 캐나다에서 태어난 사람, 캐나다 주택을 소유하고 있는 영국 국민, 캐나다 거주 주택을 소유하고 있는 상태에서 캐나다 법상 귀화한 사람을 캐나다 시민으로 규정하고 있다. 캐나다 시민으로서 누려야 할 권리까지는 명시되어 있지 않음에도 불구하고 동법은 기존의 영연방 자치령에 공통적으로 적용되었던 법과는 별도로 캐나다 시민의 정체성을 제시하고 있다는 점에서 역사적 의의가 크다.

이러한 흐름은 1946년에 제정되고 1947년에 시행된 캐나다 시민권법에서 좀 더 분명하게 나타난다. 시민권, 국적, 귀화 그리고 외국인 지위에 관한 법이 정식 법명으로 영국 국적법과 분리된 지위로서의 캐나다 시민권을 제시하고 있는 바 주요 내용은 세 가지이다. 첫째, 신속하게 국적을 취득할 수 있는 대상을 명시하고 있다, 대표적으로 캐나다 영토에서 출생한 영국인을 들 수 있다. 둘째, 국적 취득요건에 관한 것이다. 예컨대 입국 이민자의 신청에 필요한 최소 거주기간은 5년이다. 그리고 입국 이민자로 캐나다에 1년 이상 거주 후 캐나다사람과 결혼한 외국 여성 역시 귀화 신청이 가능하다. 셋째, 국적 상실의 경우로서 캐나다 국적 취득 후 10년 이상 캐나다가 아닌 다른 국가에서 거주한 경우를 들 수 있다.

---

manuals/operational-bulletins-manuals/canadian-citizenship/overview/history-legislation.html

한편, 1976년에 제정되고 1977년에 시행된 시민권법은 우선 기존의 이중국적 금지를 무효화했다. 달리 말하면 이전에는 이중국적이 법적으로 금지되어 있었다는 것을 의미한다. 그리고 국적 취득과 관련하여 속지주지 원칙을 적용하고 있다. 즉 캐나다에서 출생한 경우 캐나다 국적 취득이 가능하다. 단, 부모 모두 캐나다인이 아닌 경우 혹은 부모 가운데 한사람이 외국정부의 대표자 혹은 외국정부기관의 고용인인 경우는 예외이다. 한편, 입국이민자의 거주 기간은 3년으로 1946년 법에 비해 2년 단축되었다.

2014년에 만들어진 시민권법은 1976년 이후의 역대 국적 취득 관련법 가운데 가장 포괄적인 개혁 내용을 지닌 법으로 평가받고 있다. 제정 목적은 첫째, 캐나다 시민권의 가치 강화, 둘째, 이민자의 노동시장과 캐나다 공동체 사회에 성공적인 통합을 위한 정부의 개입을 지원하는 것이다. 먼저 국적 자동 부여 대상으로는 1947년 이전 캐나다 거주 영국인, 캐나다 출생자 혹은 귀화한 사람이다. 그리고 입국 이민자의 국적 취득요건을 몇 가지 항목으로 나누어 제시하고 있다.

첫째, 거주 기간 요건이다. 동법은 최근 6년 중 4년 이상 거주했음이 증명되어야 함을 명시했다. 이는 기존의 4년 중 3년에 비해 1년 늘어난 것이다. 한편, 거주 기간 요건과 관련하여 새로운 내용은 실질적 거주(physically present) 개념을 사용하고 있는 점이다. 기존에는 거주의 법적 개념이 불분명하여 실질적으로는 거주하지 않더라도 주거 기간만 채우면 캐나다 국적 취득이 가능했다. 동법은 이의 해결방안으로 4년 기간 중 연간 최소 183일은 캐나다에 실질적으로 거주했음을 증명하도록 했다. 거주 기간 요건에서 다른 한 가지 변화는 영구 거주자(permanent residents, PRs)가 되기 전의 거주 즉 한시적 거주 기간의 인정과 관련된 변화이다. 구체적으로 기존의 하루 당 2분의 1일에서 동법은 이를 아예 인정하지 않기로 했다. 이는 위에서 언급한 4년 거주 기간 요건은 실질적 거주만을 인정함을 의미하는 것이다.

둘째, 성인이 국적 취득을 원하는 경우에는 소득세 납부가 증명되어야 한다. 여기서 말하는 소득세는 소득세법에 명시되어 있는 것에 한정하며 소득세 납부 인정 기간은 신청일 기준 6년 중 4년이다.

셋째, 지식과 언어 요건이다. 미래의 캐나다 사람으로서 책임과 특혜뿐만 아니라 캐나다 역사에 관한 지식, 규범 및 가치에 대한 이해는 공민적 참여와 경제적 성공의 주요 요인임은 말할 것도 없다. 특히 영어와 불어를 통한 효과적인 의사전달 능력은 캐나다의 새로운 시민이 되는데 주요 요인이다. 이에 동법은 언어 능력과 캐나다에 관한 전반적인 지식 함양 여부를 테스트하는 대상을 기존의 18~54세에서 14~64세로 확대했다.148) 동시에 인도주의적 견지 혹은 사례의 특수성에 따라 테스트 면제도 가능함을 강조하고 있다.

최근의 이민법 개정은 2017년에 이루어졌다. 2015년의 총선에서 승리한 자유당은 2016년 2월 25일 법안을 상정했으며 이 법안은 2017년 6월 19일 국왕의 재가를 받았다. 동법에 명시되어 있는 국적 취득요건을 살펴보면 2014년의 법과 일정한 차이가 있음을 알 수 있다.

첫째, 국적 취득에 필요한 최소 거주 기간은 기존의 6년 중 4년에서 5년 중 3년으로 바뀌었다.

둘째, 실질적 거주 기간 요건은 폐지되었다. 구체적으로 2014년의 법에 따르면 4년 거주 기간 중 연간 최소 183일은 캐나다에 실질적으로 거주했음을 증명해야 했다. 하지만 이 조항이 폐지됨으로써 이민자들은 이전에 비해 국적 취득이 용이해졌다.

셋째, 변경된 조항 중에는 2014년 전으로 회귀한 것도 있다. 우선, 거주 기간 산정에서 한시적 거주 기간은 2014년 전에 적용되었던 하루 당 2분의 1일로 인정하고 있다. 그리고 지식과 언어 테스트 참가 대상 연령 역시 2014년 관련법의 14~64세에서 그 전의 18~54세로 환원되었다.

넷째, 국적 취득에 필요한 소득세 납부 증명 기간에서도 변화가 목격 되는 바 기존 6년 중 4년에서 5년 중 3년으로 바뀌었다.

다섯째, 국적 취득 승인과 관련된 이민부장관의 재량권이 확대되어 인도

148) 영어로 Citizenship Test라 함.

주의적 혹은 특별 사례로서 무국적 개념이 첨가되었다. 반면, 국적 취득 불가 항목의 해석도 강화되어 미결수도 기결수와 마찬가지로 국적 취득이 불가하게 되었다. 한편 〈표 70〉은 지금까지의 내용을 정리한 것이다.

표 70 캐나다 시민권 관련법의 변천과 주요 특징

연도	법명	내용 및 의의	국적 취득을 위한 최소 거주 기간
1868	외국인 및 귀화법	최초의 연방법	3년
1881	귀화와 외국인 법	1868년 대체 / 영연방 자치령 재산 소유 규정 통일	
1910	이민법	캐나다 시민 용어 최초 사용(캐나다 시민의 법적 지위 명시)	
1914	영연방 국적과 귀화 그리고 외국인에 관한 법	영연방 자치령 국가에 모두 적용 / 귀화 요건 통일	5년
1921	캐나다 국민법	캐나다 국민 (영국법과 분리된 지위)	
1946	캐나다 시민권법(시민권, 국적, 귀화 그리고 외국인 지위에 관한 법)	캐나다 시민권 명시 (영국 국적법과 분리) 이후 뉴펀들랜드 주, 캐나다 원주민 확대 적용	5년
1976	시민권 법	이중국적 불인정 폐지 이후 이민 후세대 규정과 입양 규정 개혁	3년(한시적 거주 기간 부분 인정)
2014	개정 시민권 법 (시민권 강화법)	가장 포괄적인 개혁	최근 6년 중 4년(한시적 거주 기간 불인정)
2017	개정 시민권법	국적 취득요건 변경	최근 5년 중 3년(한시적 거주 기간 부분 인정, 최대 365일)

표 71 **캐나다의 국적 취득요건**

	거주 기간 (년)	선량한 품행	경제적 자족성	언어 테스트	시민성 테스트(지식)	가치 테스트	국적증서 수여식		이중 국적	2세대 자동 국적 취득권
							참여	충성 선언		
충족 요건	최근 5년 중 3년	있음	-	있음	있음	있음	있음	있음	허용	있음

* 2010년 도입 / 종합적 판단 자료의 하나(교육에의 성실 참여도).
출처: OCDE. 2011; E. Ersanilli and R. Koopmans, 2010: 780(table 2)의 내용을 바탕으로 재정리.

한편 〈표 71〉은 캐나다의 현행 국적 취득요건을 정리한 것이다.

스웨덴, 프랑스와 비교 관점에서 캐나다의 거주 기간 요건은 상대적으로 관대한 편이다(스웨덴과 프랑스는 공히 5년).[149] 시민권 테스트를 통과해야 된다는 점은 스웨덴보다는 엄격한 반면 프랑스와 유사하다. 이중국적을 허용하는 점에서는 세 개 국가가 동일하다. 캐나다의 특징이 가장 드러나는 부분은 국적증서 수여식에 대한 강조 부분이다. 〈표 71〉처럼, 캐나다의 국적증서 수여식의 의무적 참석은 물론이거니와 충성 서약 또한 의무적이다. 이는 성인과 14세 이상 청소년에게 공히 적용되는 것이며 14세 미만의 경우에는 의무적인 것이 아니나 권장 사항이다.

국적 증서 수여식의 참석과 충성 서약에서 자발적인 성격을 보여주고 있는 스웨덴, 그리고 참석은 의무적이나 충성 서약은 의무 사항이 아닌 프랑스 사례를 고려할 때 국적 증서 수여식의 중요성을 강조하고 있는 점은 캐나다가 다문화주의를 지향하면서도 캐나다 국민으로서의 정체성 강조, 다시 말하면 시민통합정책도 못지않게 중요하게 생각하고 있음을 보여주는 대목이다.

---

149) 스웨덴과 프랑스의 현행 국적 취득요건에 대해서는 각각 제2부의 〈표 8〉과 〈표 35〉를 참조.

표 72 출신지역(국가)별 캐나다 이민자* 국적 취득률과 분석대상 국가 비교(2007년)

구분	고소득 국가	유럽연합 비회원국	중남미 국가	동아시아/동남아시아	북아프리카/중동	여타 아프리카	합
프랑스	36	40	59	87	50	55	47
스웨덴	65	94	87	91	97	96	82
캐나다	83	96	90	93	95	95	89
OECD 회원국 평균	51	63	71	73	75	74	61

* 이민국에 10년 이상 거주하고 있는 15~64세 이민자.
출처: OCDE, 2011: 30의 Tableau 1.1에서 발췌.

다음으로 〈표 72〉는 캐나다 이민자 국적 취득률을 여타 국가와 비교한 것이다.

입국 이민자의 캐나다 국적 취득률은 OECD 회원국 평균은 물론이거니와 본 저서의 분석 대상 국가 가운데 가장 높다. 캐나다 사례에서 특히 흥미로운 점은 출신지역(국가)별 국적 취득률이 별로 차이가 없다는 점이다. 이는 고소득 국가와 여타 지역(국가) 간 차이가 확연하게 나타나는 프랑스 혹은 스웨덴과는 다른 모습이다. 캐나다 이민자의 높은 국적 취득률은 그 후에도 변함없이 유지되고 있다. 예컨대 2011년에는 86.6%를 보였는데 이는 대표적인 이민국가 중의 하나인 호주(74.0%) 그리고 미국(43.7%, 2010년 기준)에 비해 월등히 높은 수치이다. 2016년의 조사 결과에 의하면 655만 3천여 명의 이민자 가운데 캐나다 국적을 취득한 사람은 561만 1천여 명으로 85.8%에 달한다(SC, 2013: 4). 캐나다의 국적 취득요건이 여타 국가에 비해 확연히 관대한 것으로 볼 수는 없다. 그럼에도 불구하고 국적 취득률이 이렇게 높은 이유는 무엇일까. 이에 대한 한 가지 답으로 영주권 부여와 국적 취득 간 제도적 상보성을 들 수 있다. 〈표 73〉은 이와 관련된 캐나다 정부의 통계치이다.

표 73 캐나다 영주권자와 캐나다 국적 취득자 비교

지표	목표치	성과치(%)		
		2014-2015	2015-2016	2016-2017
영주권자 중 국적 취득 비율	85% 이상	85.6	85.6	85.8
이민 서비스 수혜자 중 귀화 신청자 비율	80% 이상	-	-	90
이민서비스 만족자 중 귀화 신청자비율	90% 이상	-	-	94

출처: 캐나다 이민관련 정부부처 홈페이지
https://www.canada.ca/fr/immigration-refugies-citoyennete/organisation/publications-guides/plan-ministeriel-2018-2019/plan-ministeriel.html

〈표 73〉처럼 캐나다 정부는 영주권 취득을 국적 취득의 전단계로 인식하고 있다(영주권 전치주의). 그 결과, 2014년 이후 영주권 보유자 가운데 캐나다 국적을 취득한 이민자의 비율이 목표치인 85%를 상회하고 있다. 이상의 귀화 장려에 대한 국가 차원의 관심은 스웨덴, 프랑스는 물론이거니와 다른 국가에서는 찾아볼 수 있는 이례적인 모습이라 할 수 있다.

4) 캐나다 통합정책의 실행과 성과

그럼 이상의 캐나다 통합정책이 이민자의 삶에 어느 정도 영향을 미치고 있는지를 구분하여 살펴보자.

(1) 다문화관련지표에서 나타나는 캐나다의 특징

첫째, 다문화주의정책지표(MCPs)이다. 8개의 다문화지표를 통해 조사 대상 분석 21개 국가의 다문화주의정책 실행 정도를 확인하고,[150] 이를 바탕으로 세 가지 유형으로 구분하고 있다. 조사 결과 나타난 캐나다의 다문

표 74 캐나다의 다문화정책지표 수치 변화 추이(1980~2010년)

국가명	1980	1990	2000	2010	추이 (1980~1990)	추이 (1990~2010)
캐나다	5	6.5	7.5	7.5	완상	완상
21개국 평균	1.33	1.98	2.67	3.62	완상	완상

출처: http://www.queensu.ca/mcp/

화정책 실행 수치는 〈표 74〉와 같다.

〈표 74〉처럼 조사 대상 기간 캐나다의 다문화정책지표 수치는 5에서 7.5사이를 보이고 있다. 2010년에는 7.5점을 기록하고 있는데 이는 8점의 호주에 이어 두 번째로 높은 수치이다. 추이 또한 2000년과 2010년의 조사 결과는 이전 시기에 비해 다문화주의 성격이 강화된 것으로 나타난다. 한편, 유형 구분에서도 연구팀은 캐나다는 네 시기 공히 다문화주의가 강한 유형군에 포함되어 있다.

둘째, 이민자통합정책지표(MIPEX)이다. 조사 대상 정책영역이 가장 포괄적이며 조사 대상 국가 또한 가장 많은 이 지표의 국가 비교에서 나타나는 캐나다의 위상은 〈표 75〉와 같다.

표 75 캐나다 MIPEX 변화 추이

	2007	2010	2011	2012	2013	2014
총점(건강제외)	67	72	71	71	71	-
총점(건강포함)	-	-	-	-	-	68
순위	5	3	3	3	3	6*
조사대상 국가 수	28	31	36	36	38	38

* 건강영역포함

출저: http://www.mipex.eu/(Mipex 홈페이지)

150) 국가별 총점은 0점부터 8점까지로 점수가 높을수록 해당국가의 다문화주의 성격이 강하다. 이의 구체적 내용은 제2장에 소개되어 있음.

〈표 75〉처럼 캐나다는 2007년 이후 조사대상 국가 가운데 최상위에 위치하고 있다. 2007년의 5위에서 2010년부터 2013년까지는 3위로 상승한 후 2014년에는 6위로 하락되었다. 이는 여타 국가에 비해 이민자 통합정책에 매우 적극적이라는 것을 의미한다. 한편 〈표 76〉은 2014년을 기준으로 캐나다 이민자 통합정책의 영역별 점수와 위상을 정리한 것이다.

〈표 76〉의 영역별 점수로 절대평가(등급)와 상대 평가(순위)가 가능하다. 먼저 절대평가에서 MIPEX 연구단이 구분하고 있는 점수 구간별 등급 가운데 캐나다는 2개 영역(반차별, 노동시장이동영역)이 좋음, 4개 영역이 약간 좋음에 속한다.[151] 반면 정치참여(48점)와 건강(49점)은 보통에 속한다. MIPEX 연구단은 지방선거에서 투표권이 없는 점 그리고 건강 접근권에서 주별 차이가 존재하고 있는 점 등을 지적하고 있다. 특히 온타리오 주, 퀘벡 주, 앨버타 주 등 이민자가 집중되어 있는 주에서조차 건강 접근권에

표 76 캐나다 MIPEX의 정책영역별 점수와 위상(2014년 기준)

정책영역	점수	순위	등급
노동시장이동	81	5	좋음
가족결합	79	4	약간 좋음
교육	65	4	약간 좋음
정치참여	48	20	보통
영주	62	16	약간 좋음
국적 취득	67	8	약간 좋음
반차별	92	1	좋음
건강	49	18	보통
총점	68	6	

출처: http://www.mipex.eu/canada

151) 6가지 등급에 대해서는 제2부의 〈상자 2〉를 참조.

서 배제되어 있는 이민자가 있음에 주목하고 있는 것이다.

한편, 총점 순위를 기준으로 영역별 상대 평가를 살펴보면 등급 분석과 유사한 모습을 보이고 있음을 알 수 있다. 구체적으로 반차별, 교육, 가족결합 그리고 노동시장이동영역 등 4개 영역은 전체 순위(6위)보다는 높은 위치를 차지하고 있다. 특히 반차별 영역은 조사 대상국가 중 최상위를 차지하고 있다. 반면 정치참여영역 등 나머지 4개 영역은 전체 순위에 미치지 못하는 위상을 보이고 있다. 그럼에도 불구하고 국적 취득 영역은 전체 순위보다는 낮지만 여타 국가에 비해서는 상대적으로 엄격하지 않음에 유의할 필요가 있을 것이다. 국적 취득에 필요한 거주 요건의 관대성, 이중국적 취득 허용 등이 이의 근거이다.

이렇게 볼 때 이민자 통합정책은 캐나다를 다문화주의의 선도 국가로 자리매김하는 데 크게 기여했음을 알 수 있다. 하지만 앞에서 언급한 바와 같이 이민자 정착 프로그램의 강화, 신규 이민자 언어 강좌 프로그램의 실시, 국적 취득요건에서 시험을 통한 캐나다인으로서의 덕목 함양 여부의 검증, 국적 증서 수여식의 의무적 참여 등 시민통합적 정책도 못지않게 중요한 것으로 인식되고 있음에 유의할 필요가 있을 것이다.

(2) 이민자의 노동시장통합 성과

여기서는 이민자의 노동시장통합 성과를 몇 가지 관련 지표를 통해 살펴보기로 한다. 먼저, 〈표 77〉은 캐나다의 이민자의 실업률과 고용률을 정리한 것이다.

〈표 77〉은 이민자 노동시장통합을 두 가지 집단과 비교하고 있는 바 전체인구집단과 캐나다 출생 인구집단이 바로 그것이다. 이 가운데 캐나다 출생 인구집단에 비해 이민자집단은 실업률은 높은 반면 고용률은 낮은 것으로 나타난다. 이는 스웨덴과 프랑스에서 공히 나타나는 현상으로 캐나다 역시 본국출생 인구에 비해 이민자의 노동시장 상황은 상대적으로 열악하다고 할 수 있다.

표 77 캐나다 이민자의 실업률과 고용률

경제활동 상황	집단구분	2010	2011	2012	2013	2014
실업률	전체인구*	8.1	7.5	7.3	7.1	6.9
	영주권 취득 이민자	9.7	8.7	8.3	8.0	7.8
	5년 이내 거주 이민자	15.7	13.9	13.4	12.2	12.9
	5~10년	11.2	9.5	9.9	9.2	9.3
	10년 이상	8.1	7.5	6.9	6.8	6.4
	캐나다출생인구	7.6	7.2	7.0	6.8	6.6
고용률	전체인구	61.5	61.7	61.7	61.8	61.4
	영주권 취득 이민자	56.3	56.5	57.4	57.3	56.8
	5년 이내 이민자	56.9	56.8	58.6	59.1	57.7
	5~10년 거주 이민자	63.8	65.4	65.6	66.5	65.7
	10년 이상 이민자	54.7	54.7	55.5	55.4	54.9
	캐나다 출생 인구	63.2	63.3	63.0	63.2	63.0

*영주권 취득 이민자 +캐나다 출생 인구 집단 + 캐나다 외 지역 출생 캐나다인 + 영주권 미취득 이민자

출처: http://www5.statcan.gc.ca/cansim/a26?lang=fra&retrLang=fra&id=2820102&paSer=&pattern=&stByVal=1&p1=1&p2=35&tabMode=dataTable&csid

한편, 거주기간이 길수록 이민자의 실업 상황은 나아지는 경향을 보이고 있다. 구체적으로 이민자의 실업률이 유난히 높은 경우가 거주 기간이 5년이 채 안되었을 때이다. 달리 말하면 이민초기의 이민자들은 일자리 확보에 많은 어려움을 겪고 있는 것이다. 이후 거주 기간의 증가와 함께 어려움은 많이 완화되어 10년이 넘은 이민자의 실업률은 캐나다 출생 인구집단보다 낮게 나타나는 때도 있다. 한편, 고용률에서 거주기간이 길수록 높아지는 양상을 보이다가 10년 이상인 경우 갑자기 하락되었다. 추정컨대 이는 해당 이민자의 상당수가 고령화와 함께 비경활인구로 이동하기 때문인 것으로 보인다.

〈표 78〉은 일자리의 질에 관한 것이다. 집단별 평균시급 비교에서 이민자 전체는 캐나다 출생 근로자의 90%에 불과하다. 시급분포에서도 10달러 미만을 받는 이민자 비율은 캐나다 출생 근로자의 2배에 가깝다. 반면, 이

표 78 **고용의 질 집단 비교(2008년)**

	캐나다출생	이민자	5년 내 이민자	5-10년 이민자	10년 이상 이민자
평균시급(달러)	23.72	21.44	18.68	20.92	22.40
평균시급 (5년 미만 근로종사자)	21.36	19.64	18.03	20.00	20.39
시급분포(%)					
10달러미만	4.9	8.8	14.0	8.7	7.3
10-10.99	38.0	45.5	52.8	48.7	42.4
20-24.99	18.9	16.2	12.8	14.4	17.7
25-34.99	23.3	17.4	12.1	16.9	19.0
35달러이상	14.9	12.1	8.3	11.3	13.5
기업복지					
연금계획	37.0	28.4	15.2	20.6	32.0
종신보험	65.0	56.9	48.8	57.5	58.2
보충의료보험	54.8	57.0	54.2	54.2	58.0
치아보험	60.4	64.2	62.9	60.4	65.1
임시직비율	8.3	9.7	16.0	11.7	7.2
근속기간					
12개월 이하	16.1	21.1	40.9	23.3	15.4
13-60개월	30.3	37.5	51.3	49.2	30.6
61-120개월	21.4	20.2	4.9	23.5	23.3
121-240개월	19.6	15.5	2.3	3.4	22.4
241개월 이상	12.6	5.7	0.6	0.7	8.5

출처: J. Gilmore, 2009: 13의 tableau 2와 17의 tableau4에서 발췌.

민자 집단의 기업복지수혜비율 역시 상대적으로 낮게 나타난다.

한편, 임시직 비율 역시 이민자 집단이 상대적으로 높다. 특히 근속기간에서 241개월 이상의 근속비율은 이민자 집단이 캐나다 출생 근로자의 절반에도 미치지 못한다. 일자리 질 측면에서 상대적으로 열악함을 보여주는 대목이다. 이러한 양상은 거주기간에 따라 다름에 주목할 필요가 있다. 즉, 거주기간이 길수록 평균시급도 상승되며 기업복지 수혜율 역시 높아진다. 반면 임시직 비율은 낮아지는 경향을 보이며 근속기간 역시 길어진다.

이렇게 볼 때 거주기간과 캐나다 이민자 집단의 노동시장 통합 간 긍정적인 상관관계가 있다고 할 수 있다. 결국, 이민자의 노동시장통합은 캐나다 출생 근로자에 비해서 그 정도가 낮은 반면 거주기간에 의해 상쇄되는 특징을 보이고 있다.

3. 사회정책

이민자 사회정책은 사회구성원의 하나로서 이민자에게 내국인과 동등한 사회권을 보장하기 위한 제 정책을 의미한다. 기본가치로서 인권이 내재되어 있으며 제도적으로는 사회보장이 핵심에 자리 잡고 있다. 어떤 의미에서 사회정책이야말로 완전체로서의 한 국가의 이민자정책 성립 여부를 결정짓는 중요한 요소라 할 수 있다. 그럼에도 불구하고 한국가의 이민자 사회정책을 파악하는 것은 매우 어려운 작업임에 틀림없다. 왜냐하면 이민자 사회정책의 위상이 국가에 따라 다르기 때문이다(S. Castles, H. de. Haas, and M. J. Miller, 2014: 277-282).

이러한 점을 고려하면서 여기서는 순서에 따라 복지레짐의 관점에서 캐나다의 특징을 살펴본 후 사회보험 그리고 공공부조 등의 영역에서 이민자 사회권이 어떻게 보장되고 있는지 알아볼 것이다.

1) 캐나다 복지레짐과 이민자 사회권: 자유주의 복지레짐, 사민주의적 요소 공존

선행연구에서 이민자 사회권은 복지레짐에 많은 영향을 받는 것으로 나타난다.152) 예컨대, 이민자 탈상품화 효과 측면에서 사민주의가 가장 크며 다음으로 보수주의 그리고 자유주의 복지레짐이 그 뒤를 잇고 있다.

복지레짐과 관련된 캐나다의 상황을 살펴보면 〈표 79〉와 같다. 〈표 79〉처럼 에스핑 안데르센은 캐나다를 미국, 영국과 함께 자유주의 복지레짐에 속하는 것으로 보고 있다. 이의 근거로서 낮은 수치의 탈상품화 점수, 높은 비중의 연금 총액 대비 민간연금 비율, 총의료비 대비 민간지출 비율

표 79 에스핑 안데르센의 복지레짐 유형과 캐나다

복지레짐 유형	국가명	탈상품화	연금총액 대비 민영연금(%)	총 의료비 대비 민간지출(%)	사회지출 대비 공공부조(%)	보편주의
자유주의	캐나다	22.0	38	26	15.6	93
	미국	14.2	21	57	18.2	54
	영국	23.4	12	10	NA	76
	호주	13.0	30	36	3.3	33
보수주의	독일	27.7	11	20	4.9	72
	프랑스	27.5	8	28	11.2	70
	이탈리아	24.1	2	12	9.3	59
	네덜란드	32.4	13	22	6.9	87
사민주의	스웨덴	39.1	6	7	1.1	90
	노르웨이	38.3	8	1	2.1	95
	덴마크	38.1	17	15	1.0	87
	핀란드	29.2	3	21	1.9	88
OECD 18개국		27.0	13	22	5.9	72

출처: G. Esping-Andersen, 1990: 50-52 및 70에서 재구성 ; 조영훈, 2011: 295의 〈표 8-1〉에서 재인용.

152) 이 책의 서론 중 복지레짐과 이민자 사회권 부분을 참조.

등을 제시하고 있다. 특히 사회지출 대비 공공부조 비중이 상대적으로 높은 점은 자유주의 복지레짐의 전형이라 할 수 있다. 하지만 캐나다가 과연 순수한 의미에서의 자유주의 복지국가인가에 대해서는 논란의 여지가 있다. 대표적으로 〈표 79〉에서 나타나듯이 높은 수치의 보편주의를 들 수 있다.

여기서 말하는 보편주의는 연금, 건강, 실업급여 총액 대비 보편급여의 비중을 말하는 것으로 이 수치가 높을수록 수급 요건이 관대하다는 것을 의미한다. 여기서 캐나다의 보편주의 수치는 사민주의 국가 가운데서도 높은 스웨덴 그리고 노르웨이와 유사하다. 이는 2012년의 관련통계에서도 그대로 나타난다. 즉, GDP 대비 공공사회지출비중은 18.1%로서 OECD 평균인 21.8%에 훨씬 못 미친다. 하지만 대표적인 보편급여인 보건의료지출비중은 GDP 대비 7.6%로서 이는 OECD 회원국 평균을 상회할 뿐만 아니라 사민주의 복지레짐의 대표적인 국가인 스웨덴과 비슷하다.[153]

이렇게 볼 때 캐나다는 기본적으로는 자유주의 복지레짐에 속하면서도 영역에 따라서는 사민주의적 요소가 강하게 나타나는 특징을 보이고 있다고 할 수 있다. 여기서 제기되는 문제는 이러한 점이 이민자의 사회권에 어떤 영향을 미치고 있는가 하는 것이다. 본 글은 이를 사회복지제도를 통해서 살펴보고자 한다.

2) 사회보험과 이민자 사회권: 거주 · 욕구 기반 제도의 공존

캐나다 사회보험제도를 살펴보자. 〈표 80〉에서 보듯 캐나다 사회보험제도는 5가지로 구분될 수 있다. 첫째, 연금제도는 민영연금을 제외한다면 3가지 하위제도로 구성되어 있다.[154] 이 가운데 1층 체계는 공적연금급여로서 보편연금(Old Age Security Pension, 이하 OAS)과 공공부조연금(Guaranteed

153) http://www.oecd.org/els/health-systems/Briefing-Note-CANADA-2014.pdf. 심창학, 2016: 6의 각주 6)에서 재인용.

154) 민영연금에는 EPP(고용주연금플랜)과 RRSPs(공인 퇴직저축플랜)가 있다. 이에 대해서는 조영훈, 2011: 56-59를 참조.

Income Supplement, 이하 GIS)의 두 제도로 구성되어 있다. 1952년에 도입된 OAS는 연방정부의 관리하에 운영되며 적용대상은 국적에 관계없이 18세 이후 캐나다에 최소 10년 거주한 65세 이상인 사람 가운데 일정 소득 이하이어야 한다. 정액으로 지급되며 캐나다 거주 기간이 40년 이상이면 100% 지급된다(완전연금).[155] 40년을 채우지 못한 경우는 거주기간에 따

표 80 캐나다 사회보험 개관과 사회권의 토대

구분	하위구분	적용대상	재정부담	관할정부	사회권의 토대
연금	보편연금(OAS)	법정 거주민 모두	정부	연방정부	욕구, 거주
	공공부조연금(GIS)	법정 거주민 중 일정 소득 이하	정부	연방정부	욕구, 거주
	사회보험(CPP)	근로자와 자영인	근로자, 자영인, 고용주	연방정부	근로
건강(질병 및 출산)	사회보험*(현금급여)	근로자	근로자, 고용주	연방정부	근로
	보편의료체계(현물급여)	법정 거주민	연방정부와 주정부**	주정부	거주
산재		근로자(제외: 자영인, 일부 근로자)	고용주	주정부	근로
실업***		근로자, 어업 자영인	근로자, 어업 자영인, 고용주	연방정부	근로
가족수당		법정 거주민	정부	연방정부	거주

* 고용보험급여의 하나인 특별급여범주에 포함.
** BC 주와 온타리오 주에서는 가입자 일부 부담.
*** 제도의 공식명칭은 고용보험(Employment Insurance, 이의 약칭은 EI)임.
출처: SSPTW, 2017: 87-95의 내용을 바탕으로 재정리.

155) 2016년 1~3월 완전연금액: 570.52 캐나다 달러(CAD, 월)/ 선정기준소득: 119,398 캐나다 달러.

라 감액된다(부분연금). 한편, OAS와 마찬가지로 1층 체계의 하나인 GIS는 1967년에 도입된 제도로 OAS 적용대상자 가운데 소득이 낮은 사람을 대상으로 지급된다. 급여 수준은 대상자의 혼인 상태 및 보편연금을 제외한 나머지 소득수준에 의해 결정된다.[156] 수급자 규모를 살펴보면, OAS의 수급자는 약 280만 명으로 대부분이 완전연금을 받고 있다. GIS 수급자는 170만 명으로 이는 OAS 수급자 가운데 70%에 해당하는 규모이다(2011년 기준). 다음으로 사회보험연금이 있다. 2층체계 연금으로 공식명칭은 캐나다 국민연금(Canada Pension Plan, 이하 CPP)이다. 1965년에 도입된 이 연금은 국적에 관계없이 일정 소득 이상의 18세 이상 고용인과 자영인에게 강제 적용된다.[157] 단 보편연금인 OAS와 달리 이 연금을 받으려면 기여금 납부 실적이 있어야 한다. 달리 말하면 이 연금의 사회권은 근로에 바탕을 두고 있는 것이다.

둘째, 캐나다의 의료보장제도는 의료 사회보험과 보편의료체계의 두 가지로 구분된다. 이 가운데 현금급여가 제공되는 의료 사회보험은 고용보험과 연동되어 있다는 점에서 독특성을 보이고 있다. 구체적으로 특별고용보험급여(special EI benefits)에 속해져 있는 의료 사회보험은 현금급여로서 출산, 육아휴직, 질병, 가족요양급여 등을 포함하고 있다. 따라서 의료사회보험의 재원은 고용보험을 통해 충당되고 있다. 반면, 현물급여로서 보편의료체계는 캐나다 사회복지의 독특성이 드러나는 제도이다. 왜냐하면 자유주의 복지레짐의 국가이면서도 사민주의적 요소가 보이는 부분이 바로 보편의료체계이기 때문이다. 1946년 사스카치원 주에서 시작된 이 제도는 1961년에는 10개주까지 확대되었으며 1984년에는 메디케어(medicare)라는 포괄적 성격의 제도로 정착되었다. 보편의료체계는 기본적으로 캐나다 법정 거주민이면 누구나 혜택을 받을 수 있다. 구체적으로 법정 거주민은 국적에

156) 최소 0.12 캐나다 달러에서 최대 773.60 캐나다 달러까지 지급. 수급을 위한 최대 소득은 혼인상태에 따라 17,309.99 캐나다 달러(독신)에서 41,471.99 캐나다 달러(OAS 비수급자의 배우자)이다.

157) 연 소득이 3,500 캐나다 달러 이하인 일용직 근로자는 제외.

관계없이 필요시 의료서비스를 받을 수 있으며 메디케어가 보장하는 의료항목들에 대해서는 원칙적으로 이용자 부담금을 내지 않는다. 이 제도는 주정부의 관할하에 운영되며 재원은 연방정부와 주정부의 일반조세이다.

〈표 81〉은 보편의료체계의 주별 이민자 수급자격을 정리한 것이다. 〈표 81〉처럼, 어느 주를 막론하고 이민자 대부분은 보편의료체계의 적용대상에 포함되어있다. 주별 중요한 차이는 거주요건(대기기간)에 있다. 구체적으로 퀘벡 주를 비롯하여 3개 주는 최소 3개월 이상 거주한 경우에 보편의료체계의 수급권이 인정되지만 이를 제외한 나머지 주는 대기기간이 없이 즉시 혜택을 볼 수 있다. 이렇게 볼 때 보편의료체계의 사회권 토대는 거주임을 알 수 있다.

셋째, 산업재해보상제도의 사회권 토대는 근로이다. 1908년에 뉴펀들랜드래브라도 주에서 최초로 도입된 후 주정부에 의해 운영되고 있다. 따라서 기여율 그리고 급여 수준이 주마다 차이가 있다. 하지만 근로자가 적용대상이며 자영인과 일부 영역의 근로자는 배제되어 있는 공통점을 지니고 있다.

넷째, 실업보험은 연방정부에 의해 운영되는 사회보험제도이다. 1940년에 도입된 이후 1996년의 법 제정을 통해 고용보험으로 명칭이 바뀌었다. 근로자와 자영인이 적용대상이며 이들이 실업급여를 받기 위해서는 지역 실업률에 따라 420~700시간의 근로 경력이 인정되어야 한다.[158] 이렇게 볼 때 실업보험의 사회권 토대는 근로임을 알 수 있다.

다섯째, 아동급여가 대표적인 급여인 가족수당보험은 1945년에 처음 도입되었다. 아동급여는 자산 조사를 통해 해당 가구의 소득이 일정 수준까지는 최대액이 지급되며 이상인 경우에는 지급액이 체감된다. 개별급여로서 국적에 관계없이 18세 미만의 자녀가 그 대상이다.

지금까지 캐나다에서 실시되고 있는 다섯 가지 주요 사회보험제도를 살펴보았다. 특이한 점 중의 하나는 사회보험임에도 불구하고 사회권 인정의 토대가 거주인 제도가 상대적으로 많다는 점이다. 1층 체계 연금제도인 보

158) 캐나다 고용보험제도의 변천과정 및 현황에 대한 국내 연구로는 심창학, 2016을 참조.

편연금과 공공부조연금, 건강분야에서의 보편의료체계 그리고 가족수당이 바로 그것이다. 동시에 일정 소득 이하인 노인에게 제공되는 보편연금과 공공부조연금은 욕구에 바탕을 두고 있다. 이민자의 사회권이 상대적으로 보

표 81 캐나다 보편의료 수급자격(주별 · 이민자집단별)

주	대기 기간	근로 이민자	가족 이민자	난민	외국인 근로자	외국 유학생	망명 신청자※
NL (뉴펀들랜드래브라도)	없음	인정	인정	인정	인정*	인정#	불인정
PEI (프린스 에드워드 아일랜드)	없음	인정	인정	인정	인정	불인정	불인정
NS (노바스코샤)	없음	인정	인정	인정	인정*	인정##	불인정
NB (뉴브런즈윅)	없음	인정	인정	인정	인정	불인정	불인정
QC (퀘벡)	3개월	인정	인정	인정	인정	불인정###	불인정
ON (온타리오)	3개월	인정	인정	인정	인정**	불인정	불인정
MB (마니토바)	없음	인정	인정	인정	인정*	불인정	불인정
SK (사스카치완)	없음	인정	인정	인정	인정	인정	불인정
AB (앨버타)	없음	인정	인정	인정	인정	인정	불인정
BC (브리티시 컬럼비아)	3개월	인정	인정	인정	인정	인정	불인정

*: 최소 12개월 근로 비자
**: 최소 6개월 근로 비자
#: 최소 12개월 학생 비자
##: 최소 12개월 거주
###: 사회보장협정 체결국의 유학생은 인정(덴마크, 핀란드, 프랑스, 그리스, 룩셈부르크, 노르웨이, 포르투갈, 스웨덴)
※: 연방정부 관할 하의 한시적 건강 프로그램(IFHP)에서 기본 보장.
출처: https://www.regjeringen.no/no/dokumenter/nou-2011-07/id642496/sec17?q=The%20Canadian%20Model%20of%20Immigration%20and%20Welfare#match_0

장될 수 있는 가능성이 높음을 보여주는 대목이다. 스웨덴 사례처럼 사민주의 복지레짐과 이민자 사회권 간에 선택적 친화력이 있다는 점을 고려한다면 자유주의 복지레짐 국가인 캐나다의 이러한 모습은 매우 이례적이라 할 수 있다.

3) 공공부조제도와 이민자의 사회권

여타 국가와 마찬가지로 캐나다 공공부조는 마지막 사회안전망의 역할을 수행하고 있다. 특히 자유주의 복지레짐의 국가인 캐나다에서 공공부조가 차지하는 역할은 매우 강하다(〈표 79 참조). 역사적으로 캐나다 공공부조는 주정부의 주도로 도입되었다. 따라서 1960년대 말까지 주별로 상이한 모습을 보이고 있다.[159] 이후, 캐나다에서 체계적이고 포괄적인 공공부조 프로그램이 정착한 시점은 1966년이다. 당시 연방정부에 의해 도입된 CAP (Canada Assistance Plan, 캐나다 부조 플랜)은 기존의 공공부조 프로그램을 하나의 포괄적인 틀 속에 통합시켰고 일정 소득 이하 저소득층의 생계보장을 목적으로 했다. CAP는 연방정부의 재정 부담하에 주정부가 운영했다(조영훈, 2011: 69). 한편 아래 〈그림 5〉는 1966년 이후의 캐나다 공공부조제도의 변천을 나타낸 것이다.

〈그림 5〉처럼 CAP는 1990년대 중반까지 유지되었다. 1996년에 접어들어 캐나다 공공부조체계는 큰 변화를 겪게 되는데 CHST의 등장이 바로 그것이다. 캐나다 의료 및 사회이전으로 불리는 이 제도는 기존의 EPF(의료 및 고등교육에 대한 연방지원금)와 CAP를 통합한 것이다. 따라서 CHST는 주 혹은 준주에 제공되는 연방정부 지원금으로 대상 영역은 주별 보건의료, 고등교육, 사회부조 그리고 사회서비스 등이다. 뿐만 아니라 아동기 발달 및 아동 교육 및 돌봄도 이에 포함되어 있다. CHST는 2004년에 CHT(캐나

---

159) 1930년대 이후 유형화에 따른 캐나다 공공부조제도의 주별 특징 및 변천에 대해서는 G. W. Boychuk, 1998을 참조.

그림 5 **캐나다 공공부조제도의 변천과정**

1957~1976		1977~1995		1996~2003		2004~현재
고등교육프로그램						
Hospital Insurance(1957)	⇒	Established Programs Financing(EPF)				Canada Health Transfer(CHT)
Medical Care(1966)			⇒	Canada Health and Social Transfer(CHST/ EPF와 CAP 통합)		
Canada Assistance Plan(CAP, 1966년 도입)			⇒			Canada Social Transfer(CST)

출처: https://www.fin.gc.ca/fedprov/his-eng.asp(2019년 12월 28일 검색)

다 보건의료 이전)과 CST(캐나다 사회이전)에 의해 대체되었다. 이 가운데 CST는 고등교육, 사회부조, 사회서비스 분야를 지원하고 있다. 이렇게 볼 때 현재 캐나다 공공부조체계의 핵심은 CST라고 할 수 있다.

캐나다 공공부조제도의 구체적 내용은 주별로 상이하다. 하지만 몇 가지 공통점은 존재하는 바, 우선 수급자격에서 캐나다 시민은 물론이거니와 이민 및 난민 보호법 하의 영구 거주 이민자 그리고 난민 신청자 혹은 난민 시설을 제공받은 사람은 공공부조의 혜택을 받을 수 있다. 한편, 이들은 수급을 위한 재정 요건도 충족시켜야 하는데 관련하여 욕구 및 자산 조사(재산과 소득)가 실시된다. 한편 수급집단은 성격별로 노동가능자, 한부모 가족, 장애인, 취업애로, 노인, 학생 등 6가지로 구분된다(Directors of Income Support, 2016: 2-7).

한편, 캐나다 인구 가운데 공공부조 수급자 규모는 약 200만 명으로 이는 캐나다 전체 인구의 5.4%에 달한다(2018년 기준).[160] 이러한 수치는 프랑스(약 7%)보다는 낮고 스웨덴(4~5%)보다는 약간 높은 것이다. 자료의 한계상 캐나다 공공부조 수급자 가운데 이민자가 차지하는 비중은 확인하기 어렵다. 하지만 다음 두 가지 점에서 마지막 사회안전망으로서 캐나다 공공부조제도가 이민자에게 미치는 영향은 지대할 것으로 판단된다.

첫째, 캐나다 공공부조의 수급자격에서 국적 요인은 고려되지 않는다. 캐나다 시민 혹은 법정 영구 거주이민자라면 누구나 수급자가 될 수 있다. 따라서 가족 이민과 한시적 이민자를 제외한 이민자 대부분은 공공부조급여 혜택을 받을 수 있다.[161]

둘째, 수급을 위한 자산 조사와 관련하여 이민자들은 캐나다 출생 인구보다 급여를 받을 가능성이 높다고 할 수 있다. 왜냐하면 생활 경제 지표에서 캐나다 이민자들의 생활은 상대적으로 열악하기 때문이다. 예컨대 빈곤율 비교에서 이민자 집단은 캐나다 본국 출생 인구 집단보다 4배 가까이 높다.[162] 이는 그만큼 공공부조 수급 가능성이 높다는 것을 의미한다.

4) 사회정책 실행의 영향

여기서는 지금까지 살펴본 이민자를 대상으로 하는 캐나다 사회정책이 이민자의 삶에 미친 영향은 어떠한지를 알아보기로 한다. 〈표 82〉는 이민자에게 제공되는 사회급여 프로그램과 수급자격 여부를 나타낸 것이다.

〈표 82〉처럼 합법적 영주이민자와 난민은 캐나다에서 실시되고 있는

---

160) 이 수치는 관련 자료에 제시되어 있는 주별 수급자를 모두 합친 것으로 일반적으로는 6% 내외로 파악된다. Maytree, 2019. 한편, 1969년~2012년의 전체 인구 대비 사회부조 수급자 비율은 5.8%(1974년과 2008년)~12.2%(1993년) 사이이다. D. Béland and P.-M. Daigneault, 2015: 3의 표.

161) 가족 이민자에 대한 책임은 보증인(초청인)에게 있다. 이들은 10년간 사회부조 수급에서 배제된다.

162) 예컨대 5년 이상 지속되는 만성적 저소득비율(low-income rate, 중위소득 대비 50% 이하)에서 이민 온지 5년~20년 된 이민자는 12.3%인데 비해 캐나다 본국 출생자는 3.7%에 불과(2012년 기준) cf. G. Picot and Y. Lu, 2017: 20.

표 82 캐나다 사회급여 프로그램과 이민자 수급 자격 여부

	사회 안전망					사회보험	
	1	2	3	4	5	6	7
합법적 영주 이민자 (가족 이민 제외)	0	0	0	0	0**	0	0
가족 이민	×*	×*	×*	0	0**	0	0
합법 난민	0	0	0	0	0**	0	0

1. 공공부조: 자산조사 현금 급여/ 기자체 관할
2. 임대료 보조: 민간 임대 시설. 자산 조사 급여
3. 사회주택: 공공 주택 입주(기자체와 주 관할)
4. 아동수당(child tax benefit): 18세 미만 아동이 있는 부모 혹은 보호자 대상. 매월 현금 지급. 연방정부 관할. 소득, 자녀 수, 연령에 따라 차등지급.
5. 보건 의료 및 보험: 기여제(고용주 부담). 긴급 보건 의료 제공(정부). 주 관할(수급자격 상이) / 난민과 망명신청자는 연방정부 관할 한시적 보건의료 프로그램 혜택을 받을 수 있음
6. 기초연금(OAS): 연방정부 재정 부담. 18세 이후 거주 기간에 따른 차등 지급(10년 이상, 40년 이상: 최대급여). 거주 기간이 40년 미만이면 감액 지급
7. 실업보험

* 가족 이민 보증인의 책임(10년): 의식주. 이 기간 동안 사회부조 수급 배제

** 기본 입원 및 의료비 포함. 브리티시 콜롬비아, 온타리오, 뉴브런즈윅 주는 3개월의 유예기간.

출처: M. Fix and L. Laglagaron, 2002: A4(부록 페이지)

사회급여의 수혜대상이다. 여기에는 사회보험과 공공부조뿐만 아니라 주거복지, 아동수당 등이 포함되어 있다. 한편, 이민자 가운데 가족이민은 공공부조, 임대보조료 및 사회주택 분야에서 일정 기간 제외되어 있다. 이렇게 볼 때 이민자에 대한 캐나다 사회정책의 보장 정도는 높다고 할 수 있다. 이를 여실히 증명하는 것이 공적연금급여에 대한 이민자의 수혜 정도이다. 캐나다 인구조사에 의하면 65세 이상 이민자 수는 약 155만 6천 명으로 캐나다 노인 인구의 31%를 차지하고 있다(2015년 기준). 중요한 것은 이들 대부분이 OAS나 GIS 등의 공적연금을 받고 있다는 점이다. 이와 관련하여 〈표 83〉을 살펴보자.

이미 언급한 바와 같이 OAS와 GIS를 받기 위해서는 18세 이후 적어도 10년은 캐나다에 거주했음이 증명되어야 한다. 이렇게 볼 때 〈표 83〉은 거주 요건을 충족하는 이민자 가운데 90% 이상이 공적연금급여를 받고 있음

표 83 이민기간별 캐나다 이민자의 공적연금수혜비율(2015년 기준)

이민기간(년)	수혜비율(%)	이민기간(년)	수혜비율(%)
1	11	21	91
2	8	22	91
3	5	23	91
4	7	24	92
5	9	25	92
6	11	26	91
7	9	27	91
8	14	28	92
9	15	29	92
10	24	30	91
11	45	31	92
12	73	32	92
13	80	33	92
14	85	34	92
15	88	35	92
16	88	36	93
17	91	37	92
18	90	38	91
19	89	39	91
20	91	40	93

출처: W. Kei et al., 2019: 6.
https://www150.statcan.gc.ca/n1/pub/75-006-x/2019001/article/00017-eng.htm(2020년 1월 4일 검색)

표 84 캐나다 노인인구 빈곤율*의 집단 비교(비이민자 · 이민자 집단별)

	비이민자	이민자(이민기간,년, 2015년 기준)				
		1~10	11~20	21~30	31~40	40초과
남성	11	25	25	26	15	9
여성	17	23	26	28	20	13
합	14	24	26	27	18	11
이민자 출신 지역						
중국	--	27	35	34	27	15
남아시아	--	25	34	26	13	10
유럽	--	14	13	14	11	7
라틴아메리카	--	26	29	30	23	14
그 외	--	28	27	29	20	11

*저소득 비율(low-income rate, LIM)): 중위소득 대비 50 이하 비율(가처분 소득)
출처: W. Kei et al. 2019: 5.
https://www150.statcan.gc.ca/n1/pub/75-006-x/2019001/article/00017-eng.htm(2020년 1월 4일 검색)

을 보여주고 있다. 이는 캐나다 전체 노인 인구 대비 공적연금급여의 수혜 비율인 98%에 비해 약간 낮은 수치이다. 달리 말하면 공적연금급여의 수급권에 있어서 이민자와 비이민자 간 차이가 거의 없다고 할 수 있다. 자유주의 복지레짐의 국가이면서도 사민주의 요소가 강하게 반영되어 있는 국가임을 보여주는 대목이다.

그럼에도 불구하고 캐나다의 노인 이민자의 삶의 질이 캐나다 본국 출생자와 같은 것으로 보기에는 많은 무리가 따른다. 이의 대표적인 지표가 노인 빈곤율이다. 〈표 84〉는 집단별 노인 빈곤율을 보여주고 있다. 〈표 84〉처럼 65세 이상 이민자 빈곤율은 비이민자에 비해 2배 정도 높게 나타난다.[163] 특히 이민 기간이 1년에서 30년 사이에 속하는 노인 이민자 집단의 빈곤율이 높다. 반면 이민기간이 40년을 초과하는 집단의 빈곤율은 비이민자 집단보다 오히려 낮게 나타난다. 한편 이민자 집단의 높은 빈곤율은 출신 지역이 유럽을 제외하고는 공통적으로 나타나는 현상이다. 이는 그만큼 이민자 집단의 캐나다 사회통합이 적어도 경제적으로는 많은 시간을 필요로 하고 있음을 보여주는 대목이다.

한편, 이민자 집단의 높은 빈곤율은 비단 노인집단에서만 나타나는 현상은 아님에 유의할 필요가 있다. 이와 관련하여 아래 〈그림 6〉은 캐나다 빈곤율을 집단별로 보여주고 있다.

위의 네 집단 중 빈곤율이 가장 높은 집단은 난민 집단이다. 이들 집단은 1992년부터 2004년까지의 기간 중 36%~42%의 빈곤율을 보이고 있다. 이는 달리 말하면 2~3 가구 중 1가구의 소득은 캐나다 전체 가구 중위소득의 50%이하라는 것을 의미한다. 다음으로 빈곤율이 높은 집단은 가족이민이다. 조사 대상 기간 중 33%에서 최고 41%의 빈곤율을 유지하고 있음을 알 수 있다. 이민 집단 중 빈곤율이 가장 낮은 집단은 근로이민이다. 이들 집단의 빈곤율은 23~28%로 세 이민 집단 중 연도별 편차가 적은 집단이기도 하다. 노동시장 참여와 탈빈곤 간 밀접한 관련성이 있음을 보여주는 대목이다. 한편 이들 이민자 집단의 빈곤율은 15% 내외를 유지하고 있는 캐나다 출생 집단에 비해 2~3배 정도 높다.

이런 경향은 〈표 85〉처럼 빈곤율 측정의 다른 지표인 저소득 컷오프

---

163) 캐나다 정부는 빈곤에 대한 공식적인 정의나 측정방법을 채택하고 있지 않다. 하지만 통계청이나 학계에서 빈곤 측정을 위한 몇 가지 지표가 사용되고 있는바 첫째, 저소득 비율(LIM)이다. 이는 가처분 소득을 기준으로 중위소득 대비 50%이하인 경우를 말한다. 국가 비교에 많이 사용되고 있다. 둘째, 저소득 컷오프(low-income cut-offs, LICOs)이다. LIM 못지않게 캐나다 통계청에서 자주 사용하고 있는 지표로 가구 소득 가운데 의식주에 지출하는 비율이 평균가구보다 20% 이상 높은 가구의 비율을 의미한다. 1992년을 기준으로 당시 평균가구의 의식주 지출 비율은 43%이다. 따라서 의식주 지출 비율이 63% 이상이면 빈곤가구로 간주된다(현행). 이를 통한 빈곤율은 LIM보다는 낮게 나타난다. 이외에도 시장바구니 측정법(MBM), 기본욕구 빈곤선(BNL), 몬트리올 다이어트 빈곤선(MDD) 등이 빈곤 측정을 위한 지표로 사용되고 있다. cf. C. Hoeppner. 2010 ; Ch. Lammam, H. Maclntryre, 2016.

그림 6 캐나다 인구집단별 빈곤율(20세 이상)*

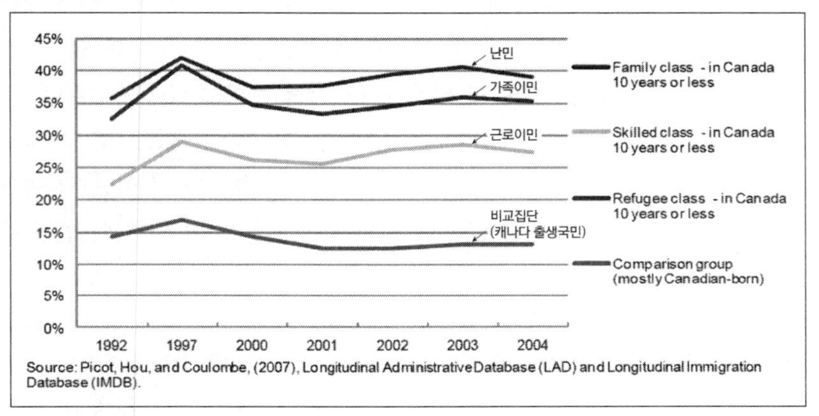

* 가구규모 고려 해당 가구 소득이 중위 소득 50% 이하.
출처:E. Crossman, 2013: 23의 Figure 4에서 재인용

표 85 이민기간별 이민자 집단의 빈곤율* 비교(세후, 2005년 기준)

		총인구	빈곤집단	
	이민년도		규모(명)	비율(%)
캐나다 출생자		24,651,925	2,343,940	9.5
이민자		6,166,770	1,025,185	16.6
	1981년 전	2,393,355	187,350	7.8
	1981~1985	360,450	44,450	12.3
	1986~1990	640,440	92,220	14.4
	1991~1995	822,220	143,740	17.5
	1996~2000	843,035	173,855	20.6
	2001~2004	824,670	226,200	27.4

* 저소득 컷오프
출처: Statistics of Canada, 2006 Census of Population; E. Crossman, 2013: 25의 Table 1에서 재인용

(LICO) 측정에서도 그대로 나타난다.

〈표 85〉처럼 캐나다 출생 인구의 빈곤율은 9.5%인데 반해 이민자 집단의 빈곤율은 16.6%로서 1.7배 정도 높게 나타난다.[164] 여기서 흥미로운 점은 이민기간이 길수록 빈곤율이 낮아지는 추세를 보이고 있다는 점이다. 구체적으로 2005년을 기준으로 1981년 전에 입국한 이민자 빈곤율은 7.8%로 이는 캐나다 출생 인구집단의 빈곤율보다 오히려 낮다. 반면 이민기간이 5년이 채 못되는 경우의 빈곤율은 27.4%까지 올라간다. 이민기간이 빈곤 탈피에 중요한 요인임을 알 수 있는 대목이다.

지금까지의 논의를 고려할 때 빈곤 문제를 통해서 살펴본 이민자 집단의 삶의 질은 캐나다 본국 출생 인구에 비해 열악하다는 점에 대해서는 이론의 여지가 없을 것이다. 이의 원인에 대해서는 이민자의 특성에 대한 종합적인 고려 등 포괄적인 분석이 필요하다. 하지만 분명한 것은 이민자를 대상으로 실시되고 있는 사회정책이 이민자의 삶의 질 제고의 필요조건이지 충분조건은 아니라는 점이다.

4. 캐나다 이민레짐의 특징

지금까지 캐나다의 이민레짐을 세 가지 영역 즉 이민정책, 통합정책 그리고 사회정책으로 나누어 살펴보았다. 〈표 86〉은 각 영역의 특징을 나타낸 것이다.

첫째, 캐나다의 이민정책은 건국 초기의 자유이민 시기를 지나 1885년부터 1940년대 중반까지는 인종차별적 이민정책시기라 할 수 있다. 이후의 과도기를 거쳐 현재 캐나다의 이민정책의 철학과 골격이 완성되기 시작한 시점은 1960년대 중반이다. 왜냐하면 이 시기에 선별적 이민정책 즉 포인트

164) 이는 스웨덴과 프랑스의 3.2배보다 낮다. 해당국가에 대해서는 책의 제2부의 〈표20〉과 〈표56〉을 참조.

표 86 캐나다 이민레짐의 구성과 영역별 특징

이민레짐 세부 영역	이민정책	통합정책	사회정책
캐나다 특징	인종차별에서 선별적 이민정책으로	시민통합적 다문화주의	자유주의 복지 레짐 하의 거주 · 욕구 기반의 이민자 사회권

시스템이 도입되기 때문이다. 이는 기존의 인종차별적 이민정책에 대한 국제사회의 비난을 약화시킴과 동시에 근로이민에 대한 선발제도의 도입을 통해 캐나다의 경제발전에 대한 도움을 극대화하겠다는 목적에서 도입된 것으로, 이민신청자의 연령, 교육수준, 공용어 능력, 직업 능력에 대한 평가를 통해 일정 점수 이상이 되는 사람만을 선발하는 제도이다. 이 제도는 고유의 자체 제도를 시행하고 있는 퀘벡 주를 제외한 모든 주에 공통적으로 적용 · 실시되고 있다. 한편, 난민에 대한 인도주의적 관심이 고조되기 시작한 것도 이 시기부터이다. 이후 캐나다 이민정책은 포인트 시스템을 기반으로 이민 규모의 관리 및 통제가 강화되었고 주정부의 요구를 반영하는 제도적 장치가 마련되어 지금도 실시 중이다.

둘째, 국제사회에서 캐나다의 이민자 통합정책은 다문화주의에 바탕을 두고 있는 것으로 알려져 있다. 다문화주의는 집단으로서의 이민자 정체성 인정(종족 공동체)과 집단별 상이한 문화의 공존 및 이의 상호 존중에 바탕을 두고 있다. 여기서 캐나다가 여타 국가와 분명한 차이를 보이고 있는 점은 다문화주의를 국가 이념이자 정책으로 간주하고 다문화주의를 실현하기 위한 국가의 역할을 인정하고 있다는 점이다. 그뿐만 아니라 캐나다는 세계 최초로 다문화국가임을 선언한 국가임과 동시에 다문화주의가 헌법에 명시되어 있는 유일한 국가이기도 하다. 한편 1990년대 중반 유럽에서 관심을 보이기 시작한 시민통합정책이 캐나다에서는 1970년대부터 실시되어 오늘에 이르렀음에 주목할 필요가 있다. 이렇게 볼 때 캐나다의 이민자 통합정책은 엄밀하게는 다문화주의보다는 시민통합적 다문화주의로 보는 것이 적절하다. 캐나다 사례는 시민통합정책과 다문화주의가 상충된다는 입장과는 달리 양자 조합을 통한 대안적인 해법을 제시하고 있다는 점에서 시사하는 바가 크다.

셋째, 이민자 사회정책의 근간이 되는 캐나다 복지레짐은 매우 특이하다. 왜냐하면 자유주의 복지레짐에 속하면서도 사회민주주의 요소가 산재되어 있기 때문이다. 이는 캐나다 사회보험과 공공부조제도에 그대로 반영되어 있다. 구체적으로 사회보험의 사회권은 근로 즉 가입자의 기여금에 바탕을 두고 있다. 그럼에도 불구하고 1층 연금체계인 공적연금(보편연금과 공공부조연금), 보편의료체계 그리고 가족수당의 수급권 인정 여부는 근로가 아닌 거주 그리고 욕구에 바탕을 두고 있다. 이는 근로에 바탕을 둔 사회보험에 비해 이민자의 사회권 보장에 유리하게 작용할 가능성이 매우 높다. 실례로 노인 이민자의 90%이상은 공적연금의 수혜자로서 이 수치는 캐나다 본국 출생 노인과 차이가 거의 없다. 마지막 사회안전망인 공공부조 역시 이민자 빈곤 탈피의 핵심 기제이다. 특히 공공부조 수급 인정 여부가 가구 혹은 개인의 소득에 따라 결정되는 점을 고려할 때 빈곤율이 상대적으로 높은 이민자의 수혜율은 캐나다 본국 출생 인구에 비해 높을 가능성이 매우 높다. 그럼에도 불구하고 분명한 것은 사회정책의 실시에도 불구하고 이민자 집단의 빈곤율은 캐나다 본국 출생 인구 집단에 2~3배 정도 높게 나타난다는 점이다. 사회정책이 이민자 삶의 질 제고의 필요조건일 뿐 충분조건은 아니라는 것을 보여주는 대목이다.

제3부

국제비교 결과와 이민레짐의 한국 적용가능성

* 제3부에서는 먼저, 스웨덴, 프랑스, 캐나다 세 개 국가 상호 비교를 통해 이민정책, 통합정책, 사회정책의 공통점과 차이점을 살펴본다. 제8장은 이민레짐의 관점에서 한국의 이민정책, 통합정책 그리고 사회정책의 구체적 내용 및 특징을 도출할 것이다. 지금까지의 내용을 바탕으로 결론에서는 제도적 정합성 (혹은 부조화)의 국가별 특징을 확인할 것이다. 마지막으로 이민레짐의 한국 적용 가능성을 살펴본 후 시사점을 도출할 것이다.

제7장

이민레짐 비교 결과 및 함의

여기 제7장에서는 지금까지의 논의를 바탕으로 스웨덴, 프랑스, 캐나다 등 세 개 국가의 이민레짐을 상호 비교할 것이다. 앞에서 언급한 바와 같이 이민레짐 상호 비교는 국가별 특징을 이해하는데 도움을 줄 뿐 아니라 제도적 보완성 혹은 부조화 분석 측면과 함께 레짐 연구의 유용성을 보여주는 대목이다.[1] 이런 점을 고려하면서 지금부터는 이민레짐의 하위 요소 즉 이민정책, 통합정책 그리고 사회정책의 국가 간 비교를 시도한다.

---

1) 세 개 국가 이민레짐의 제도적 보완성 혹은 부조화에 관해서는 본 저서의 결론 부분에서 언급할 것임.

1. 이민정책

이민정책은 이민에 대한 특정 국가의 기본 인식(철학)과 이의 정책적 반영을 의미하는 것으로 구체적으로는 이민 허용의 배경, 이민자에 대한 입국 전과 입국 후의 관리 및 통제와 관련된 정책 및 제도가 이에 포함된다. 본 연구에서는 이민정책의 유형을 통제 정도에 따라 완전개방형, 선별적 이민형, 완전이민규제형으로 구분한 바 있으며 이 가운데 선별적 이민형은 다시 이민자 적극유치형, 이민자와 그 가족 선별정책형, 이민자 유입억제형으로 세분화했다. 그리고 이의 배경적 요인과 관련하여 국내정치적 요인, 민족정체성, 경제적 이해관계, 조직적·제도적 여과기제, 국제 압력 등을 고려하면서 국가별 특징을 살펴보았다. 그 결과, 세 개 국가의 이민정책에서 나타나는 공통점과 차이점을 정리하면 다음과 같다.

첫째, 세 개 국가 공히 초기의 이민정책은 완전개방형이라는 공통점을 보이고 있다. 구체적으로 스웨덴의 경우는 1960년대 이전, 프랑스는 제1차 세계대전 후부터 제2차 세계대전 전까지, 마지막으로 캐나다는 1885년 이전 시기가 이에 해당한다. 이 시기의 가장 큰 요인으로 해당 국가의 노동력 부족을 들 수 있다. 예컨대, 프랑스는 제1차 세계대전이 야기한 노동력 부족에 대처하는 차원에서 이민개방정책을 추구했다. 캐나다 역시 서부지역에 정착할 노동력의 확보 등 국가 건설의 차원에서 가능한 많은 이민자의 유치에 역점을 두었다. 특히 이 시기에는 위에서 언급한 배경적 요인 중 경제적 이해관계가 강하게 작용했다. 구체적으로 당시 프랑스 고용주들은 외국 노동력의 유입에 대해서 매우 긍정적인 반응을 보였다. 따라서 고용주 스스로 SGI(농산업분야이민일반회사)라는 단체를 설립하여 이민 유입에 적극적인 모습을 띠고 있었다. 한편, 스웨덴은 노조의 영향력이 강한 사례이다. 제조업 분야에 노동력이 부족한 상태에서 국영직업알선소의 주도로 외국 노동력의 유치가 이루어지지만 최종적으로는 해당 기업 노조의 허가가 있어야만 이민이 가능하다. 완전개방형 역시 현실적으로는 여러 형태가 있음을 보여주는 대목이다.

둘째, 이후의 이민정책 전개과정은 공통점보다는 차이가 많이 드러난다. 이는 해당 국가 고유의 복합적인 요인의 상호작용의 결과라 할 수 있다. 먼저, 스웨덴은 이전 시기보다는 덜하지만 포용적 개방정책 기조가 유지되는 모습을 보이고 있다. 1960년대 중반부터 1990년까지의 선별적 이민형에서 2000년대에는 다시 완전개방형으로 회귀되는 경향을 띠고 있다. 예컨대, 1972년의 이민중단선언에도 불구하고 적용대상에서 전통적인 이민 출신 국가인 노르딕 국가는 제외시켰다. 게다가 2004년의 외국노동력 유입 확대 정책에서 2008년에는 다시 이민개방을 선언했다. 이상의 이민정책 변화는 난민정책에서도 나타난다. 1951년에 체결된 제네바 협약을 바탕으로 마련된 스웨덴 난민정책은 1980년대부터 세계분쟁지역의 난민들을 받아들이면서 인도주의의 대표적인 국가로 자리 잡게 되었다. 그 결과, 전체 이민유형 가운데 난민이나 망명 허용 등 인도주의적 동기에 바탕을 둔 이민이 차지하는 비중이 3분의 1이상을 차지하고 있다. 이는 세계적으로 유례를 찾아볼 수 없을 정도로 높은 수치이다. 2016년에 난민 할당제가 도입되었지만 이는 한시적인 제도로서 이민과 난민에 대한 포용적 · 개방적 정책 기조는 그대로 유지되고 있다.

이민과 난민에 대한 국제적인 흐름과는 달리 스웨덴이 이러한 정책을 유지하게 된 배경으로 네 가지를 들 수 있다. 우선, 스웨덴은 인근 국가에 비해 민족주의적 성향은 약한 반면 이민에 대해서는 우호적인 역사적 배경을 보여주고 있다. 이는 스웨덴 본토에서 한 번도 전쟁의 경험이 없는데서 유래한다. 한편, 비교적 오랜 이민 역사를 간직하고 있는 점 또한 이민자가 포함된 스웨덴 공동체 사회를 건설하는 데 유리한 환경을 제공하고 있다는 해석도 있다. 그리고 스웨덴의 이웃국가임과 동시에 공통의 역사를 지니고 있는 핀란드 출신의 이민자가 많은 점 또한 이민에 대한 포용적 · 개방적 자세를 유지할 수 있게 된 원동력이기도 한다. 마지막으로 여타 국가에 비해 스웨덴에서는 역사적으로 반이민성향의 정당이 아예 없거나 있더라도 영향력이 강하지 않다는 점을 들 수 있다. 이는 결과적으로 이민에 우호적인 집권정당의 정책 마련 및 집행에 긍정적인 요인으로 작용했다.

한편, 프랑스 이민정책은 초기의 완전개방형에서 선별적 이민형으로 변화되는 모습을 보이고 있다. 제2차 세계대전 후부터 1970년대 상반기까지는 이민에 대한 국가 관리의 필요성을 인지했다. 따라서 이전 시기의 고용주 주도의 이민 유치 허용에서 벗어나 국가가 직접 외국인 근로자의 모집 및 승인을 담당하는 역할을 수행하게 된다. 1945년의 외국인의 입국 및 체류에 관한 명령, 국립이민사무소(ONI)의 설립, 국가 간 이민협약체결 등은 이러한 국가 의지의 표현이라 할 수 있다. 유의해야 할 점은 이민자에 대한 국가 관리가 이민 억제를 의미하는 것은 아니라는 점이다. 이 시기는 오히려 노동력 부족이라는 국가적 난제를 해결하기 위해 이민자 유치에 대한 국가의 적극적인 관심이 드러난다. 따라서 선별적 이민형 가운데 이민자 적극적 유치형의 시기라 할 수 있다. 영광의 30년이라고 불리는 제2차 세계대전 이후 약 30년간 지속되었던 경제 호황은 이러한 정책을 가능하게 만든 토대라 할 수 있다. 하지만 오일쇼크가 발생한 1970년대 상반기를 기점으로 약 30년간은 가능한 한 이민자 유입을 억제하고자 하는 노력이 두드러지는 기간이다. 이를 위해 두 가지 정책 방향이 나타난다. 우선 이민 유입 억제의 방향이다. 1974년의 이민중단선언을 통해 비유럽출신 외국인 근로자의 이민을 제한했다. 뿐만 아니라 프랑스에 이미 체류 중인 외국인 주민에 대한 통제를 강화했다. 이는 이민과 관련되어 드러나는 사회현상을 치안 즉 사회통제의 관점에서 접근하고자 하는 의도를 반영하고 있는 것이다.

2000년대 접어들어 프랑스 이민정책은 고숙련 외국인 근로자의 유치에 많은 관심을 보이고 있다. 대신, 가족 재결합 이민과 국제결혼은 관련법 개정을 통해 억제되었다. 이전에 비해 외국인 유입 억제정책이 강화되었다고 할 수 있다. 그럼에도 불구하고 프랑스 입국 이민자 수는 큰 변화 없이 연 25만 명 내외에서 유지되고 있다.

이상의 프랑스 이민정책의 배경으로 첫째, 경제 상황의 변화를 들 수 있다. 1945년부터 약 30년 동안 프랑스는 연 4~7%의 매우 높은 경제성장률을 유지했다. 하지만 오일 쇼크 이후 프랑스의 경제성장률은 급격히 떨어졌다(연1~3%). 이는 대규모의 실업자 양산이라는 결과를 초래했다. 노동력 부족으로 시작된 이민유치정책이 더 이상 사회적 공감대를 형성하기 어려운 상황에 직면한 것이다.

둘째, 프랑스 국민의 반이민정서를 들 수 있다. 이의 시발점이 된 시기는 1970년대 중반이다. 경제 불황으로 인해 발생된 실업문제를 이민 문제와 동일시하는 경향이 나타나기 시작했다. 이러한 경향은 최근의 여론조사에서도 그대로 드러나고 있다. 예컨대 2018년의 한 여론조사에 의하면 응답자의 70%는 어려움에 처해 있는 국가 소속민의 프랑스 유입에 대해서는 불가피하다고 보고 있다. 하지만 응답자의 60% 이상은 이민이 가져올 결과에 대해서는 매우 부정적이다. 구체적으로 경제성장(54%), 국가의 미래(55%), 국가 정체성(58%), 사회적 결속(64%) 그리고 치안 영역(66%)에서 야기될 이민의 역할을 부정적으로 보고 있는 것이다.[2)]

셋째, 이민 문제에 대한 프랑스 정부의 정치적 대응을 들 수 있다. 예컨대 2005년에 발생한 파리 소요 사태는 2006년의 이민과 사회통합에 관한 법의 제정을 낳게 되었다. 동법은 두 가지 의미를 담고 있는 바 이민으로 야기되는 사회문제를 치안문제로 보고자 함이 첫 번째이며 두 번째는 이민 문제의 정치화이다. 즉 2007년의 대선에서 승리하기 위해 당시 우파정부는 반이민정서를 정치적으로 이용한 것이다(엄한진, 2007). 이처럼 반이민정서는 역대 우파정부에게 억압적 이민정책의 정당성 부여의 근거로 사용되었다. 이렇게 본다면 프랑스의 선별적 이민정책은 경제상황의 변화, 반이민정서의 확산, 이의 정치적 쟁점화 등이 복합적으로 작용되어 나온 결과물이라 할 수 있다.

마지막으로 캐나다는 선별적 이민정책임에도 불구하고 그 내용이나 배경에서 프랑스와 많은 차이를 보이고 있다. 건국 초기의 완전개방형과는 반대로 1885년~1940년대 중반까지 캐나다는 인종차별적 이민정책을 실시했다. 이의 핵심은 유색인종의 이민은 제한하는 반면 영국, 미국, 유럽 출신

---

2) https://www.lepoint.fr/societe/les-francais-jugent-negatifs-les-effets-de-l-immigration-selon-un-sondage-02-12-2018-2275913_23.php.

등 백인의 이민은 허용하는 것이다. 특히 유색인종 국가 가운데 중국인에 대한 이민 제한은 1885년부터 1923년까지 인두세 제도의 도입 등을 통해 매우 강화된 형태로 진행되었다. 반면, 1922년의 제국정착법 그리고 1931년에 제정된 추밀원령은 영국과 영연방국가 출신의 근로자 혹은 자립에 필요한 충분한 자본을 소유하고 있는 미국인과 영국인의 이민을 장려했다. 이처럼 1885년을 기점으로 중국인에 대한 이민 제한 정책이 실시되게 된 것은 이 시기에 캐나다를 동서로 관통하는 캐나다 태평양 철도가 완성되었기 때문이다. 게다가 캐나다 서부에 정착하는 중국인의 급증에 대한 캐나다 정부의 경계심 또한 이의 배경적 요인이라 할 수 있다. 한편 종족적 뿌리에 바탕을 둔 인종차별 정책은 1940년대 중반에 폐지되었다.

1950년대에 접어들어 캐나다 이민정책은 근대적 성격으로 전환되는 계기를 맞이하였다. 즉 제2차 세계대전 이후 경제발전을 위해서는 더 많은 노동력이 필요하며 특히 인종이나 종족적 뿌리 보다는 기술적 요인이 이민자 선택의 중요한 요인임을 인식하게 되었다. 1967년에 도입된 포인트 시스템은 이의 제도적 메커니즘이라 할 수 있다. 한편, 포인트 시스템이 도입된 1960년대 중반부터 1990년대 말까지는 선별적 이민형 중에서도 이민자 적극 유치형의 모습이 드러나는 시기이다. 왜냐하면 포인트 시스템 도입의 기본 취지는 이민 유입의 억제가 아니라 캐나다 경제발전에 필요한 양질의 노동력을 적극 유치하는 데 있기 때문이다. 그리고 1976년에 개정된 이민법의 4대 목표 가운데 하나인 캐나다 사회 · 경제 · 문화 · 인구학적 목표 증진은 이민이 캐나다 경제와 인구 증진에 도움을 줄 수 있다는 기대를 내포하고 있는 것이다. 이를 계기로 매년 20만여 명의 이민자들이 캐나다에 입국했다.

2000년대에 접어들어 캐나다 이민정책은 선별적 이민형을 유지하면서도 이전과는 약간 다른 양상을 보이고 있다. 첫째, 전체 이민 규모에서 통제와 이민자의 관리를 꾀하고 있다. 이의 대표적인 법이 2010년에 제정된 이민계획조정법이다. 이를 통해 연방정부는 유입 가능한 이민자 규모의 상한선을 정하며 의회 심의를 받도록 했다. 둘째, 포인트 시스템의 획기적 변화를 통해 캐나다 사회로의 통합이 가능한 잠재적인 능력을 지닌 이민자의 유치에 많은 노력을 경주하고 있다. 기존의 포인트 시스템이 직업기반모델 즉 입국 후 정해져 있는 일자리의 유무, 캐나다 근로에 적합한 인턴 경험 유무 등이 주요 고려요인이라면 새로 마련된 포인트 시스템은 기술기반모델을 지향하고 있다. 즉, 근로 경험보다는 공용어 구사 능력, 전문성 등에 상대적으로 많은 점수가 부여되어 있다. 한편, 이 시기의 다른 한가지 큰 변화는 이민자 유치에 주정부의 입장을 많이 반영하게 되었다는 것이다. 이를 대표하는 제도가 바로 주 지명 프로그램(Provincial Nominee Program)이다. 1990년대부터 제도 도입의 필요성에 대해서 논의가 시작되었으며 그 결과 1990년대 말부터 2000년대 초까지 퀘벡 주를 제외한 11개 주 혹은 준주에서 이 제도를 실시하기 시작했다. 이 제도의 핵심내용은 이민자 모집 및 선발에 있어서 주의 권한을 인정하는 것이다. 구체적으로 연방정부와 협약을 체결한 주정부는 스스로 PNP를 설계하고 이를 근거로 주에 필요한 이민자의 충원 및 승인에 대한 권한을 행사할 수 있다. 제도 실시의 효과는 매우 긍정적인 것으로 나타난다. 주정부 입장에서는 주의 경제 상황에 부합되는 외국인 인력의 충원이 가능하게 되었다. 뿐만 아니라 이 제도의 실시로 기존 이민자들의 관심이 덜했던 주에 정착 이민자들이 늘어나게 되었다. 왜냐하면 이 제도를 통한 이민자들에게는 가족 이민까지 보장하기 때문이다. 실례로 몇 개 주에서는 전체 이민자 가운데 PNP 제도를 통해 충원되는 비율이 70%를 상회하는 것으로 나타난다. 뿐만 아니라 PNP 제도의 도입은 더 많은 이민자를 유치하기 위한 연방정부와 주정부 간 경쟁을 초래했다. 이는 이민에 대한 주정부의 입장이 다른 여타 국가와 차이를 보이고 있는 점이다.[3] 왜냐하면 캐나다의 거의 모든 주정부는 이민 유치에 매우 적극적이기 때문이다.

2015년에 도입된 신속입국시스템 또한 새로운 제도이다. 캐나다 경제에

3) 대표적으로 미국과 독일을 들 수 있다. 이들 국가에서 나타나는 이민에 대한 주정부의 입장은 이민 억제부터 적극적 이민 유치까지 매우 다양하다. I. Bloemraad, 2012.

필요한 직종 및 직업과 직결되는 이민자에 대해서는 이민 수속절차 간소화를 통해 캐나다 사회에 정착할 수 있는 기회를 최대한 빨리 부여하자는 것이 본 제도의 목적이다. 이렇게 볼 때 2000년대 이후 캐나다 이민정책은 선별적 이민형 중에서도 기존의 적극적 유치형에서 이민자와 그 가족 선별 정책형으로 변화되었다고 할 수 있다. 왜냐하면 이민자와 그 가족 선별 정책형은 이민자 충원에 있어서 해당 국가의 중 · 장기적 정책 방향, 경제 상황, 인구학적 변화 등을 고려하여 이민규모와 이민유형이 달라지기 때문이다. 프랑스와의 비교 관점에서 캐나다는 선별적 이민형의 공통점에도 불구하고 세부적으로는 이민에 대한 기본인식은 매우 다른 차이를 보이고 있다. 즉, 이민 유입 억제보다는 캐나다 경제발전에 도움이 될 것으로 기대되는 이민자의 선발에 초점을 맞추고 있는 것이다. 이런 정책 기조가 가능하게 된 배경으로는 무엇보다 이민에 대한 캐나다 국민의 긍정적인 인식을 들 수 있다.

이와 관련하여 캐나다 연구기관은 1977년부터 매년 동일 문항에 대한 응답을 통해 이민에 대한 캐나다 국민의 인식 변화를 추적하고 있다. 이에 따르면 이민 수준이 너무 높다는 설문에 대해서 1977년에는 61%가 동의한 반면 38%는 비동의 응답을 제시했다. 이러한 동의 응답비율은 2000년 전후까지 지속되었다. 하지만 이후에는 비동의 응답률이 높게 나타나기 시작하여 2019년까지 유지되고 있다. 즉, 2019년의 설문조사에 따르면 응답자의 35%만이 이민 수준이 너무 높은 것으로 보고 있다. 반면 59%는 이에 대해 동의하지 않는 것으로 나타났다. 이민에 대한 유입 국가 국민의 인식을 가장 잘 보여주는 문항은 바로 이민의 경제적 효과에 대한 긍정성 여부일 것이다. 이와 관련한 1993년의 설문조사를 살펴보면 응답자의 56%는 긍정적인 것으로 보는 반면 39%는 동의하지 못한다고 응답했다. 이후 긍정적으로 응답한 비율은 급상승을 거듭하여 2003년에 최고치를 기록했다(78%). 이후 비슷한 수치를 유지하다가 2018년과 2019년에는 각각 76%와 77%의 수치를 보이고 있다. 반면 이민의 경제적 효과에 동의하지 않는 비율은 1993년의 39%를 정점으로 2018년과 2019년에는 각각 18%와 17%를 기록했다

(Environics Institute for survey research, 2019).

비교 관점에서 이러한 캐나다의 여론조사결과는 프랑스와 대조되는 모습으로 적극적인 이민 유치를 가능하게 하는 요인으로 작용하고 있다. 다른 요인은 캐나다 정당 가운데 반이민성향의 정당이 없거나 영향력이 거의 없다는 점이다. 이는 이민 유치에 포용적 · 개방적 입장을 취하고 있는 스웨덴과 유사한 반면 프랑스와는 대조적이다. 이민문제에 대해 대부분의 정당은 중도주의 입장을 취하고 있다. 캐나다 정당 역사에서 반이민정당은 캐나다 개혁당((Reform Party of Canada, RPC)이 유일하다. 하지만 이 당은 극히 짧은 기간(1987년~2000년) 의회에 진출했다.[4] 게다가 대부분의 시간과 자원을 이민 외의 다른 이슈에 치중했으며 이민에 대한 입장 또한 이민 자체보다는 이민을 제대로 관리하지 못하는 정부에 대한 비난에 초점을 두었다 (A. Koning, 2013). 캐나다 특유의 선별적 이민정책이 가능한 것은 바로 이런 배경에 연유한 것이다.

2. 통합정책

통합정책은 신규 이민자 혹은 기존 이민자의 경제, 사회적 통합을 용이하게 하는 제반 정책을 의미한다. 여기서의 통합정책 대상은 이민 승인을 받고 입국한 새로운 이민자들 혹은 기존 이민자이다. 따라서 통합정책의 핵심문제는 이들이 이민국 사회에 통합될 수 있도록 어떠한 정책 및 제도가 실시되고 있는가이다. 이에는 시민권 취득의 용이성, 이민자를 대상으로 하는 언어 및 이민국의 역사 · 사회에 대한 교육의 실시 및 이에 대한 이민자 참여의 강제성 여부, 노동시장진입 및 유지를 위한 정책 및 제도 들이 포함될 수 있을 것이다. 이러한 점을 고려하면서 세 개 국가의 이민자 통합정책

4) 캐나다 개혁당은 1989년에 국회에 입성하여 1997년 총선에서는 301석 중 60석을 차지하여 원내 제2의 정당으로 성장했다. 이후 2000년 총선에서 캐나다 개혁보수동맹당, 2003년에는 진보보수당과 합병하여 캐나다 보수당(CPC)이 되었다

의 특징을 상호 비교 한다.

우선, 공통점과 관련하여 시민통합정책 및 제도에 대한 깊은 관심이 있음을 알 수 있다. 주지하다시피 시민통합정책은 이민자 개인 스스로의 통합 노력을 강조하면서 적극적, 공유된, 도덕적 시민권의 실현을 목적으로 하고 있다. 이를 위해 이민 승인과 국적 취득을 위한 요건을 강화하고 있으며 필요한 경우 시민성 형성에 필요한 교육 및 언어 능력 향상, 교육에의 참여를 강조하고 있다. 그리고 이민자의 노동시장 통합에 필요한 조치도 실시 중이다. 한편, 시민통합정책에서 나타나는 특징은 이를 국적 취득과 연계시키고 있다는 점이다. 즉, 국가에 따라서는 시민통합프로그램의 참여 여부가 국적 취득에 영향을 미치기도 한다.

다시 말하면, 전통적인 통합정책을 고수하면서 세 개 국가 모두 시민통합정책의 도입에 지대한 관심을 보이고 있음을 알 수 있다. 먼저 스웨덴은 노동시장통합을 위한 조치로서 시민통합정책을 실시하고 있다. 스웨덴에서는 노동시장통합이야말로 이민자의 스웨덴 사회통합의 핵심으로 보고 있다. 하지만 중요한 것은, 이 영역에서의 통합이 가장 부진하다는 것이다. 이를 해결하기 위해 도입된 제도가 입문계획과 입문수당이다. 신규이민자와 난민을 대상으로 공공고용서비스센터(PES)와 입문가이드기관의 주도로 입국과 동시에 인터뷰가 실시된다. 여기서 확인된 이민자 상황을 근거로 2년간 실행하게 될 입문계획이 마련된다. 여기에 반드시 들어가야 할 공통사항으로 스웨덴어 교육, 취업준비, 사회교육을 들 수 있다. 한편, 입문계획마련 및 실행에 참여한 신규이민자에게는 입문수당이라는 법정수당이 제공된다. 이민자의 노동시장통합을 촉진하고자 하는 의지가 나타나는 대목이다. 일견, 이러한 조치는 일반적으로 말하는 시민통합정책과는 약간 거리가 있는 것처럼 보인다. 왜냐하면 적용대상이 신규이민자와 난민에 국한되어 있으며 노동시장통합에만 초점을 두고 있기 때문이다. 하지만 집단이 아니라 이민자 개인의 책임 즉 이민자 개인 스스로의 통합 노력이 시민통합정책의 기본 철학임을 고려한다면 입문계획 및 입문수당은 선도적인 스웨덴 시민통합정책이라 할 수 있다.

다음으로, 최근 프랑스에서 도입된 정책 및 제도를 살펴보면 시민통합정책에 대한 관심이 많음을 알 수 있다. 이론적 측면에서 동화주의와 시민통합정책은 근본적으로 다르다. 왜냐하면 동화주의는 이민국 지배 문화 및 가치에 대한 이민자 개인의 일반적인 순응을 요구하는 반면 시민통합정책은 적극적, 공유된, 도덕적 시민권을 기반으로 공통의 문화 창출을 꾀하고 있기 때문이다. 하지만 프랑스 사례는 시민통합정책을 동화주의(정확하게는 공화주의적 동화주의)를 실현하기 위한 수단으로 사용되는 대표적 경우이다. 무엇보다 프랑스 시민통합정책에서 는 공통의 문화를 창출하고자 하는 모습이 보이지 않는다. 그 보다는 이를 통해 프랑스 사회의 지배적인 문화 및 가치에 이민자들을 포용시키고자 하는 의도가 많이 내재되어 있다. 이의 대표적인 제도가 공화주의 통합계약(CIR)이다. 이는 우선, 기존의 통합수용계약(CIA)에 비해 적용대상이 광범위하다. 구체적으로 장기 체류 목적의 신규 이민자뿐만 아니라 기존 이민자 가운데 영구 거주를 원하는 사람까지 포함시켰다. 다음으로 프로그램 이수에 필요한 요건을 강화했다. 예컨대, 시민교육의 이수기간을 기존의 하루에서 이틀로 늘렸다. 게다가, 언어 교육을 강화시켰다. 국립이민사무소(OFII)가 주관하는 언어 테스트 결과에 따라 최소 50시간부터 최대 200시간까지 불어강좌 이수기간이 결정된다. 여기서 중요한 점은 소정의 강좌 이수가 이민자의 지위를 자동적으로 보장해주는 것은 아니라는 점이다. 총6개의 불어능력등급 가운데 장기 체류자는 최소한 중하 등급, 프랑스 국적 취득을 위해서는 중간 등급 정도의 능력은 있음이 증명되어야만 이민자가 원하는 지위 획득에 유리하다. 시민통합정책의 성격이 그대로 반영되어 있는 대목이다. 왜냐하면 이는 시민통합정책이 지향하고 있는 세 가지 시민권 중 이민국에 대한 충성과 일체감을 강조하는 도덕적 시민권과 직결되어 있기 때문이다.

마지막으로 캐나다 사례에서 나타나는 시민통합정책은 매우 특이하다. 왜냐하면 시민통합정책이라는 용어가 없던 시기에 유사 정책이 이미 실시되었기 때문이다. 구체적으로 캐나다에서 시민통합정책이 실시된 것은 1970년대 초부터이다. 이민자 정착 및 적응 프로그램으로 시작하여 2011년도에는 정착프로그램으로 개명되었다. 이 제도는 이민자의 캐나다 사회통합에 필요한 다양한 서비스를 제공하는 것이다. 이의 핵심에 언어 평가가 자리 잡고 있다. 뿐만 아니라 신규이민자 언어 강좌(LINC) 역시 이민자 언어 능력 제고를 위한 캐나다 정부의 의지를 보여주고 있는 제도이다. 난민 신청자와 임시 거주자를 제외한 신규 이민자 대부분은 언어평가센터가 주관하고 있는 언어능력검증시험에 응해야 한다. 따라서 LINC는 이민자 정착 프로그램 가운데 재정 규모와 참여 규모면에서 으뜸을 차지하고 있다. 이상의 캐나다 시민통합정책을 통해 찾을 수 있는 시사점은 시민통합정책 역시 유형 구분이 가능할 수 있다는 점이다. 예컨대, 신규이민자 언어 강좌에의 참여가 의무적이지 않다. 뿐만 아니라 언어 강좌 참여 여부와 국적 취득과는 무관하다. 이는 스웨덴과 유사한 반면 프랑스 사례와는 대조적이다. 시민통합정책을 비자유주의적 시민통합유형과 자발적 · 다원주의적 시민통합유형으로의 구분을 시도하고 있는 연구는 바로 이에 근거한 것이다.

한편, 시민통합정책에의 깊은 관심이라는 공통점이 있는 반면 세 개 국가의 이민자 통합정책 사이에는 많은 차이점이 존재하는 것 또한 사실이다. 먼저. 스웨덴은 다문화주의정책 기조를 유지하고 있다. 스웨덴 이민자 통합정책은 1970년대 중반에 3대 목표가 제시된 후 1980년대에 이민자와 원주민 정책에서 이민자정책으로, 1990년대에는 다시 통합정책으로 변화를 반복했다. 변화 과정에서 기존의 다문화주의정책 성격이 약해진 것 또한 사실이다. 예컨대, 이민자의 정체성 인정 단위가 기존의 집단에서 개인으로 축소된 점, 기존 이민자는 더 이상 특수집단이 아니라 스웨덴 국민과 동일시하는 점 등이 바로 그것이다. 그럼에도 불구하고 다문화주의정책지표 등의 국가 비교에서 나타나듯이 스웨덴이 다문화주의 선도 국가임은 누구나 공감하는 바이다. 뿐만 아니라 스웨덴은 이민자 대표 기구와 이민자의 참정권을 인정하고 있음에 유의할 필요가 있다. 이민자 대표 기구 제도는 1976년에 도입된 것으로 지자체 마다 이민자 자문기구가 설립되어 있다. 한편, 같은 연도에 도입된 이민자 참정권 제도는 3년 이상 거주한 외국인 주민을 대상으로 하고 있다. 지방선거에 한정되어 있지만 세 개 분석 대상 국가 중 이를 인정한 국가는 스웨덴이 유일하다. 한편, 국적 취득요건이 가장 관대한 국가 역시 스웨덴이다. 왜냐하면 이민자의 스웨덴은 국적 취득을 통합 성공에 대한 보상이라기보다는, 이민자의 스웨덴 사회로의 통합을 용이하게 하는 수단으로 간주하고 있기 때문이다.

어떤 의미에서 보면 스웨덴의 대척점에 있는 국가는 프랑스이다. 동화주의, 엄밀하게는 공화주의적 동화주의를 지향하고 있다. 이민자 통합정책의 관점에서 공화주의는 공적영역에서 구성원 간 차별 없는 평등, 집단에 대한 개인 권리의 우월, 하나이며 불가분인 공화국을 특징으로 하고 있다. 이를 종합하면 문화적 차이 인정은 사적 영역에 한정하며 집단으로서의 이민자 정체성은 인정하지 않는다. 그리고 국가로서 프랑스는 하나로서 이를 저해하는 요소는 거부함을 시사하고 있다. 여기에 공화주의를 결합하면 이민자 개개인은 프랑스 사회통합을 저해하는 요소가 되어서는 안 되며 이를 위해서는 적어도 공적 영역에서는 프랑스 사회의 지배적인 가치와 문화에 순응해야 함을 의미한다. 따라서 프랑스에서는 이민자를 특별한 집단으로 간주하지 않을 뿐만 아니라 교육 등의 분야에서 이들을 위한 별도의 프로그램 역시 존재하지 않는다. 공교육은 이민자의 프랑스 사회통합을 위한 수단으로 사용되며 이민자의 문화적 특수성을 고려하거나 지원하는 정책은 찾을 수 없다. 오히려 앞에서 살펴본 바와 같이 시민통합정책의 도입을 통해 이민자의 프랑스 사회로의 통합을 촉진하는 조치의 도입에 좀 더 많은 관심을 보이고 있다. 그 결과 프랑스는 이민자 통합 관련 각종 지표에서 동화주의의 대척점에 있는 다문화주의의 실행에서는 약한 국가인 반면 동화주의 실현의 수단으로 간주되고 있는 시민통합지표는 점점 올라가는 추세를 보이고 있다. 뿐만 아니라 이민자의 국적 취득요건도 강화되는 추세에 있다. 이와 관련하여 프랑스는 자유주의적 성격을 띠고 있었다. 하지만 오늘날에는 국적 취득을 위한 거주 요건, 시민성 요건 등이 강화되는 추세이다. 왜냐하면 기존에는 국적 취득을 통합을 용이하게 하는 수단으로 인식했으나 요즘은 성공적인 통합에 대한 보상으로 간주되고 있기 때문이다. 스웨덴과 대조적인 모습을 띠고 있는 대목이다.

마지막으로 캐나다는 스웨덴과 마찬가지로 다문화주의의 대표적 국가로 알려져 있다. 건국초기의 일국시민주의 그리고 이후의 동화주의를 거쳐 다문화주의가 제자리를 잡기 시작한 때는 1970년대 초부터이다. 다문화주의 유형 가운데 캐나다는 명시적인 다원주의정책 접근유형에 포함된다. 달리 말하면 미국 등 자유방임형과는 달리 캐나다는 다문화주의를 단수한 정치적 수사가 아니라 정부의 주도로 실현되어야 하는 정책 목표로 간주하고 있는 것이다. 캐나다 헌법에 명시되어 있는 다문화주의 창달을 위한 여러 조항, 1988년에 제정된 다문화주의에 관한 법 그리고 연방정부뿐만 아니라 주정부의 다문화주의에 대한 법적·제도적 관심은 이를 여실히 증명하고 있다. 'Inter-Action'으로 불리는 다문화주의 프로젝트를 수행하는 기관에 대한 재정지원 등 지금 시행되고 있는 다문화주의 창달을 위한 여러 프로그램은 헌법과 다문화주의 관련법에 바탕을 둔 것이다. 캐나다의 다문화주의 프로그램 중 눈에 띄는 것은 다언어교육정책이다. 특히 이민자들을 대상으로 진행되고 있는 이민자 모국어 언어교육은 프랑스와 달리 사적 영역뿐만 아니라 공적 영역에서 모국어 존중에 대한 캐나다 정부의 의지를 보여주는 대목이다. 이러한 캐나다의 다문화주의정책 실시의 결과 다문화관련지표 국가 비교에서 캐나다는 항상 최상위에 위치하고 있다. 흥미로운 점은 여타 국가와 달리 캐나다의 다문화주의정책은 날이 갈수록 강화되고 있다는 점이다. 이는 다문화정책지표(MCPs)와 이민자통합정책지표(Mipex) 등에서 그대로 드러난다. 그럼에도 불구하고 캐나다 이민자들은 아직 참정권은 없다는 점에 유의할 필요가 있을 것이다. 이민자통합정책지표 가운데 정치영역이 어느 영역보다도 순위가 낮게 나오는 이유는 바로 이에 연유한 것이다. 캐나다 사례에서 또 다른 흥미로운 점은 다문화주의를 지향하면서도 시민통합정책에 대한 관심이 일찍부터 있었다는 점이다. 엄밀히 말하면 시기적으로는 다문화주의와 시민통합정책은 거의 동시에 등장했다고 봐도 무리가 아닐 것이다(1970년대 중반). 정착 프로그램과 1990년대 초에 실시된 신규이민자 언어 강좌는 자발적 참여를 특징으로 하는 캐나다의 전형적인 시민통합정책이다. 이는 포인트 시스템을 통해 선별된 이민자들의 사회통합을 용이하게

끔 하기 위한 조치로서 이들의 잠재적 역량을 제고하는 데 초점을 두고 있다. 한편, 캐나다의 시민통합정책은 일정 부분 국적 취득요건에도 나타난다. 예컨대, 일정 수준 이상의 언어 능력이 전제되어야 하며 시민성 테스트 또한 국적 취득요건의 하나이다. 뿐만 아니라 국적 증서 수여식에의 의무적 참석은 스웨덴은 물론이거니와 공화주의적 동화주의를 지향하는 프랑스에서 조차 찾을 수 없는 의무 요건이다.

이상 살펴본 바와 같이 세 개 국가는 시민통합정책에 대한 깊은 관심을 보이고 있다는 점에서 공통점을 찾을 수 있다. 그리고 국적 취득요건 또한 강화되는 추세이다. 그럼에도 불구하고 해당국가가 지향하고 있는 이민자 통합정책 패러다임에서는 의미 있는 변화를 찾아보기 힘들다. 스웨덴의 다문화주의, 프랑스의 공화주의적 동화주의 그리고 캐나다에서는 다문화주의와 시민통합정책이 결합된 시민통합적 다문화주의가 그대로 유지되고 있음을 알 수 있다.

3. 사회정책

사회정책은 이민레짐 세 가지 구성 요소 가운데 하나로서 이민자의 사회권 보장을 위한 여러 정책 및 제도를 말한다. 통합정책과 함께 정착 단계의 이민자의 사회통합에 매우 중요한 요소라 할 수 있다. 왜냐하면 통합정책만으로는 사회구성원으로 이민자의 삶의 질을 담보할 수 없기 때문이다. 이러한 점을 고려하면서 세 개 국가의 사회정책에서 나타나는 공통점과 차이점을 살펴보기로 하다.

먼저 공통점으로서는 첫째, 사회보험제도 가운데 세 개 국가 공히 사회권 인정 여부를 거주에 바탕을 두고 있는 분야가 있다. 일반적으로 사회보험은 제도적 속성상 기여금에 바탕을 두고 있다. 달리 말하면 급여의 제공은 이에 상응하는 기여금 납부를 전제로 하고 있는 것이다. 한편, 기여금의 납부는 경제활동에의 참여가 있어야만 가능하다. 이렇게 본다면 사회보험 그 자체는 이민자의 수급권 인정에 절대 유리할 수 없는 제도이다. 그럼에도 불구하고 사회보험제도 가운데 세 개 국가 공히 기여금 납부 즉 근로가 아니라 거주가 수급권 인정의 바탕이 되는 분야가 있으니 건강과 가족수당이 바로 그것이다. 먼저, 스웨덴 경우 질병에 대한 보편급여를 들 수 있다. 부모 수당 및 의료 급여로서 스웨덴 거주민이 적용대상이다. 그리고 이에 필요한 재정은 지방정부가 맡고 있다. 프랑스는 의무적 건강 보험에 가입되어 있지 않은 사람들을 위한 별도의 제도가 운영 중이다. 구체적으로 프랑스에 3개월 이상 거주한 건강보험 미가입자를 위한 보편의료보장체제(PUMA), 법정 최저 소득이하인 가구를 위한 보충적 보편의료제도(CMU-C) 등이 바로 그것이다. 이에 필요한 재정의 대부분은 국가가 부담하고 있다. 두 제도에 각각 220만여 명과 550만 명 정도가 혜택을 받고 있다. 한편, 세 개 국가 중 건강보험에서 거주기반형 제도가 가장 활성화되어 있는 국가는 캐나다이다. 우선 대부분의 주에서 수급권 인정을 위한 대기기간이 없다. 달리 말하면 캐나다의 합법적 이민자라면 입국과 동시에 보편의료체계의 보호하에 놓이게 되는 것이다. 그리고 적용대상에는 난민 인정자, 한시적 외국인 근로자 그리고 유학생도 포함된다. 그리고 이에 제외되어 있는 망명신청자는 연방정부 관할하의 한시적 건강프로그램의 적용을 받고 있다. 보편의료체계에 필요한 재정은 연방정부와 주정부가 공동으로 부담하고 있다. 이 대목이 중요한 이유는 캐나다는 자유주의 복지레짐의 국가이면서도 사회민주주의 요소가 많이 반영되어 있는 특징을 보이고 있는데 이의 핵심에 놓여 있는 제도가 바로 건강보험이기 때문이다. 한편, 건강보험을 제외하고 세 개 국가 공히 실시되고 있는 거주기반형 제도는 가족수당보험이다. 스웨덴 경우, 정부 예산으로 충당되며 국적에 관계없이 스웨덴 법정 거주자라면 누구나 적용대상이다. 세 개 국가 중 가족수당보험제도가 가장 발달되어 있는 국가는 프랑스이다. 자녀 양육과 사회 최소 수준 유지라는 두 가지 목표하에 각 목표에 부합되는 여러 가지 급여가 제공된다. 여기서 중요한 점은 스웨덴 경우와 마찬가지로 수급권 인정 여부에 근로나 국적 요인은 고려되지 않는다는 점이다. 일정 거주 요건만 갖추면 누구나 수급자격을 얻을 수 있다. 마지막으로 캐나다의 가족수당보험은 아동수당이 대표적이다. 국적에 관계없이 18세 미만에게 지급되고 있다. 이처럼 세 개 국가 공히 건강보험과 가족수당보험은 사회보험의 일반적인 성격과는 달리 근로가 아니라 거주가 바로 사회권 인정 여부의 토대로 작용한다. 따라서 적어도 이 두 개 분야에서는 여타 분야에 비해 이민자와 비이민자 간 사회권 인정 여부 및 정도의 차이가 적을 것이다.

둘째, 세 개 국가 공히 공공부조가 이민자의 마지막 사회안전망 역할을 하고 있다. 공공부조의 이러한 역할은 비단 이민자에게만 적용되는 것은 아니다. 한 국가의 마지막 사회안전망으로서 공공부조는 사회적 취약 계층의 기본 생활 보장에 긴요한 제도이다. 하지만 여기서 주목이 필요한 부분은 비이민자에 비해 이민자의 공공부조 의존 정도가 매우 강하다는 점이다. 예컨대 스웨덴 이민자의 공공부조 수급률은 11%인데 이는 비이민자의 2%에 비해 5배 이상 높다(2011년 기준). '일시적 경제지원금'이라는 명칭에서처럼 수급기간이 다른 국가에 비해 짧음에도 불구하고 이민자 10명 중 1명은 공공부조 수급 상태에 있음을 알 수 있다. 프랑스 역시 이와 유사하다. '사회적 미니마'로 불리는 공공부조 급여 가운데 활동연대수당과 특별연대수당의 전체 수급규모의 비중에서는 비이민자의 비율이 압도적으로 높다(92%). 하지만 이를 전체인구에서 차지하는 비중을 고려하여 재산정하면 이민자 공공부조 수급비율은 비이민자에 비해 3배 이상 높다(2011년 기준). 이는 그만큼 비이민자에 비해 상대적으로 열악한 이민자의 생활에서 비롯된 것이다. 하지만 동시에 이민자의 기본생활 보장에 공공부조가 얼마나 중요한 역할을 하고 있는지를 보여주는 대목인 것 또한 사실이다.

다음, 이민정책이나 통합정책과 마찬가지로 세 개 국가의 사회정책 간 많은 차이점이 존재한다. 첫째, 분석 대상 국가의 복지레짐이다. 많은 연구를 통해 드러나듯이 사민주의, 보수주의 그리고 자유주의 복지레짐의 순으로 이민자 사회권이 보장되고 있다. 이러한 관점에서 보면 사회권 보장은 스웨덴, 프랑스, 캐나다의 순이라 할 수 있다. 둘째, 이민자 사회권 인정의 토대에 주목할 필요가 있다. 이는 복지레짐이 이민자 사회권을 결정하는 유

표 1 사회권 인정 토대의 국가 비교

국가명	근로	거주
스웨덴	연금(소득연금, 프리미엄연금), 건강(현금급여), 산재, 실업(자발적 소득연계 보험, 기본프로그램)	연금(최저보장연금), 부모수당 및 의료급여(보편급여), 가족수당
프랑스	연금, 건강, 실업, 산업재해	건강(보편의료보장제도 등), 가족수당
캐나다	연금(CPP), 건강(현금급여), 산재, 실업	연금(보편연금과 공공부조연금*), 건강(보편의료체계), 가족수당

* 욕구에 기반을 둔 제도이기도 함.

일한 요인은 아니라는 전제에서 출발한다. 왜냐하면 복지레짐은 기본적으로 제2차 세계대전 직후 수립된 각국의 복지국가에 바탕을 둔 것으로 당시에는 본국 출생 인구 집단이 주 적용대상이었던 반면 이민자에 대한 관심은 상대적으로 경시되었기 때문이다. 이에 본 저서는 이민자 사회권의 토대를 근로, 거주 그리고 욕구로 구분했으며 분석 결과 근로와 거주의 두 가지가 이민자 사회권 인정의 주요 토대로 간주되고 있음을 확인할 수 있었다. 이를 바탕으로 세 개 국가의 상황을 정리하면 〈표 1〉과 같다.

비교 관점에서 근로가 이민자 사회권의 토대로 간주되는 제도의 비중이 높은 국가는 프랑스이다. 5개 사회보험 분야 가운데 근로에 바탕을 두고 있는 분야는 연금, 건강, 실업, 산업재해 등 총4개이다. 사회권 인정 토대와 관련하여 근로기반형 국가라 할 수 있다. 다음으로 근로기반형 제도의 비중이 높은 국가는 스웨덴이다. 총 9개의 세부 제도 가운데 연금(소득연금, 프리미엄연금), 건강(현금급여), 산재, 실업(자발적 소득연계 보험과 기본프로그램) 등 총6개 이다. 흥미로운 점은 세 개 국가 가운데 캐나다가 근로기반형 제도 비중이 가장 낮다는 점이다. 총8개의 세부 제도 가운데 연금(CPP), 건강(현금급여), 산재, 실업 등 총4개 분야가 그러하다. 반면, 연금의 두 가지 세부제도(보편연금과 공공부조연금), 건강(보편의료체계), 가족수당 등은 거주에 바탕을 두고 있다. 일반적으로 이민자의 열악한 노동시장 상황을 고려하면, 근로기반 제도보다는 거주기반 제도가 이민자에게 더 유리하다고 할 수 있다. 이렇게 본다면 캐나다는 자유주의 복지레짐의 국가이면서도 이민자의 사회권 보장에 있어서는 여느 국가보다도 선도적인 모습을 보이고 있는 것이다.

이상의 발견점은 이민자 사회권에서 유의미한 시사점을 보여주고 있다. 구체적으로 한 국가의 복지레짐이 이민자 사회권 분석의 출발점은 될 수 있어도 종착점은 아니라는 것이다. 정확한 분석을 위해서는 복지레짐에 대한 고찰을 바탕으로 이민자 사회권 인정의 토대가 무엇이며 제도별로 어떻게 적용되고 있는지를 살펴야 하며 이에 대한 종합적인 평가를 근거로 이민자 사회권 보장에 대한 해당국가의 특징, 더 나아가서 국가별 비교 연구가 진행되어야 함을 보여주고 있는 것이다.

제8장

이민레짐과 한국

지금까지 스웨덴, 프랑스 그리고 캐나다 사례 분석을 통해 이민레짐의 국가별 공통점과 차이점을 살펴보았다. 여기서는 이민레짐의 관점에서 한국의 이민정책, 통합정책 그리고 사회정책에 대해서 알아볼 것이다.

1. 이민정책

1) 이민자 관련 용어: 체류외국인 그리고 외국인 주민

한국의 이민정책을 살피는 데 있어서 어려운 점은 이민자에 대한 단일의 공통적인 개념이 없다는 점이다. 3개 국가 사례에서 살펴보았듯이 이민자는 국적 취득에 관계없이 외국에서 출생한 사람 가운데 이민국 사회에 정착한 사람을 의미한다.[5] 한편, 한국의 정부 기관에서 사용되고 있는 이민자 통계 관련 용어는 두 가지로 체류외국인과 외국인 주민이 바로 그것이다. 전자는 법무부에서 사용되고 있는 반면 후자는 행정안전부와 통계청의 공식 용어이다. 먼저 체류외국인은 장 · 단기 체류외국인을 모두 포함한 것이다. 장기 체류외국인의 법적 정의는 체류지 관할 사무소장 또는 출장소장에게 외국인 등록 및 거소 신고를 한 3개월 이상 장기 체류자를 의미한다. 구체적으로 취업자격 외국인, 대한민국 국민의 배우자, 유학생, 외국국적 동포 및 기타 장기 체류외국인이 이에 속한다. 한편, 단기 체류외국인은 3개월 미만 체류자로서 등록 및 거소 신고를 하지 않은 외국인을 뜻한다. 이렇게 볼 때, 단기 체류외국인보다는 장기 체류외국인이 이민자의 성격에 좀 더 가깝다고 할 수 있을 것이다.

외국인 주민은 지역사회에서 자치단체의 지원 · 관리가 필요한 대상 · 범위를 정한 것으로 체류외국인과는 달리 법률상 용어는 아니다. 구체적으로 90일 초과 거주하는 등록외국인과 한국국적을 취득한 자와 그 자녀 및 한국어 등 한국문화와 생활에 익숙하지 않은 자를 의미한다. 이에는 세 가지 범주가 있다. 첫째, 국적 미취득자로서 외국인 근로자, 결혼이민자, 유학생, 외국국적동포 및 기타 외국인으로 나뉘어져 있다. 두 번째 범주는 국적 취득자로서 혼인귀화와 기타귀화로 구성되어 있다. 세 번째 범주는 외국인 주민 자녀이다. '한국국적을 취득한 자'의 자녀 및 한국인과 결혼한 '한국국적을 가지지 않는 자'의 자녀 중 미성년자만 이에 포함된다.

한편, 외국인 주민 개념이 체류외국인 개념과 다른 점은 다음과 같다. 첫째, 외국인 주민의 국적 미취득자 범주에 단기 체류외국인은 포함되어 있지 않다. 이는 UN의 국제인구이동 통계 권고안에 따른 것으로 장단기 구분 시점은 국제인구이동의 기준인 90일이다. 둘째, 외국인 주민은 체류외국인 개념에서는 빠져 있는 국적 취득자와 한국국적의 자녀를 포함하고 있다.

5) 이는 OECD의 이민자 개념과 부합된다. OECD는 출생 시 외국국적을 갖고 국외에서 태어난 이민 1세대(귀화자 포함)를 해외출생인구(foreign-born population)로 칭하면서 이를 이상적인 이민자 개념으로 보고 있다(박시내 외, 2016: 14).

표 2　체류외국인과 외국인 주민의 하위 집단

<table>
<tr><th>구분</th><th colspan="8">하위 집단</th></tr>
<tr><td rowspan="2">체류 외국인</td><td colspan="5">장기 체류외국인</td><td colspan="3">단기 체류 외국인</td></tr>
<tr><td>취업자격 외국인</td><td>국민의 배우자</td><td>유학생</td><td>외국국적 동포</td><td>기타</td><td colspan="3"></td></tr>
<tr><td rowspan="2">외국인 주민</td><td colspan="5">국적 미취득자</td><td colspan="2">국적취득자</td><td>외국인 주민 자녀</td></tr>
<tr><td>외국인 근로자</td><td>결혼 이민자</td><td>유학생</td><td>외국국적동포</td><td>기타 외국인</td><td>혼인 귀화</td><td>기타 귀화</td><td></td></tr>
</table>

〈표 2〉는 지금까지 소개한 체류외국인과 외국인 주민의 하위 집단을 정리한 것이다.

여기서 분명한 점은 개념적으로 두 용어 공히 이민자와 완전히 부합되지 않는다는 점이다. 국가별 이민 동향에 관한 OECD 연례 보고서에서 한국의 관련 통계치가 보이지 않는 점 역시 이러한 상황과 무관하지 않은 것으로 판단된다.[6] 이상의 점을 고려하여 여기서는 내용에 따라 체류외국인과 외국인 주민 용어를 적절하게 사용할 것이다.

2) 이민의 역사: 이민 송출에서 이민 유입으로

이민 역사를 개괄하면 한국의 이민 역사는 1980년대 말까지의 이민송출에서 이후의 이민유입으로 구분가능하다. 이는 스웨덴과 유사한 모습을 띠고 있다고 할 수 있다. 이 점을 고려하면서 시기별 특징을 살펴보자. 이민

6) 예컨대 2017년의 OECD 보고서만 하더라도 전체 인구 대비 외국인 비율만 제시되어 있을 뿐이다. 반면 이민자를 지칭하는 해외 출생 인구(foreign-born population)가 전체 인구에서 차지하는 비중에 관한 통계치는 빠져있다. OECD, 2017: 205.

관련 용어와 관련하여 여기서는 법무부에서 사용하고 있는 체류외국인 용어를 사용할 것이다.

(1) 1980년대까지: 이민송출시기

1980년대 말까지 한국은 이민송출국가였으며 당시 한국사회에서 이민이란 용어는 국외이주를 의미했다. 19세기 후반부터 나타난 이민송출현상은 1945년 해방을 맞이할 때까지 계속되었다.[7] 해방 이후 한국의 국외 이주는 1960년대 초 독일로 광부와 간호사를 파견하면서부터 시작된다. 독일로의 노동이주는 1970년대와 80년대 중동 건설 붐과 함께 이 지역으로의 노동이주로 이어졌다. 뿐만 아니라 1965년 미국의 이민법이 개정되어 아시아 국가 출신의 이민자를 받아들이기 시작하면서 미국 등으로의 영주 이민으로까지 지역적 범위가 확대되었다.

1960년대 이후 국외 이주와 관련된 수치상의 흐름을 보면 1970년대와 80년대 초에 정점을 보이다가 80년대 중반부터는 감소했다. 구체적으로 영주이민의 경우 1976년에 4만 6천 명으로 정점에 달했고 그 이후 80년대 중반까지는 매년 3만여 명씩 국외 이주가 지속되었으나 1993년에는 그 규모가 2만 명 미만으로 감소했다. 한편 일시적인 해외취업에서는 70년대 말부터 80년대 중반까지 중동 붐으로 해외 취업이 크게 증가했고 그 결과 1982년의 해외취업인구는 20만 명에 달했다가 1994년에는 2만 5천 명으로까지 감소 추세를 보였다.

한편, 이 시기의 체류외국인 수는 극히 적었다. 예컨대 1985년에 4만 명을 겨우 넘는 수의 체류외국인이 있었는데 이는 당시 한국 국민 전체 인구 대비 0.09%에 불과했다(〈표 3〉 참조)

---

7) 현재 중국, 일본, CIS 회원국(러시아, 우크라이나 등 11개국)에 거주하는 재외동포들은 대부분 1945년 이전 한국의 혼란기에 이주한 사람들이다.

(2) 1990년대: 외국인 근로자 유입 시기

1980년대 말부터 우리 국민의 해외 이주는 크게 감소하고 대신 외국인들이 국내로 들어오는 새로운 현상을 보이기 시작했다. 다시 말하면 이 시기부터 한국은 기존의 이민송출국에서 이민유입국으로 이민양상이 바뀌었다. 이에는 한국의 경제성장과 정치적 불안의 감소가 한몫을 한 것으로 평가받고 있다.

외국인 가운데 이민유입 본격화의 서막을 알린 것은 중국동포이다. 1980년대 말부터 시작된 중국동포의 유입이 크게 증가하게 된 원인은 두 가지로 첫째, 한국과 중국 사이의 관계 개선을 들 수 있다.[8] 그 결과, 중국 조선족과 중앙아시아 고려인 등의 인적교류가 시작되었다. 둘째, 한국 산업의 구조적인 변화와 노동력 부족 등이 국내의 인력부족현상을 가져오고 이에 따라 외국인에 대한 노동력 수요가 증가했다. 특히 당시 국내건설업계의 인력난은 매우 극심했다. 게다가, 중국보다 상대적으로 임금이 높다는 점과 언어 장벽이 없다는 점 때문에 당시 외국인 신분으로 취업이 용이한 중국동포들 상당수가 한국에 들어왔다(김원홍 외, 2014: 29~30).

1993년 이후 외국인 근로자의 국적은 매우 다양해졌다. 이는 한국정부가 도입한 산업기술연수생제도의 도입에 의한 것으로 14~15개 아시아 국가로부터 외국인 연수생을 공식적으로 초청하여 노동인력으로 활용하기 시작했다. 그 결과, 1990년만 하더라도 5만 명에 불과했던 체류외국인의 수는 1995년에는 약 27만 명으로 5년 사이 5배 이상 증가했다(〈표 3〉 참조). 한편, 1997년 당시 체류외국인 전체수는 386,970명이다. 이 가운데 장기 체류외국인은 176,890명으로 1994년의 84,805명에 비해 크게 늘어났다. 이에는 9만여 명에 달하는 산업연수생이 큰 몫을 차지하고 있다(김원숙, 2010: 13).[9] 결국 이 시기의 체류외국인 수의 증가에는 산업연수생 제도의 도입

---

8) 1992년 8월 24일의 한중 공동성명. 여기서 한국과 중국 간 대사급 외교관계를 수립하기로 결정.

9) 한편, 법무부 출입국관리통계연보에 따르면 1997년에는 산업연수의 목적으로 한국에 입국한 외국인 근로자는 47,550명이다(법무부, 1997: 13)

이 큰 역할을 했다고 할 수 있다.

(3) 2000년대: 유입인구의 증가와 다양화

2000년대에 접어들어 한국 사회에 들어오는 이민 규모가 늘기 시작했다. 〈표 3〉은 특정 기간 인구 대비 체류외국인 추이를 나타낸 것이다.

〈표 3〉처럼 1990년대 중반부터 증가한 체류외국인 수는 2000년에 와서는 전체 인구 대비 1%를 넘을 정도로 늘어났다. 2005년에는 74만여 명으로 늘어났는데 이는 10년 사이 177%가 증가된 것이다. 증가 추세와 관련하여 세 종류의 체류외국인에 대한 분석이 필요하다. 첫째, 취업 혹은 연수 목적의 외국인 근로자이다. 1993년에 산업연수생제도의 도입, 2004년의 고용허가제의 도입으로 외국인 근로자의 한국 취업에의 문이 개방되었다.[10] 이에 따라 비전문취업 근로자와 산업연수생 및 연수취업생 등 단순 업무 근로자들의 입국이 활발해졌다. 그 결과, 2005년 통계에 따르면 체류외국인 가운데 이들이 차지하는 비중이 39%가 될 정도로 그 수가 증가되었다. 둘째, 외국국적 동포 수의 증가이다. 본래 1980년대 말 중국 동포의 입국으로 시작된 외국국적 동포 수가 2002년 취업관리제의 도입 후 큰 폭으로 증가했다. 2001년 기준, 12만 7천 명에서 2005년에는 19만 4천 명으로 5년 사이

표 3 한국 체류외국인 변화 추이(규모, 비중, 1985~2005년)

구분	1985년	1990년	1995년	2000년	2005년
체류외국인(명)	40,920	49,507	269,641	491,324	747,467
인구(천 명)	43,390	44,553	44,553	45,985	48,294
인구대비(%)	0.09	0.11	0.60	1.07	1.55

출처: 법무부, 2005: 354.

10) 이의 자세한 내용은 후술할 것임.

50%가 증가되었다. 셋째, 증가 추세에서 가장 눈에 띄는 체류외국인으로 결혼 이민자를 들 수 있다. 한국은 국제결혼에 있어서도 1990년대 초반을 기점으로 국제결혼 송출국에서 유입국으로 그 모습이 바뀌었다. 이는 이웃 중국과 동남아 여성에게 한국의 위상이 높아져 결혼이민을 통한 국제결혼이 크게 증가했고 국내에 이미 들어와 일하고 있는 외국인 근로자의 국제결혼도 크게 증가했기 때문이다. 이러한 추세는 2000년대에 접어들어 그 규모가 급증했다. 〈표 4〉는 2000년대 초의 결혼 이민자 추이를 나타낸 것이다.

2002년에 1만 5천여 건에 불과했던 국제결혼건수는 2005년의 경우 4만 3천여 건으로 3배 가까이 늘어났다. 이에 못지않게 중요한 점은 전체 결혼 가운데 국제결혼이 차지하는 비중이다. 2002년의 5.2%에서 2005년에는 13.6%로 신혼 부부 10쌍 중 적어도 1쌍은 국제결혼에 해당된다. 한편, 한국 여자와 결혼하는 외국인 남자의 비중도 적지 않으며 늘어나는 추세임을 알 수 있다.

2005년 이후 체류외국인은 계속 늘어나 2007년에는 106만 6천 명으로 처음으로 백만 명을 돌파했다. 이에 따라 전체 인구 대비 체류외국인의 비율 역시 2006년의 1.86%에서 2010년에는 2.5%로 상승했다. 이처럼 2000년대에 접어들어 한국 사회는 유입 외국인의 규모가 증가됨과 동시에 그 면면 또한 다양해지는 모습을 띠게 된다.

표 4 연도별 결혼 이민자 변화 추이(2002~2005년)

구분		2002년	2003년	2004년	2005년
전체결혼건수		306,573	304,932	310,944	316,375
국제결혼건수	여자	11,107	19,214	25,594	31,180
	남자	4,896	6,444	9,853	11,941
	전체	15,913	25,658	35,447	43,121
국제결혼비율(%)		5.2	8.4	11.4	13.6

출처: 법무부, 2005: 596.

(4) 2010년대: 유입인구의 지속적 증가

2010년대 접어들어 체류외국인은 〈표 5〉처럼 계속 늘어나는 모습을 보이고 있다.

〈표 5〉처럼 2010년에 126만여 명이었던 체류외국인은 2016년에는 2백만 명을 넘었으며 이듬해인 2018년에는 218만 명 이상이 되었다. 2010년부터 7년에 걸쳐 100만 명 정도 늘어난 것으로 2010년을 기준으로 할 때 연평균 10.4%의 증가세를 보인 것이다. 뿐만 아니라 전체 인구 대비 체류외국인 비중도 지속적으로 증가했다. 2010년의 2.50%에서 2017년에는 4.2%까지 늘어났다. 여기서 유의해야 할 부분은 비중 증가가 체류외국인의 증가에만 이유가 있는 것은 아니라는 점이다. 오히려 연평균 2.1%의 증가에 그친 전체 인구의 변화가 더 큰 요인으로 작용했다는 점에 주목할 필요가 있다.

한편, 이 시기의 유입인구의 지속적 증가 요인을 살펴보기 위해서는 두 가지 차원에서의 분석이 필요한 바 체류기간별 외국인의 추이가 그 첫 번째이며, 두 번째는 출입국 목적별 체류외국인의 추이이다. 첫째, 체류기간별 외국인의 추이에 대한 분석은 이민레짐의 관점에서 체류외국인과 이민자의

표 5 **한국 체류외국인 규모 변화 추이(2010~2017년)**

구분	2010	2011	2012	2013	2014	2015	2016	2017
체류 외국인 (명)	1,261,415	1,395,077	1,445,103	1,576,034	1,797,618	1,899,519	2,049,441	2,180,498
인구 (명)	50,515,666	50,734,284	50,948,272	50,219,669	51,327,916	51,529,338	51,696,216	51,779,892
인구 대비 (%)	2.50	2.75	2.84	3.14	3.5	3.7	4.0	4.2
연평균 증가율	10.4%							

출처: 법무부 출입국·외국인 정책본부. 2014; 2019의 관련표를 바탕으로 재정리.

관련성을 확인하는 데 유용하다. 즉 장기 체류자가 증가하는 현상을 보인다면 이는 곧 이민자 수가 증가된 것임을 보여주는 것이다. 두 번째 차원인 체류 목적별 외국인 추이에서 나타나는 비중 차이 및 추이는 체류외국인 증가의 주요 요인을 살펴보는 데 도움을 줄 것이다. 즉, 어떤 체류 목적을 지닌 외국인이 체류외국인의 증가를 견인했는가에 관한 것이다.

첫째, 체류 기간별 체류외국인의 변화 추이이다. 〈표 6〉은 장·단기 체류외국인 동향을 정리한 것이다.

먼저, 2010년부터 2017년까지의 7년 동안 장기 체류외국인은 연평균 8.3%의 증가세를 보였다. 이는 동시기 체류외국인 전체 증가율인 10.4%에 미치지 못할 뿐만 아니라, 18.1%를 보이고 있는 단기 체류외국인의 증가세의 2분의 1에도 미치지 못한다. 이는 체류외국인 가운데 장기 체류가 차지하는 비중 추이에서도 그대로 드러난다. 즉, 2011년에 약 80%였던 장기 체류외국인의 비율이 2018년에는 약 73%로 떨어진다. 달리 말하면, 2010년대에 나타나는 체류외국인 증가에 대한 장기 체류 증가요인의 영향은 단기 체류에 비하면 그 정도가 상당히 약하다는 것이다. 이렇게 볼 때, 체류외국인의 지속적인 증가에도 불구하고 이러한 현상이 이민자의 증가를 보여주는

표 6 체류기간별 외국인 동향(2010~2017년)

구분	2010	2011	2012	2013	2014	2015	2016	2017
체류외국인(명)	1,261,415	1,395,077	1,445,103	1,576,034	1,797,618	1,899,519	2,049,441	2,180,498
장기	1,002,742	1,117,481	1,120,599	1,219,192	1,377,945	1,467,873	1,530,539	1,583,099
연평균 증가율	8.3%							
단기	258,673	277,596	324,504	356,842	419,673	431,646	518,902	597,399
연평균 증가율	18.7%							

출처: 법무부 출입국·외국인 정책본부, 2014; 2019의 관련표를 바탕으로 재정리.

표 7 **출입국 목적별 주요 체류 자격**

출입국 목적	주요 체류 자격
사업목적	C-2(단기상용), D-7(주재), D-9(무역경영)
취업목적	C-4(단기취업), E-1(교수)~E-10(선원취업), H-1(관광취업), H-2(방문취업)
친척방문, 가족동거, 거주, 동반, 재외동포 등	B-1(사증면제), B-2(관광통과), C-3(단기종합), F-1(방문동거)~F-5(영주)
학업목적	D-2(유학), D-4(일반연수)
기타목적	C-1(일시취재), D-1(문화예술), D-5(취재), D-6(종교)
관광, 통과, 각종행사, 회의참가 등	B-1(사증면제), B-2(관광통과), C-3(단기종합),

출처: 이규용 외, 2011: 〈표 2-2〉에서 재인용.

것인가에 대해서는 의문의 여지가 많다.

둘째, 체류 목적별 외국인의 동향이다. 이를 위해서 2010년의 출입국 관리법 시행규칙(2010년 8월 15일 시행)에 명시되어 있는 체류 자격을 근거로 흐름을 살펴볼 것이다. 여기에 명시되어 있는 체류자격은 총 36개이며 이 가운데 외교(A-1), 공무(A-2), 협정(A-3)을 제외한 체류자격을 목적별로 구분하면 〈표 7〉처럼 6개 유형으로 구분가능하다.

이 가운데 비중이 높은 항목들의 추이를 살펴보면 〈표 8〉과 같다.

먼저, 구성비 측면에서 보면 취업 목적의 체류외국인의 수가 절대적으로 많은 것을 알 수 있다. 이와 관련되는 체류자격으로 비전문취업, 방문취업 그리고 재외동포 등 세 가지가 있다, 비전문취업은 국적에 관계없이 국내 취업 요건을 갖춘 사람이 그 대상이다.[11] 그리고 재외동포란 외국국적을 취

11) 이하 체류자격에 대한 설명은 출입국관리법 시행규칙의 별표에 바탕을 둔 것임.

표 8 **체류자격별 외국인 변화 추이**

(단위: 명, %)

구분/연도	2010*	2014*	2017*	연평균증가율
관광통과	71,490(5.6)	96,113(5.3)	121,715(5.6)	10.3
단기방문	64,150(5.0)	146,357(8.2)	199,518(9.2)	30.1
유학	69,600(5.5)	61,257(3.4)	86,875(4.0)	3.5
일반연수	37,809(2.9)	27,000(1.5)	49,939(2.3)	4.6
회화지도	23,317(1.8)	17,949(10.0)	14,352(6.6)	-5.5
비전문취업	*220,319(17.5)*	270,569(15.1)	*279,127(12.8)*	3.9
방문동거	42,212(1.0)	71,203(4.0)	111,449(5.1)	23.4
거주	138,669(11.0)	37,504(2.1)	40,594(1.9)	-10.1
동반	15,409(1.2)	21,809(1.2)	22,457(1.0)	6.5
재외동포	84,912(6.7)	*289,727(16.1)*	*415,121(19.0)*	55.5
영주	45,475(3.6)	112,742(6.3)	136,334(6.3)	28.5
결혼이민	--	120,710(6.7)	122,523(5.6)	5.0
방문취업	*286,586(22.7)*	*282,670(15.7)*	238,880(11.0)	-2.4
기타	50,885(4.0)	193,383(10.8)	202,273(9.3)	42.5
계	1,261,415 (100.0)	1,797,618 (100.0)	2,180,498 (100.0)	

* 각 연도는 규모(명)와 구성비(%)

** 이탤릭체로 되어 있는 것은 체류외국인 가운데 구성비가 가장 높은 항목들임.

출처: 법무부 출입국 · 외국인 정책본부. 2014; 2019의 관련표를 바탕으로 재정리.

득한 사람으로서 한국국적을 보유한 적이 있는 사람 혹은 부모의 일방 또는 조부모의 일방이 한국국적을 보유했던 사람을 말한다. 재외동포법에 따라 이들에 대해서는 활동 제한이 거의 없다. 하지만, 1980년대 말의 중국 동포 사례에서처럼 이들 역시 주된 체류 목적은 취업이다. 게다가 방문 취업의 허용 대상 역시 재외동포임을 고려한다면 세 가지 항목에서 재외동포가 차지하는 비중은 매우 높은 것을 알 수 있다. 연도별 세 가지 체류 자격의 비율을 합하면 각각 46.9%(2010년과 2014년), 42.8%(2017년)이다. 이렇게 볼 때, 2010년대의 체류자격을 통해서 살펴본 외국인의 가장 큰 체류 목적은 취업임을 알 수 있다. 외국 사례의 이민유형 가운데 경제이민(근로이민)에 해당한다.

취업 다음으로 비중이 높은 체류 목적은 거주이다. 체류자격별로는 거주, 방문동거, 영주, 결혼이민 등이 이에 속한다. 거주는 대한민국 국민의 미성년 자녀 혹은 영주 체류자격을 가지고 있는 사람의 배우자 및 그의 미성년 자녀가 대상이다. 일정 부분 가족재결합 이민유형을 연상시킨다. 방문동거는 친척방문, 가족동거, 피부양, 가사 정리 등의 목적으로 체류하는 경우로서 가사보조인이 대표적이다. 영주는 5년 이상 대한민국에 체류하고 있는 자등이 대상이다. 1990년대에 등장한 결혼 이민은 2000년대 이후 지금까지 증가 추세에 있다. 대한민국 국민의 배우자 혹은 혼인관계에서 출생한 자녀를 양육하고 있는 부 혹은 모가 결혼 이민 체류 자격의 대상이다. 이상 세 가지 체류 자격 항목의 비율을 합하면 각각 15.6%(2010년), 19.1%(2014년), 18.9%(2017년)이다.

세 번째로 많은 비중을 차지하는 체류 목적은 학업이다. 유학과 일반 연수 체류 자격이 이와 관련되는 것으로 합하면 5~8%이다. 이렇게 볼 때, 2010년대 외국인의 한국 체류의 주된 목적은 취업과 거주임을 알 수 있다.

다음으로, 체류 자격별 추이를 살펴보자. 이는 체류외국인의 증가 요인을 확인하는 데 도움을 줄 것이다. 2010년과 2017년의 차이를 근거로 연평균 증가율을 산출한 결과 증가폭이 가장 큰 체류자격 항목은 재외동포이다. 2010년에 8만여 명에서 2017년에는 41만여 명까지 늘어나 연평균 55.5%의 증가세를 보이고 있다. 그 다음은 기타 체류자격이다. 기타 체류자격은 명시되어 있는 체류자격에 해당하지 않은 사람으로서 법무부 장관이 인정하는 경우로 연평균 42.5% 증가했다. 세 번째는 단기 방문으로 연평균 증가율은 30.1%이다. 단기 체류자격의 하나로서 시장 조사 등의 목적으로 90일을 넘지 않는 기간의 체류를 뜻한다.[12] 그 뒤를 이어 영주와 방문동거가 각각 연평균 28.5%와 23.4%의 증가세를 기록했다. 반면 결혼이민과 유학, 일반연수는 5% 이하의 증가세를 보이는 데 그쳤다. 이렇게 볼 때, 기타와 단기방문을 제외하면 체류외국인의 증가를 가져오는 주요 체류자격은 재외동포와 방문동거임을 알 수 있다. 이는 취업 목적과 거주 목적이 핵심에 있음을 보여주는 대목이다.

3) 유입이민 현황과 구성

여기서는 외국인 주민 용어를 통해 한국사회 이민 현황과 구성을 살펴볼 것이다. 왜냐하면 이 용어가 체류외국인 개념보다는 이민자 개념에 상대적으로 더 유사한 의미를 지니고 있기 때문이다. 앞에서 언급한 바와 같이 외국인 주민은 국적 미취득자, 국적 취득자 그리고 외국인 주민자녀 등 세 범주로 구성되어 있다. 각 범주의 하위 집단 및 정의는 〈표 9〉와 같다.

한편, 〈표 9〉의 구분을 근거로 외국인 주민 규모를 살펴보면 〈표 10〉과 같다.

〈표 10〉처럼 2018년을 기준으로 할 때 외국인 주민 수는 200만 명을 넘었다. 이는 전년도에 비해 10.4% 증가한 것으로, 유형별로는 국적 미취득자가 160만여 명으로 가장 많은 비중을 차지하고 있으며(80.4%) 다음으로는 외국인 주민 자녀(11.0%), 국적 취득자(8.65)의 순이다. 한편 국적 미취득자 중에는 외국인 근로자(25.7%)와 기타 외국인(25.2%)의 비중이 가장 높다. 다음으로는 외국국적 동포와 결혼이민자로 그 수는 29만여 명과 16만여 명으로 각각 14.4%와 8.1%의 비율을 보이고 있다. 여기서 알 수 있는 점은 학계나 사회 일각에서 결혼이주여성의 증가를 언급하면서 다문화사회의 도래를 강조하는 경향이 많으나 사실은 외국인 주민 가운데 이들이 차지

12) 단기 체류자격에는 단기방문 외에 사증면제, 관광·통과, 일시취재, 단기 취업이 있음.

표 9 외국인 주민의 유형 구분과 정의

대구분	하위구분	개념정의
국적 미취득자	외국인 근로자	체류자격이 단기취업(C-4), 교수 등 취업분야(E-1~E7, E9~E10), 방문취업(H-2)인 자
	결혼 이민자	체류자격을 불문하고 대한민국 국민과 혼인한 적이 있거나 혼인관계에 있는 자
	유학생	체류자격이 유학(D-2) 그리고 일반연수(D-4) 중 '대학부설 어학원 연구(D-4-1), 외국어 연수생(D-4-7)'인 자
	외국국적 동포	체류자격이 '재외동포(F-4)' 중 국내거소 신고자
	기타 외국인	기업투자, 취재 등 체류자격이 위의 네 가지에 해당되지 않는자 및 단기 체류기간 도과 불법체류자
국적 취득자		국적법 제3조 및 제4조에 따라 한국국적을 취득한 자(*한국인이 국적 상실 후 회복한 경우 및 북한이탈주민은 제외)
외국인 주민자녀 (출생)		한국국적 취득자의 자녀 및 한국인과 결혼한 한국국적 미취득자의 자녀(*국적법 제2조에 따른 출생과 동시에 한국국적을 취득한 미성년자)

출처: 지방자치분권실, 2019.

표 10 외국인 주민 유형별 현황(2017년과 2018년)

구분	국적 미취득자						국적 취득자	외국인 주민자녀 (출생)	총계
	외국인 근로자	결혼 이민자	유학생	외국국적 동포	기타 외국인	소계			
2018년 (명)	528,063	166,882	142,757	296,023	517,836	1,651,561	176,915	226,145	2,054,621
비율	25.7	8.1	6.9	14.4	25.2	80.4	8.6	11.0	100
2017년 (명)	495,792	160,653	117,127	276,750	428,925	1,479,247	169,535	212,303	1,861,084
비율	26.6	8.6	6.3	14.9	23.0	79.5	9.1	11.4	100
증감(명/비율)	32,271	6.229	25,630	19,273	88,911	172,314	7,380	13,843	193,537
	6.5	3.9	21.9	7.0	20.7	11.6	4.4	6.5	10.4

출처: 지방자치분권실, 2019: 1.

하는 비중은 그렇게 높지 않다는 점이다. 오히려 외국인 근로자와 외국국적 동포에 대한 정책적 관심도 못지않게 중요하다는 점을 보여주고 있다.

한편, OECD에 의하면 한 국가의 인구 가운데 이민 인구가 차지하는 비중이 5%이상인 경우 다문화사회로 간주된다. 2018년을 기준으로 할 때 한국의 총인구 중 외국인 주민이 차지하는 비율은 4%이다.[13] 이렇게 볼 때 한국이 공식적으로 다문화사회에 진입했다고 보기는 어렵다. 하지만 2009년도에 111만 명으로 전체 인구 대비 2.2%를 보인 후 10년간의 증가 추세를 볼 때 수치상으로는 한국도 멀지 않은 시기에 다문화사회가 될 가능성은 매우 높다.

그럼 외국인 주민의 출신 국가는 어떤지 살펴보자. 앞의 세 개 국가 이민자의 출신 국가에서 스웨덴은 핀란드 출신 이민자가 가장 많다. 프랑스의 경우, 유럽국가 중에는 포르투갈, 아프리카국가 중에는 알제리 출신 이민자가 많은 것을 알 수 있었다. 마지막으로 캐나다는 필리핀, 인도, 중국 등 아시아권 국가 출신의 이민자가 많은 비중을 차지하고 있다. 〈표 11〉은 한국에서의 외국인 주민 가운데 국적 미취득자의 출신 국가 상위 10개국 국적 분포를 정리한 것이다.

이에 따르면 한국에 체류 중인 외국인 주민의 출신 국가는 아시아에 과도하게 집중되어 있음을 알 수 있다. 가장 많은 수를 차지하는 국가는 중국

표 11 국적 미취득자의 출신 국가 분포(2018년 기준)

(단위: 명, %)

국가	중국(한국계)	중국	베트남	태국	미국	우즈베키스탄	필리핀	캄보디아	인도네시아	네팔
인원	531,263	215,367	169,777	151,104	66,003	57,998	47,532	45,114	38,890	37,346
비율	32.2	13.0	10.2	9.1	4.0	3.5	2.9	2.7	2.4	2.3

출처: 지방자치분권실, 2019: 49.

13) 총인구는 국적상 내국인과 외국인(국적 미취득자)을 합산한 인구로 조사기준 시점 전후 3개월 이상 국내 미체류자를 제외한 실제거주인구를 말한다(2018년 기준: 51,629,512명).

이다. 조선족 등 한국계 중국인과 중국인을 합친 인원은 국적 미취득자 가운데 거의 절반을 차지하고 있다(45.2%). 다음으로는 베트남(10.2%), 태국(9.1%) 순이다. 한편, 상위 10개 출신 국가 가운데 비아시아계 국가는 미국이 유일하다.

한편, 〈표 12〉는 유형별 국적 미취득자의 출신 국가 분포이다. 이를 통해 외국인 주민의 거주 목적을 가늠할 수 있을 것이다.

취업 목적의 외국인 근로자 유형과 외국국적 동포 유형에서는 중국(한국계)출신이 가장 많다. 다음으로는 베트남(외국인 근로자), 미국(외국국적 동포)의 순이다. 한편, 결혼이민자 중에는 베트남 출신이 가장 많으며 중국(한국계), 중국이 그 뒤를 잇고 있다. 학업 목적의 유학생 유형에서는 중국이 가장 많으며 다음으로 베트남, 우즈베키스탄의 순이다. 이렇게 볼 때, 한국의 외국인 주민은 취업 즉 경제적 동기에 의한 이민이 가장 압도적으로 많은 것을 알 수 있다. 그리고 외국인 주민의 출신국가는 중국을 비롯하여 아시아 국가 일부에 집중되어 있는 특징을 보여주고 있다.

표 12 체류목적별 국적 미취득자의 출신국가 분포

유형	체류목적	출신국가(인원)
외국인 근로자	취업	중국(한국계, 180,185), 베트남(46,233), 캄보디아(37,700), 인도네시아(33,814)…
결혼 이민자	거주	베트남(39,880), 중국(한국계, 36,642), 중국(32,210), 필리핀(10,670)…
유학생	학업	중국(57,247), 베트남(40,189), 우즈베키스탄(7,340), 인도네시아(1,493)…
외국국적 동포	취업	중국(한국계, 233,375), 미국(20,148), 우즈베키스탄(7,974)…
기타 외국인	취업, 거주, 학업 외	태국(122,016), 중국(108,939), 중국(한국계, 80,266), 베트남(42,875)…

출처: 지방자치분권실, 2019: 50-51의 표를 바탕으로 재정리.

한국의 이민 현황 특징에서 가장 눈에 띄는 대목은 거주기간별 비중이다. 〈표 13〉은 이에 대한 분석 대상 국가의 현황을 정리한 것이다.

〈표 13〉처럼 분석 대상 국가 중 10년 이상 장기 거주 이민자의 비율이 높은 국가는 프랑스(75.4%), 캐나다(69.9%), 스웨덴(56.1%)의 순이다. OECD 회원국과 유럽연합 회원국 평균을 살펴보면 65~70%가 10년 이상 장기 거주 이민자인 반면 5년 미만은 20%에 미치지 못한다. 한편, 한국의 이민자 가운데 약 60%는 거주기간이 5년 미만으로 이 수치는 OECD 회원국 중 가장 높다. 반면 10년 이상 거주한 이민자 비율은 약 15%에 불과하다. 단적으로 표현하면 한국의 이민자는 단기 거주형의 특징을 보이고 있는 것이다. 외국인 근로자의 대부분이 단기 거주 이민자에 포함될 것으로 판단된다. 왜냐하면 후술하겠지만 한국의 외국인 근로자 유입 정책 기조는 정주 금지원칙(최대 4년 10개월 체류 가능)과 내국인 고용 우선 원칙에 바탕을 두고 있기 때문이다. 반면 10년 이상 장기 거주 이민자 가운데는 결혼 이민자가 많은 비중을 차지하고 있을 개연성이 매우 높다.

전체 인구에서 차지하는 이민자 비중의 점증에도 불구하고 이민자 출신 국가의 특정 국가에의 과도한 집중 그리고 단기 체류 지배형의 모습을 고려할 때 한국 사회가 과연 다문화사회로 진입하고 있는가에 대해서는 재고의

표 13 이민자 거주기간별 분포의 국가 비교

구분	5년 미만	10년 이상	연도
스웨덴	22.7	56.1	2015
프랑스	11.8	75.4	2015
캐나다	14.0	69.9	2016
한국	59.1	14.5	2017
OECD 회원국 평균	16.3	68.8	
EU 회원국 평균	17.1	65.5	

출처: OECD/EU, 2018: 55의 figure 2.13에서 발췌, 재정리

여지가 있는 것으로 판단된다.

4) 이민정책의 전개: 노동시장정책 혹은 가족정책?

지금까지의 논의를 고려하면서 여기서는 1960년대 이후 한국의 이민정책 전개과정을 살펴보기로 한다. 전개과정에서 나타나는 특징을 중심으로 두 시기로 구분한다.

(1) 1960~1980년대: 국외이주정책의 지속적 시행과 출입국 관리정책의 정립

앞에서 언급한 바와 같이 이 시기는 이민송출이 특징이다. 이를 뒷받침한 법으로 1962년에 제정된 해외이주법을 들 수 있다. 국민의 해외송출을 장려함으로써 인구정책의 적정과 국민경제의 안정을 위해 만들어진 이 법의 주요내용은 첫째, 해외이주에 대한 체계적인 장려를 시도하고 있다. 예컨대, 해외이주를 집단이주, 계약이주 그리고 특수이주로 나누고 있다(제4조). 그리고 해외이주의 알선을 전담하는 기구로서 법인의 역할을 강조하고 있으며(제10조), 필요한 경우 법인에 대해서 보조금을 교부할 수 있다고 명시하고 있다(제9조). 둘째, 해외이주업무를 담당할 정부부처로 보건사회부를 명시했다(제6조). 이에 따라 1962년 10월에 보건사회부 사회국의 이주과가 신설되어 당시의 이민송출정책을 담당했다. 초기의 국외로의 이민정책은 국내의 잉여노동력을 해외로 파견하는 데 주안점을 두었다. 이후 정부는 정책을 수정하고 이주한 사람을 정착시키는 데 정책의 우선순위를 두었다. 1980년대에 접어들어 개방화정책에 발맞추어 1981년 정부는 국외이주확대정책을 실행했다. 그리고 해외송출업무도 기존의 보건사회부에서 외무부 해외이주과로 이관되었다(오정은, 2011: 58).

한편 이 시기의 외국인의 한국 출입과 관련된 법으로 1963년에 제정·공포된 '출입국관리법'을 들 수 있다. 이 법은 해외이주법과 함께 당시 한국

이민정책의 두 축이라 할 수 있다 뿐만 아니라, 동법은 1949년에 제정되었던 '외국인의 입국 · 출국과 등록에 관한 법'을 대체한 법으로 오늘날 출입국관리제도의 기틀을 마련한 법으로 평가받고 있다. 왜냐하면 외국인에 대한 출입국절차와 함께 국민의 출입국절차를 규정함으로써 내 · 외국인에 대한 출입국심사의 법적근거를 완비하고 있기 때문이다. 이 법의 주요 내용을 살펴보면 첫째, 거류 용어를 사용하고 있다(제19조). 동법에서의 거류는 거주 또는 체류를 의미하는 것으로 체류는 단기간적 성격을 담고 있다. 둘째, 거주를 원하는 경우에는 반드시 법무부 장관의 허가를 받아야 한다(제21조). 이 조항은 출입국관리업무는 1961년 10월 2일 국가재건최고회의 행정기구개편지침에 따라 업무가 종래 외무부에서 법무부로 이관된 것을 재확인하는 것으로 이후 지금까지 출입국관리업무는 법무부 소관으로 되어있다.

한편, 1968년도에 법무부가 수립한 출입국관리업무계획은 당시 한국의 출입국관리정책의 이념성 내지 방향성을 보여주고 있다.[14] 즉 한국의 특수성을 언급하면서 한국의 이민정책, 구체적으로 출입국 관리정책은 인구억제의 연장선상에서 외국인의 입국에 대해서 엄격한 규제가 필요함을 강조하고 있다. 반면 선진외국의 기술 유치에 필요한 외국인의 유입은 적극적으로 이루어져야 함도 동시에 강조하고 있다. 즉, 외국인의 입국억제책과 환영유치책이 당시 한국 이민정책의 기본방향인 것이다. 이러한 기본방향은 1980년대까지 변화 없이 지속되었다.

1980년대에 접어들어 새롭게 도입된 정책은 외국인 동향조사체계의 확립이다. 이 시기의 문호개방정책에 따라 내외국인의 출입국자 수도 현저하게 증가되고 체류외국인의 활동범위와 양상도 다양화되었다. 뿐만 아니라 이들에 의한 범죄행위도 증가하는 등 많은 문제점이 나타났다. 국익보호의 차원에서 외국인의 국내 체류 활동에 대한 적절한 관리가 절실히 요청되었고 이에 당시 정부는 동향조사체제 확립 계획을 수립, 추진하게 되었던 것이다. 한편, 1981년도에 40,366명이었던 장기거주외국인은 1987년도에는

---

14) 이하 내용은 김원숙, 2010: 3-10의 관련 내용에 바탕을 둔 것임.

42,810명으로 증가되었다.

(2) 1990~2010년대: 이민 송출에서 외국인 유입 정책으로

여기서는 시기별 특징에 따라 외국인 근로자와 결혼이주여성에 초점을 둘 것이다.

① 외국인 노동력 유치

1987년 서울올림픽을 계기로 경제발전이 가속화되면서 한국경제는 노동력 부족 현상에 직면했다. 특히 제조업과 건설업계의 인력부족이 심각했으며, 이에 정부는 외국인 노동력을 지속적으로 유치하기 위해 정책 마련에 부심했다. 그 결과 몇 가지 제도가 순차적으로 도입되었다.

가. 산업기술연수제도

1993년에 도입된 이 제도는 일본의 기술연수생제도를 참조한 것으로 실질적으로는 1991년에 도입된 해외투자업체 연수제도를 확대한 것이다. 즉 적용대상이 기존의 해외투자 기업에서, 종업원 10명에서 300명 미만의 중소기업으로까지 확대된 것이다. 따라서 이들 기업들은 1년 고용 원칙에 1년 연장까지 총 2년간 산업연수생 자격으로 한국에 입국한 외국인에게 연수를 통한 고용이 가능하게 되었다. 그 결과, 14~15개 아시아 국가로부터 외국인 연수생을 공식적으로 유입하기 시작하면서 국내 외국인의 국적은 많이 다양해졌다(이혜경, 2010: 7).[15)]

나. 연수취업제도

2000년 4월부터 실시된 것으로 산업기술연수제도의 변형이라 할 수 있

---

15) 네팔, 몽골, 미얀마, 방글라데시, 베트남, 스리랑카, 우즈베키스탄, 이란, 인도네시아, 중국, 카자흐스탄, 태국, 파키스탄, 필리핀 등.

다. 구체적으로, 산업연수생 자격(D-3)으로 입국한 연수생이 2년 동안 연수장소를 이탈하지 아니하고 연수한 경우 1년간 연수업체에 취업할 수 있는 제도이다. 이를 위해서는 연수생은 기술자격검정 등 연수취업요건을 갖춘 후 법무부로부터 새로운 취업자격 즉 연수취업자격(E-8)을 받아야 한다. 결국, 연수기간과 취업기간의 구분(연수 2년+ 취업 1년), 그리고 새로운 체류자격의 발급 요건 추가 등이 기존의 산업기술연수제도와 다른 점이다. 연수취업제도는 외국인력에 대한 총정원 관리제와 서비스분야 외국국적 동포 취업관리제도가 시행된 2002년도에는 1년 연수, 2년 취업으로 변경되었다.

다. 고용허가제

이 제도의 도입 배경은 첫째, 외국인력관리를 위한 기존 제도의 문제점 및 한계를 들 수 있다. 예컨대, 산업기술연수제도는 중소 3D업종의 인력난 해소에는 도움이 되었지만 외국인 노동자를 노동자가 아닌 연수생으로 활용한 정책으로 연수생의 작업장 이탈과 이들에 대한 인권 침해 그리고 불법체류자 양산이라는 결과를 초래했다. 둘째, 1995년의 대법원 판결이다. 동년 9월 대법원은 외국인 산업기술연수생 및 불법체류자들도 근로기준법상 근로자임이 인정된다고 판결했다. 이는 산업기술연수제도의 위법성을 널리 알리는 계기가 되었다(이혜경, 2010: 14). 이에 1995년부터 정부는 고용허가제의 도입을 검토하기 시작했으며, 8년 후인 2003년 8월 '외국인 근로자의 고용 등에 관한 법률'(이하 외국인 고용법)의 제정과 함께 이 제도가 도입되었다. 외국인 고용법은 출입국 관리법과 함께 한국 이민정책을 대표하는 법이다. 왜냐하면 지금까지 외국인 근로자 유치는 이 법에 명시되어 있는 내용에 바탕을 두고 있기 때문이다. 외국인 근로자의 유치와 직결되어 있는 외국인정책위원회와 외국인력고용위원회의 설립, 외국인 근로자의 고용절차, 고용허가 취소 및 고용제한, 차별 금지 등 전반적인 사항이 이 법에 수록되어 있다. 그 가운데 외국인 근로자의 고용절차의 중심에 자리 잡고 있는 제도가 바로 고용허가제이다.

고용허가제는 말 그대로 사용주가 내국인 인력을 충원하지 못한 경우

직업안전기관의 장에게 외국인 근로자 고용허가를 신청하는 제도이다(제8조). 이와 관련하여 고용허가제는 5가지 기본원칙을 견지하고 있는 바, 첫째로 보충성 원칙이다. 내국인을 고용하지 못한 사업장에 외국인 고용을 허용하는 것은 무엇보다 내국인 일자리 잠식 등의 부작용을 유발하지 않도록 하기 위한 것이다. 둘째, 투명성 원칙이다. 이는 인력 송출의 비리가 없도록 공공부문이 직접 관리하는 것을 의미한다. 셋째, 시장 수요 존중 원칙이다. 이에 따라 고용허가제는 시장 수요에 맞는 외국인력 선발 및 도입을 지향하고 있다. 넷째, 단기 순환 원칙 즉 외국인 근로자의 정주금지원칙을 들 수 있다. 동법에 의하면 외국인 근로자는 입국일로부터 최장 3년, 그리고 1회에 한하여 2년 미만 범위(정확하게는 최대 1년10개월)에서 취업을 연장할 수 있다(제18조와 제18조 2). 다섯째, 차별금지 원칙이다(제22조). 즉, 노동관계법령 등에 있어서 외국인 근로자는 내국인 근로자와 동등하게 대우받아야 한다.

이렇게 보면, 외국인 근로자의 고용과 관련하여 고용허가제에는 두 가지 기본 개념이 내재되어 있는 것을 알 수 있다. 내국인 고용 우선이 그 첫 번째이고 두 번째는 외국인 근로자의 정주화 방지이다(고용노동부, 2018). 따라서 고용허가제를 통해서 들어오는 외국인은 체류자격 종류에 관계없이 한국 체류 기간이 5년을 초과할 수 없으며 이를 어기는 외국인 근로자는 불법체류자로 간주된다.[16] 그뿐만 아니라 고용허가제가 허용되는 업종 또한 제조업, 건설업, 농축산업, 서비스업, 어업 등 5개로 한정되어 있다. 이렇게 볼 때 기본적으로 한국의 고용허가제는 이민자 유치 정책과는 괴리가 큼을 알 수 있다.

한편, 고용허가제는 2006년까지 산업기술연수제도와 병행 실시되었다

16) 고용허가제와 직접 관련되어 있는 체류자격은 두 종류로 우선, 비전문취업(비자종류: E-9)이 있다. 이는 양해각서를 체결한 동남아 지역 국가 출신의 외국인 근로자를 유치하는 것으로 일반고용허가제로 불린다. 시행 당시 6개국에 불과했던 양해각서 체결 국가는 현재 16개국으로 늘어났다. 다른 하나는 방문취업(비자종류: H-2)으로 특례고용허가제와 직결되어 있다. 중국이나 구소련 국적의 동포 등이 이의 대상이다.

가 2007년부터는 고용허가제로 일원화되어 지금도 실시 중이다. 이를 통한 유치 외국인 근로자의 규모를 살펴보면 일반고용허가제의 경우 2004년도의 3,167명에서 이듬해인 2005년도에는 31,658명으로 10배 가까이 늘었다. 이후 양해체결국가가 15개국으로 늘어난 2008년의 76,505명을 정점으로 2019년도에는 51,365명의 외국인 근로자가 입국했다.[17] 한편 이 시기의 고용허가제를 통해 근로 중인 누적 외국인 근로자 수는 2012년의 16만 2천여 명에서 2019년도에는 22만 3천여 명으로 7년 사이에 6만여 명 늘었다.

결국, 이 시기의 외국인 노동력 유치 정책은 3D업종 등 내국인이 기피하는 업종의 노동력 부족을 채우기 위한 고육지책에서 시작된 것임을 알 수 있다. 또한 외국인 노동력의 유입이 내국인의 일자리 부족으로 귀결되어서는 안 된다는 것을 전제로 하고 있다. 그뿐만 아니라 유치 외국인 근로자 규모는 국무총리 산하의 외국인력정책위원회에 의해 결정된다. 달리 말하면 정부의 상시적인 관리 및 통제하에 있는 것이다. 이렇게 볼 때 외국인 노동력 유치 정책은 엄밀한 의미에서 이민정책이라기보다는 노동시장정책의 성격이 더 강하다고 할 수 있다.[18]

② 결혼이주여성: 장려에서 관리 · 규제로

결혼이주여성은 결혼을 주된 사유로 한국으로 이주한 자를 의미하는 것으로 법령상 용어는 결혼이민자이다(최혜지, 2017). 결혼이주여성이 중요한 이유는 첫째, 정주형 이민자로서 영주자격 외국인과 함께 이민자 성격에 가장 부합되기 때문이다.[19] 둘째, 정책적으로 한국에서 이민자에 대한 본격적

---

17) 2004년부터 2019년까지 연도별 수치는 국가통계포털을 통해 검색이 가능하다. http://kosis.kr/index/index.do

18) 한편, 고용허가제는 시행 직후부터 많은 비판을 받고 있다. 이의 구체적인 내용과 대안에 대해서는 김상호 외, 2016: 247-251을 참조.

19) 관련하여 정기선은 국내 체류외국인을 단기 체류형, 정주가능형, 정주형 이민자 및 귀화자의 세 가지로 구분하고 있다. 단기 체류형에는 고용허가제 외국인 근로자와 방문취업제 외국국적 동포가, 정주가능형에는 전문인력, 유학생, 재외동포 비자를 소지한 외국국적 동포가 포함된다(정기선, 2012: 58-59).

인 논의의 시발점이 된 것이 바로 결혼이주여성이다. 따라서 한국 정부의 결혼이주여성정책에 대한 고찰은 한국 이민정책의 흐름을 파악하는 데 도움을 줄 것이다.

한국사회에서 국제결혼사례가 증가하기 시작한 것은 1990년대 중반부터이다. 이의 요인으로는 첫째, 경제발전이후 도농 간 격차 심화와 함께 여성의 경제활동참여 및 사회적 지위향상으로 인한 저출산 그리고 농촌거주 남성과의 결혼기피현상을 둘 수 있다. 이에 농촌지역 및 저소득층 남성을 대상으로 행해졌던 것이 바로 국제결혼이다(장임숙, 2011: 148). 둘째, 국가의 국제결혼장려정책을 들 수 있다. '농촌총각 장가보내기'운동은 대표적 정책 사례이다. 이는 지방정부를 중심으로 실시된 것으로 농어촌 지역의 낮은 혼인율 극복을 위한 방안으로 많은 관심을 모았다(정현미 외, 2014: 14). 저출산 극복방안으로서 국제결혼에 대한 관심은 당시 중앙정부에서도 나타났다. 실질적으로 다문화가족의 순기능 가운데 농촌지역의 출산율 제고는 저출산 고령화 현상의 억제 기능이 있음을 강조하고 있는 것이다. 한편 당시 국제결혼은 결혼중개업체를 통해서 이루어졌는데 중요한 점은 적어도 2007년까지 결혼중개업에 대한 정부의 규제는 존재하지 않았다는 점이다.[20]

2008년에 접어들어 국제결혼에 대한 정부의 개입이 시작되었다. 당시 국제결혼은 결혼중개과정에서 나타나는 인권침해적 요소의 만연, 외국인 배우자의 사회・문화적 부적응과 가족 간 문제, 2세 문제 등이 구체화・사회화 되면서 국가 차원의 대처가 요구되었다. 이와 관련하여 결혼중개업의 관리에 관한 법이 제정되었다.[21] 이 법의 주요 내용은 첫째, 결혼중개업의 신고 및 등록을 의무화하고 있으며, 둘째, 결혼중개의 목적으로 수수료를 받을 때에는 서면 계약을 하도록 명시하고 있다. 이 법은 국제결혼에 대해 한국

20) 2008년이 되어서야 결혼중개업의 관리에 관한 법률이 제정되었다.

21) 이외에도 2006년의 '여성결혼이민자가족의 사회통합 지원대책'과 '혼혈인 및 이주자의 사회통합 지원 방안'등도 있으나 이는 통합정책에서 살펴볼 것이다.

정부가 일정한 규제를 가하겠다는 의지를 표명한 대표적인 사례이다(이경희, 2012: 296). 이후 2010년, 베트남 출신 결혼이주여성이 정신병력이 있는 남편에게 살해되는 사건이 발생했다. 이를 계기로 정부는 관련법의 개정을 통해 국제결혼중개업체가 결혼당사자의 건강상태나 범죄경력 등 신상정보를 상대방에게 의무적으로 제공하도록 했으며(2010년 11월 시행), 이후 신상정보의 범위를 지속적으로 확대했다(2012년 8월 시행). 한편, 국제결혼에 대한 정부의 규제는 국제결혼중개업체뿐만 아니라 사증발급심사까지 그 범위가 확대되었다. 구체적으로 2011년 3월부터 사증발급 때 국제결혼경력 여부를 비롯하여 경제적 부양능력, 범죄전력, 건강상태 등 주요정보를 결혼 상대자에게 서로 제공했는지 반드시 확인하도록 했다. 이는 강력범죄 전과자, 상습적 국제결혼자 등 정상적인 혼인생활이 힘들다고 판단되면 외국인 배우자의 사증발급을 제한하기 위해서이다.

이상 살펴본 국제결혼에 대한 정부의 규제 조치는 이후 결혼 이민자 수를 억제하는 데 효과가 있었던 것으로 평가된다. 통계청에 따르면 2006년 이후 매년 7%이상의 높은 증가율을 보이던 결혼이민자는 2014년 이후 평균 1.4%의 증가율에 그치고 있다. 이렇게 볼 때 2000년대 상반기 결혼이주여성정책의 주 내용은 국제결혼을 장려하는 것으로 이는 저출산 문제 해소에 기본 목적이 있었음을 알 수 있다. 한편 이후 정부는 일정 부분 규제 조치를 취했다. 이는 국제결혼으로 인해 야기된 사회문제를 해소하는 데 목적을 둔 것이다. 여기서 중요한 점은 국제결혼은 여전히 저출산 대응 정책의 하나였다는 점이다. 이렇게 본다면 결혼이주여성정책은 이민정책이라기보다는 인구정책 또는 가족정책의 성격이 더 짙다.

지금까지 1960년대부터 최근까지 한국의 이민정책의 변천 과정을 살펴보았다. 1990년대부터는 이민송출에서 외국인 유입을 장려하는 것으로 정책 방향이 선회했다. 이의 주된 대상은 외국인 근로자와 결혼이주여성이다. 하지만 이들 정책이 엄밀한 의미에서 이민정책인가에 대해서는 의문의 여지가 많다. 외국사례에서 보듯이 이민정책이 마련되기 위해서는 이민에 대한 공론화를 바탕으로 사회의 지속가능성 측면에서 장기 계획을 마련하고 이에 필요한 이민자 규모 및 구성은 어떻게 되어야 할 것인가에 대한 논의가 선행되어야 한다. 하지만 한국의 외국인 근로자 유입 정책이나 결혼이주여성 정책은 이민정책이 아니라 다른 분야의 정책 예컨대 노동시장정책 혹은 인구정책과 가족정책의 관점에서 시작되었음은 부인할 수 없을 것이다. 더욱더 심각한 문제는 대상별로 외국인 유입 정책에서 구분·배제의 모습이 보인다는 점이다. 즉 결혼이주여성은 결혼을 통해 자녀를 출산함으로써 한국사회를 유지시켜주는 역할을 수행하고 있다는 측면에서 정주의 대상으로 간주하지만 외국인 근로자들은 가족의 동반입국도 거부당한 상태에서 최대 5년 미만의 기간만 체류하도록 허용되고 있는 것이다.[22)]

이렇게 본다면 유형론적 관점에서 한국의 이민정책은 세 개 외국국가와 달리 맹아적 형태 혹은 굳이 포함시킨다면 선별적 이민형이라 할 수 있다. 〈표 14〉는 지금까지의 논의를 정리한 것이다.

표 14 **한국 이민정책 변천과 유형**

기간	특징	주요법	비고	유형
1960년대~ 1980년대	국외이주정책의 지속과 출입국 관리정책의 정립	해외이주법(1962)		
		출입국관리법(1963)		맹아적 형태 혹은 선별적 이민형
1990년대~ 최근	외국인 유입 유인과 이의 관리·규제			
	외국인 근로자	외국인 근로자의 고용 등에 관한 법률(2003)	노동시장 정책	
	결혼이주여성	결혼중개업의 관리에 관한 법률(2008)	저출산 문제 해소, 가족주의 강조	

22) 이경희는 이를 전형적인 분할통치방식(divide and rule)으로 보고 있다. 이경희, 2012: 300.

2. 통합정책

여기서의 통합정책은 신규이민자 혹은 기존 이민자를 대상으로 이들이 이민국 사회에 포용될 수 있도록 실시되는 정책을 의미한다. 우리는 앞에서 한국의 이민정책은 엄밀한 의미에서 이민정책이라기보다는 노동시장정책 혹은 가족주의 강화를 통한 인구정책의 성격이 더 강하다는 것을 알 수 있었다. 이민정책에 이어 한국의 통합정책은 어떠한가를 살펴보기로 한다.

1) 이민자 사회통합에 대한 역대 정부의 관심 및 대응

1990년대까지만 해도 이민자의 한국 사회통합을 위한 정부 차원의 노력은 거의 없었다고 해도 과언이 아닐 것이다. 전체 인구 대비 체류외국인의 비중이 1%를 넘지 않았으며 정주형이민을 대표하는 이주결혼여성의 규모 역시 많지 않았다. 하지만 이후 중국인 동포의 지속적인 유입, 전문인력의 증가, 고용허가제 도입 이후의 외국인 근로자의 증가 그리고 결혼이민자의 증가에 힘입어 2005년도에는 체류외국인이 전체 인구에서 차지하는 비중이 1.55%까지 상승했다. 특히 눈에 띄게 늘어난 부분은 국제결혼이다. 전체 결혼 대비 국제결혼 비중이 1990년대 초까지만 해도 1% 내외였던 것이 2004년도부터는 10%를 넘기 시작했다. 이는 단순히 체류외국인이 증가하고 있다는 것만을 의미하는 것이 아니다. 그보다는 한국사회 자체가 점점 다인종 · 다문화 사회로 빠르게 변모하고 있음에 주목할 필요가 있는 것이다. 이에 정부도 이민자의 사회통합을 이루기 위한 정책 마련에 나서기 시작했다.

정부의 대응에서 나타나는 특징을 정리하면 다음과 같다.

첫 번째로, 구분 · 배제적 접근방법을 취하고 있다. 이를 통한 정부 정책의 최우선 집단이 이주결혼여성이다. 여기서 흥미로운 점은 이주결혼여성의 증가와 다문화사회로의 진입을 등치시키고 있다는 점이다. 2005년의 다문화가족지원정책의 마련, 2006년의 다문화사회의 선언, 2008년의 다문화가족지원법의 제정은 이를 여실히 증명하고 있다. 반면에 비전문인력 체류 자격 등으로 입국한 외국인 근로자에 대한 정부 관심은 거의 없었다고 해도 과언이 아니다.[23)]

두 번째로는 제한적이나마 이민자 전체에 대한 정부의 관심은 2007년에 제정된 '재한외국인 처우 기본법'을 통해 가시화되었다. 한국에 합법적으로 거주하는 외국인의 한국사회 적응과 상호 이해 제고의 목적으로 만든 법으로 이민자 통합정책의 대상 및 정책 수단을 제시하고 있다. 이법은 재한 외국인 처우 등과 관련되는 다른 법률의 상위에 위치하고 있다(동법 제4조, 다른 법률과의 관계). 한편, 〈표 15〉는 동법에 명시되어 있는 대상별 사회통합 정책수단을 정리한 것이다.

〈표 15〉에서처럼 재한외국인과 그 자녀는 불합리한 차별과 인권침해방지를 위한 정책과 최소한의 한국어능력 획득과 한국의 사회문화 이해를 위한 교육 등의 정책 서비스를 받을 수 있다. 대상 가운데 결혼이민자와 그 자녀에 대한 각별한 정책적 배려가 있음을 알 수 있다. 이처럼 동법은 정책대상과 실시 가능한 정책 수단을 제시하고 있다는 점에서 나름대로의 의의를 지니고 있다. 그럼에도 불구하고 동법의 내용이 제목대로 기본법의 성격에 부합되는 것인가에 대해서는 다음 몇 가지 점에서 의문의 여지가 있다. 첫째, 대상 측면에서 동법에서 가장 광범위한 대상을 포함하고 있는 법률상 용어는 재한외국인이다. 여기서 재한외국인은 대한민국의 국적을 가지지 아니한 자로서 대한민국에 거주할 목적을 가지고 합법적으로 체류하고 있는 자를 의미한다(제2조). 달리 말하면 귀화 외국인은 이에 포함되지 않는다. 국적 취득 여부를 중시하는 이러한 경향은 결혼이민자에 대한 정의에서도 그대로 나타난다.[24)] 제15조에서 귀화한 재한외국인도 사회통합정책 대상으로 따로 명시되어 있기는 하다. 하지만 이 역시 3년의 시한을 전제하고 있

---

23) 2003년에 제정된 외국인 근로자의 고용 등에 관한 법률은 말 그대로 고용 절차에 관한 것으로 통합정책과는 무관하다.

24) 동법의 제2조에 따르면 결혼이민자란 대한민국 국민과 혼인한 적이 있거나 혼인관계에 있는 재한외국인을 지칭한다(밑줄 강조는 저자).

표 15 재한외국인 처우 기본법에 명시된 이민자 사회통합 대상별 정책

대상 (법적지위)	사회통합정책수단	비고
재한외국인 또는 그 자녀	불합리한 차별 방지 및 인권옹호: 교육, 홍보, 기타 조치	제10조
	사회적응지원(한국에서 생활하는 데 필요한 기본적 소양과 지식 습득): 교육, 정보제공, 상담 등의 지원	제11조
	다문화이해증진: 교육, 홍보, 불합리한 제도 시정, 기타 조치	제18조 (국민포함)
	상호문화존중: 세계인의 날(5월 20일)	제19조 (국민포함)
결혼이민자와 자녀	한국사회적응: 국어교육, 한국의 제도와 문화 교육, 결혼이민자 자녀에 대한 보육 및 교육 지원(제1항)	제12조 (2010년 추가)
	건강검진(제3항)	
	제12조 제1항 준용: 대한민국 국민과 사실혼 관계에서 출생한 자녀를 양육하고 있는 재한외국인 및 그 자녀	
영주권자	자유로운 경제활동보장(제1항)	제13조
	제12조 제1항 준용(제2항)	
난민	제12조 제1항 준용(제1항)	제14조 (2012년 추가)
	출국 지원: 정보제공 및 상담 등(제2항)	
국적 취득 3년 이내 재한외국인	제12조 제1항 준용	제15조
전문 외국인력	유치를 촉진하기 위한 법적 지위 및 처우 개선에 필요한 제도와 시책 마련에 노력	제16조
외국국적 동포	한국에서의 입국 · 체류 또는 경제활동 보장	제17조

음에 유의할 필요가 있다. 사회통합정책 대상의 제한성이 드러나는 대목이다. 둘째, 이의 연장선상에서 비전문 외국인 근로자에 대한 별도의 언급이 전혀 없다. 앞에서 살펴본 바와 같이 200만 명에 달하는 외국인 주민 가운데 외국인 근로자 수는 52만 명으로 약 4분의 1을 차지하고 있다. 규모면에서 역대 정부의 최우선 관심 대상인 결혼이민자 수보다 3배가 넘는다(이상 2018년 현재). 그럼에도 불구하고 이들은 사회통합정책실시를 위한 대상에서 철저히 배제되어 있는 것이다. 한편, 전문외국인력에 대해서는 고급인력 유치에 필요한 정책이라고 규정되어 있지만 그간의 시행계획 추진과정을 보면 사회통합을 위한 별도의 정책은 보이지 않는다(정영태, 2017:79). 셋째, 통합 영역의 편협성을 들 수 있다. 예컨대, 재한외국인의 한국사회 적응에 필요한 조치만 언급될 뿐 사회통합정책의 중요한 영역인 노동시장통합에 대해서 동법은 구체적인 언급이 없다. 동법에 명시되는 자유로운 경제활동보장은 개인의 책임을 강조하는 것으로 이를 가능케 하는 직업교육훈련 등의 실시 등 실질적 조치의 실시 등은 보이지 않는 것이다. 넷째, 다문화를 강조하면서도 통합의 방향은 동화주의 방식을 취하고 있다. 예컨대 한국 사회 적응을 위한 여러 조치의 실시에만 관심을 가지고 있을 뿐 외국인 자국의 문화 및 언어의 보존 등에 대해서는 침묵하고 있는 것이다. 이렇게 볼 때 재한외국인 처우 기본법은 결혼이민자와 영주권자 등 정주형 이민자에 초점을 두고 있으며 사회통합정책수단도 외국인의 한국사회적응만을 강조하는 일방의 통합방식을 추구하고 있다.

이민자 통합에 대한 정부의 관심 및 대응에서 나타나는 세 번째 특징은 통합정책의 추진이 기본계획 및 위원회 중심으로 이루어지고 있음을 들 수 있다. 기본계획과 관련하여 재한외국인 처우 기본법에 따라 5년마다 외국인 정책 기본계획이 수립 · 실시되었다. 2008년부터 2012년까지 제1차, 2013년부터 2017년까지의 제2차, 2018년부터 2022년까지의 제3차 외국인정책 기본계획이 대표적이다. 그리고 다문화가족지원법의 제정에 따라 여성가족부의 주도로 마련되는 다문화가족지원정책 기본계획도 제1차(2008~2012년), 제2차(2013~2017년)에 이어 세 번째 기본계획이 2018년부터 실시 중이다. 한편, 이러한 기본계획의 마련은 관련조정기구 즉 위원회를 통해 이루어지고 있다. 외국인정책위원회, 다문화가족정책위원회가 바로 그것이다. 두 위원회 공히 국무총리가 위원장이지만 각각 법무부와 여성가족부가 실질적인 업무를 맡고 있는 것이 현실이다.[25] 여기서 강조되어야 할 점은 기본계획 간 혹은 위원회 간 긴밀한 협력과 상호조정이 미흡하다는 것이다. 뿐만 아니라 구체적인 실행에서 중복적인 프로그램의 운영, 이벤트성 행사, 유사한 사업들이 각 부처별로 경쟁적으로 실시되고 있으며 이는 예산 낭비와 정책 효율성의 저하라는 결과를 초래할 가능성이 높다는 것이다.[26] 이민부처의 신설, 기본법인 이민법의 제정의 필요성이 제기되는 이유이기도 하다.

지금까지 살펴본 바와 같이 2000년대 이후 이민자 통합에 대한 역대 정부의 관심 및 대응은 재한외국인 전체를 대상으로 하고 있는 것처럼 보이지만 실질적으로는 결혼이민자 등 정주형 이민자를 정책적으로 배려하는 성격이 강하며, 다문화 용어를 사용하고 있음에도 불구하고 이민자의 한국 사회 동화를 강조하고 있으며, 이민자 통합정책을 총괄하는 컨트롤 타워가 부재한 가운데 부처 간 기본계획별, 위원회별로 통합정책이 실시되고 있는 모습을 보이고 있는 것으로 판단된다.

2) 통합정책의 정체성: 다문화주의정책인가, 다문화정책인가

통합 유형 차원에서 한국의 이민자 통합정책이 무엇인가를 살펴보기 위해서는 두 가지 측면에 대한 분석이 필요하다. 역대 정부의 정책이 첫 번째 분석 대상이고 두 번째는 이와 관련된 학계의 논쟁이다. 이 가운데 전자는 앞에서 이미 살펴본 바와 같이 정부 정책에서 이상과 현실 사이에 괴리가 있음이 발견되었다. 즉, 다문화 용어의 공식적 사용 그리고 다문화 사회 진

25) 외국인정책위원회의 실무위원장은 법무부차관, 다문화가족정책 위원회는 여성가족부 장관이 직을 수행하고 있음.

26) 이의 구체적인 사례에 대해서는 이광원, 권경득. 2018 ; 이경희, 2012 등을 참고. 한편 이러한 지적은 정부 관계자도 스스로 인정하고 있는 부분이다. 강성환, 2017.

입에 대한 정부의 선언에도 불구하고 실시되고 있는 정책의 방향은 일견 동화주의에 경도되어있는 모습을 발견할 수 있다. 무엇보다 중요한 점은 다문화 용어가 가족과 결합되면서 국제결혼가족을 지칭하는 용어로 전환, 그 의미가 축소되었다는 점이다(김정선, 2011: 224).

한편, 정부의 이민자정책에 대한 학계의 평가는 어떠한지 살펴보자. 우선, 한국에 다문화주의정책이 있는가에 대해서 다음과 같은 입장들이 있다.

첫째, 신중론으로 여기서는 다문화주의정책 용어보다 다문화정책 용어를 더 선호하고 있다. 대표적인 정책 사례로 다문화가족지원법에 따른 결혼이주여성정책을 들 수 있다(박종대 · 박지해, 2014 ; 이광원 · 권경득, 2018).

둘째, 한국 사회에서 나타나는 다문화주의의 특징을 강조하고 있다. 여기서는 한국에 다문화주의가 있음을 전제하고 이의 특징 규명에 초점을 두고 있다. 예컨대 누가 다문화주의를 주도하는가에 따라 관주도형 혹은 국가주도형과 정부 · NGO의 합작품 혹은 정부와 시민단체 간 정책네트워크에 가까운 형태로 입장이 나눠져 있다. 하지만 입장 차이에도 불구하고 한국적 다문화주의의 존재를 인정하고 있다는 점에서는 공통점을 보이고 있다. 그리고 한국적 다문화주의의 특징으로 다문화라는 표피적인 정치적 수사와는 달리 실질적으로 동화주의를 채택하고 있다는 점, 여성결혼이민자만을 대상함으로써 이주노동자와 그 가족, 난민, 새터민, 화교 등 다양한 다문화적 주체들을 배제시키는 차별적인 사회통합모델이라는 점, 여성결혼이민자들에게 가부장제적 가족질서의 유지와 순응을 강요한다는 점 등을 강조하고 있다(김정선, 2011: 215). 하지만 이상의 특징들이 과연 다문화주의인가에 대해서는 의문의 여지가 많다.

셋째, 다문화주의 혹은 다문화주의정책의 존재에 대해서 부정적인 시각도 있다. 이들은 다문화주의의 개념 정의 혹은 충족 요건 등을 고려할 때 적어도 정부 정책에서는 다문화주의적 요소가 부족하거나 결여되어 있다고 보고 있다. 예컨대 임형백(2009)은 다문화주의정책유형이 이민자가 그들만의 문화를 지켜나가는 것을 인정하고 장려하며 정책의 목표를 소수민족의 주류사회로의 공존에 두는 것을 특징으로 하고 있다는 점에서 동의한다면 한국의 이민자정책은 다문화주의라기보다는 동화주의모형에 더 가까운 것으로 보고 있다. 외국인 근로자의 정주허용금지원칙, 이민단위가 가족이 아니라 개인이라는 점, 이민자 출신 국가의 문화 보전의 곤란 등이 이의 근거이다. 한편, 역대 외국인정책 기본계획의 내용을 분석한 정영태(2017)도 초기의 다문화주의적 경향이 강한 혼합형에서 동화주의적 요소가 강한 혼합형으로 변모하고 있는 것으로 판단한다. 그 근거로서 제1차 시행계획에서는 질 높은 사회통합(다양성 인정, 차별배제와 인권보장, 기회균등)에서 제2차 시행계획에서는 대한민국의 공동가치가 존중되는 사회로 그리고 제3차 시행계획에서는 이민자의 자립과 참여로 통합되는 사회로 이민자 사회통합의 목표가 변모하고 있는 점을 들고 있다(정영태, 2017:77).

이상의 논의를 종합해보면 역대 한국 정부의 이민자 통합정책을 다문화주의정책으로 보기에는 많은 무리가 따른다. 그보다는 다문화정책 즉 다문화사회의 진입과 함께 발생할 수 있는 여러 문제에 대한 대응 차원에서 실시되는 정책으로 보는 것이 더 적절한 것으로 판단된다.

3) 이민자 통합프로그램: 특정 집단 중심의 다문화정책

한국의 이민자 통합프로그램은 2010년을 분수령으로 전과 후로 나눌 수 있다. 2010년 전의 통합프로그램은 시민단체에 의해 진행되었다. 한국이주여성인권연대 등 시민단체들은 상담과 한국어 교육 등의 사업을 실시했다. 이후 이민자 통합프로그램의 실시에 정부가 관여하기 시작한 것은 2010년부터이다. 구체적으로, 2007년에 제정된 재한외국인 처우 기본법에 따라 한국 정부는 이민전담 행정부처가 없는 상황에서 법무부를 중심으로 관련 프로그램을 실시하고 있다. 현재 진행되고 있는 이민자 통합프로그램을 개관하면 〈표 16〉과 같다.

〈표 16〉에 나와 있는 프로그램의 내용을 살펴보면 다음과 같다.[27]

---

27) 이하 내용은 특별한 언급이 없는 한 사회통합정보망, 법무부의 범정부정책서비스 등 관련

표 16 이민자 통합프로그램

프로그램명	도입연도	주요 대상	내용	참여인원(명)
사회통합 프로그램	2010	합법체류외국인, 국적 취득한 지 3년이 지나지 않은 귀화자	생활에 필요한 한국어, 경제, 사회, 법률 등 기본 소양 습득	
이민자 조기적응 프로그램	2015 (민간운영기관 위탁)	결혼이민자, 외국국적 동포, 중도입국 외국인자녀, 외국인 유학생	사회적응정보, 미래진로, 부부교육, 인권보호, 대한민국 구성원 되기	79,656 (2018년)
이민자 네트워크 운영	2007	결혼이민자	통번역 및 민원안내 도우미	16,040 (2012년)
	2013	일반이민자 (참여 대상 확대)		
국제결혼 안내프로그램	2010	7개 고시 국가* 국민과 결혼을 희망하는 한국인 배우자	현지국가의 제도, 문화, 예절 등 소개, 부부간 인권존중 및 갈등해소, 가정폭력방지(2018년 추가)	7,330 (2016년) ; 7,784 (2017년)
사회통합 자원봉사 위원 제도	2016	법률 의료 등 사회 각 분야 전문가, 모범 정착 이민자	외국인, 고용주에 대한 법질서 준수 계도 및 홍보지원, 외국인을 위한 교육, 상담, 기타 법률, 의료, 취업 등 지원 활동	위촉위원 (240명, 2016년)

* 7개 고시 국가: 중국, 베트남, 필리핀, 캄보디아, 몽골, 우즈베키스탄, 태국(국가 선정 기준: 이혼율이 높거나 국제결혼을 통해 한국 국적을 다수 취득한 국가)

출처: 법무부 사회통합정보망 (https://www.socinet.go.kr/soci/main/main.jsp?MENU_TYPE=S_TOP_SY)

기관 홈페이지 내용을 바탕을 두고 있음을 밝혀둔다.

(1) 사회통합프로그램(Korea Immigration & Integration program, KIIP)

현재 한국에서 실시되고 있는 가장 대표적인 이민자정착프로그램이다. 이 프로그램의 도입과정을 살펴보면, 법무부는 2007년 이민자 대상 한국어 교육 등 지원프로그램을 표준화하는 내용을 골자로 한 사회통합프로그램 안을 마련했으며 2008년 3월 법무부 훈령(612호)을 제정했다. 이후 2009년 1월부터 사회통합프로그램 이수제를 시범실시한 바 있으며 그 결과를 바탕

표 17 사회통합프로그램 정규교육과정

	한국어와 한국문화					한국사회이해	
단계	0	1	2	3	4	5	5
과정	기초	초급1	초급2	중급1	중급2	기본	심화
총교육 시간	15	100	100	100	100	50	20
사전 평가	구술 3점 미만 (필기점수 무관)	3~20점	21~40점	41~60점	61~80점	81점 이상	-
단계별 평가	없음	1단계 평가	2단계 평가	3단계 평가	중간평가	영주용 종합평가	귀화용 종합평가
참고	· 5단계 심화과정은 기본과정 수료(수료인정 출석시간 수강) 후 참여. · 영주용 종합평가 합격자는 5단계 기본과정부터 수업에 참여하고 심화과정에 참여 가능. · 평가별 합격증 취득 - 한국어와 한국문화(4단계) 수료 후 중간평가에 합격할 경우 "한국어와 한국문화시험 합격증(KCLT)" 취득 - 한국사회이해 기본과정 수료 후 영주용종합평가에 합격할 경우 "한국이민영주적격시험 합격증(KIPRAT)" 취득 - 한국사회이해 심화과정 수료 후 귀화용 종합평가에 합격할 경우 "한국이민귀화적격시험 합격증(KINAT)" 취득						

출처: 『2019년도 사회통합프로그램(KIIP)참여안내』에서 발췌.

으로 2010년 1월부터 본격적으로 실시했다(이성순, 2010: 175). 그간 몇 차례의 프로그램 변화를 거쳐 현재 실시되고 있는 프로그램은 〈표 17〉처럼 한국어 및 한국문화 과정과 한국사회이해 과정 등의 두 종류 과정에 0단계부터 5단계로 구성되어 있다.[28)]

사회통합프로그램의 특징을 살펴보면 다음과 같다. 첫째, 〈표 17〉처럼 사회통합프로그램은 사전평가와 단계별 평가로 구성되어 있다. 사전평가는 단계배정을 위한 것이며 단계별평가는 교육 이수 후에 실시된다. 둘째, 이민자의 사회통합프로그램 참여는 의무사항이 아니라 자발성에 기초하고 있다. 한편, 본 프로그램에 참여하는 이민자에 대해서는 혜택을 제공하거나 영주 혹은 귀화 요건과의 연계를 통해 적극적인 참여를 유도하고 있다. 예컨대 영주 신청을 하기 위해서는 사회통합프로그램을 이수 완료하거나 영주용 종합시험에 합격해야 한다("영주 기본 요건 충족 인정"). 유사한 조치는 귀화 신청에서도 나타난다. 2018년 3월, 귀화에 필요한 기존의 필기시험은 폐지되고 귀화용 종합평가가 이를 대체했다.

귀화용 종합평가에 응시하기 위해서는 두 가지 방법이 있다. 우선, 사회통합프로그램 5단계 전 과정을 수료 후에 응시하는 것이다. 여기서 합격하면 귀화신청자는 면접심사까지 면제받을 수 있다. 한편, 5단계 기본과정은 이수했으나 심화과정은 수료하지 못한 상태인 경우에도 응시는 할 수 있다. 하지만 이 경우는 종합평가에 합격하더라도 면접심사는 받아야 한다. 마지막으로, 영주용 혹은 귀화용 종합평가에 불합격한 경우, 3회 반복 수료를 하면 해당평가에 합격한 것으로 인정한다. 이처럼 한국의 사회통합프로그램은 종합평가에서의 합격 여부 못지않게 인센티브 제공을 통한 교육 과정에의 반복 참여를 강조하고 있는 것이다. 〈표 18〉은 영주 혹은 귀화와 연계된 사회통합프로그램 이수 혜택을 정리한 것이다.

---

28) 0단계부터 한국사회이해 심화단계까지 총 교육시간은 485시간이며, 교육기관별로 3개 학기제로 운영 중이다. 한편, 교육기관으로 전국에 48개의 거점운영기관과 300개의 운영기관이 있다(2020~2021년도 지정결과).

표 18 사회통합프로그램 이수 혜택

구분	한국이민귀화적격과정* 이수완료자		한국이민영주적격과정** 이수완료자	
	평가 합격	3회 반복수료	평가 합격	3회 반복수료
귀화심사면제	인정			
귀화신청자의 종합평가 합격 인정	인정	인정		
영주 기본소양요건 충족 인정	인정	인정	인정	인정

* 5단계 기본 + 심화과정
** 5단계 기본과정
출처: 『2020년도 사회통합프로그램 운영지침』에서 발췌.

한편, 〈표 19〉는 연도별 사회통합프로그램의 참여 규모를 나타낸 것이다. 사회통합프로그램 참여에서 나타나는 특징은 다음과 같다. 첫째, 이민자

표 19 사회통합프로그램 참여 인원 변화 추이(2012~2018년)

연도	결혼 이민자	일반 이민자	총참여자 (A)	장기 체류 외국인(B)	비율(A/B)
2012	8,280	4,164	12,444	1,120,599	1.1
2013	8,572	5,442	14,014	1,219,192	1.1
2014	13,131	9,230	22,361	1,377,945	1.6
2015	14,537	11,258	25,795	1,467,873	1.8
2016	16,563	13,952	30,515	1,530,539	2.0
2017	18,763	22,737	41,500	1,583,099	2.6
2018	17,645	32,994	50,639	1,687,733	3.0

출처:국가통계포털
(http://kosis.kr/statHtml/statHtml.do?orgId=111&tblId=DT_1B040A27)와 나라지표
(http://www.index.go.kr/potal/main/EachDtlPageDetail.do?idx_cd=2756)의 관련통계를 바탕으로 재정리.

의 사회통합프로그램 참여율이 극히 저조하다. 2012년부터 2018년까지 1.1%에서 3.0% 정도이다. 이의 원인으로서는 무엇보다 사회통합프로그램 참여 자체가 자발성에 바탕을 두고 있음을 들 수 있다.[29] 물론 참여에 대한 보상으로 영주 및 귀화 신청 시 혜택이 부여되어 있기는 하지만 전체 이민자의 적극적인 참여를 유도하기에는 부족한 것으로 판단된다. 왜냐하면 현실적으로 영주 및 귀화 신청은 일부 이민자에게만 해당되기 때문이다.[30] 한편, 접근성 문제와 법무부의 적극성 부재가 지적되기도 한다. 전자는 교육장으로의 이동의 불편함 및 시간 부족과 관련된 것이며 후자 문제를 해소하기 위해서는 찾아가는 교육 서비스 지원의 확대, 교통바우처제 도입, 온라인 교육 확산 등의 대안이 제시되기도 했다(이경희, 2012: 306).[31]

둘째, 한국의 사회통합프로그램 참여자는 결혼 이민자가 주를 이루고 있음을 알 수 있다. 참여 인원 가운데 2016년까지 결혼이민자 참여인원은 일반 이민자보다 최대 2배에 가깝다. 이는 결혼이민자의 특성에 기인한 것이다. 즉 영주 체류자격 이민자와 함께 결혼이민자는 한국의 대표적인 정주형 이민자이다. 이는 달리 말하면 한국의 이민자 가운데는 비정주형 이민자 즉 사회통합프로그램 참여와 무관한 이민자가 그만큼 많다는 것을 의미한다. 참여 비율이나 참여 인원 구성 측면에서 보편적인 이민자 사회통합프로그램인가에 대해서 의구심을 갖게 하는 대목이다.

---

29) 이는 유사제도 참여에 대해 강제성을 띠고 있는 프랑스와 차이가 있는 반면 자발적 참여를 강조하고 있는 캐나다와 스웨덴과는 공통점을 보이고 있는 대목이다.

30) 이 책의 분석대상국가 가운데 사회통합프로그램 참여와 국적 취득간 연계 즉 시민통합정책이 실시되고 있는 국가는 프랑스가 유일하다.

31) 이 가운데 현재 온라인 화상 교육과 특수반이 운영 중이다. 온라인 화상 교육의 대상은 임신, 출산, 장애, 취업, 격오지 거주 등으로 집합교육이 어려운 이민자이며, 교육은 1명의 강사와 9명의 이민자가 컴퓨터 화상카메라를 통해 진행된다. 특수반 운영은 외국인 근로자, 회화강사 등 주간교육 참여가 어려운 이민자의 특성을 반영하여 야간반 혹은 주말반 등으로 운영되고 있다.

(2) 이민자 조기적응 프로그램

참여 규모면에서 가장 큰 프로그램이다. 한국에 처음 입국하는 외국인이 빨리 적응하는데 필요한 생활정보나 기초법 습득의 기회 제공을 목적으로 실시 중에 있다. 2014년까지 법무부 출입국관리사무소가 직접 운영했던 방식에서 2015년부터는 민간운영기관에서 위탁 실시하고 있다. 본 프로그램의 적용대상은 한국에 최초 입국하는 외국인으로서 이의 구체적인 내용은 〈표 20〉과 같다.

프로그램의 주요 내용은 다음과 같다. 첫째, 한국에 처음 입국하는 외국인이 본 프로그램의 적용대상이다. 이는 참여 의무 여부를 기준으로 자발적 참여 대상과 의무적 참여 대상으로 구분된다. 이러한 구분이 중요한 이유는 의무적 참여대상의 경우 본 프로그램을 이수하지 않으면 외국인 등록 자체가 불가능하기 때문이다. 즉 합법적 체류외국인이 되기 위한 조건이 바로 본 프로그램 이수인 것이다. 〈표 20〉처럼, 외국국적동포, 외국인 연예인, 그리고 7개 국가 국적의 결혼이민자의 순으로 의무적 참여 대상의 범위가 확대되었다.

둘째, 사회통합프로그램과 마찬가지로 본 프로그램도 이수 혜택 제도를 두고 있다. 예컨대, 본 프로그램을 이수한 결혼이민자에게는 외국인 등록 시 체류기간을 통상 1년 대신 2년을 부여한다. 그리고 프로그램을 이수한 이민자가 사회통합프로그램에 참여 시 교육 이수 시간을 2시간 공제해 주고 있다.

셋째, 본 프로그램의 교육 기관은 두 단계로 구성되어 있다. 우선, 운영기관으로 조기적응지원단이 있다. 법무부 사업을 위탁받아 이민자 조기적응 프로그램의 운영과 관리를 담당하고 있다. 2020년 현재 (재)IOM 이민정책연구원과 (재)한국이민재단 등 두 곳이 조기적응지원단으로 지정되어 전자는 외국인 유학생, 밀집지역외국인, 외국인 연예인, 후자는 결혼이민자, 중동입국청소년, (중국)동포, CIS 동포의 프로그램 지원을 담당하고 있다. 그리고 전국 각지에 조기지원적응센터가 운영 중이다. 조기적응지원단의 관리하에

표 20 이민자 조기적응 프로그램 참여대상 및 세부 내용

구분	체류유형		참여대상자 또는 참여자격	특수과목	공통과목	교육시간
자율적 참여대상	외국인 유학생		외국인 유학생(D-2) 및 어학연수생 (D-4-1)등	· 성공적인 유학생활을 위한 조언 · 진로개척 및 직업선택	· 필수 생활정보 · 기초 법, 질서와 문화 · 출입국 및 체류 관련 제도	3시간(밀집지역 등: 2시간)
	밀집지역 외국인		외국인 밀집지역 거주	· 외국인의 권리와 의무 · 준법의식		
	결혼이민자*		단기사증을 소지하고 최초 입국한 국민의 외국의 배우자	· 부부, 가족간 상호이해 · 선배 결혼 이민자의 조언		
	중도입국자녀		결혼이민자 자녀, 외국출생, 성장과정 중 국내 입국, 미성년 외국인	· 학교 교육제도 소개 · 청소년 문화, 복지시설 안내		
의무적 참여대상	외국국적동포 (H-2, F-4)	신규입국(2014.09.01. 시행)	국내 최초입국, 방문취업, 외국국적 동포자격	· 준법의식, 생활법률 · 체류, 영주 허가 제도, 국적 취득		
		재입국 혹은 자격변경(2016.07.01. 시행)	자격 만료, 출국 후 재입국, 등록			
			국내 체류 중 체류자격 변경			
	외국인 연예인(2017.08.01. 시행)		호텔업 시설 · 유흥업소에서 공연하는 예술 · 흥행(E-6-2) 체류자격 외국인	· 인권침해 발생 시 대처방법 및 구제절차		
	7개 국가 국적의 결혼이민자* (2019.010.01 시행)		중국, 베트남, 필리핀, 캄보디아, 몽골, 우즈베키스탄, 태국 국적의 결혼이민자	· 부부, 가족간 상호이해 · 선배 결혼 이민자의 조언		

* 결혼이민자 대상 조기적응 프로그램(특수과목)을 해피스타트 프로그램으로 명명.

출처: 사회통합정보망 (https://www.socinet.go.kr/soci/contents/PgmHappStar.jsp?q_global_menu_id=S_HS_SUB01)과 관련 기관 홈페이지 내용을 종합, 재정리.

프로그램을 실질적으로 운영하고 있다. 2020년 현재 총 147개 있다.

넷째, 본 프로그램의 총교육시간은 체류 유형에 따라 2시간 혹은 3시간으로 매우 짧다. 체류유형에 따라 특수과목과 공통과목으로 구성되어 있으며 공통과목으로는 기초법 · 질서와 한국사회적응정보가 실시 중이다. 이민자 입문 성격의 교육프로그램이 지니는 중요성을 고려할 때 소정 교육시간이 길지 않다는 지적에 유의할 필요가 있을 것이다.

다섯째, 참여 규모를 살펴보면 2018년 기준 약 8만 명에 가까운 이민자가 본 프로그램을 이수했다. 이 수치는 현행 이민자 통합프로그램 가운데 가장 높은 것이다. 프로그램 참여 측면에서의 대중성에도 불구하고 후속 프로그램과 유기적인 연계가 이루어지지 않으면 실효성 측면에서 의문의 여지가 많은 프로그램이다.

(3) 이민자 네트워크 운영 프로그램

이 프로그램은 이민자의 안정적 정착에 도움을 줄 수 있도록 이민자 간 정보를 공유할 수 있는 네트워크를 구축하는 것이다. 한마디로 이민자 간 자조모임이라고 할 수 있다. 2007년, 본 프로그램의 도입 당시에는 결혼이민자가 대상이었다. 즉 이민자 국가별 대표자 및 국적 취득 결혼이민자를 명예출입국관리 공무원으로 위촉하여 신규 결혼이민자의 후견인으로 활용하고자 했다. 이러한 '결혼이민자 네트워크'는 2013년부터 '이민자 네트워크'로 확대되었다. 여기에는 기존의 결혼이민자뿐만 아니라 유학생, 외국인 근로자, 외국적동포 등이 포함되었다.

이를 통해 네트워크 회원[32]은 그동안 이민자들이 정부기구나 단체로부터 지원을 받는 수동적인 입장에서 벗어나 스스로 양로원 등에서 자원봉사활동과 각종 사회봉사활동 그리고 조기적응프로그램 중의 하나인 '해피스타트 프로그램'에 적극적으로 참여하여 신규이민자가 국내 생활에 조기 정착

---

32) 2012년 말 기준 결혼이민자 네트워크 회원수는 16,040명임,

할 수 있도록 멘토 역할을 수행하고 있다.[33]

(4) 국제결혼안내 프로그램

2010년에 도입된 프로그램으로 당시 빈번하게 발생했던 남편의 결혼이주여성에 대한 폭력 등 결혼이민자 문제 해결 차원에서 국제결혼에 대한 올바른 인식을 제고하고 국제결혼의 부작용을 최소화하기 위해 도입되었다. 2011년 3월부터 이 프로그램에 대한 이수는 의무화되었다. 이수 대상자에서 유의할 점은 국제결혼을 원하는 사람 전부가 대상은 아니라는 점이다. 구체적으로 법무부 장관이 고시한 국가의 국민과 국제결혼을 하려고 하거나 이미 국제결혼을 한 상태에서 외국인 배우자를 초청하려고 하는 사람이 이수 대상이다. 여기서 법무부 장관이 고시한 국가는 총 7개 국가로 선정 기준은 이혼율이 높거나 국제결혼을 통해 한국국적을 다수 취득한 경우이다.[34] 따라서 이에 해당하는 내국인은 본 프로그램을 이수하여야만 결혼이민 사증발급을 위한 신청의 절차진행이 가능하다.

본 프로그램은 총 4시간, 4개 과정으로 운영되는데 국제결혼 관련 현지 국가의 제도· 문화· 예절 등 소개, 결혼 사증 발급절차 및 심사기준 등 정부정책 소개, 시민단체의 결혼 이민자 상담 피해 사례 및 국제결혼 이민자나 한국인 배우자의 경험담 소개 등의 기존 3개 과정에 새로운 과정으로 2018년부터 인권교육과정이 추가되었다. 이에는 부부간 인권존중 및 갈등해소 노력, 가정폭력방지 등의 내용이 포함되었다.

지금까지 한국의 이민자 통합프로그램을 살펴보았다. 여기서 발견되는 몇 가지 특징을 정리하면 다음과 같다. 첫째, 통합프로그램의 주요 대상이 결혼 이민자 혹은 이와 관련된 사람이다. 전체 이민자를 대상으로 실시되는 사회통합프로그램의 경우 2016년까지는 결혼이민자가 과반을 차지하고 있

33) 이상 법무부 보도자료. 2013년 5월 3일.

34) 중국, 베트남, 필리핀, 캄보디아, 몽골, 우즈베키스탄, 태국.

다. 이민자 네트워크 운영 프로그램 역시 결혼 이민자에서 출발한 것이다. 국제결혼안내 프로그램은 외국인 배우자를 초청하려는 사람을 대상으로 하고 있다. 이렇게 볼 때 한국의 이민자 통합프로그램은 결혼이민자의 통합에 초점을 두고 있다고 해도 과언이 아닐 것이다.

둘째, 외국인 근로자를 대상으로 하는 노동시장통합프로그램은 실시되고 있지 않다. 이민자 통합프로그램 실시의 법적 토대인 재한외국인 처우기본법에도 이들을 대상으로 하는 정책 및 프로그램은 명시되어 있지 않다. 이는 스웨덴을 비롯하여 외국 사례와 극명히 대조된다. 이러한 모습은 기본적으로 한국의 이민정책 기조와 관련되어 있는 것으로 판단된다. 즉, 외국인 근로자를 대상으로 하는 별도의 노동시장통합프로그램의 실시는 외국인 근로자의 정주금지원칙과 내국인 고용 우선 원칙과 배치되는 것이다. 대신 이들에 대한 교육 및 훈련은 고용허가제의 틀 내에서 해당 사업장의 재량에 속해져 있다. 이와 관련된 설문조사를 살펴보면 사업장 내에서 외국인 근로자에 대한 훈련을 실시하고 있는 사업체는 반 정도에 불과하며 그마저도 교육기간이 2~3일 정도에 불과하다(이규용, 2014: 10-14)고 한다. 이렇게 볼 때 외국인 근로자는 이민정책뿐만 아니라 통합정책에서도 철저히 구분 · 배제되는 모습을 보이고 있다.

셋째, 프로그램 참가를 합법적 체류 혹은 이민 요건과 연계시킴으로써 참여를 유도하고자 하는 의지를 보이고 있다. 예컨대, 사회통합프로그램의 참여와 영주 혹은 귀화 신청 요건과의 연계, 이민자 조기적응 프로그램에 대한 의무적 참여 대상의 지정 등이 바로 그것이다. 하지만 이는 어디까지나 보상의 차원에 불과할 뿐 비참여가 제재를 의미하는 것은 아니라는 점을 고려한다면 이를 시민통합적 요소라고 보기에는 많은 무리가 따른다. 결국, 한국의 이민자 통합프로그램은 주 적용대상이 결혼이민자 등 특정 집단이며 프로그램 실시를 통한 실질적 통합 효과보다는 단지 이들의 영주 및 귀화 신청 시 인센티브 부여의 성격이 더 강하다고 할 수 있다.

4) 시민권 인정

여기서는 대표적인 시민권인 국적 취득과 관련하여 먼저 국적법의 변천 과정에서 나타난 특징을 살펴보기로 하자.

먼저, 한국에서 국적법이 제정된 때는 1948년이다. 당시에 제정된 국적법의 내용을 살펴보면 부계혈통주의를 기본으로 하고(제2조 1), 출생지주의를 최소한도로 채택하고 있다(제2조의 4). 남편중심의 부부국적 동일주의, 단일국적주의의 성격 또한 제정 국적법의 원칙이다. 그리고 외국인이 후천적으로 대한민국 국적을 취득할 수 있는 경우는 혼인, 인지, 귀화, 국적회복, 수반취득 등 다섯 가지로 정했다. 이 가운에 귀화에 대해서는 종류별 명칭은 명시되어 있지 않으나 일반귀화, 간이귀화 그리고 특별귀화 등 세 가지 유형으로 구분하고 있다(오정은 외, 2014: 16). 이렇게 볼 때 1948년에 제정된 국적법은 현행 국적법의 기본 틀을 보여주고 있다는 점에서 역사적인 의의가 크다.

그럼에도 불구하고 이후 약 50년간 외국인의 한국국적 취득은 현실적으로 매우 어려웠다. 그 이유로 첫째, 부계혈통주의의 엄격한 적용을 들 수 있다. 예컨대, 출생과 동시에 국적 취득에서 한국인 남자와 외국인 여자 사이에 태어난 자녀만이 가능했다. 뿐만 아니라 한국인 남자와 결혼한 외국인 여자는 본인이 원하는 한국 국적을 취득할 수 있는 반면(제3조), 한국인 여자와 결혼한 외국인 남자는 다른 외국인처럼 귀화절차를 밟아야만 한국 국적 취득이 가능했다.

둘째, 단수국적의 원칙과 이중국적 발생 불허 원칙의 유지도 지적되어야 할 것이다.[35] 이는 1962년 국적법 개정을 통해 명문화된 것으로 관련조항은 외국인의 대한민국국적 취득 시 6개월 내 원국적 상실을 요구하고 있으며(제3조), 1963년의 개정 국적법에는 6개월 내 원국적을 상실하지 않으면 대한민국 국적이 상실된다고 명시하고 있다(제12조 7). 외국인의 입장에서

---

35) 이중국적 용어는 2010년부터 복수국적으로 바뀌었다.

이상의 이중국적불허는 한국 국적 취득을 주저하게끔 하는 요인으로 작용될 가능성이 높다.

셋째, 혈통중심의 국민 정체성이다. 당시 한국 거주 화교 및 해외동포들에 대한 배타적 정책, 공무원의 엄격한 귀화 심사 용인은 이의 반증이라 할 수 있다(최현, 2008: 4-5).[36)]

이처럼 1948년 국적법 제정 이후 거의 변화 없이 유지되던 한국의 국적제도는 1990년대 이후 몇 가지 변화를 경험했다. 첫째, 1997년 국적법 전부개정에서 선천적 국적결정기준을 기존의 부계혈통주의에서 부모양계혈통주의로 바꾸었다. 이는 국적법에 내재되어 있었던 가부장주의적 전통의식의 후퇴를 의미하는 것으로 이를 계기로 출생 당시 부(父)뿐만 아니라 모(母)가 대한민국 국민인 경우에도 한국 국적 취득이 가능하게 되었다. 이와 동시에 남녀차별적으로 해석될 수 있는 여러 조문들을 남녀평등방향으로 수정했다. 뿐만 아니라 대한민국 국민 배우자의 간이귀화 요건을 추가하여 간이귀화의 문을 좀 더 개방했다. 그리고 이중국적자의 국적선택의무에 관한 조항을 추가했는데(제12조), 이는 결과적으로 22세가 될 때까지는 이중국적상태의 지속을 허용하는 것이다.

둘째, 2004년 국적법 개정 또한 귀화에 중요한 영향을 미친 것으로 평가된다. 대한민국 국민 배우자의 간이귀화 요건을 완화하여 이에 필요한 국내거주기간을 충족하기 전에 혼인관계가 단절된 사람에 대해서도 간이귀화가 가능하도록 했던 것이다.

셋째, 2010년의 제10차 개정은 복수국적 허용을 핵심내용으로 하고 있다. 즉, 복수국적을 제한적으로 허용하는 것으로 예컨대, 특별귀화방식으로 귀화하는 우수한 외국인 인재는 귀화 이후에도 원국적을 유지할 수 있게 되었다. 결혼이민자도 귀화 국내에서 외국국적을 행사하지 않겠다고 선언하면 원국적의 유지가 가능하게 되었다(오정은 외, 2014: 18).

---

36) 1948년부터 1985년까지 매년 10명도 안 되는 외국인들만이 국적을 취득했다(최현, 2008: 5).

넷째, 2017년의 개정 국적법에 따라 국민선서 및 국적증서 수여제도가 도입되었다. 이는 대한민국 국민으로서의 소속감과 자긍심을 높이기 위해 도입된 것으로 국민선서 후 국적증서를 수여받은 때 대한민국 국적을 취득하는 것이다. 국민선서를 면제할 수 있는 사람을 제외한 모든 귀화자 및 국적회복자는 의무적으로 이 행사에 참석해야 한다.[37] 〈표 21〉은 지금까지 살펴본 한국 국적법 제·개정 역사를 정리한 것이다.

표 21 국적법 제·개정의 역사

연도	제·개정 내용
1948(제정)	· 부계혈통주의와 단일국적주의
1962	· 외국인의 대한민국국적 취득 시 6개월 내 원 국적 상실 요구 · 국적회복심의위원회의 건의에 의해 해외에서 국적회복 가능
1963	· 귀화자의 특정 공직(대통령 등) 취임 금지 삭제 · 대한민국국적 취득 시 6개월 내 원국적 상실 않으면 대한민국 국적 상실
1976	· 국적회복심의위원회 폐지 - 국내외 국적회복 절차 통일
1997	· 부모양계혈통주의 · 대한민국 국민 배우자의 간이귀화 · 처의 수반 취득 및 단독귀화금지 조항 삭제 · 국적회복 불허사유 명문화 · 이중국적자의 국적선택의무 · 국적판정제도 도입
2004	· 대한민국 국민 배우자의 간이귀화 요건 완화
2005	· 병역의무자의 국적이탈 제한 및 국적이탈 가능기간 조정
2010	· 복수국적의 제한적 허용(이중국적 용어 대체)
2017	· 수여제도 도입(국민선서, 귀화증서)

37) 이 책의 분석 대상 외국 국가 가운데 캐나다가 의무 참석을 원칙으로 하고 있음.

현행 귀화제도는 2019년 12월 31일 반포되고 2020년 1월 1일부터 시행된 개정국적법을 근거로 한다. 현행국적법은 국적 취득유형을 출생, 인지, 귀화, 수반취득 그리고 국적회복에 의한 국적 취득 등으로 구분하고 있다. 이 가운데 출생 이래 한 번도 대한민국 국적을 가진 적이 없는 외국인이 대한민국 국적을 취득하는 경우를 귀화로 정의하면서 귀화 종류 및 요건을 명시하고 있는데 이의 구체적인 내용은 〈표 22〉와 같다.

〈표 22〉 가운데, 거주기간요건과 관련하여 일반귀화는 최소 5년이다. 이는 1948년 국적법이 제정된 이후 불변이다. 한편, 간이귀화는 경우에 따라 2년에서 3년이다. 반면 특별귀화는 별도의 거주기간요건이 없이 단지 대한민국에 주소가 있는 사람이면 가능하도록 명시하고 있다.

한편, 영주권 전치주의제도가 귀화 요건에 포함되어 있음에 주목할 필요가 있다. 본래 영주권 제도가 도입된 것은 2002년으로 당시 영주권은 출입국 관리법상의 하나의 지위에 불과했다. 즉, 국적 취득제도와 관련 없이 장기 체류를 원하는 외국인에게 비자 심사 없이 장기 체류할 수 있는 지위를 부여하는 것이었다(영주체류자격). 하지만 실질적으로 영주권을 신청하는 외국인은 귀화 신청자의 10분의 1에 불과할 정도로 실효성이 거의 없었다(최현, 2008: 8-9).

뿐만 아니라 반대로 일반귀화신청이 단순히 체류수단으로 악용되고 있는 사례가 발생하기도 했다. 이에 따라 2017년 법 개정을 통해 영주권과 일반귀화신청 간의 연계 즉, 영주체류자격을 가진 경우에만 일반귀화허가신청이 가능하도록 한 것이다(2018년 12월 20일 시행).[38]

한편, 〈표 23〉은 귀화적격 심사 신청자와 귀화자 추리를 정리한 것이다.

---

38) 분석 대상 외국 국가 가운데 프랑스와 캐나다에서 영주권 전치주의가 시행되고 있다. 프랑스에서는 영주권 대신 장기 체류권(10년) 용어가 사용되고 있다. 한편, 한국에서 영주체류자격을 취득하기 거주 기간 요건은 5년이다. 여기서 제기되는 문제는 일반귀화의 거주기간요건 기산점을 언제로 할 것인가 하는 점이다. 즉, 현행법대로 외국인 등록을 마친 시점으로 삼을 것인지 아니면 영주의 체류자격을 취득한 시점부터 5년 요건을 충족해야 되는 지이다. 법조문상으로 전자의 해석이 자유스러우나, 영주체류자격을 일반귀화의 요건으로 새로운 채택한 입법취지에 보다 부합하는 해석은 후자라고 볼 수 있다(이철순 외, 2018: 86-87).

표 22 귀화 종류 및 요건(2019년 12월 31일 기준)

<table>
<tr><th colspan="2" rowspan="2">종류</th><th rowspan="2">요건</th><th colspan="2">절차</th></tr>
<tr><th>신원조회
(체류 동향)</th><th>적격심사*
(필가면접)</th></tr>
<tr><td colspan="2">일반(제5조)</td><td>1. 거주요건: 5년 이상(영주체류자격)
2. 민법상 성년
3. 품행 단정
4. 생계유지 능력
5. 기본소양(국어능력, 대한민국 풍습 이해)</td><td>신원조회</td><td>필기·면접</td></tr>
<tr><td rowspan="2">간이
(제6조)</td><td>혼인</td><td>· 대상: 배우자가 대한민국 국민인 외국인
· 일반귀화요건 중 2,3,4,5는 필수
- 혼인상태로 2년 이상 거주
- 그 배우자와 혼인 후 3년 경과 및 혼인상태로 1년 이상 대한민국에 거주
- 기간 미 충족에도 불구하고 부득이한 사유로 혼인 종료 혹은 미성년자를 양육해야 할 자로서 잔여 거주 기간 충족</td><td>체류동향
조사</td><td>면접</td></tr>
<tr><td>기타</td><td>· 일반귀화요건 중 2,3,4,5는 필수
· 3년 이상 거주
- 부 또는 모가 대한민국 국민
- 대한민국에서 출생, 부 또는 모가 대한민국에서 출생한 사람
- 대한민국 국민의 양자, 입양 당시 민법상 성년</td><td>신원조회</td><td>필기·면접</td></tr>
<tr><td>특별</td><td></td><td>· 일반귀화요건 중 3,5는 필수
- 부 또는 모가 대한민국 국민(양자: 입양 당시 미성년인 경우에 한함)
- 대한민국에 특별한 공로가 있는 사람
- 특정분야에서 매우 우수한 능력을 보유한 사람, 국익에 기여할 것으로 인정되는 사람</td><td>신원조회</td><td>필기·면접</td></tr>
</table>

*사회통합프로그램 참여와 연계.
출처: 현행 국적법의 내용을 바탕으로 정리.

표 23 귀화적격심사 신청자와 귀화자 추이(2004-2013년)*

	2004	2005	2006	2007	2008	2009	2010	2011	2012	2013
신청자	10,085	19,554	23,825	22,085	22,735	22,849	24,099	24,034	21,121	18,291
귀화자	7,261	12,299	7,477	8,536	11,518	25,044	16,312	16,090	10,540	11,270
비율 (%)	72.0	62.9	31.4	38.7	50.7	109.6	67.7	67.7	49.9	61.6

* 당해 연도 신청자가 이듬해에 귀화자가 되는 경우도 있기 때문에 신청자 대비 귀화자 비율이 100%를 넘을 수도 있음.

출처: 법무부 출입국 · 외국인정책 본부, 『통계연보』 2006~2013 각년도; 오정은, 2014: 26의 〈그림 III-1〉에서 재인용.

2000년까지 연평균 33명에 불과했던 귀화자는 2000년대부터 국제결혼 증가 등 인적교류가 활발해지고 체류외국인이 증가함에 따라 2011년 1월을 기해 누적인원이 10만 명을 돌파했으며 이후 최근 10년 사이 연평균 약 11,000명이 한국 국적을 취득했다.[39] 2004년부터 2013년까지의 10년간 귀화적격심사 신청자 대비 귀화자 비율은 연평균 61.2%이다. 한편, 2017년 기준, 1,861,084명에 달하는 외국인 주민 가운데 한국국적을 취득한 사람은 169,533명으로 전체 대비 9.1%의 수준이다. 이는 3개 외국 국가에 비하면 매우 낮은 수치라 할 수 있다.[40]

이렇게 볼 때, 외국인 주민 수의 증가에도 불구하고 한국 국적 취득에 대한 이들의 반응은 국제결혼 등의 불가피한 경우를 제외하고는 그렇게 매력적이지 않은 것으로 판단된다.

---

39) 2014년부터 2018년까지 귀화자는 각각 11,314명, 10,924명, 10,108명, 10,086명, 11,556명임. cf. 법무부 출입국 · 외국인정책 본부 통계연보. 2019: 59.

40) 2007년 기준, 10년 이상 거주 15~64세 이민자의 국가별 귀화율은 82%(스웨덴), 47%(프랑스), 89%(캐나다)임. 이 책의 제2부 〈표72〉를 참조할 것.

5) 통합정책 실행 결과와 영향

(1) 관련지표를 통해서 본 통합정책의 성과

스웨덴, 프랑스 그리고 캐나다와 달리 한국은 다문화 혹은 이민자 통합의 국가비교 대상에서 제외되어 있는 경우가 많다. 예컨대, 다문화주의정책지표(MCPs), 시민통합지표(CIVIX) 그리고 이민자시민권지표(ICRI) 등에서 한국은 조사 대상 국가에 포함되어 있지 않다. 그 이유는 추론컨대 한국의 이민 역사가 비교적 길지 않다는 점, 그리고 국가비교를 위해서는 이민자 통합정책과 관련된 통계치가 확보되어야 하는데 한국은 그러지 못하다는 점이다. 예컨대 OECD의 관련 출판물만 하더라도 여타국가에 비해 한국의 이민통계는 상대적으로 부실하다.

따라서 여기서는 관련 지표 가운데 이민자통합정책지표(MIPEX)를 통해 한국의 이민자 통합정책의 현주소를 살펴보기로 한다. 주지하다시피 MIPEX는 조사대상 국가뿐만 아니라 영역에서 여느 지표보다 포괄적이다. 조사대상 국가에 한국이 포함된 것은 2010년부터이다. 〈표 24〉는 2010년 이후 한국의 MIPEX 총점과 순위 추이를 정리한 것이다.

표 24 한국 MIPEX 변화 추이(2007~2014년)

	2007	2010	2011	2012	2013	2014
총점 (건강 제외)	-	56	56	56	56	55
총점 (건강 포함)	-					53
순위	-	13	16	15	15	18*
조사대상 국가 수	-	31	36	36	38	38

*건강영역포함

출처: http://www.mipex.eu/(Mipex 홈페이지)

〈표 24〉처럼 한국의 이민자 통합정책에 대한 평가는 조사대상 국가 가운데 중위권에 속한다. 이는 분석대상 국가 중 스웨덴과 캐나다보다는 많이 낮으나 프랑스와 유사하거나 약간 높은 위치에 자리 잡고 있다.[41] 단, 2014년도에는 예년에 비해 총점이나 국가 순위에서 약간 후퇴하는 모습을 보이고 있다는 점에 유의할 필요가 있다. 이와 관련하여 〈표 25〉를 살펴보자.

〈표 25〉에서처럼 영역별 취득 점수에서 2014년 결과가 예년과 차이가 나는 영역은 가족(재)결합과 영주이다. 우선, 가족결합에서 언어요건이 강화되었다. 즉 입국 희망자는 사전에 국제교육원에서 주관하는 한국어능력시험(TOPIK)에 응해야 한다. 뿐만 아니라 입국 후에는 법무부 주관하의 사회통합프로그램에 참여해야 하는 것으로 관련규정이 강화되었다. 한편, 영주 영역에서 점수가 하락된 것은 영주 체류 자격조건의 강화에 연유한 것이다. 구체적으로 2014년부터 공공질서, 복리 및 국가 이익에 위험이 될 가능성이

표 25 한국의 영역별 MIPEX 변화 추이(2010~2014년)

	2010	2011	2012	2013	2014
노동시장이동	71	71	71	71	71
가족재결합	67	67	67	67	63
교육	57	57	57	57	57
정치참여	54	54	54	54	54
영주	55	55	55	55	54
국적 취득	36	36	36	36	36
비차별	52	52	52	52	52
건강					36

출처: http://www.mipex.eu/south-korea

41) 네 개 분석 대상 국가의 연도별 순위를 살펴보면 2011년: 스웨덴(1), 캐나다(3), 한국(16), 프랑스(17); 2012년: 스웨덴(1), 캐나다(3), 한국(15), 프랑스(16) ; 2013년: 스웨덴(1), 캐나다(3), 한국(15), 프랑스(18); 2014년: 스웨덴(1), 캐나다(6), 프랑스(17), 한국(18).

있는 경우 영주권 인정을 제한하기로 했던 것이다.[42] 한편 〈표 26〉은 2014년 기준 한국 MIPEX 정책영역별 현황을 정리한 것이다.

이에 따르면 8개 정책영역 가운데 노동시장이동과 가족결합은 상대적으로 높은 점수를 보여주고 있다. 이는 그만큼 관련 이민자 통합정책이 이민자의 권리를 보장하고 있음을 의미한다. 특히 노동시장이동 정책영역의 하위 영역인 민간 영역과 공공 영역에서의 일자리 접근, 이민자의 학력 인정, 근로자의 권리에서 높은 점수를 받았다(100점). 반면 국적 취득과 건강 영역의 점수는 약간 나쁨 구간에 속한다. 한편, 국가별 순위에서 전체 순위(18위)보다 높은 위치를 보이고 있는 정책영역은 노동시장이동과 교육(이상 11위), 정치참여(15위)이다. 정치참여 정책영역의 순위가 높은 이유 중의 하나는 이민자의 선거권이 보장되어 있음에 기인한 것이다. 구체적으로 2005년 8월 공직선거법 개정을 계기로 한국 국적을 취득하지 않은 이민자가 정치과

표 26 한국 MIPEX 정책영역별 점수와 평가(2014년 기준)

정책영역	점수	순위	등급
노동시장이동	71	11	약간 좋음
가족결합	63	18	약간 좋음
교육	57	11	보통
정치참여	54	15	보통
영주	54	25	보통
국적 취득	36	25	약간 나쁨
반차별	52	24	보통
건강	36	27	약간 나쁨
총점	53	18	

출처: http://www.mipex.eu/south-korea

42) 이상 내용은 MIPEX 홈페이지 설명에 근거한 것임.

정에 참여할 수 있는 길이 열렸다. 이에 따라 영주권 취득 후 3년이 지난 19세 이상의 영주권자에 한해 지방선거 참정권이 부여된 것이다.[43] 반면 전체 순위보다 낮은 영역은 영주, 국적 취득, 반차별, 건강이다. 특히 건강 정책영역은 38개 조사 대상 국가 중 27위를 차지할 정도로 이민자의 통합정책이 미미한 것으로 나타났다.

(2) 이민자 노동시장통합

노동시장통합의 대리지표로 경제활동참가율, 고용률, 실업률 등이 사용되고 있다.[44] 이를 정확하게 파악하기 위해서는 경제활동인구 규모가 먼저 확인되어야 할 것이다. 주지하다시피 경제활동인구란 한 국가의 잠재노동력을 나타내는 개념으로 구체적으로는 만15세 이상 64세 이하의 생산가능인구 중 재화나 서비스를 생산하기 위해 생산활동에 참여하고 있거나 참여할 의사가 있는 사람을 말한다. 하지만 이와 관련된 정확한 통계가 부족하다. 예컨대, 외국인과 귀화허가자를 포함한 이민자의 경제활동실태에 관한 통계는 법무부를 중심으로 생산되고 있다. 한편 한국의 공식적인 통계기관은 통계청이다. 문제는 여기서 발표되고 있는 경제활동지표에서 이민자의 포함여부가 불분명한 것이 적지 않다는 점이다.

이 점을 고려하면서 한국 이민자의 경제활동실태를 살펴보자. 먼저, 〈표 27〉은 국가통계포털에 수록되어 있는 2014년부터 2016년까지의 추이이다.

〈표 27〉처럼 3년간 경제활동참가율은 70~71%를 유지하고 있다. 달리 말하면 15세 이상 인구의 증가와 함께 경제활동인구 역시 증가되었음을 의미한다. 한편, 고용률 역시 67~68%에서 큰 변화가 없다. 이는 15세 이상

---

43) 이민자의 실질적인 참정권 행사는 2006년 제4회 지방선거부터이다. 한편 이 책의 분석 대상 가운데 이민자 참정권이 부여되어 있는 국가는 스웨덴으로 1975년부터 지방선거 선거권뿐만 아니라 피선거권을 인정하고 있다. 반면 프랑스와 캐나다는 국적 미취득 이민자의 참정권이 부여되어 있지 않다.

44) 이는 세 개 외국 국가의 이민자 노동시장통합에서도 사용된 지표이다.

표 27 **이민자의 경제활동실태(2014~2016년)**

(단위: 천 명, %)

연도	15세 이상 인구	경제활동 인구	취업자	비경제활동 인구	경제활동 참가율	고용률
2014	1,256	896	852	360	71.4	67.9
2015	1,373	986	938	387	71.8	68.3
2016	1,425	1,005	962	420	70.5	67.6

출처: 국가통계포털(https://kosis.kr/index/index.do)

인구 가운데 취업자가 차지하는 비중이 거의 일정함을 의미한다. 단, 2016년도는 예년에 비해 경제활동참가율과 고용률 공히 약간 하락된 모습을 보이고 있을 뿐이다. 그럼 이상의 이민자 경제활동실태가 내국인과 비교할 때 어떠한지 살펴보자. 〈표 28〉은 2018년과 2019년의 관련 통계치이다.

〈표 28〉처럼, 경제활동참가율, 고용률, 실업률 등 3대 지표에서 집단간 차이가 거의 나지 않음을 알 수 있다. 오히려 내국인에 비해 이민자의 경제활동상황이 더 양호한 지표도 있음이 확인 된다.[45] 이는 앞서 살펴보았던 세 개 외국 국가의 상황과 일정 부분 차이가 있다. 즉 이들 국가에서는 이민자 집단의 고용률은 낮은 반면 실업률은 높게 나타난다. 이는 기본적으로 한국 이민이 지니고 있는 특성에 기인하는 것으로 보인다. 즉, 한국의 유입 이민자들은 직·간접적으로 근로이민과 관련성이 매우 높다. 구체적으로 36개의 체류자격 중 취업자격 체류외국인은 당연히 근로이민과 직결되어 있다.[46] 뿐만 아니라 취업자격 체류외국인 외의 이민자들에게도 근로의 길

45) 이는 OECD의 보고서에도 그대로 드러난다. 예컨대 실업률은 두 집단이 4%로 동일하다. 한편 고용률에서 이민자 집단은 71%로 이는 내국인(native-born)의 68%보다 높은 수치이다(이상 2017년 기준). OECD, 2018: 277.

46) 예컨대, 단기취업, 교수, 회화지도, 연구, 기술지도, 전문직업, 예술흥행, 특정활동 등 전문인력에 해당하는 취업자격이나 비전문취업, 선원취업, 방문취업 등 단순기능인력에 해당하는 취업자격을 받은 사람들이다. 2020년 1월 31일 현재 취업자격 체류외국인은 574,379명으로 전체 체류외국인의 23.7%에 해당한다(김철효, 2020: 7).

표 28 경제활동실태 집단 비교(이민자와 경제활동인구)

구분	연도	15세 이상 인구					경제활동 참가율	고용률	실업률
			경제활동 인구			비경제 활동인구			
				취업자	실업자				
이민자	2018.5	1353.0	965.4	918.8	46.6	387.6	71.4	67.9	4.8
	2019.5	1371.4	947.2	894.8	52.4	424.3	69.1	65.2	5.5
경제활동인구조사*	2018.5	44,141	28,184	27,064	1,121	15,956	69.9	67.0	4.0
	2019.5	44,460	26,468	27,322	1,145	15,992	70.0	67.1	4.0

* 조사 대상은 표본조사구내에서 상주하는 자로서 매월 15일 현재 만 15세 이상.
출처: e-나라지표
(http://www.index.go.kr/potal/stts/idxMain/selectPoSttsIdxSearch.do?idx_cd=1494&stts_cd=149407&freq=Y)와 통계청 · 법무부. 2019에서 발췌.

이 열려 있다는 점이다. 예컨대, 취업활동을 할 수 있는 체류자격에는 해당되지 않지만 거주, 결혼이민, 재외동포, 관광취업 등의 체류자격을 가진 사람들이 특정 조건에 부합하는 경우도 자유롭게 취업이 가능하다. 그리고 외국인 유학생 등도 취업자격에 해당되지 않지만 체류자격 외 활동을 허가받아 제한된 시간 동안 취업할 수 있다.[47)]

이렇게 본다면 경제활동실태를 통해서 나타난 한국 이민자의 양호한 노동시장통합은 이민자 통합정책의 성과라기보다는 강한 근로이민 성격 등의 외적인 요인에 기인한 것임을 알 수 있다.

---

47) 이의 자세한 내용은 출입국관리법 시행령을 참조.

3. 사회정책

사회정책은 내국인과 차별 없는 이민자의 삶의 질 보장과 직결되어 있다. 이를 위해서는 이민자의 사회권이 보장되어야 할 것이다. 외국 국가 분석과 마찬가지로 여기서는 한국의 복지레짐과 이민자 사회권의 관련성을 간단히 개관한 후 사회보장 분야별로 이민자 사회권의 보장 여부 및 정도를 살펴보고자 한다.

1) 복지레짐과 이민자 사회권: 혼합형 복지레짐하의 조합주의적 운영형태

에스핑 안데르센의 복지레짐 유형론 관점에서 한국이 속하는 유형에 대해서 여러 입장이 존재한다. 예컨대 한국의 복지레짐은 자유주의 복지레짐에 속한다고 보는 입장(조영훈)과 조합주의적 복지레짐이 존재하고 있었다고 보는 입장(남찬섭)이 있다.[48] 한편, 한국을 비롯한 동아시아 국가들의 복지레짐은 어디에도 속하지 않는 제4의 유형으로 보는 것이 적절하다는 견해도 있다(심창학, 2004). 다양한 견해의 배경에는 학자들마다 사용하고 있는 분석 기준의 상이성, 에스핑 안데르센의 복지레짐 유형론 자체의 문제점, 그리고 한국 복지레짐의 혼합성(hybrid) 등이 지적될 수 있을 것이다. 하지만 여기서 중요한 점은 한국의 복지레짐에서 이민자의 사회권이 어떻게 보장되고 있는지 그리고 이와 직결된 복지레짐의 요소는 무엇인가 하는 것이다. 〈표 29〉는 한국의 사회보장제도를 개관한 것이다.

첫째, 〈표 29〉처럼 한국의 사회보장제도는 전국민을 적용대상으로 하고 있다. 하지만 분야에 따라서 여전히 적용제외 규정이 따로 마련되어 있다. 문제는 이러한 규정들이 이민자 사회권 보장에 어떤 영향을 미치고 있는지 살펴보아야 할 것이다. 예컨대, 국민기초생활보장에서 수급 요건만 충족되

48) 이에 대해서는 정무권 편, 2009를 참조할 것.

표 29 한국의 사회보장제도

대구분	중구분	소구분	적용대상
사회보험	연금	국민연금	근로자, 자영인(농업인, 어업인 포함)
		공무원연금	국가 및 지방공무원, 법관, 경찰관
		사학연금	사립학교 교직원
		군인연금	하사 이상 직업군인
		별정우체국연금	별정우체국법에 의한 국장 및 직원
	건강보험		전국민
	산업재해보상보험		1인 이상 근로자를 고용하고 있는 사업장 (적용 제외 사업 있음)
	고용보험		상동
	노인장기요양보험		전국민
공공부조	국민기초생활보장 제도		수급자(중위소득 기준)
	기초연금		수급자 (65세 이상, 소득인정액이 선정기준 이하)
사회 서비스	복지, 보건의료, 교육, 고용, 주거, 문화, 환경		전국민(이용자)

출처: SSPTW, 2018(South Korea) ; 한국보건사회연구원, 2012 ; 사회보장기본법 내용에 근거.

면 국적에 관계없이 수급권자에게 법정 급여가 제공되는가 하는 점이다.

둘째, 제도의 복잡성 측면에서 볼 때 연금을 제외하고는 단일제도하에 운영되고 있다. 예컨대, 국민건강보험의 경우, 기존의 분리주의(조합주의)에서 벗어나 통합주의 원칙하에 전국민이 하나의 제도에 포함되어 있다. 국민기초생활보장제도 역시 하나의 제도로 운영되고 있는데 이는 프랑스와는 상반된 모습이다. 반면, 연금에서는 적용대상의 직업(종)에 따라 가장 많은 가입자를 보이고 있는 국민연금뿐만 아니라 특수직역연금으로 공무원연금, 사학연금, 군인연금, 별정우체국연금 등 총 5개의 연금제도가 운영되고 있다. 에스핑 안데르센의 복지레짐 유형 구분 기준 가운데 계층화 측면에서 본다면 건강보험의 통합 운영에도 불구하고 복수의 연금 제도가 운영되고 있는 점 등을 고려하면 한국의 사회보장제도는 여전히 조합주의적 성격을 보이고 있는 것이다.[49] 이민자의 사회권 보장에 미치는 영향에 대해서 주의가 필요한 대목이다. 조합주의적 성격은 이민자의 취업 가능 직종 및 사회보험 관련 제도 가입 가능 여부와도 직결되기 때문이다.

2) 사회보험과 이민자의 사회권: 지배적인 근로 기반형

우선 연금 분야에서의 이민자 가입에 관한 통계는 찾기 어려우나 각 제도의 관련 법령에 근거할 때 국민연금과 관련되는 이민자가 가장 많을 것으로 판단된다.[50] 물론 공무원연금이나 사학연금의 외국인 가입도 허용되고 있으나 그 수는 그렇게 많지 않을 것으로 보인다.[51] 따라서 여기서는 국민연금과 4대 사회보험에서 나타나는 이민자의 사회권 보장의 구체적 내용을 살펴보기로 한다. 순서는 여타 국가와 마찬가지로 한국 사회보험에 내재되어 있는 사회권 보장의 토대를 먼저 확인할 것이다. 한편, 한국의 사회보험 관련법 가운데 이민자 특례 조항이 있는 경우가 있다. 이의 내용에 따라 이민자의 사회권 보장 여부가 결정되는 것으로 이에 대한 각별한 관심이 필요하다.

---

49) 한국을 포함하여 동아시아 복지 모델 유형화 연구에서 심창학은 5가지 분석 기준 가운데 시장의존도, 사회보장비지출(국가개입정도), 가족주의에서는 제4의 유형, 사회보장기여금 부담률에서는 자유주의 유형임에 비해 계층화(사회보장제도운영)에서는 동아시아국가들이 보수주의 복지레짐의 성격을 지니고 있는 것으로 결론짓고 있다(심창학, 2004).

50) 방문취업, 비전문취업 체류자격 등…. 이의 규모는 본서의 제3부 〈표8〉을 참조할 것.

51) 체류자격별로는 교수, 연구 등이 이에 속한다. 한편 외국인의 공무원 채용은 국가 안보 및 보안 기밀에 관계되는 분야를 제외한 다른 분야에서는 가능하다(예: 해외투자 유치나 통상 · 산업정책, 교육 · 문화 · 복지 · 도시계획 분야 등)

우선, 사회권 보장의 토대와 관련하여, 국민연금의 적용대상은 국내에 거주하고 있는 국민으로서 18세 이상 60세 미만인 사람이다.[52] 2018년 12월 말 현재 가입자 수는 2,231만 명으로 한국의 연금제도 가운데 규모가 가장 크다. 가입자는 사업장 가입자와 지역가입자, 임의가입자 그리고 임의계속가입자로 구분된다. 이 가운데 당연적용가입자는 사업장가입자와 지역가입자이며 임의가입자와 임의계속가입자는 본인 신청을 통해 가입되는 말 그대로 임의적용 대상자이다.[53] 재정부담 주체는 사업장 가입자의 경우는 근로자와 사업주의 양자부담이 원칙이다. 반면 사업장 가입자 외의 가입자는 본인이 부담해야 한다. 이렇게 볼 때 한국의 국민연금의 사회권 토대는 근로라 할 수 있다. 왜냐하면 사업장 가입자와 지역가입자의 대부분은 경제활동을 수행하고 있기 때문이다. 반면, 임의가입자의 국민연금 가입은 근로와 무관하다. 국민연금의 적용대상이 국내 거주 국민임을 고려할 때 임의가입자의 사회권 토대는 거주라 할 수 있다.

국민건강보험 역시 국내에 거주하고 있는 국민이 적용대상으로 임의가입자의 법정 수급 자격대상은 가입자 혹은 피부양자이다. 총 5개의 제도로 운영되고 있는 연금제도와는 달리 국민건강보험제도는 단일제도로서 전 국민을 포함하고 있다. 가입자는 직장가입자와 지역가입자로 구분된다. 직장가입자에는 모든 사업장의 근로자 및 사용자 그리고 공무원과 교직원이 포함된다. 직장가입자와 그 피부양자를 제외한 사람은 지역가입자이다.[54] 한편, 재정 부담에서 직장 가입자는 근로자와 사업주 혹은 근로자(공무원)와 국가(지방자치단체)의 양자부담 혹은 근로자(사립학교 교원), 사용주, 국가

---

52) 별다른 언급이 없는 한 이하 내용은 현행법 그리고 외국인 근로자 관련 통계치는 통계청 · 법무부, 2019에 바탕을 둔 것이다.

53) 가입자 현황은 사업장 가입자 수가 약 1,318만 명으로 61.93%를 차지하면서 가장 많고 다음으로 지역가입자(7,694만 명, 34.38%), 임의계속가입자(47만 명, 2.11%), 임의가입자(33만 명, 1.48%)이다(이상 2018년 12월 31일 기준). 국민연금공단, 2019: 2.

54) 2016년 기준, 건강보험의 적용 인구는 총 50,763천 명이며, 이 가운데 직장가입자 및 피부양자 수는 36,675천 명, 지역가입자는 7,665천 세대의 14,089천 명이다. 한편, 지역 가입자의 부양률(명)은 0.99(명)으로 직장 가입자의 1.24명보다 적다.

의 3자 부담이 원칙이다. 지역가입자는 본인(혹은 세대의 지역가입자 전원)이 전액 부담한다. 이렇게 볼 때 국민연금과 마찬가지로 국민건강보험의 사회권의 근본 토대는 근로임을 알 수 있다. 단, 근로여부에 관계없이 지역가입이 가능한 점을 고려할 때 거주도 사회권 인정의 토대로 보는 것이 적절할 것이다.

산업재해보상보험의 적용대상은 근로자를 고용하고 있는 모든 사업 혹은 사업장이다. 그리고 이에 필요한 재정 부담 주체는 해당 사업장의 사업주이다. 이렇게 볼 때 산업재해보상보험의 사회권 토대는 근로이다. 고용보험도 근로자를 고용하고 있는 모든 사업 또는 사업장을 적용대상으로 명시하고 있다. 단, 0~49명의 근로자를 고용하고 있는 자영업자는 본인이 원하는 경우 고용보험에 가입할 수 있다. 재정부담은 고용보험 사업에 따라 실업급여는 근로자와 사업주의 양자부담, 고용안정/직업능력개발사업 소요 재원은 사업주 단독부담이다. 이렇게 볼 때, 고용보험의 사회권은 근로에 바탕을 두고 있음을 알 수 있다. 마지막으로 노인장기요양보험은 적용대상이나 재정부담에서 국민건강보험과 동일하다. 단, 이의 수급권자는 65세 이상 혹은 65세 미만인 자로서 노인성 질병을 가진 사람이다. 따라서 노인장기요양보험은 사회보험의 하나이면서도 이의 사회권 인정의 토대는 근로 외의 다른 요소 예컨대 거주(그리고 욕구)임을 알 수 있다. 〈표 30〉은 지금까지의 내용을 정리한 것이다.

이렇게 볼 때 한국의 사회보험에서 나타나는 사회권의 토대는 근로가 지배적임을 알 수 있다. 산업재해보상보험 그리고 고용보험은 순수 근로지배형이다. 국민연금의 임의가입이나 국민건강보험의 지역가입 일부는 거주에 바탕을 두고 있지만 대부분 가입자의 사회권은 근로이다. 특별한 경우가 노인장기요양보험이다. 사회보험으로서 적용대상이나 재정부담은 국민건강보험과 동일하다. 하지만 이의 수급권자는 근로와 관계없이 국내에 거주하고 있는 노인 가운데 장기요양인정 절차를 통해 노인성 질병을 앓고 있는 것으로 인정된 사람이다. 따라서 이의 사회권 인정의 토대는 근로가 아니라 거주 그리고 욕구임을 알 수 있다. 이상의 한국의 사회보험은 스웨덴, 프랑

표 30 한국의 사회보험과 사회권의 토대

종류	적용대상	재정부담	사회권의 토대
국민연금	국내 거주 국민 (18세 이상 60세 미만)	근로자와 사업주(사업장 가입) / 본인(지역, 임의, 임의계속가입자)	근로(사업장, 지역) / 거주(임의, 임의계속)
국민건강보험	국내 거주 국민 (가입자, 피부양자)	근로자와 사업주(또는 국가), 근로자, 사업주, 국가(이상 직장 가입) / 가입자가 속한 세대의 지역가입자 전원(지역가입)	근로(직장가입, 지역가입), 거주(지역가입자 일부)
산업재해보상보험	근로자를 고용하고 있는 모든 사업 또는 사업장 (적용 제외 사업 있음)	사업주	근로
고용보험	상동	양자부담(실업급여) / 사업주부담(고용안정, 직업능력개발사업)	근로
노인장기요양보험	건강보험과 동일	건강보험과 동일	거주(그리고 욕구)

스 그리고 캐나다에 비해 근로가 매우 중요한 사회권 인정 여부의 토대임을 알 수 있다. 달리 말하면, 이민자가 한국의 사회보험의 적용 대상에 포함되기 위한 최우선 요건은 경제활동에의 참여 즉 근로인 것이다.

이어서, 각 사회보험 관련법에서 이민자(혹은 외국인)에 대한 특례 조항이 있는지 살펴보자.

첫째, 국민연금법은 국내거주 국민을 적용대상으로 하고 있음에도 불구하고 외국인도 사업장가입자 또는 지역가입자가 될 수 있음을 명시하고 있다(제126조). 즉, 국적에 관계없이 근로 요건만 갖추면 외국인 역시 국민연금의 적용대상에 포함될 수 있음을 보여주고 있는 것이다. 하지만, 대통령령에 의해 불법체류외국인, 강제퇴거명령서가 발급된 자 그리고 보건복지부령에 의해 체류자격 가운데 문화 예술, 유학, 산업연수, 일반연수, 종교, 방문동거, 동반, 기타(G-1)에 속하는 외국인은 당연적용 대상에서 제외되어 있다.[55] 그리고 상호주의 원칙에 근거하여 외국인의 본국법이 한국 국민에게 적용되지 않는 경우 그 외국인은 적용대상에서 제외된다. 뿐만 아니라 사회보장협정체결 국가에서 파견된 근로자가 본국연금제도에 가입되어 있는 경우도 한국의 국민연금제도 가입에서 제외된다.[56] 일반적으로 외국에의 체류기간이 3~5년인 단기 체류외국인 근로자가 이에 속한다. 한국에 입국한 외국인 근로자의 최장 체류기간이 5년 미만인 점을 고려하면 상당수가 이에 속할 것으로 판단된다. 이렇게 본다면 이민자(외국인)의 국민연금 가입과 관련된 특례조항이 있음에도 불구하고 실질적으로 국민연금에 가입되어 있는 이민자 수는 그렇게 많지 않을 것으로 판단된다.

둘째, 국민건강보험 역시 기본적으로는 국내 거주 국민을 적용대상으로 하고 있음에도 불구하고 관련법은 외국인에 대한 특례 조항을 따로 두고 있다(국민건강보험법 제109조). 구체적으로 등록을 한 국내 체류외국인이 근로자, 공무원 또는 교직원인 경우 직장가입자가 될 수 있다. 그리고 직장가입 대상이 아닌 경우 일정 기간 국내 거주가 예상되면 지역가입자가 될 수도 있다. 이처럼, 건강보험분야의 가입 측면에서 내국인(한국 국민)과 이민자 간 차이는 거의 없다. 문제는 직장가입자도 지역가입자도 될 수 없는 상황의 이민자가 발생할 수 있다는 점이다. 예컨대, 동법령에 따르면 고용기간이 1개월 미만의 일용근로자, 1개월 동안 소정근로시간이 60시간 미만인 단시간 근로자, 시간제 공무원 및 교직원은 직장 가입자에서 제외되어 있다(국민건강보험법 제6조, 동법시행령 제9조). 관련 통계에 따르면 외국인 근로자의 상당수는 이에 속한다.[57] 만약 이들이 내국인이라면 직장가입 대신

---

55) 이상 국민연금법 시행령 제111조; 시행규칙 제53조. 2018년 기준, 총 237만여 명의 외국인 가운데 이에 속하는 외국인은 방문동거(118천 명), 유학(102천 명), 일반연수(59천 명)등 33만 명 정도임.

56) 2020년 5월 현재 총 14개국 체결(발효 36, 미발효 5). 유입 이민 인구가 많은 9개 출신 국가 중 한국과 사회보장협정이 체결된 국가는 중국, 미국, 우즈베키스탄(이상 발효), 필리핀(미발효)임.

57) 예컨대, 2019년 기준, 외국인 근로자 가운데 임시 · 일용직은 34만 9천 명으로 전체 취업자

지역가입을 택할 수 있다. 하지만 이민자가 지역가입자가 되기 위해서는 체류의 합법성, 정기적 거주의 인정 등 몇 가지 요건을 충족해야 한다. 이렇게 볼 때 국민건강보험법의 외국인 특례 조항은 이민자 가운데 상용직 근로자와 정주가 확실한 이민자에게는 긍정적으로 작용할 가능성이 높다. 또한 결혼이주여성등은 가입자가 아니더라도 직장가입자의 피부양자로서 국민건강보험의 수혜자가 될 수 있다. 하지만 일용직 근로자 그리고 정주가 불안정한 이민자는 직장가입도, 지역가입도 어려운 상황에 봉착할 개연성이 매우 높다고 할 수 있다.

셋째, 산재보상보험이다. 이는 국민연금법이나 국민건강보험법과 달리 외국인 특례 조항이 없다. 적용대상은 근로자를 고용하고 있는 모든 사업 또는 사업장으로서 여기서 근로하고 있는 외국인은 내국인과 차별 없이 그리고 체류자격과 무관하게 적용대상에 포함된다. 특히 여타보험과는 달리 산재보상보험은 불법체류 근로자도 보상을 받을 수 있다.

한편, 동법령에서 명시하고 있는 법의 적용제외사업 혹은 사업장에서 근로하고 있는 외국인에 대한 주목이 필요하다. 예컨대 농업, 임업(벌목업은 제외), 어업 및 수렵업 중 개인이 운영하고 있는 상시 근로자 수가 5명 미만인 사업을 들 수 있다(산업재해보상보험법 시행령 제2조). 이에 관한 정확한 통계치는 없으나 관련 통계에 따르면 농림・어업에 종사하고 있는 외국인 근로자는 5만 2천 명으로 이는 전체 취업자 대비 6.0%의 비중이다(2018년 기준). 이들 중 상당수는 산재보상보험의 적용에서 제외되어 있다고 할 수 있다.

넷째, 고용보험에서의 기본적인 적용대상은 근로자를 고용하고 있는 모든 사업 또는 사업장이다. 단, 고용보험법은 산재보상보험법과 유사하게 법인이 아닌 자가 운영하는 농업, 임업, 어업 가운데 상시 4명 이하의 근로자를 운영하고 있는 사업은 적용 범위에서 제외되어 있다. 그리고 소정근로시간이 월 60시간 혹은 주 15시간 미만인 자도 적용 제외되어 있음에 유의할

의 38.1%를 차지하고 있는 것으로 조사되었다.

필요가 있다(이상 고용보험법 시행령 제2조와 제3조).

한편, 외국인 근로자는 원칙적으로 고용보험의 실업급여사업에서 제외되어 있다. 하지만 여기서 유의해야 점은 별도 조항을 통해 외국인 근로자에 대한 적용의 길을 열어놓고 있다는 점이다(제10조의 2). 구체적으로 외국인 근로자의 고용 등에 관한 법률('외국인 고용법')의 적용을 받는 외국인 근로자는 이 법의 적용을 받도록 하고 있다.[58] 그리고 '외국인 고용법'의 적용을 받지 않더라도 출입국 관리법 시행령 상 체류자격에 따라 고용보험법의 전부 또는 일부의 적용이 가능하도록 명시하고 있는 바, 주재, 기업투자, 무역 경영, 영주, 거주, 결혼이민 등(이상 당연적용)과 재외동포, 단기취업(E1~E7), 전문인력(E1~E7), 선원취업, 방문취업 등(이상 임의적용)이 바로 그것이다. 이는 달리 말하면 외국인 취업자의 대부분은 고용보험의 당연적용 혹은 임의적용 대상이 될 수 있음을 의미한다.

다섯째, 노인장기요양보험의 적용대상과 재정부담은 건강보험과 동일하다. 우선 노인장기요양보험의 가입자는 내·외국인 공히 국민건강보험과 동일하다고 명시하고 있다. 단, 외국인이 가입에서 제외될 수 있는 경우도 제시하고 있는바 단기 체류외국인 근로자(기술연수), 비전문취업, 방문취업 근로자가 바로 그것이다. 이들 대부분은 외국인 근로자의 정주금지원칙에 따라 5년이 채 되기 전에 귀국이 요구된다. 따라서 이들에 대한 노인장기요양보험료 납부는 적절치 않기 때문에 별도의 적용제외신청서를 제출해 납부를 면제받을 수 있다. 이러한 경우만 제외한다면 국민건강보험과 노인장기요양보험은 가입자 측면에서 거의 동일하다고 할 수 있다. 그리고 이들과 그 피부양자는 연령 등의 조건이 충족되면 장기요양보호인정의 신청자격이 주어진다. 이렇게 볼 때 노인장기요양보험에서 나타나는 이민자 사회권은 국민건강보험과 유사하다고 할 수 있다. 〈표 31〉은 지금까지의 내용을 정리한 것이다.

---

58) 체류자격 유형 중 비전문취업(E-9)이 이에 속함. 그 수는 26만 명으로 전체 취업자(88만 4천 명)의 30.2%임.

표 31 이민자의 한국 사회보험 적용

종류	적용 여부	적용제외	
		내국인과 동일	이민자
국민연금	사업장, 지역, 임의, 임의계속 가입자	특수직역연금 가입자 등	불법체류외국인 강제퇴거명령 발급자 문화예술, 유학, 연수, 종교 등 사회보장협정 체결국가의 근로자
국민건강보험	직장, 지역가입자	일용근로자, 단시간근로자 등(직장가입적용 제외)	불법체류 등
산업재해보상보험	사업 혹은 사업장 가입	영세 농업, 임업, 어업, 수렵업	없음
고용보험	사업 혹은 사업장 가입(당연 혹은 임의 적용)	영세 농업, 임업, 어업/소정근로시간 미만 근로자	없음
노인장기요양보험	건강보험과 동일	건강보험과 동일	단기 체류외국인 근로자(기술연수), 비전문취업, 방문취업 근로자(신청주의)

외견상, 사회보험의 적용에 있어서 이민자는 한국 국민과 거의 동등한 대우를 받고 있다. 외국인에 대한 특례 조항을 통해 이민자의 적용을 명시하고 있는 법도 있다(국민연금, 국민건강보험, 고용보험). 한편 산업재해보상보험은 별도의 특례조항 없이 외국인 근로자도 적용대상에 포함시키고 있다. 각 보험 분야의 적용 제외에 있어서도 국민연금을 제외하고는 외국인에 한정시키고 있는 조항은 찾아보기 힘들다. 하지만, 이는 법의 실질적 운영과는 별개의 문제이다. 즉, 사회보험 분야의 법적 측면에서 나타나는 이민자 사회권 보장이 현실적으로 어떤 결과를 보여주고 있는가에 대해서는 별도의 논의가 필요한데 이는 후술하기로 한다.

3) 공공부조제도와 이민자의 사회권

사회보험과 달리 공공부조에 대한 이민자의 사회권은 매우 제한적이다. 이의 구체적인 내용을 두 가지 공공부조제도 관련법을 중심으로 살펴보기로 하자.

첫째, 국민기초생활보장제도이다. 기본적으로 해당 가구의 소득인정액과 부양의무자 기준을 동시에 충족하면 수급권자가 될 수 있음은 주지의 사실이다. 하지만 국민기초생활보장법과 시행령은 외국인에 대한 특례 조항을 통해 위의 기준에 대한 충족 외에 수급을 위한 별도의 요건을 제시하고 있음에 유의할 필요가 있다. 그 내용을 살펴보면 등록 외국인으로서 "1. 대한민국 국민과 혼인 중인 사람으로서 본인 또는 대한민국 국적의 배우자가 임신 중이거나 대한민국 국적의 미성년 자녀를 양육 혹은 배우자의 대한민국 국적인 직계존속과 생계나 주거를 같이하는 사람 2. 대한민국 국민인 배우자와 이혼 혹은 배우자가 사망한 사람으로서 대한민국 국적의 미성년 자녀를 양육하고 있는 사람 또는 사망한 배우자의 태아를 임신하고 있는 사람만이 수급권자가 될 수 있음"을 명시하고 있다(동법 제5조의 2, 법시행령 제4조). 이는 두 가지 의미를 담고 있다. 첫 번째, 위의 사항에 해당되지 않은 이민자는 국민기초생활보장제도의 수급권자가 될 수 없음을 시사하고 있다. 외국인 근로자, 외국 국적 동포 등 상당수의 이민자가 이에 해당한다.[59] 두 번째, 결혼이민자이더라도 모두가 수급권자가 될 수는 없다. 자녀 양육 혹은 배우자의 직계 존속(대한민국 국적에 한함)과 생계나 주거를 같이하는 경우에만 가능하다. 자녀 양육 충족 요건은 이혼 혹은 배우자의 사망 경우에도 그대로 적용된다. 한국의 이민정책, 특히 국제결혼장려를 통한 결혼이주여성 유치는 저출산 문제 해소를 위한 인구정책 혹은 가족정책의 성격이 강함을 이미 강조한 바 있다. 이러한 정책 기조는 이민자의 사회권 인정에도 그대로 나타나고 있다. 즉, 결혼이민자의 사회권은 자녀 양육 논리에 갇

59) 200만 명이 넘는 외국인 주민 가운데 16만6천명의 결혼이민자를 제외한 나머지 이민자는 수급권에서 배제될 가능성이 높다. cf. 지방자치분권실, 2019.

혀있는 것이다(김정선, 2011: 228).[60)]

둘째, 이런 경향은 긴급복지지원제도에도 그대로 나타난다. 주지하다시피 긴급복지지원제도는 생계 · 의료 · 주거지원 등 필요한 복지서비스를 신속하게 지원하여 위기상황에서 벗어날 수 있도록 돕는 제도로서 2005년 12월에 관련법이 제정되었다. 갑작스러운 위기상황으로 생계 유지 등이 곤란한 저소득 가구가 긴급지원대상자가 본 제도의 적용대상이다. 외국인에 대한 특례 조항이 신설된 때는 2009년 5월의 법 개정을 통해서이다. 이를 통해 외국인도 긴급지원대상자가 될 수 있도록 한 점을 고려할 때 기존에는 외국인이 배제되었음을 알 수 있다. 이민자 사회권 차원에서 2009년의 개정법이 한 단계 진전했다는 평가가 가능한 이유이다. 그럼에도 불구하고 수급이 가능한 외국인의 범위를 살펴보면 혼인 중인 사람 혹은 대한민국 국적을 가진 직계존비속을 돌보고 있는 사람, 난민 인정자 등으로 한정하고 있다(긴급복지지원법 시행령 제1조의 2). 즉, 여기서도 중요한 수급 요건은 혼인 여부인 것이다.

이뿐만 아니라 이민자 집단별 공공부조와 사회서비스 적용 여부에 관한 연구문헌을 살펴보면, 결혼이민자는 가족서비스, 의료지원서비스, 주거서비스, 취업서비스 등 다양한 서비스를 받을 수 있는 반면 그 외의 집단 예컨대, 영주권자나 외국인 근로자는 거의 모든 서비스 혜택에서 배제되어 있다(김안나. 2012; 소라미 외. 2012). 이렇게 볼 때 한국의 공공부조제도와 사회서비스는 결혼이민자 등 특정 집단에 초점을 맞추고 있음을 알 수 있다. 이는 마지막 사회안전망으로서 전체 사회구성원의 기본생활보장이 목적인 공공부조의 성격과 배치된다. 한편, 스웨덴, 프랑스, 캐나다에서는 집단에 관계없이 정주 요건만 부합되면 이민자에게 수급권이 보장된다. 이 점을 고려하더라도 한국의 공공부조 그리고 사회서비스는 적어도 이민자에 관한 한 본래의 기능을 수행하지 못하고 있는 것으로 판단된다.

---

60) 이는 결혼이민자를 대상으로 하는 한부모가족지원법에도 그대로 드러난다. 즉 자녀 양육이 지원대상자가 될 수 있는 전제적 요건이다.

4) 사회정책 실행의 영향

사회정책실행의 결과 혹은 성과를 파악하기 위해서는 무엇보다 관련 통계 지표가 생산되어야 한다. 하지만 앞서 살펴보았던 세 개 외국 국가와는 달리 한국은 이에 대한 자료가 매우 제한적이다.[61] 이런 점을 고려하면서 수집 가능한 자료를 바탕으로 앞에서 살펴본 이민자 사회권 관련 법적 규정이 실질적으로 어떤 결과를 낳았는지 살펴보기로 한다. 〈표 32〉는 이민자의 사회보험 가입 현황을 정리한 것이다.

표 32 이민자* 사회보험 가입 현황 추이(2017~2019년)

		2017	2018	2019
국민연금	가입	20.6	-	23.0
	미가입	73.2	-	68.9
	모르겠음	6.2	-	8.1
건강보험	가입	73.3	-	73.9
	미가입	24.5	-	23.5
	모르겠음	2.2	-	2.6
고용보험	가입	32.5	35.6	33.8
	미가입	60.8	52.6	57.6
	모르겠음	6.7	11.8	8.6
산재보험	가입	60.6	62.4	65.0
	미가입	34.9	29.1	29.7
	모르겠음	4.6	8.5	5.3

*외국인과 귀화허가자를 포함한 것임.
출처: 통계청 · 법무부, 각년도 자료 취합[62].

61) 예컨대 이민자의 빈곤율은 물론이고 국가 비교가 가능한 OECD 연간 보고서만 하더라도 기본 통계치라 할 수 있는 고용률과 실업률조차 명시되어 있지 않다. OECD, 2018:257.

4대보험 가운데 가입률이 상대적으로 높은 분야는 건강보험과 산재보상보험이다. 이미 살펴보았듯이 건강보험은 불법체류 등을 제외하고는 직장 혹은 지역가입자의 자격으로 이민자 모두가 적용 대상이다. 체류자격별로는 영주와 결혼이민의 가입률이 가장 높고(이상 94.5%) 다음으로는 비전문취업(91.2%), 전문인력(87.8%)의 순이다.[63] 반면 방문취업(62.6%), 유학생(41.5%)의 가입률은 상대적으로 낮다. 이민자의 산재보상보험 적용에서도 내국인과 이민자 간 법적 차별은 존재하지 않는다. 적용 제외 사업 혹은 사업장이 명시되어 있으나 이는 내·외국인에게 공히 적용되는 조항이다. 체류자격별로 비전문취업(91.0%)과 전문인력(73.6%)을 제외한 대부분의 이민자는 50~60%의 가입률에 머무르고 있다. 특히 방문취업 체류자격 이민자의 산재보상보험 가입률은 44%에 불과하다.

한편, 건강보험과 산재보상보험에 비해 국민연금과 고용보험의 가입률은 상당히 낮다. 우선 이민자의 국민연금 가입률은 23%에 불과하다. 이는 외국인 근로자의 정주금지원칙을 견지하고 있는 한국의 이민정책과 국민연금법의 외국인 적용 제외 조항이 복합적으로 작용한 결과라 할 수 있다. 특히 당연적용제외에 속하는 이민자, 사회보험협정 체결 국가 출신의 이민자 등은 국민연금에 미가입되어 있을 개연성이 매우 높다.[64] 다음, 고용보험의 가입률 역시 33%로 4대 사회보험 가운데 세 번째로 낮다. 고용보험은 원칙적으로는 내국인이 적용 대상이나 별도의 조항을 통해 외국인 근로자도 그 대상이 될 수 있음을 명시하고 있다. 하지만 체류자격에 따라 당연적용대상과 임의적용대상으로 구분되어 있다는 점에 유의할 필요가 있다. 이에 따르면 재외동포, 단기취업(E1~E7), 전문인력(E1~E7), 선원취업, 방문취업 등의 체류자격을 가진 외국인 근로자들은 임의가입대상자로서 고용보험에 미

---

62) 이 자료는 통계청과 법무부가 공동으로 실시하고 있는 이민자 체류 실태 및 고용 조사 결과이다. 2017년부터 실시한 이 조사의 표본집단은 외국인(1만 명~1만 5천 명)과 귀화허가자(4천~5천 명)이다.

63) 관련 통계치는 2019년을 기준으로 하고 있음.

64) 〈표 31〉 참조.

가입되어 있을 가능성이 매우 높다.[65)]

이상의 점을 고려하면서 이를 내국인의 사회보험 가입률과 비교해보자. 〈표 33〉은 한국의 임금근로자의 3대 사회보험 가입률을 정리한 것이다.[66)]

표본치의 비등가성으로 인한 단순 비교의 위험에도 불구하고 가입률을 비교하면 집단 간 차이가 가장 적은 분야는 건강보험이다. 한국 임금근로자의 직장 가입률은 75.7%인데 이는 이민자의 73.9%와 차이가 거의 없다. 반면, 국민연금과 고용보험의 집단 간 가입률은 차이가 심함을 알 수 있다. 구체적으로 임금근로자의 국민연금 가입률은 69.5%인데 이는 이민자 집단보다 3배 이상 높다. 고용보험의 70.9%는 이민자 집단의 2배 이상이다. 이렇게 볼 때 국민연금과 고용보험에 관한 한 이민자 집단의 사회권은 내국인

표 33 한국 임금근로자 사회보험 가입률 추이(2016~2019년)

		2016	2017	2018	2019
국민연금[1), 2)]	정규직	82.9	85.0	86.2	87.5
	비정규직	36.3	36.5	36.6	37.9
	임금근로자	67.6	69.0	69.8	69.5
건강보험[1)]	정규직	86.2	88.4	90.1	91.5
	비정규직	44.8	45.3	45.9	48.0
	임금근로자	72.6	74.2	75.5	75.7
고용보험[3)]	정규직	84.1	85.9	87.0	87.2
	비정규직	42.8	44.1	43.6	44.9
	임금근로자	69.6	71.2	71.6	70.9

1) 직장 가입자만 집계한 수치임(지역가입자, 수급권자 및 피부양자는 제외)
2) 특수직역 포함
3) 공무원, 사립학교 교직원, 별정 우체국 직원은 응답대상에서 제외.
출처: 통계청. 각년도 조사 결과 정리.

---

65) 수치상으로는 86만여 명의 취업자 가운데 40만여 명이 이에 해당(2019년 5월 기준).
66) 자영업자 등 비임금근로자는 조사대상에서 제외되어 있음은 미리 밝혀둔다.

에 비해 매우 열악함을 알 수 있다. 단적으로 말하면 한국 사회보험에서 이민자 사회권이 제대로 보장되고 있는 분야는 건강보험이 유일하다고 할 수 있다.

4. 한국 이민레짐의 특징

지금까지 이 책의 분석틀을 바탕으로 한국의 이민레짐에 대해서 살펴보았다. 이민레짐의 세 가지 세부 영역인 이민정책, 통합정책 그리고 사회정책에서 나타나는 한국의 특징을 정리하면 〈표 34〉와 같다.

첫째, 한국의 이민정책은 이 책에서의 유형에 따르면 선별적 이민형에 속한다. 주지하다시피 선별적 이민형은 이민국 상황에 따라 이민규모가 통제 · 관리되는 것을 특징으로 하고 있다. 이 유형은 세부적으로 다시 세 가지 유형이 있다. 이를 기준으로 할 때 한국은 이민자 집단에 따라 구분되는 경향을 보이고 있다. 구체적으로 1990년대 중반부터 약 10년간 국제결혼의 적극적 장려는 이민자 적극 유치 형태에 속한다. 한편, 국내 경제상황을 고려한 외국인 근로자의 유치는 이민자와 그 가족 선별 정책유형의 성격을 보여주고 있다. 왜냐하면 국무총리 산하의 외국인력정책위원회에 의해 유치 인력 규모가 결정되며 입국한 외국인 근로자들에 대해서는 고용허가제하에서 정주금지원칙이 엄격히 적용되기 때문이다. 그보다 더 중요한 문제는 독자적인 정책영역으로서의 이민정책이 존재하는가에 관한 것이다. 이에 대한

표 34 한국의 이민레짐 구성과 영역별 특징

세부 영역	이민정책	통합정책	사회정책
한국 특징	선별적 이민형 (결혼 이민과 한시 거주의 외국인 근로자)	다문화정책 (특정 집단 중심)	혼합형(hybrid) 복지레짐 하의 근로 기반형(제한적 이민자 사회권)

이 책에서의 대답은 부정적이다. 여타 국가와는 달리 이민문제를 전담하는 행정부처 혹은 장관직이 존재하지 않는다. 국제결혼 장려를 통한 이민자 유치는 인구 정책의 성격에 더 가깝다. 입국 외국인 근로자는 정주금지원칙에 바탕을 두고 있기 때문에 한시 거주의 이민자라 할 수 있다. 그리고 그 규모는 노동시장 상황에 따라 결정된다. 이렇게 볼 때 외국인 근로자 유치는 노동시장정책의 연장선상에서 이루어지고 있다고 할 수 있다. 결국, 한국의 이민정책은 이 책에서의 유형에 굳이 포함시킨다면 선별적 이민형에 속하는 반면 어떤 의미에서는 제대로 정착되어 있지 않은 상태의 이민정책 즉 맹아적 형태라 할 수 있다.

둘째, 이민레짐의 관점에서 나타나는 한국의 이민자 통합정책의 특징은 다음과 같다. 첫 번째, 통합 대상 집단을 정하는 데 있어서 구분 · 배제적 접근방법을 견지하고 있다. 1990년대 이후 역대 정부의 이민자 통합의 최우선적 대상은 국제결혼 이민자이다. 특히 이주결혼여성에 대한 관심을 통해 한국 사회가 마치 다문화주의를 지향하고 있는 듯한 상징적 효과와 함께 농촌 인구 감소 문제의 해결이라는 실질적 효과를 동시에 기대하고 있다. 전자의 대표적인 사례로 다문화가족지원정책의 마련(2005년), 다문화사회 선언(2006년), 다문화가족지원법의 제정(2008년)을 들 수 있다. 왜냐하면 이의 대표적인 정책 대상이 바로 결혼이주여성이기 때문이다. 반면, 통합정책에서 배제된 대표적인 집단으로 외국인 근로자를 들 수 있다. 한국의 유입이민자 가운데 가장 큰 비중을 차지하고 있음에도 불구하고 외국인 근로자는 이민자 통합정책의 사각지대에 놓여 있다고 해도 과언이 아닐 정도로 배제 정도가 심각하다. 이민자의 노동시장 통합을 위한 국가 차원의 정책은 부재하다. 노동시장통합과 관련된 대부분의 프로그램은 사업장 단위로 진행되고 있는 것이 현실이다.

이처럼 이민자 통합정책에서 외국인 근로자가 배제되어 있는 배경에는 이민정책 기본원칙의 영향, 구체적으로 내국인 고용 우선 원칙과 정주화 금지 원칙이 내재되어있다. 한편, MIPEX의 노동시장이동영역에서 한국이 절대적, 상대적 측면에서 양호한 것으로 조사되는 이유는 국가 차원의 노동시장 정책이 실시되고 있기 때문이 아니라 일자리 접근의 용이성, 이민자 학력 인정 등에서 높은 점수를 획득했기 때문이다. 다시 말하면 MIPEX의 노동시장이동 정책영역과 외국인 근로자를 위한 통합정책은 별개의 사안인 것이다. 결론적으로 한국의 이민자 통합정책의 적용 대상 여부는 구분 · 배제적 접근방법에 바탕을 두고 있다.

두 번째, 이의 연장선상에서 이민자 통합프로그램은 이민자 전체가 아니라 특정집단에 초점을 두고 있으며 다문화주의정책이라기보다는 다문화정책의 성격에 더 가깝다. 먼저, 법무부 주관하에 시행되고 있는 이민자 통합프로그램의 주된 적용대상은 결혼 이민자이다. 예컨대, 대표적인 통합프로그램이라 할 수 있는 사회통합프로그램만 하더라도 본래 대상은 이민자 전체임에도 불구하고 실질적으로는 결혼 이민자의 참여도가 훨씬 강하다. 한편, 프로그램의 내용적 측면에서 다문화주의 성격은 찾아보기 어렵다. 오히려 동화주의의 성격이 강하게 나타나는 프로그램도 존재한다. 이렇게 볼 때 한국의 이민자 통합프로그램은 다문화주의를 지향하고 있기보다는 단순히 다문화정책 즉 다문화사회로의 진입과 함께 발생하는 여러 문제에 대한 대응 차원에서 실시되는 정책의 성격이 더 강하다고 할 수 있다. 요약하면, 한국의 이민자 통합정책은 주로 결혼 이민자를 대상으로 동화주의에 더 가까운 다문화정책의 성격을 띠고 있다고 할 수 있다. 이민레짐의 관점에서 볼 때 이러한 정책 기조는 한국의 이민정책과 강한 제도적 상보성을 보여주고 있다고 할 수 있다. 즉, 입국 단계에서 나타나는 정주 인정 여부의 집단별 차이는 통합정책의 적용대상을 선택하는 데까지도 그 영향을 미치고 있는 것이다.

셋째, 한국 복지레짐의 정체성에 대해서는 여러 견해가 존재하나 이 책은 전반적으로는 혼합형 복지레짐, 사회보험 운영방식은 조합주의적 복지레짐에 속하는 것으로 판단하고 있다. 한국의 경우 중요한 것은 복지레짐 유형보다는 이민자 사회권 보장과 직결되는 관련법령에서 이를 어떻게 명시하고 있는가이다. 우선 사회권의 토대와 관련하여 한국의 5대 사회보험 가운데 국민연금과 건강보험은 근로와 거주에 바탕을 두고 있다. 한편, 산재보상보험과 고용보험은 근로인 반면 장기요양보험은 거주와 욕구의 인정 여부가 관건이다. 이렇게 볼 때 한국의 사회보험에서 나타나는 사회권 인정 여부의 기준은 기본적으로 근로 지배형이며 분야에 따라 거주 혹은 욕구가 고려되고 있음을 알 수 있다.

한편, 이민자의 사회보험 가입을 원천적으로 봉쇄하고 있는 보험 분야는 존재하지 않는다. 대신, 외국인 특례 조항을 통해 적용 혹은 적용 제외 집단을 명시하고 있다. 관련법령과 가입률을 기준으로 할 때 국민건강보험과 산재보험에서 나타나는 이민자 사회권 인정 정도는 높은 반면 국민연금과 고용보험은 그 정도가 낮다. 여기서 중요한 점은 사회보험 분야별 이민자 사회권 인정 정도의 차이는 한국 이민정책의 원칙과 사회보험 각 분야의 특성이 복합적으로 작용한 결과라는 점이다. 사회보험 관련법령에서 대한민국 국민과 이민자 간 차별은 거의 없다. 다시 말하면, 외국인 근로자는 4대 사회보험에 가입되어 있을 가능성이 매우 높다. 하지만 외국인 근로자의 대부분은 4년 10개월이 지나면 본국으로 돌아갈 수밖에 없는 현실적 제약을 고려하면 국민연금에의 가입 정도는 매우 낮을 수밖에 없다. 고용보험 역시 특례조항을 통해 외국인 근로자 가입의 길은 열려있으나 임의 적용 대상이 많음에 유의할 필요가 있다. 이는 한국 이민정책의 2대 원칙 즉 내국인 고용 우선 원칙과 정주화 금지 원칙이 외국인 근로자의 사회권을 제한하는 주요 요인으로 작용되고 있음을 의미한다.

반면, 이민자 가운데 결혼이민자의 사회권 보장은 여타 집단에 비해 그 정도가 높다. 근로 여부에 관계없이 국민연금, 국민건강보험에 가입자 혹은 피부양자가 될 수 있으며 노인장기요양보험의 혜택을 받는 것 또한 가능하다. 뿐만 아니라 이민자 집단 가운데 유일하게 국민기초생활보장제도의 적용하에 포함될 수 있는 집단이 바로 결혼이민자이다. 여기서 유의해야 할 점은 수급자격 인정 여부가 혼인뿐만 아니라 자녀양육 요건을 충족해야 한다는 점이다. 결혼 이민자의 사회권 역시 국제결혼 장려를 통한 인구 감소 억제라는 한국의 이민정책과의 밀접한 관련성이 발견되는 대목이다. 결국, 이민자 사회정책에서 외국인 근로자의 사회권은 배제되는 모습을 보이고 있는 반면 결혼 이민자의 사회권 보장에 대해서는 특별한 관심을 보이고 있다. 단, 이 역시 자녀 양육이라는 엄밀한 의미에서 보면 사회권 보장과는 무관한 조건이 부과되어 있음에 주목할 필요가 있다.

이렇게 볼 때 한국의 이민자 사회정책은 통합정책과 마찬가지로 이민정책의 영향하에 그 방향과 내용이 정해지는 경향을 보이고 있다.

제9장

결론: 이민레짐 관점에서의 평가

지금까지 이민레짐의 관점에서 스웨덴, 프랑스, 캐나다 등 3개 국가에서 나타나는 국가별 특징 및 이의 상호 비교를 통해 국가별 공통점과 차이점을 살펴보았다. 그리고 이를 바탕으로 한국에서 실시되고 있는 이민레짐의 구성 요소 즉 이민정책, 통합정책 그리고 사회정책의 내용을 살펴보았다. 여기서는 결론을 대신하여 두 가지 측면을 강조하고자 한다.

1. 제도적 보완성 혹은 부조화

앞에서 언급한 바와 같이 레짐 연구는 제도적 보완성 혹은 부조화에 많은 관심을 가지고 있다. 레짐을 구성하고 있는 특정 요소가 다른 요소의 작동을 원활하게 하고 있는가 아니면 각 요소가 서로의 원활한 작동을 어렵게 하거나 전체 시스템인 레짐 자체의 목적을 달성하는 것을 어렵게 하는가이다. 전자의 경우는 제도적 보완성, 후자의 경우는 제도적 부조화라 할 수 있다(B. Amable, 2003). 본래 이에 대한 관심은 생산레짐과 복지레짐 간 등 레짐간 연구에서 출발했다, 대부분의 연구결과들은 상이한 생산레짐, 노사관계, 사회적 보호체계 사이에 모종의 제도적 상보성이 존재하는 것으로 보고 있다(안상훈, 2005), 한편, 이 책에서는 범위를 축소시켜 이민레짐 내의 구성요소 간의 관련성에 대한 분석을 시도했다. 구체적으로 분석 대상 국가의 이민레짐의 세 가지 구성요소 즉 이민정책, 통합정책 그리고 사회정책 간에는 어떠한 모습을 띠고 있는가 하는 것이다. 이를 국가별로 간단히 정리하면 스웨덴은 포용적 이민개방정책, 다문화주의 그리고 거주 기반형 이민자 사회권의 모습을 보이고 있다. 프랑스는 선별적 이민형, 공화주의적 동화주의 그리고 이민자 사회권에서 근로 기반 중심형이면서도 동시에 거주 기반형 제도도 공존하고 있다. 캐나다는 선별적 이민형, 시민통합적 다문화주의 그리고 거주 · 욕구 기반의 사회권의 모습을 보이고 있음을 알 수 있다.

이를 제도적 보완성 혹은 부조화의 차원에서 살펴보면 첫째, 통합정책은 여타 정책과 무관하게 별도로 존재하고 있는 것으로 판단된다. 다시 말하면 국가별 통합정책은 이민 혹은 이민자에 대한 기본 인식에 바탕을 두고 있다. 예컨대 스웨덴의 다문화주의는 이민자 역시 잠재적인 스웨덴 국민으로서 다문화주의정책을 실시하더라도 이러한 정책이 스웨덴 사회통합에 걸림돌이 되지 않을 것이라는 인식에 바탕을 두고 있다. 한편, 프랑스는 공화주의 전통하에 이민자는 프랑스 사회로의 편입 대상이 되어야 하며 이를 추동할 수 있는 정책 이념이 바로 동화주의인 것이다. 캐나다의 시민통합적 다문화주의는 이민 역사에서 나타나는 민족 혹은 인종 간 갈등을 해결함과 동시에 이민자가 캐나다에서 생활하기 위해서 캐나다 시민성은 갖추어야 할 점을 강조하고 있는 것이다. 이상의 국가별 통합정책이 이민레짐의 여타 구성 요소 즉 이민정책과 사회정책과 유기적인 관계를 유지하면서 실시된 것으로 보기는 어렵다는 판단이다.

둘째, 이민정책과 사회정책 간 제도적 상보성이 강하게 나타나는 국가가 존재한다. 대표적으로 캐나다를 들 수 있다. 포인트 시스템으로 대변되는 캐나다의 선별적 이민정책은 이민이 허용된 외국인은 캐나다의 경제 및 사회에 도움일 될 수 있다는 전제하에 이들의 사회권 보장에 적극적인 모습을 보이고 있다. 캐나다 국민과 차별 없는 거주 · 욕구에 바탕을 둔 이민자 사회권 특징은 이를 대변하고 있다. 이에 반해, 스웨덴과 프랑스에서 나타나는 이민자 사회정책은 해당 국가의 이민정책의 영향보다는 복지레짐에 기인하고 있다. 다시 말하면 이들 국가에서는 각각 사민주의 복지레짐 혹은 조합주의 복지레짐의 틀 내에서 이민자 사회권이 보장되어 있는 것이다. 스웨덴에서 나타나는 거주 기반형 이민자 사회권, 프랑스의 근로 기반 중심이 바로 그것이다.

한편, 거주 혹은 욕구 기반이 근로 기반에 비해 이민자 사회권 보장 정도가 강한 점을 고려하면 프랑스에 비해 스웨덴과 캐나다의 이민자 사회권이 상대적으로 강하다고 할 수 있다. 하지만 여기서 유의할 점은 국가 간 유사한 모습임에도 불구하고 그 원인은 다르다는 것이다. 즉 스웨덴의 이민자 사회권은 사민주의 복지레짐에 바탕을 두고 있다면 캐나다는 선별적 이민을 지향하고 있는 이민정책과 선택적 친화력을 보이고 있다. 이상의 점을 고려할 때 세 개 외국 국가 가운데 이민정책과 사회정책 간 제도적 보완성의 성격이 강하게 나타나는 국가는 캐나다이다.

2. 이민레짐의 한국 적용 가능성

이 책은 이민레짐을 이민 신청에서부터 입국 후 경제, 사회, 정치적 포용을 거쳐 하나의 시민이 되기까지 필요한 정책 및 제도 그리고 이에 내재되어 있는 가치와 규범으로 개념 정의한 바 있다. 이에 근거하여 외국 국가와 마찬가지로 한국 역시 이 책의 분석대상국가에 포함시켜 이민정책, 통합정책 그리고 사회정책을 살펴보았다. 여기서는 분석 결과를 바탕으로 이민레짐의 한국 적용 가능성을 평가하고자 한다. 결론부터 말하자면 한국의 이민레짐은 미완성형이라는 것이다. 이민과 관련된 제 정책 혹은 제도가 레짐이 되기 위해서는 구성요소별 정체성이 뚜렷해야 된다. 하지만 한국의 구성요소별 정책은 이에 부합되지 못하는 모습을 보이고 있다.

먼저, 이민정책은 시기에 따라 노동시장정책 혹은 가족정책의 연장선상에서 실시되고 있다. 즉, 외국인 근로자 유입정책은 노동시장정책의 성격이 짙다. 엄밀한 의미에서 이민자의 대다수를 차지하고 있는 결혼이주여성은 가족주의 강화를 표방하고 있는 인구정책의 산물에 지나지 않는다. 이민자 용어 대신 체류외국인, 외국인 주민 용어가 정부의 공식 용어로 사용되고 있는 것 또한 이민정책의 정체성에 대해서 의구심을 낳게 한다. 프랑스 등 외국 국가에서 나타나는 이민정책 역시 노동시장정책과 무관하지 않은 측면이 있음은 분명하다. 하지만 중요한 차이는 한국의 외국인 근로자정책은 정주금지원칙에 바탕을 두고 있다는 점이다. 이에 따라 고용허가제를 통해 입국한 외국인 근로자는 엄밀한 의미에서 이민자가 될 수 있는 길이 원천적으로 봉쇄되어 있는 것이다.

반면 이 책에서의 외국 사례는 장기 체류 혹은 영주권제도 등을 통해 외국인 근로자의 이민신청이 보장되어 있다. 또한 캐나다 사례에서처럼 이민정책이 인구정책과 직결되어 있는 경우도 있다. 여기서 나타나는 중요한 차이는 가족이민의 실질적 가능성이다. 한국도 방문동거 체류자격을 통해 결혼이민자의 부모 등 가족에 대한 입국이 허용되어 있다. 하지만 이들 역시 일정 기간이 지나면 본국으로 돌아가야 한다. 다시 말하면 한시적 가족이민에 지나지 않는 것이다. 과연 한국의 이민정책의 정체성은 무엇인가 혹은 근본적으로 한국의 이민정책은 존재하는가에 대한 의문을 낳게 하는 대목이다.

한국의 통합정책 또한 정책 기조와 적용 대상 측면 등에서 이민정책과 유사한 모습을 보이고 있다. 정책 기조 측면에서 보면 다문화주의와 동화주의 사이에서 고민하고 있는 흔적이 역력히 나타난다. 이 책에서 지적한 바와 같이 명확한 정책 기조는 부재한 상태에서 한국의 통합정책은 단순히 다문화정책으로 보는 것이 더 적절할 것이다. 통합정책의 모호한 정체성은 정책 및 프로그램 대상의 제한성에서도 그대로 나타난다. 대부분은 국제결혼 이주여성 등 특정 집단에 초점을 두고 있다. 반면 외국인 주민의 상당수를 차지하고 있는 외국인 근로자에 대한 국가의 관심은 실질적으로 부재한 상황이다.

한편, 이민정책과 통합정책에 비해 사회정책은 외견상 나름대로의 정체성을 지니고 있는 것으로 판단된다. 근로 기반에 바탕을 두고 있는 이민자 사회권은 사회보험 적용에서 내국인과 외국인 근로자 간 법적 차이는 거의 존재하지 않는다. 하지만 유의할 점은 여기서도 정주금지의 원칙이 적용되고 있는 외국인 근로자는 연금 분야에서 실질적인 배제의 대상이다. 한편, 국민기초생활보장제도 등에서 나타나는 결혼이주여성에 대한 국가의 관심은 이민자 사회권의 적용대상 제한성을 보여주고 있다. 이를 통해 적용가능성의 차원에서 한국의 이민레짐은 두 가지 특징을 보여주고 있다.

첫째, 레짐의 구성요소별 특징을 고려할 때 엄밀한 의미에서 한국의 이민레짐은 완결된 모습을 갖추고 있지 못한 것으로 판단된다. 둘째, 제도적 보완성 혹은 부조화의 관점에서 보면 세 가지 영역 가운데 한국은 이민정책의 영향력이 지대한 것으로 판단된다. 왜냐하면 정책 기조 혹은 적용 대상 차원에서 한국의 통합정책과 사회정책은 사실상 이민정책에 의해 결정되는 모습을 띠고 있기 때문이다. 하지만 이는 어디까지나 각 구성요소의 정체성 모호를 전제로 한 것으로 차후 엄밀한 논의가 필요한 부분이다.

결국, 이민레짐의 관점에서 논의가 활성화되기 위해서는 무엇보다 구성요소별 정체성 확립이 필요하다. 예컨대 이민정책의 경우 외국인 근로자의 정주금지원칙에 대한 재고가 선행되어야 할 것이다. 이는 단순히 외국인근로자의 이민을 허용할 것인가의 관점에서만 접근해서는 안 될 것이다. 국가의 경제력 더 나아가서 지속가능성의 관점에서 논의가 진행되어야 할 것이다. 이의 연장선상에서 통합정책에 대한 전반적인 검토가 필요하다. 우선, 다문화주의, 동화주의 등 여러 정책 기조 가운데 어느 것이 한국의 미래에 적절한 것인가에 대한 논의가 선행되어야 할 것이다. 이를 바탕으로 통합정책의 적용대상을 확대하는 방안이 강구되어야 할 것이다. 이민자 사회권을 근로에 기반을 두고 있는 사회정책에 대한 법적 · 제도적 정비가 필요하다. 특히 상당수의 이민자들이 사각지대에 방치되어 있는 공공부조 그리고 사회서비스의 개선은 매우 중요하다. 이민레짐에서 관심을 보이고 있는 제도적 보완성 혹은 부조화는 지금까지 제언한 구성요소별 정체성이 확립되었을 때 비로소 논의가 진정성을 담보할 수 있을 것이다.

참고문헌

1. 국문

강성환. 2017. “제3차 외국인정책기본계획(안).” 『제3차 외국인정책 기본계획 수립을 위한 공청회』: 9-28.

강주현. 2011. “이민 이슈에 대한 정당의 전략적 대응과 이민정책의 변화: 덴마크와 스웨덴 사례 비교 분석.” 『사회과학논총』 42(2): 25-50.

강휘원. 2010. “이주와 복지국가의 조화: OECD 국가들에 대한 실증적 연구.” 『한국행정학회 학술발표논문집』 2010.10.

고용노동부. 2018. 『고용허가제』(사용주 설명서). 고용노동부.

국가인권위원회. 2012. 『국내 체류 이주민의 사회복지지원체계 개선을 위한 실태조사』. 국가인권위원회.

국민연금공단. 2019. “국민연금통계연보.” 2018년 제3호.

권경득 · 박동수. 2018. “스웨덴 다문화정책의 역사적 배경 고찰.” 『한국행정학회 학술발표논문집』 2018.06: 1339-1364.

금혜성·임지혜. 2010. “독일 · 영국 · 한국의 다문화 사회로의 이행과정 국제비교: 외국인의 정치참여를 위한 제도와 정책적 배경을 중심으로.” 『다문화사회연구』 3(2): 33-70.

김광성. 2011. “이주노동자의 권리보호를 위한 관련법제 개선방안.” 『노동법논총』 제23집: 183-217.

김민정. 2007. “프랑스 이민자정책: 공화주의적 동화정책의 성공과 실패.” 『세계지역연구논총』 25(3): 5-34.

김상호 · 강욱모 · 심창학. 2016. 『외국인 고용제도개선과 인권』(아산재단연구총서 제404집). 서울. 집문당.

김안나. 2012. 『체류외국인 등에 대한 사회복지정책 국제비교 및 향후 추진방향에 관한 연구』(2012 법무부 용역보고서). 법무부 출입국 · 외국인정책본부.

김용찬. 2001. “프랑스 외국인 정책.” 『민족연구』 제6호: 51-58.

김웅진, 김지희, 2002. 『비교사회연구방법론』. 한울 아카데미.

김원숙, 2010. “우리나라 외국인정책의 역사적 전개에 관한 소고.” 『외교안보연구원

글로벌리더십과정』. 외교안보연구원.

김원홍. 2014. 『조선족여성의 경제활동실태와 인력활용방안』. 대외경제정책연구원 · 한국여성정책연구원.

김정선. 2011. "시민권없는 복지정책으로서 '한국식' 다문화주의에 대한 비판적 고찰." 『경제와 사회』 통권 제92호: 211-246.

김정순. 2009. 『외국인 이주민의 사회통합 법제 연구』 한국법제연구원.

김중관. 2014. "MIPEX 지수에 의한 다문화사회통합정책의 비교분석." 『한국중동학회논총』 34(1): 1-20.

김진수. 2011. "캐나다 연방의 공용어." 『Asian Journal of Canadian Studies』 17(2): 95-116.

김진영. 2015. "프랑스 국적법 개정을 통해 본 프랑스 공화주의 이념의 적용." 『Homo Migrants』 12: 47-74.

김철효. 2020. "외국인 '비합법' 노동시장에 대한 이론적 검토." 『월간 노동리뷰』 통권 제181호: 7-29.

노대명. 2017. "프랑스 사회보장제도의 최근 개편 동향: 마크롱 정부의 대선 공약을 중심으로." 『국제사회보장리뷰』 Vol. 1: 41-57.

노대명 외. 2018. 『프랑스의 사회보장제도』. 한국보건사회연구원 · 나남.

문준조. 2007. 『주요 국가의 외국인이주노동자의 지위와 규제에 관한 연구』. 한국법제연구원.

문진영. 2009. "빈곤레짐에 관한 비교연구." 정무권 편, 『한국복지국가 성격 논쟁 II』. 인간과 복지: 643-679.

박단. 2007. "프랑스의 이민자정책과 공화국 통합 모델." 『이화사학연구』 35집: 29-58.

박선희. 2010. "프랑스 이민정책과 사르코지(2002-2008년)." 『국제정치논총』 50(2): 193-211.

박영순. 2007. 『다문화사회의 언어문화 교육론』. 한국문화사.

박재영. 2009. 『국제정치 패러다임』. 법문사.

박종대 · 박지해. 2014. "한국다문화정책의 분석과 발전방안연구." 『문화정책논총』 28(1): 35-63.

박진경. 2012. 『다문화사회에 대비한 규제정비방안: 이주노동자 처우를 중심으로』. 한국행정연구원.

박진경 · 임동진. 2012. "다문화주의와 사회통합: 캐나다와 호주를 중심으로." 『한국정책학회보』 21(2): 123-150.

백석인. 2008. "스웨덴의 이민자 복지와 사회통합정책에 관한 연구 및 한국사회에 주는 시사점."『스칸디나비아 연구』 9호: 35-68.
법무부. 『2005년도 출입국관리통계연보』. 법무부.
법무부 출입국·외국인 정책본부.
2014, 『2013 출입국·외국인정책 통계연보』. 법무부.
2019. 『2018 출입국·외국인정책 통계연보』. 법무부.
변광수. 2010. "스웨덴의 이민정책과 이민2세의 모국어교육 제도."『언어와 문화』 6(2): 1-22.
설동훈. 2008. "한국의 외국인 노동자 인권: 한국·독일·일본 사회 이주노동자의 시민권 비교 분석."『사회적 소수자의 인권 현황과 과제』(경상대 개교 60주년 기념 국제학술대회 자료집). 106 페이지 이하.
______. 2016. "이민정책 이론." 이혜경 외. 『이민정책론』. 박영사: 77-111.
설동훈·이병하. 2013. "다문화주의에서 시민통합으로: 네덜란드의 이민자 통합정책."『한국정치외교사논총』 35(1): 207-238.
소라미 외. 2012. 『이주민의 사회적 권리보장과 체류자격 개선방안 모색을 위한 연구』. 공익변호사 그룹 공감.
손혜경. 2010. "스웨덴의 새로운 이주노동자 정책."『국제노동브리프』 10월: 75-85.
송지원. 2015. "스웨덴 정부와 주요 정당들이 발표한 난민 위기 대책."『국제노동브리프』 12월: 32-39.
심창학. 2004. "동아시아 복지 모델의 유형화 가능성 탐색: 담론과 실증분석을 중심으로."『사회복지정책』 18: 55-81.
______. 2007. "프랑스 사회적 미니멈(Minima sociaux)의 구조 및 급여 체계: 유럽 공공 부조제도의 한 연구."『한국사회복지학』 59(3): 75-98.
______. 2012. "프랑스 사회복지정책의 전개과정과 특징: 국가 역할의 변화와 신사회위험에 대한 대응을 중심으로."『민족연구』 51: 76-102.
______. 2014. 『사회보호 활성화 레짐과 복지국가의 재편』. 도서출판 오름.
______. 2016. "캐나다 고용보험제도와 이민자의 사회권: 지역적 차등을 중심으로."『시민사회와 NGO』 14(2): 3-44.
______. 2020. "이민자정책 패러다임의 수렴에 관한 탐색적 연구. 스웨덴, 프랑스, 캐나다를 중심으로." 사회정책연구회 엮음. 『복지국가쟁점 2. 사회보장분야별 과제』. 한울 아카데미: 162-200.
심창학 외. 2015. 『각국 공공부조제도 비교연구』. 한국보건사회연구원.
신은주. 2012. "이주민의 사회권보장에 관한 연구."『한국정책연구』 12(4): 305-322.
신정완. 2013. "스웨덴 거주 이주민의 노동시장 통합 부진 요인과 해결방안."『산업노동연구』19(1): 216-293.

______. 2014. “스웨덴 거주 이주민의 사회적 배제의 실태와 원인.” 『산업노동연구』 20(2): 277-315.

안상훈. 2005. “생산과 복지의 제도적 상보성에 관한 비교연구: 선진자본국가를 중심으로.” 『한국사회복지학』 57(2): 205-230.

안재흥. 2013. 『복지자본주의 정치경제의 형성과 재편. 서유럽 강소 · 복지 5개국의 경험과 한국의 쟁점』. 후마니타스.

양승일. 2010. “복지레짐(welfare regime)의 진화론적 비교분석: 노인장기요양보험제도 전후의 노인요양서비스정책을 중심으로.” 『공공행정연구』 11(2): 225-244.

여유진 외. 2016. 『한국형 복지모형 구축 -복지레짐 비교를 통한 한국복지국가의 현 좌표』. 한국보건사회연구원.

오정은. 2014. 『대한민국 귀화적격심사 제도 개선 방안 연구: 혼인귀화적격심사를 중심으로』(IOM 이민정책연구원 연구보고서). IOM 이민정책연구원.

______. 2015. “프랑스의 미성년 이민자정책현황과 전망.” 『통합유럽연구』 6(2); 31-59.

오정은 외. 2011. 『대한민국 이민정책 프로파일』(IOM 이민정책연구원 연구보고서). IOM 이민정책연구원.

오현수. 2012. “‘다면적 관점’에서의 다문화사회 이해: 이주민의 사회적 참여를 중심으로.” 『한국사회학회 사회학대회논문집』 2012.12: 185-199.

유길상 외, 2008. 『전문 외국인력 비자제도 개선방안에 관한 연구』. 법무부 · 한국이민학회.

유숙란. 2011. “이주자 통합정책유형과 통합정책 전환에 대한 분석: 스웨덴과 네덜란드 사례를 중심으로.” 『국제 · 지역연구』 20(2): 65-96.

윤인진. 2008. “한국적 다문화주의의 전개와 특성: 국가와 시민사회의 관계를 중심으로.” 『한국사회학』 42(20: 72-103.

은민수. 2014. “캐나다 정당 간 경쟁구조와 비난회피의 정치: 기초연금제도(OAS) 개혁과정을 중심으로.” 『한국사회정책』 21(2): 151-182.

이경희. 2012. “한국의 결혼이주여성 지원정책에 관한 연구.” 『한국동북아논총』 65: 295-318.

이광원, 권경득. 2018. “한국의 다문화 정책의 성과과 향후과제.” 『한국행정학회 학술발표논문집』: 2599-2622.

이규용. 2014. “고용허가제 10주년 성과 및 향후 정책과제.” 『고용허가제 10주년 세미나 발표 자료』: 1-43.

이규용 외. 2011. 『외국인력 노동시장 분석』. 노동연구원.

이병렬·김희자. 2011. “한국이주정책의 성격과 전망.”『경제와 사회』 제90호: 320-362.

이병하. 2011. “한국 이민관련 정책의 입법과정에 관한 연구.”『의정연구』 17(1): 71-104.

이성순. 2010. “이민자 사회통합정책의 현황과 과제. 사회통합프로그램을 중심으로.”『사회과학연구』 21(4): 165-178.

이영범, 남승연. 2011. “다문화주의 유형화에 관한 연구 -MIPEX를 기준으로 한 실증분석.”『한국정책학회보』 20(2): 143-174.

이인원. 2013. “다문화정책 수립과 시행에서의 지방정부의 바람직한 역할: 캐나다 다문화정책의 사례를 중심으로.“『사회과학연구』 39(1); 97-123.

이주하. 2010. “민주주의의 다양성과 공공성: 레짐이론을 중심으로.”『행정논총』 48(2): 145-168.

이철우 외. 2018.『「국적법」에 대한 사후적 입법평가』. 한국법제연구원.

이현주. 2016. “스웨덴 공공부조제도의 현황과 이슈.”『보건복지포럼』 2016.06: 99-111.

이현주 외. 2018.『스웨덴의 사회보장제도』. 한국보건사회연구원·나남.

이혜경. 2010. “한국이민정책사.”『IMO이민정책연구원 Working Paper』 No. 2010-7: 1-22.

이혜경 외. 2016.『이민정책론』. 박영사.

임형백. 2009. “한국과 서구의 다문화 사회의 차이와 정책 비교.”『다문화사회연구』 2(1): 161-185.

장니나. 2010. “프랑스 이민정책에 따른 이민자 언어-문화 교육 상황과 정책에 관한 고찰.”『지중해지역연구』 제12권 제2호: 95-114.

장석인 외. 2013. “서유럽 국가의 다문화사회와 사회통합정책에 관한 연구: 영국·프랑스·독일·스웨덴.”『경영컨설팅 리뷰』 4(2): 69-88.

장임숙. 2011. “이주민소수자 정책의 정향과 정체성: 이주노동자와 결혼이주여성에 관한 정책을 중심으로.”『한국행정논집』 23(1): 145-167.

정기선. 2012. “체류외국인의 증가.” 통계청.『한국의 사회동향 2012』: 57-65.

정무권 편. 2009.『한국복지국가성격논쟁 II』. 인간과 복지.

정영태. 2017. “이민자 사회통합.”『제3차 외국인정책 기본계획 수립을 위한 공청회』: 73-90.

정현미 외. 2014.『결혼중개업 법·제도에 대한 사회통합적 개선방안 연구』. 여성가족부.

조영훈. 2010. “캐나다 복지국가의 위기와 축소.”『법정리뷰』27(1): 185-210.

_____. 2011. 『캐나다 복지국가 연구』. 집문당.
최혜지. 2017. “결혼이주여성의 인권: 결혼과 이주의 불편한 동거.” 『복지동향』 (https://www.peoplepower21.org/Welfare/1539582)
통계청. 각년도. “경제활동인구조사 근로형태별 부가조사결과.” 통계청.
통계청 · 법무부. 각년도. “이민자 체류실태 및 고용조사결과.” 통계청.
. 2019. “2019년 이민자 체류실태 및 고용조사 결과.”(보도자료): 1- 129.
하갑래. 2011. “외국인고용허가제의 변천과 과제.” 『노동법논총』 22,
한국보건사회연구원, 2011. “외국의 이민정책 현황과 시사점.” 보건 · 복지 Issue & Focus 제110호: 1-8.
한승준. 2008. “프랑스 동화주의 다문화정책의 위기와 재편에 관한 연구.” 『한국행정학보』42(3): 463-486.

2. 외국어 문헌

Aldén, L. and Hammarstedt, M.. 2014. “Integration of Immigrants on the Swedish labour market - recent trends and explanations.” *Linnaeus University Centre for Labour Market and Discrimination Studies at Linnaeus University* 9: 1-20.
Amable, B.. 2003. *The diversity of capitalism*. Oxford Univ. Press.
Andersson, Roger. 2007. “Ethnic Residential Segregation and Integration Process in Sweden.” In Karen Schönwälder(ed.). *Residential Segrega -tion and the Integration of Immigrants: Britain, the Netherlands and Sweden, Discussion Paper Nr.* SP IV 2007-602, Wissenschatszentrum Berlin für Sozialforchung gGmbH.
Baldwin-Edwards and Schain, M. A.. 1994. *The politics of immigration in western europe*. London and New York. Routedge.
Banting, K. G.. 1998. “The multicultural welfare state. Social Policy and the Politics of Ethno-linguistic diversity.” *Paper presented to the conference on Labour Market Institutions and Labour Market Outcomes. Canadian International Labour Network*. September 27/28. Burlington Ontario: 1-49.
_____. 2006. “Immigration, multiculturalism and the welfare state. master

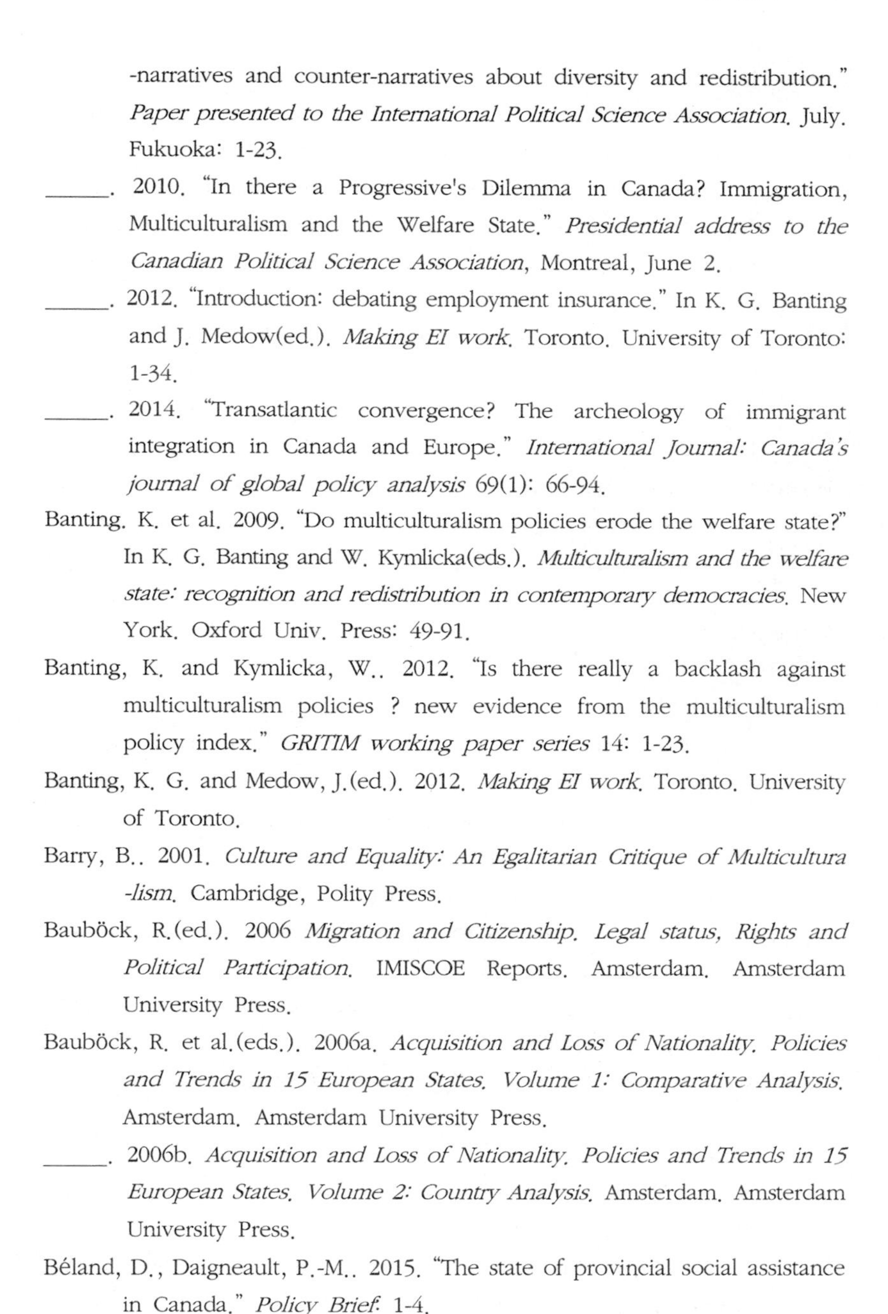

-narratives and counter-narratives about diversity and redistribution." *Paper presented to the International Political Science Association*. July. Fukuoka: 1-23.

______. 2010. "In there a Progressive's Dilemma in Canada? Immigration, Multiculturalism and the Welfare State." *Presidential address to the Canadian Political Science Association*, Montreal, June 2.

______. 2012. "Introduction: debating employment insurance." In K. G. Banting and J. Medow(ed.). *Making EI work*. Toronto. University of Toronto: 1-34.

______. 2014. "Transatlantic convergence? The archeology of immigrant integration in Canada and Europe." *International Journal: Canada's journal of global policy analysis* 69(1): 66-94.

Banting. K. et al. 2009. "Do multiculturalism policies erode the welfare state?" In K. G. Banting and W. Kymlicka(eds.). *Multiculturalism and the welfare state: recognition and redistribution in contemporary democracies*. New York. Oxford Univ. Press: 49-91.

Banting, K. and Kymlicka, W.. 2012. "Is there really a backlash against multiculturalism policies ? new evidence from the multiculturalism policy index." *GRITIM working paper series* 14: 1-23.

Banting, K. G. and Medow, J.(ed.). 2012. *Making EI work*. Toronto. University of Toronto.

Barry, B.. 2001. *Culture and Equality: An Egalitarian Critique of Multicultura -lism*. Cambridge, Polity Press.

Bauböck, R.(ed.). 2006 *Migration and Citizenship. Legal status, Rights and Political Participation*. IMISCOE Reports. Amsterdam. Amsterdam University Press.

Bauböck, R. et al.(eds.). 2006a. *Acquisition and Loss of Nationality. Policies and Trends in 15 European States. Volume 1: Comparative Analysis*. Amsterdam. Amsterdam University Press.

______. 2006b. *Acquisition and Loss of Nationality. Policies and Trends in 15 European States. Volume 2: Country Analysis*. Amsterdam. Amsterdam University Press.

Béland, D., Daigneault, P.-M.. 2015. "The state of provincial social assistance in Canada." *Policy Brief*: 1-4.

Benito, M.. 2010. *Labour migration and the systems of social protection. Country report Sweden.* https://aa.ecn.cz/img_upload/6334c0c7298d6b396d213ccd19be5999/MBenito_Country_report_Sweden.pdf

Bernitz, H. L. and Bernitz, H.. 2006. "Sweden". In R. Bauböck et al.(eds.). *Acquisition and Loss of Nationality. Policies and Trends in 15 European States. Volume 2: Country Analysis.* Amsterdam. Amsterdam University Press.

Biles, J. et al.(eds.). 2011. *Integration and Inclusion of Newcomers and Minorities across Canada.* McGill-Queen's University Press.

Blanc-Chaléard, M.-C.. 2008. "Unité et diversité: La France, un pays d'immigration ancienne." *Cahiers français* 352: 10-16.

Bloemraad, I.. 2012. "Understanding Canadian Exceptionalism" in *Immigration and Pluralism Policy.* Washington, DC: Migration Policy Institute.

Boucher, A. and Gest, J.. 2015. "Migration studies at a crossroads: A critique of immigration regime typologies." *Migration studies* 3(2): 182-198.

Bouvier, G. and Coirier, E.. 2016. "Les acquisitions de la nationalité française de 1945 à nos jours." *Infos migrations* No. 84: 1-4

Boychuk, G. W.. 1998. *Patchworks of Purpose: The development of Provincial Social Assistance Regimes in Canada.* McGill-Queen's Press-MQUP.

Brochmann, G.. 2014. "Scandinavia". In J. F. Hollifield, Ph. L. Martin and P. M. Orrenius(eds.). *Controlling Immigration: A global perspective. third edition.* Stanford. Stanford Univ. Press: 281-301.

Brochmann, G. and Hagellund, A.. 2011. "Migrants in the Scandinavian welfare state. The emergence of s social policy problem." *Nordic journal of migration research* 1(1): 13-24.

______. 2012. *Immigration policy and the Scandinavian welfare state 1945-2010.* NY. Palgrave Macmillan.

BSIF(Bureau du surintendant des institutions financières Canada). 2014. *Rapport actuariel sur le programme de la Sécurité de la Vieillesse.* Canada.

Castles, S.. 1995. "How nation-states respond to immigration and ethnic diversity." *Journal of Ethnic and Migration Studies* 21(3): 293-308.

Castles, S. and Miller, M.J. 1993, 1998, 2003, 2009. *The age of migration: international population movements in the modern world.* New York,

Guilford.

Castles, S., Haas, H. de., and Miller, M.J. 2014. *The age of migration: international population movements in the modern world.* New York, Guilford.

CIC(Citizenship and Immigration Canada). 2010. *Evaluation of the Language Instruction for Newcomers to Canada(LINC) Program.* Evaluation Division.

______. 2011. *Evaluation of the Immigrant settlement and adaptation program(ISAP).* Evaluation Division.

______. 2012. *Evaluation of the Multiculturalism Program.* Evaluation Division.

Collectif des luttins. 2004. *Histoire de l'immigration en France.* Luttins.

Crossman, E.. 2013. *Low-income and immigration: an overview and future directions for research.* Citizenship and Immigration Canada.

Daguet, F. et Thave S.. 1996. "La population immigrée, Le résultat d'une longue histoire". *Insee première* No. 458: 1-4.

Dahlström, Carl. 2006. "The Rhetoric and Practice of Institutional Reform: Modern Immigrant Policy in Sweden". *paper prepared for presentation at the biannual meeting of the Council for European Studies* March 29-April 2.

Dean, H.. 2012. "The ethics of migrant welfare." *Ethics and social welfare* 5(1): 18-35.

Dewing, M.. 2009(2013), *Canadian multiculturalism*(Backgrounded paper): 10-14.

Direction de la population et des migrations, 1999. "Un peu d'histoire." http://www.vie-publique.fr/documents-vp/nationalite_histoire.pdf

Direction de l'Information légale et administrative(DILA). 2012. *Les chiffres de la politique de l'immigration et de l'intégration -Année 2011-*. La documentation Française.

Directors of Income Support. 2016. *Social Assistance,. Statistical Report: 2009-2013.* Her Majesty the Queen in Right of Canada.

Département des statistiques, des études et de la documentation(DSED). 2013. *Atlas national des populations immigrés PRIPI 2010-2012.* Paris. Ministère de l'Intérieur…

DSS(Direction de la Sécurité sociale). 2013. *Le cahier de DAPHINE. Données relatives aux Aides et Prestations liées à l'Habitat, au Handicap, à la Naissance et à 'Education de l'enfant.* Ministères de l'Économie et des Finances · Ministères des affaires sociales et de la santé.

Echenberg, H. and Elgersma, S.. 2016. "Diversity in Canada: Evolving patterns in immigration.(https://hillnotes.ca/2016/04/05/diversity-in-canada-evolving-patterns- in-immigration/)

Ersalnilli, E. and Koopmans, R.. 2010. "Rewarding Integration ? Citizenship Regulations and the Socio-Cultural Integration of Immigrants in the Netherlands, France and Germany". *Journal of Ethnic and Migration Studies* 36(5): 773-791.

Escafré-Dublet, A. 2014. *Mainstreaming immigrant integration policy in France: Education, Employment and Social cohesion Initiative.* Brussels. Migration Policy Institute Europe.

Esping-Andersen, G.. 1990. *The Three Worlds of Welfare Capitalism.* Cambridge, Polity Press

______. 1999. *Social Foundations of Postindustrial Economies.* N.Y. Oxford University Press.

Evans, B., Shields , J.. 2014. "Nonprofit engagement with provincial policy officials: The case of NGO policy voice in Canadian immigrant settlement services." *Policy and Society* 33: 117-127.

Fourot, A.-C.. 2013. *L'intégration des immigrants. cinquante ans d'action publique locale.* Montréral. Les Presses de l'Univ. de Montréal.

Freeman, G. P.. 1986. "Migration and the Political Economy of the Welfare State." *Annals of the American Academy of Political and Social Science* 485: 51-63.

______. 2004. "Immigrant incorporation in western democracies." *International migration review* 38(3): 945-969.

Garcea, J. and Hibbert, N. 2011, "Policy frameworks for managing diversity in Canada: Taking stock for taking action", In Biles, J. et al.(eds.). *Integration and Inclusion of Newcomers and Minorities across Canada.* McGill-Queen' s University Press: 17-44.

Geddes, A.. 2003. "Migration and the welfare state in Europe." *The political quarterly* 74(1): 150-162.

George, U.. 2012. "Immigration and Refugee Policy in Canada: Past, Present, and Future". In A. Westhues and B. Wharf(eds.). *Canadian Social Policy: Issues and Perspectives*. Wilfrid Lauier Univ. Press.

Gilmore, J.. 2009. "Les immigrants sur le marché du travail canadien en 2008: analyse de la qualité de l'emploi." *Document de recherche* No 71-606-X: 1-24.

Ginneken, W. V. 2013. "Social protection for migrant workers: national and international policy challenges." *European Journal of Social Security* 15(2): 209-223.

Goodman, S. W.. 2010. "Integration Requirements for Integration's Sake ? Identifying, Categorising and Comparing Civic Integration Policies." *Journal of Ethnic and Migration Studies* 36(5): 753-772.

Goodman, S. W. and Wright, M.. 2015. " Does mandatory integration matter? Effects of civic requirements on immigrant socio-economic and political outcomes." *Journal of Ethnic and Migration Studies* 41(12): 1885-1908.

Goodhart, D.. 2004. "Too diverse?." *Prospect Magazine*. February 20.

Grangier, J., Isel, A.. 2014. "Situation sur le marché du travail et accès à l'emploi des bénéfiaires du RSA et de l'ASS." *Dares Analyses* N. 069: 1-9.

Grubel, H.. 2013. *Canada's Immigrant Selection Policies: Recent Record, Marginal Changes and Needed Reforms*. Fraser Institute.

Gustafsson, B. A.. 2013. "Social assistance among immigrants and natives in Sweden." *International Journal of Manpower* 34(2): 126-141.

Hagelund, A. and Brochmann, G., 2010. "From rights to duties ? welfare and citizenships for immigration and refugees in Scandinavia." In Baert, P. et al(eds.). *Conflict, Citizenship and Civil Society*. London and New York. Routledge: 141-160.

Hansen, R. A.. 2008. *A New Citizenship Bargain for the Age of Mobility ? Citizenship Requirements in Europe and North America*. MPI.

Haut Conseil à L'Intégration(HCI). 2011. *La France sait-elle encore intégrer les immigrés?, Les élus de l'immigration dans les conseils régionaux (2004-2010)*. Paris. La documentation Française.

Hemerijck, A.C. et al.. 2013."Changing European welfare states and the evolution of migrant incorporation regimes." *IMPACIM*: 1-57.

Hick, S.. 2014. *Social welfare in Canada, Understanding income security*.

Toronto. Thompson educational.

Hoeppner, C.. 2010. *Federal Poverty Reduction Plan; Working in Partnership Towards Reducing Poverty in Canada. Report of the standing committee on human resources, skills and social development and the status of persons with disabilities.* House of Commons. Canada.

Hollifield, J. F.. 1997. *L'immigration et l'état-nation à la recherche d'un modèle national.* Paris. L'Harmattan.

______. 2000. "Immigration and the politics of rights". In M. Bommes and A. Geddes(eds.). *Immigration and welfare. Changing the borders of the welfare state.* London and New York. Routledge: 108-131.

______. 2014. "Immigration and the republican tradition in France". In J. F. Hollifield(eds.). *Controlling Immigration: a global perspective.* Stanford, Stanford University Press: 157-185.

Howard, M. M.. 2006. "Comparative Citizenship: An agenda for cross-national research". *Perspectives on Politics* 4(3): 443-455.

Hyman, H. et al. 2011. "The role of multiculturalism policy in addressing social inclusion processes in Canada." *Working paper series* 2011(3): 1-33. http://www.ryerson.ca/cvss/working_papers

Insee. 2005. *Les immigrés en France.* Paris, Insee.

______. 2006. *Insee Aquitaine -Le dossier-Les populations immigrées en Aquitaine.* Insee.

______. 2012. *Immigrés et descendants d'immigrés en France(Annexes) -Insee References-.* Paris. Insee.

______. 2016. "La localisation géographique des immigrés". *Insee Première* No. 1591: 1-4.

Insee référence. 2017. *Tableaux de l'économie française.* Insee.

______. 2018. *Tableaux de l'économie française.* Insee.

IRCC(Immigration, Refugees and Citizenship Canada). 2017. *Evaluation of the Settlement Program.* Evaluation Division.

Jenson, J.. 1997. "Failed to Live in Interesting Times: Canada's Changing Citizenship Regimes." *Canadian Journal of Political Science* XXX(4): 627-644.

Joppke, Ch.. 2007. "Beyond National Models: Civic Integration Policies for Immigrants in Western Europe." *West European Politics* 30(1): 1-22.

______. 2008. "Immigration and the identity of citizenship:the paradox of universalism". *Citizenship Studies* 12(6): 533-546.

Kallen, E.. 2004. "Multiculturalism: Ideology, Policy and Reality." In E. Cameron(ed.). *Multiculturalism and Immigration in Canada: An Introductory Reader.* Canadian Scholar's Press: 75-96.

Kelder, R. M.. 2016. "South Korea's multiculturalism". https://openaccess.leidenuniv.nl/bitstream/handle/1887/42204/Thesis%20Complete.pdf?sequence=1.

Koning, E. A.. 2013. "Selective solidarity, The politics of immigrants' social rights in western welfare states." *a thesis submitted to the graduate program in political studies.* Queen's University.

Koopmans, R.. 2010. "Trade-Offs between Equality and Difference: Immigrants Integration, Multiculturalism and the Welfare State in Cross National Perspective." *Journal of Ethnic and Migration Studies* 36(1): 1-26.

______. 2013. "Multiculturalism and Immigration: a contested field in cross-national comparison." *Annual review of sociology* 39: 147-169.

Koopmans, R. and Michalowski, I.. 2017. " Why do States Extend Rights to Immigrants ? Institutional Settings and Historical Legacies Across 44 Countries Worldwide." *Comparative Political Studies* 50(1): 41-74.

Koopmans, R., Michalowski, I. and Waibel, S.. 2012. "Citizenship Rights for Immigrants: National Political Processes and Cross National Convergence in Western Europe, 1980-2008." *American Journal of Sociology* 117(4): 1202-1245.

Koopmans, R. and Statham, P.(eds.). 2000. *Changing Immigration and Ethnic Relations Politics. Comparative European Perspectives.* N.Y.. Oxford University Press.

Kymlicka, W.. 2012. *Multiculturalism: Success, Failure, and the Future.* Washington, DC: Migration Policy Institute.

La Halde. 2009. "La Halde recommande l'abandon de la condition de nationalité pour l'accès à de nombreuses professions". (http://www.ldh-toulon.net/spip.php?page=imprimer&id_article=3243)

Lammam, Ch., Maclntyre, H.. 2016. *An Introduction to the state of poverty in Canada.* Fraser Institute.

Li, P. S. 2003. "Deconstructing Canada's discourse of immigrant integration."

PCREII Working Paper Series No. WP 04-03: 1-16.

Lombardo, Ph., Pujol, J.. 2010. "Niveau de vie et pauvreté des immigrés en 2007." *Les revenus et la patrimoine des ménages.* Insee.

Lynch, J. P. and Simon, R. J.. 2003. *Immigration the world over. Statues, Policies, and Practices.* Lanbam, Rowman & Littlefield Publishers, INC..

Malenfant, E. C. et al.. 2010. "Projections of the diversity of the Canadian Population, 2006 to 2031." No. 91-551-X. Statistics Canada.

Martiniello, M. & Rath, J.(eds.). 2010. *Selected studies in international migration and immigrant incorporation.* IMISCOE Textbooks. Amsterdam. Amsterdam Univ. Press.

Maytree. 2019. *Social Assistance Summaries 2018.* Canada. Caledon. Institute of Social Policy.

Miller, D.. 1995. *On Nationality.* Oxford University Press.

Ministère de l'Intérieur, de l'Outre-Mer, des Collectivités et de l'Immigration, 2010. *Atlas national des populations immigrée, PRIPI 2010-2012.* Paris.

Money, J.. 2010."Comparative Immigration Policy". (http://www.isacompss.com/info/samples/comparativeimmigration policy_sample.pdf).

Morrisen, A. and Sainsbury, D.. 2005. "Migrants' social rights, ethnicity and welfare regimes." *Int. Soc. pol.* 34(4): 637-660.

Ministry of Integration and Gender Equality, 2010. "New policy for the introduction of newly arrived immigrants in Sweden." *fact sheet* December; 1-4.

OCDE. 2010. *Perspectives des migrations internationales.* Paris. OCDE.

______. 2011. *La naturalisation: un passeport pour une meilleure intégration des immigrés?.* Editions OCDE.

OECD.. 2007. *Jobs for Immigrants. Vol. 1: Labour Market Integration in Australia, Denmark, Germany and Sweden.* Paris. OECD Publishing.

______. 2014. *Finding the way: a discussion of the swedish migrant integration system.* International Migration Division.

______. 2015. *Indicators of Immigrant Integration 2015;* Settling In. Paris, OECD.

______. 2017. *International Migration Outlook 2017.* OECD Publishing.

______. 2018. *Settling In 2018. Main Indicators of Immigration Integration.*

European Commission, OECD..
http://www.oecd.org/migration/indicators-of-immigrant-integration-2018-9789264307216-en.htm.

OFII.. 2019. *Rapport d'acitivité 2018*. Paris. OFII.

Pan Ké son, J.-L.. 2013. *Quarante ans de ségrégation… et d'incorporation des immigrés en France, 1968-2007*. Rapport commandité par le PUCA et l'ACSé.

Paquet, M.. 2013. "Les provinces et la fédéralisation de l'immigration au Canada, 1990-2010." *Thèse présentée à la faculté des arts et des sciences en vue de l'obtention du grade de doctorat en science politique*. Université de Montréal.

______. 2014. "The Federalization of Immigration and Integration in Canada." *Canadian Journal of Political Science / Revue canadienne de science politique* 47(3): 519-548.

Park, Young-bum. 2017. "South Korea Carefully Tests the Waters on Immigration, With a Focus on Temporary Workers."
http://www.migrationpolicy.org/article/south-korea-carefully-tests-waters-immigration-focus-temporary-workers

Penninx, Rinus. 2005. "Integration of Migrants: Economic, Social, Cultural and Political Dimensions." In Miroslav Macura, Alphonse L. MacDonald and Werner Haug(ed.), *The New Demographic Regime: Population Challenge and Policy Responses*, Ch. 8. United Nations Publication.

Perrin-Haynes, J.. 2008. "L'activité des immigrés en 2007". *Insee première* No. 1212; 1-4.

Picot, G. and Lu, Y. 2017. "Chronic Low Income Among Immigrants in Canada and its Communities." *Analytical Studies Branch Research Paper Series* No. 397: 1-43.

Reichel, D..2012. "Regulating political incorporation of immigrants – naturalisation rates in Europe." *ICMPD working paper* No. 4: 1-26.

Reitz, J. G.. "Multiculturalism policies and popular multiculturalism in the development of Canadian immigration."
http://munkschool.utoronto.ca/ethnicstudies/files/2013/09/Reitz-Multiculturalism-Policies-and-Popular-Multiculturalism-September-20131.pdf

______. 2012. "The Meaning of Canadian Immigration Experience for Europe."

http://munkschool.utoronto.ca/wp-content/uploads/2012/07/Reitz_MeaningOfCanadianImmigration_2012.pdf

_____. 2014. "Canada." In J. F. Hollifield, Ph. L. Martin and P. M. Orrenius (eds.). *Controlling Immigration: A global perspective. third edition.* Stanford. Stanford Univ. Press: 88-127.

Sainsbury, D.. 2006. "Immigrants' social rights in comparative perspective: welfare regimes, forms of immigration and immigration policy regimes." *Journal of European Social Policy* 16(3): 229-44.

Sainsbury, D. and Morissens, A.. 2012. "Immigrants' social rights across welfare state." In D. Sainsbury(ed.). *Welfare states and immigrant rights: the politics of inclusion and exclusion.* Oxford University Press: 113-134.

Sainsbury, D.(ed.). 2012. *Welfare states and immigrant rights: the politics of inclusion and exclusion.* Oxford University Press.

Secrétariat général du comité interministériel de contrôle de l'immigation. 2011. *Les orientations de la politique de l'immigration et de l'intégration.* Paris. Direction de l'information légale et administrative.

Seidle, F. L.. 2013. "Canada's Provincial Nominee Immigration Programs." *IRPP Study* No. 43: 1-28.

SlideShare. 2015. Droits sociaux des immigrés en France".
(https://pt.slideshare.net/EESCsocsection/ms-hauser-phlizon)

Soininen, M.. 1999. "The 'Swedish model' as an institutional framework for immigrant membership rights". *Journal of Ethnic and Migration Studies* 25(4): 685-702.

Soininen, M.. 2011. "Ethnic inclusion of exclusion in representation ? Local candidate selection in Sweden." In K. Bird, Th. Saalfed and A. M. Wüst(eds). *The Political Representation of Immigrants and Minorities. Voters, parties and parliament in liberal democracies.* London and New York. Routledge: 145-163.

Soysal, Y. N.. 1994. *Limits of Citizenships: Migrants and Postnational Membership in Europe.* Chicago. University of Chicago Press.

Statistique Canada(SC), 2013. "L'obtention de la citoyenneté canadienne." *ENM en bref* No 99-010-X2011003: 1-6.

_____. 2016. *150 years of immigration in Canada.* Ministry of Industry.

Straubhaar, Th.. 1992. "Allocational and distributional aspects of future immigration to western europe". *The International Migration Review* 26(2): 462-483.

Tolley, E.. 2016. *Multiculturalism Policy Index: Immigrant Minority Policies.* School of Policy Studies of Policy Studies, Queen's University.

Tolley, E. and Young, R.. 2011. *Immigrant settlement policy in Canadian municipalities.* Montreal & Kingston. McGill-Queen's Univ. Press.

Tsatsoglou, E.. 2001. "Réévaluation de l'immigration et des identités: synthèse et orientation future de la recherche." (http://www.metropolis.net/)

Thave S., 2000. "L'emploi des immigrés en 1999." *Insee première* No. 717: 1-4.

Unafo. 2016. *La protection sociale des étrangers en France.* Unafo et ODTI.

Wadensjö, E.. 2014. "Sweden and Scandinavia". In J. F. Hollifield, Ph. L. Martin and P. M. Orrenius(eds.). *Controlling Immigration: A global perspective. third edition.* Stanford. Stanford Univ. Press: 302-306.

Waldrauch, H. and Hofinger, Ch.. 1997. "An index to measure the legal obstacles to the integration of migrants." *Journal of ethnic and migration studies* 23(2): 271-285.

Westin, Ch.. 2006. *Sweden: Restrictive Immigration Policy and Multicultura -lism.* MPI. (https://www.migrationpolicy.org/article/sweden-restrictive-immigration -policy-and-multiculturalism)

Wiesbrock, A.. 2011. "The integration of immigrants in Sweden: a model for European Union." *International Migration* 49(4): 48-66.

Wright, M. and Bloemraad, I. 2012. "Is there a trade-off between multicultura -lism and socio-political integration? policy regimes and immigrant incorporation in comprarative perspective." *Perspectives on Politics* 10(1): 77-95.

Yoon, I. and Cho, S.. 2014. "Immigration Integration and Multiculturalism Policy of South Korea" *Paper presented at the annual meeting of the American Sociological Association Annual Meeting*, Hilton San Francisco Union Square and Parc 55 Wyndham San Francisco, San Francisco. http://citation.allacademic.com/meta/p722051_index.html

3. 기타

1) 국제기구

http://www.mipex.eu/

SSPTW. 2015. Social security programs throughout the world. ISSA.

2) 스웨덴

Sweden and migration(https://sweden.se/migration/)

3) 프랑스 법전

Code de l'entrée et du séjour des étrangers et du droit d'asile

Code du travail

http://travail-emploi.gouv.fr/(프랑스 노동 및 고용행정부처)

http://vosdroits.service-public.fr/(프랑스 공공행정서비스)

http://www.inegalites.fr(프랑스 불평등 감시 단체)

http://www.halde.fr/(반차별 및 평등 추구 고등 당국)

4) 캐나다

SSPTW. 2017. Canada.
(https://www.ssa.gov/policy/docs/progdesc/ssptw/2016-2017/americas/canada.pdf)

5) 한국

출입국 관리법

결혼중개업의 관리에 관한 법률

해외이주법

외국인 근로자의 고용 등에 관한 법률

재한외국인 처우 기본법

국적법

법무무 출입국 · 외국인 정책본부 외국인 정책과. 2017. 『제3차 외국인정책 기본계획 수립을 위한 공청회』.

사회통합정보망(https://www.socinet.go.kr/soci/main/main.jsp?MENU_TYPE=S_TOP_SY)

찾아보기

[ㄴ]

[ㄹ]

[ㅁ]

[ㅂ]

[ㅅ]

[ㅇ]

[ㅈ]

[ㅊ]

[ㅋ]

[ㅌ]

[ㅍ]

[ㅎ]

저자 소개

• **심창학** (SHIM Chang Hack, chshim@gnu.ac.kr)

파리4대학(Université de Paris-Sorbonne)에서 "프랑스 사회보장제도 입법과정(1944-1949): 보편주의와 통합주의의 비양립성"으로 박사학위를 취득했으며, 현재 경상국립대학교 사회복지학과 교수로 재직 중이다. 주요 관심 분야는 비교사회정책, 빈곤 및 사회적 배제, 사회보호 활성화 레짐, 이민 레짐 및 이민자의 사회권 등이다. 최근의 주요 연구실적으로 "캐나다 고용보험제도와 이민자의 사회권: 지역적 차등을 중심으로"(2016), "청년실업에 대한 프랑스 국가의 대응양식: 청년고용정책의 정체성은 존재하는가?"(2017) 등의 논문과, 『사회보호 활성화 레짐과 복지국가의 재편』(2014, 단독 저서), 그리고 『인권과 사회복지』(2015), 『각국 공공부조제도 비교연구: 프랑스 편』(2015), 『외국인고용제도개선과 인권』(2016), 『사회갈등과 정치적 소통』(2016), 『청년실업, 노동시장 그리고 국가: 학제간 · 국가비교』(2017), 『프랑스의 사회보장제도』(2018), 『포용복지와 사회정책방향』(2019), 『복지국가쟁점 2: 사회보장 분야별 과제』(2020) 등의 공동저서가 있다.